FUNDAMENTOS DA
PREVIDÊNCIA COMPLEMENTAR

Da administração à gestão de investimentos

O GEN | Grupo Editorial Nacional – maior plataforma editorial brasileira no segmento científico, técnico e profissional – publica conteúdos nas áreas de ciências sociais aplicadas, exatas, humanas, jurídicas e da saúde, além de prover serviços direcionados à educação continuada e à preparação para concursos.

As editoras que integram o GEN, das mais respeitadas no mercado editorial, construíram catálogos inigualáveis, com obras decisivas para a formação acadêmica e o aperfeiçoamento de várias gerações de profissionais e estudantes, tendo se tornado sinônimo de qualidade e seriedade.

A missão do GEN e dos núcleos de conteúdo que o compõem é prover a melhor informação científica e distribuí-la de maneira flexível e conveniente, a preços justos, gerando benefícios e servindo a autores, docentes, livreiros, funcionários, colaboradores e acionistas.

Nosso comportamento ético incondicional e nossa responsabilidade social e ambiental são reforçados pela natureza educacional de nossa atividade e dão sustentabilidade ao crescimento contínuo e à rentabilidade do grupo.

ARLETE NESE | FABIO GIAMBIAGI

FUNDAMENTOS DA PREVIDÊNCIA COMPLEMENTAR

Da administração à gestão de investimentos

COMPREENDA COMO FUNCIONAM
**OS FUNDOS DE PENSÃO E OS
INVESTIMENTOS EM PGBL E VGBL**

Os autores e o GEN | Grupo Editorial Nacional empenharam-se para citar adequadamente e dar o devido crédito a todos os detentores dos direitos autorais de qualquer material utilizado neste livro, dispondo-se a possíveis acertos caso, inadvertidamente, a identificação de algum deles tenha sido omitida.

Não é responsabilidade da editora nem dos autores a ocorrência de eventuais perdas ou danos a pessoas ou bens que tenham origem no uso desta publicação.

Apesar dos melhores esforços dos autores, do editor e dos revisores, é inevitável que surjam erros no texto. Assim, são bem-vindas as comunicações de usuários sobre correções ou sugestões referentes ao conteúdo ou ao nível pedagógico que auxiliem o aprimoramento de edições futuras. Os comentários dos leitores podem ser encaminhados à **Editora Atlas Ltda.** pelo e-mail faleconosco@grupogen.com.br.

Direitos exclusivos para a língua portuguesa
Copyright © 2020 by
GEN | GRUPO EDITORIAL NACIONAL S.A.
Publicado pelo selo Editora Atlas

Reservados todos os direitos. É proibida a duplicação ou reprodução deste volume, no todo ou em parte, sob quaisquer formas ou por quaisquer meios (eletrônico, mecânico, gravação, fotocópia, distribuição na internet ou outros), sem permissão expressa do GEN | Grupo Editorial Nacional.

Rua Conselheiro Nébias, 1384
Campos Elísios, São Paulo, SP — CEP 01203-904
Tels.: 21-3543-0770/11-5080-0770
faleconosco@grupogen.com.br
www.grupogen.com.br

Designer de capa: Vinícius Dias
Editoração eletrônica: Estúdio Castellani

CIP-BRASIL. CATALOGAÇÃO NA PUBLICAÇÃO
SINDICATO NACIONAL DOS EDITORES DE LIVROS, RJ

N372f
Nese, Arlete
Fundamentos da previdência complementar: da administração à gestão de investimentos / Arlete Nese, Fabio Giambiagi. São Paulo: Atlas, 2020.

ISBN 978-85-951-5009-6

1. Seguridade social – Brasil – Administração. 2. Previdência privada – Brasil – Administração. I. Giambiagi, Fabio. II. Título.

19-59606
CDD: 368.40981
CDU: 364.3(81)

Leandra Felix da Cruz – Bibliotecária – CRB-7/6135

"O que devo fazer? Tenho que agir como um cavalheiro e transformar a ficção em realidade para não decepcionar as pessoas? Ou finjo distração e deixo passar?" (Jorge Luis Borges, refletindo sobre a longevidade em agosto de 1983, poucos dias antes de seu aniversário de 84 anos no dia 24, diante da preocupação dos amigos, dado que em 1977 tinha escrito o conto "24 de agosto de 1983" no qual o próprio Borges sonhava que cometia suicídio no seu 84º aniversário, sem imaginar que a data ainda o encontraria vivo)

"Quando fui diagnosticado com ELA, o médico me deu 2 anos de vida. Agora, 45 anos depois, eu diria que estou indo bem." (Stephen Hawking)

"A passos silenciosos, a velhice avança na sua direção." (Ovidio)

OS AUTORES

ARLETE DE ARAÚJO S. NESE. Doutora em Administração pela FEA USP. Mestre pelo Insper e Graduada pelo UniSant'Anna na mesma área. Pós-graduada em Contabilidade e Finanças pela FGV EAESP. MBA executivo em Finanças pelo Ibmec/SP (atual Insper) com extensão internacional pela UCI, EUA. Atuou na gestão de investimentos de fundo de pensão patrocinado pelo Santander. Previamente, coordenou o projeto de IPO da JSL. Professora no Insper e UniAbrapp. É sócia da ON Valor e atua em treinamento e consultoria nas áreas de governança, compliance e investimentos. É autorizada pela CVM para administração de carteiras.

FABIO GIAMBIAGI. Economista, com graduação e mestrado na UFRJ. Ex-professor da UFRJ e da PUC/RJ. Funcionário concursado do BNDES desde 1984. Ex-membro do staff do Banco Inter-Americano de Desenvolvimento (BID), em Washington. Ex-assessor do Ministério de Planejamento. Coordenador do Grupo de Acompanhamento Conjuntural do IPEA entre 2004 e 2007. Autor ou organizador de 30 livros sobre a economia brasileira. Atualmente, ocupa o cargo de Chefe do Departamento de Pesquisas Econômicas do BNDES. Assina uma coluna regular do jornal *O Estado de São Paulo* e outra no jornal *O Globo*.

APRESENTAÇÃO

A famosa frase de John Lennon ("vida é o que acontece enquanto você está fazendo outros planos") é, mais do que um alerta acerca da importância de saber valorizar a existência e seus bons momentos, um lembrete de que, como disse outro célebre membro do quarteto de Liverpool, Paul McCartney, "ontem chegou de repente". E, se é verdade que, como alguma vez disse outro cultor das palavras, o escritor argentino Adolfo Bioy Casares, "pior que o cárcere é a velhice, porque não permite o consolo de preparar a fuga", se a terceira idade é um problema para a maioria das pessoas por razões naturais, o ônus se torna maior se o ser humano não souber se preparar financeiramente para o momento da sua chegada.

A capacidade de geração de renda do indivíduo, a partir de determinada época da sua vida, fica em geral comprometida, seja pelo desgaste físico ou pela menor agilidade mental. O mercado se encarrega de reduzir a remuneração que a pessoa pode alcançar numa disputa com outros trabalhadores e, na maioria dos casos, chega um momento em que a sua capacidade de geração de qualquer renda do trabalho se torna praticamente nula. É fundamental que, quando chegue essa etapa da vida do indivíduo, ele esteja financeiramente apto a enfrentar a situação. Há duas formas de fazer isso. A primeira é formar parte de sistemas contributivos oficiais, por ser um trabalhador da administração pública ou um trabalhador privado que contribui para um órgão como é, no Brasil, o INSS. A segunda forma é aderir a mecanismos de acumulação privados em um fundo, individual ou coletivo, para a aquisição do direito a usufruir no futuro de uma renda complementar.

Como em muitos aspectos da vida nacional, o Brasil encontra-se num estágio intermediário da evolução institucional, no campo da previdência complementar. Não temos um sistema maduro como ocorre nos Estados Unidos ou em alguns países da Europa Ocidental, mas temos um grau de capitalização que nos distingue da maioria das economias emergentes. Entre outras coisas, o que nos falta, fundamentalmente, para alcançar o patamar atingido pelo setor em alguns dos países avançados, é ter mais renda. São relativamente poucos os brasileiros que têm uma remuneração maior que o teto do INSS. Assim, é natural que a acumulação de ativos em poder dos fundos de pensão seja limitada, comparativamente ao volume que se observa em países como EUA ou Inglaterra.

De qualquer forma, é justo notar que a desconfiança que ainda muitas pessoas nutrem em relação a essa forma de aplicação não se justifica. A aprovação da norma da paridade na Emenda Constitucional nº 20 no Governo FHC e as Leis Complementares 108 e 109 posteriores assentaram as bases da regulação do setor. Além disso, o papel da atual Previc e as normas do Conselho Nacional de Previdência Complementar (CNPC) criaram um arcabouço jurídico que deu uma importante solidez ao sistema.

É nesse contexto que o governo e as instituições que compõem o segmento da previdência complementar têm procurado aprimorar a qualidade da sua atuação, mediante medidas destinadas a melhorar tanto a regulação como a qualificação dos atores envolvidos no processo. Entre as medidas tendentes a isso, encontram-se a adoção de exigências crescentes de certificação; a melhora dos cursos de formação; e a existência de um conjunto cada vez maior de indivíduos capacitados para lidar com os conceitos técnicos sofisticados inerentes ao mundo da atuária.

Com o fim de dar uma modesta contribuição a esse processo, este livro tem a intenção de representar um material didático útil para módulos de MBA nos cursos das áreas de ensino ligadas à previdência complementar.

O livro está dividido em seis capítulos. O Capítulo 1 aborda, em linhas gerais, os fundamentos econômicos da previdência social e a reflexão sobre as questões relacionadas com as modificações estruturais que impactam a continuidade deste sistema.

O Capítulo 2 explica os principais problemas do modelo previdenciário brasileiro, com ênfase no agravamento do déficit, na decomposição entre os regimes geral e os próprios dos governos e, na parte final do capítulo, em como a proposta de reforma do Governo Bolsonaro altera as principais regras para a concessão de benefícios.

O Capítulo 3 expõe o regime de previdência complementar como o modelo escolhido pelo Brasil para formação de reservas, apresenta os dois tipos de entidades que operam o modelo e explica o contexto de ambiente para investimentos previdenciários e os desafios para o regime de capitalização.

O Capítulo 4 descreve a previdência complementar fechada no Brasil e trata das questões da governança no setor, discutindo pontos como o alinhamento de interesses, os princípios a serem seguidos e os mecanismos de monitoramento e controle nas entidades fechadas de previdência complementar.

O Capítulo 5 trata especificamente da previdência complementar aberta, seus produtos e operadores e aborda os aspectos que levam mais brasileiros a escolher os fundos de previdência para atingir diferentes objetivos.

Por último, o Capítulo 6 elucida possíveis características e aspectos dos operadores da previdência complementar na capitalização das reservas de seus participantes.

Nossa proposta, ao concebermos este livro, foi consolidar numa única peça um conjunto de questões que, em geral, os professores do setor abordam por meio de menções a livros diversos, de artigos avulsos ou de material na forma de apostilas. Esperamos que o material que o leitor tem agora em mãos possa ser útil aos professores do tema e a seus alunos, com vistas ao aprimoramento ainda maior dos profissionais do setor.

Não gostaríamos de encerrar esta breve apresentação sem fazer menção aos colegas e profissionais que nos ajudaram lendo os capítulos do livro da sua área de especialização, fazendo em consequência correções e comentários visando o aprimoramento de diversas passagens. Queremos aqui registrar nosso agradecimento, nesse sentido, à competente e desinteressada ajuda de Antonio Gazzoni, Carlos Campani, Devanir Silva, Guilherme Tinoco, Luciano Snel, Pedro Nery e Sérgio Lazzarini que com suas observações muito contribuíram para a versão final do produto. Nosso amigo Max Ferraz fez um meticuloso, preciso e precioso trabalho de revisão do livro como um todo, que ajudou a polir a linguagem do texto e pelo qual somos muito gratos a ele.

Nas palavras, curiosamente, de Trotski, "a velhice é a mais inesperada de todas as coisas que acontecem a um homem". Insistimos, novamente, com a mensagem: temos que nos preparar para ela: física, psicológica e também financeiramente. Este livro é uma tentativa de colaborar nesse sentido.

Os autores,
maio de 2019

PREFÁCIO

Os modelos de previdência ao redor do mundo foram colocados em xeque nas últimas duas décadas, por conta de uma exigência de austeridade que se mostrou urgente após a crise financeira de 2008. Ela se fez necessária no sentido de se revisitar o bem-estar social dos países, frente aos crescentes gastos com benefícios previdenciários e das dificuldades cada vez maiores para financiá-los. Os países europeus foram os primeiros a sucumbir aos fortes ajustes fiscais que exigiram mudanças automáticas nos sistemas de previdência, de modo a se recompor o balanço entre direitos e obrigações que desse fôlego para uma retomada de crescimento econômico nas economias impactadas pela crise.

No caso brasileiro, paralelamente ao debate de ajustes do modelo de *welfare estate*, a demografia foi determinante para que a discussão de mudanças no sistema de previdência ganhasse protagonismo no debate público. Muito se falou nos últimos anos sobre a velocidade impressionante do envelhecimento da população brasileira, sobre o bônus demográfico e sobre as projeções crescentes de recursos públicos necessários para custear benefícios previdenciários insustentáveis. No entanto, os argumentos técnicos não foram suficientes para que tivéssemos o devido senso de urgência para mudar a rota da trajetória de gastos no Brasil, a ponto de estarmos em situação calamitosa sob a ótica de finanças públicas e com necessidades dramáticas de ajustes para que os cenários prospectivos sejam menos nebulosos do que aqueles que se desenham.

Embora não haja modelagem única ou receituário definitivo sobre a organização do sistema de previdência em cada país, há certo consenso na classificação dos pilares previdenciários que permitem um arcabouço inicial de discussão entre distintas alternativas. No caso brasileiro, o perfil demográfico de país jovem e os anseios sociais com a promulgação da Constituição de 1988 deram os contornos sobre o modelo de seguridade social adotado. Optamos por uma camada robusta de repartição que funcionou sob a premissa de que havia um exército de mão de obra jovem capaz de sustentar a minoria aposentada pelo regime geral. Aquela imagem de pirâmide etária de base larga justificaria o regime de transferência de recursos de uma geração para outra, sem que houvesse a necessidade de acumulação de recursos por capitalização para o pilar público.

Passados tantos anos, assistimos a uma transformação veloz da sociedade urbana que exigiu mudanças nas regras de concessão de benefícios e vários movimentos de reformas aprovadas pelos governos de Fernando Henrique Cardoso, em 1998/1999, de Luiz Inácio Lula da Silva, em 2003, e com reflexos sobre o governo Dilma Rousseff, além das tentativas recentes de ajustes nos governos de Michel Temer, em 2016, e agora de Jair Bolsonaro, em 2019.

OU A GENTE SE MOVE OU A DOENÇA SE ALASTRA

Juntando o desafio universal da demografia com a urgência das finanças públicas, adicionando nessa equação a maneira como a previdência foi organizada em nosso país, é que Arlete Nese e Fabio Giambiagi apresentam este livro que nos ajuda a compreender os elementos previdenciários e seus impactos econômicos. Ao discutirem os pilares da organização de sistemas previdenciários ao redor do mundo, os autores fornecem elementos para que o leitor perceba as vantagens e os riscos de cada escolha no desenho de políticas públicas.

Apresentando comparações internacionais detalhadas, os autores deixam de lado eventuais preferências pessoais para buscarem uma reflexão sobre tendências e características comuns entre as modelagens mais usuais, tanto em países-membros da OCDE, quanto em países de renda média, em busca de uma convergência.

Sobre o sistema de repartição, caracterizado pelo pacto geracional entre jovens e idosos e pela dinâmica de transferência de recursos pelo regime de caixa sem acumulação de reservas, são apresentadas as consequências das escolhas feitas pela Constituição de 1988 e os pormenores do Regime Geral de Previdência Social (RGPS) e do Regime Próprio de Previdência Social (RPPS). Enaltecendo a relevância da obra, há uma sessão específica onde os chamados "mitos da previdência" são enfrentados um a um.

SE O BRASIL DER ERRADO, ELES ACERTAM

Fabio Giambiagi tem sido um defensor de ajustes no modelo previdenciário brasileiro há mais de duas décadas, chamando sempre atenção para o fato de que a ameaça demográfica que se desenhava no país poderia nos colocar em uma rota perigosa. Infelizmente, seus apontamentos duros nunca foram tão atuais, ao refletir com exatidão o receituário de dificuldades que enfrentaríamos ao postergar decisões que anos atrás poderiam ter sido parcimoniosas.

Aqui vale o registro de que tive a oportunidade de trabalhar de maneira mais próxima a Fabio durante o período em que fomos conselheiros no Conselho Nacional de Previdência Complementar (CNPC). Em cada reunião tínhamos a oportunidade de debater propostas de melhoria e aperfeiçoamentos para o setor, sempre trazendo os assuntos para um contexto maior de economia brasileira e de decisões de política econômica. Nossa visão era a de que o país precisaria vencer graves problemas econômicos, mas que se endereçados, começando por uma reforma da previdência, seria possível promover uma série de avanços que levariam a uma queda ainda maior dos juros no Brasil. Vencidas essas patologias macroeconômicas, os investidores institucionais brasileiros vivenciariam então uma transformação em suas alocações de recursos, de modo a reagirem à necessidade de rentabilidade para capitalização de suas reservas financeiras em ambientes de juros baixos.

A reforma não aconteceu naquele momento, mas um fato curioso dos debates no CNPC foi o comentário do amigo homônimo que reagiu, com aquele sotaque com um quê argentino, a um comentário que eu havia feito: "Não poderia concordar mais com você, xará. Parte da indústria que desconta seus passivos a juros elevados e mantém alocação concentração em Títulos Públicos Federais está fazendo uma aposta de que o Brasil vai dar errado. Se tudo der errado no Brasil, eles acertam e todos nós perderemos". Ainda acredito que vamos dar certo e, nesse cenário, parte da indústria estaria tomando a decisão arriscada de manter a composição de carteiras e premissas que embutem juros reais elevados para o longo prazo, sem que haja preparação ou desenho de cenário alternativo.

Tomando como base economias emergentes com características semelhantes e com nível de risco próximo ao Brasil, temos uma sinalização de que carregamos ao menos 2 pontos percentuais a mais de juros de longo prazo. Esse fato embute características exclusivas de nosso país, o que reforçaria a tese de que dias melhores nos esperam, se enfrentarmos nossos problemas internos.

"O BOLSO É A PARTE MAIS SENSÍVEL DO SER HUMANO"

A frase, atribuída a Delfim Netto, cai como uma luva no debate atual sobre mudanças nas regras da previdência, considerando a dura necessidade de ajustes no balanço de custos e benefícios e a consequente resistência natural da sociedade para que se postergue qualquer mudança proposta. Ainda que o cérebro eventualmente concorde com o tratamento prescrito, ninguém quer sentir no bolso os efeitos do reequilíbrio necessário para manutenção da aposentadoria.

Quando se avaliam os recursos necessários para um desenho de preparação para a aposentadoria, estamos tratando de decisões que a extensa maioria da população brasileira tem dificuldades para tomar. Há, ao longo do livro, a construção de que vivemos uma transferência gradual do balanço de riscos do Estado para o setor privado, que se materializou no crescimento acelerado nos últimos anos dos recursos acumulados no pilar voluntário de capitalização por meio do Regime de Previdência Complementar (RPC). Nesse contexto, Arlete e Fabio revisitam os modelos de previdência complementar aberta e fechada, suas características e produtos disponíveis no país, abordando também aspectos de governança, mecanismos de controle e balanço de incentivos.

Sobre governança, tive a oportunidade de debater diferentes formulações para o setor com Arlete. A cada dilema regulatório ou de formulação de política, a opinião dela se colocava como importante fonte de conhecimento. Em vários episódios conversamos na sede do Insper, em São Paulo, para amadurecer conceitos e entender dinâmicas em perspectivas teóricas ou de comparações internacionais. Parte desse debate é organizado no capítulo que trata da avaliação do desempenho de investimentos previdenciários e também de teses sobre o relacionamento da rentabilidade com aspectos de governança da indústria.

CONVITE À REFLEXÃO

Ao longo do livro, o leitor será convidado a pensar acerca das escolhas que o Brasil tem feito sobre a composição dos gastos sociais com previdência e, por consequência, dos impactos dessas decisões sobre os custos para a sociedade. Arlete e Fabio têm o mérito de organizar e dar leveza interpretativa a temas áridos, permitindo que esta obra seja muito útil para aqueles que querem conhecer a estrutura do sistema brasileiro ou se aprofundar nos aspectos econômicos da previdência.

Fábio Henrique de Sousa Coelho
Diretor-Superintendente da PREVIC e professor da FGV
Maio de 2019

SUMÁRIO

Os autores vii
Apresentação ix
Prefácio xi

1 Fundamentos econômicos da previdência 1
INTRODUÇÃO 1
ORIGEM DA PREVIDÊNCIA SOCIAL 2
    Desenvolvimento do sistema 2
    Contexto institucional 5
    Razões para atuação dos governos 7
DESEQUILÍBRIO NOS SISTEMAS DE PREVIDÊNCIA NO MUNDO 10
    Questões demográficas 10
        Aumento da expectativa de vida 10
        Redução da taxa de fecundidade 14
    Pressão fiscal 16
        Produção, trabalho, tecnologia e sustentabilidade 16
        Evolução do gasto público 17
SISTEMAS PREVIDENCIÁRIOS NOS PAÍSES 19
    Regimes de financiamento e tipos de benefícios 21
    Sistema de pilares 23
TRANSFERÊNCIA DO RISCO DA PREVIDÊNCIA PARA O MERCADO 25
    Implicações do regime de capitalização 25
    Riscos associados ao ativo e ao passivo 27
    Alocação estratégica dos recursos 30
REFORMA DOS SISTEMAS DE PREVIDÊNCIA DOS PAÍSES 31

2 Modelo de repartição no Brasil 34
INTRODUÇÃO 34
MODELO ESCOLHIDO PARA O SISTEMA PREVIDENCIÁRIO BRASILEIRO 35
    Histórico da previdência social no Brasil 36
    Impactos da Constituição de 1988 39
    Mitos sobre o sistema 41
        Suposta ausência de déficit 41
        Déficit meramente rural 42
        Crítica às regras nacionais 42
        Cobrança dos grandes devedores 43
REGIME GERAL DA PREVIDÊNCIA SOCIAL (RGPS) 45
    Regras de concessão 45
    Fontes de financiamento 45
    Cálculo do benefício 47
    Dinâmica do regime de repartição simples 50
REGIME PRÓPRIO DE PREVIDÊNCIA SOCIAL (RPPS) 52
    Regras de concessão 53
    Fontes de financiamento 54
    Cálculo do benefício 55
A NECESSIDADE DE UMA REFORMA DA PREVIDÊNCIA SOCIAL 56
    Déficit fiscal 56
        Baixo crescimento econômico 59
        Aumentos do salário mínimo 59
        Mudanças demográficas 61
        Aposentadorias precoces 66

Reformas realizadas no Brasil ... 67
    Reforma de FHC I ... 68
    Reforma de FHC II ... 68
Riscos do modelo de capitalização ... 70
Custos de não se realizar a reforma ... 71
PROPOSTA DE REFORMA DO GOVERNO BOLSONARO ... 72

3 Sistema de capitalização de reservas ... 75

INTRODUÇÃO ... 75
Sistema de capitalização de reservas no mundo ... 76
Processo de expansão ... 79
Proporção de ativos entre os diferentes tipos de planos ... 85
Alocação dos ativos e retorno dos investimentos ... 86
Regime de Previdência Complementar (RPC) ... 89
Início: os montepios ... 89
Modelos no Brasil ... 91
Evolução dos investimentos ... 95
O ambiente para investimentos previdenciários ... 96
Orientação do sistema financeiro ... 97
Regulamentação específica ... 101
Características da organização ... 105
Práticas de governança ... 107
    Conflito de agência ... 108
    Inexistência de forças externas de mercado ... 109
    Monitoramento sob contratos incompletos ... 110
Entidades de previdência como investidores institucionais ... 112
Ponto ótimo do sistema de decisão ... 113
Conflitos no sistema de decisão ... 115
    Organizações sem fins lucrativos ... 115
    Fundos mútuos de investimentos ... 116
Gestão dos investimentos ... 117
    Princípio da pessoa prudente ... 118
    Influência do comportamento ... 118
    Eficiência na gestão de investimento ... 119

4 Previdência complementar fechada ... 120

INTRODUÇÃO ... 120
FUNCIONAMENTO DA PREVIDÊNCIA COMPLEMENTAR FECHADA ... 120
Constituição, regulamentação e fiscalização ... 121
Estrutura de governança e gestão ... 125
    Governança ... 126
    Gestão ... 128
    Stakeholders ... 129
Modelo de supervisão ... 130
Análise do mercado brasileiro ... 131
DIRETRIZES PARA OS INVESTIMENTOS DOS FUNDOS DE PENSÃO ... 134
Responsabilidade na gestão e o controle de riscos ... 134
Desafios para obtenção do retorno ... 142
Características do retorno e dos investimentos no Brasil ... 143
PRÁTICAS DE GOVERNANÇA EM FUNDOS DE PENSÃO ... 149
Princípios ... 149
Estrutura de incentivos ... 150
    Conexões com o governo ... 150
    Conexões com instituições financeiras ... 151
Fatores para a efetividade ... 151
Mecanismos de controle de riscos ... 153
Oportunidades de melhoria e boas práticas ... 154

5 Previdência complementar aberta — 157
INTRODUÇÃO — 157
- Funcionamento da previdência complementar aberta — 157
- Constituição, regulamentação e fiscalização — 158
- Características gerais dos planos — 160
  - Capitalização dos recursos — 160
  - FIEs no mercado de fundos de investimentos — 161
  - Carregamento e custeio do plano — 162
  - Taxa de administração do FIE — 163
  - Resgate e portabilidade — 163
  - Regimes de tributação — 164
- Análise do mercado brasileiro — 165
- Benefícios e planos da previdência complementar aberta — 169
- Tipos de benefícios e coberturas — 169
- Tipos de planos — 171
  - Família PGBL — 175
  - Família VGBL — 178
- Diretrizes para investimentos de entidades abertas — 181
- Aplicação dos recursos — 181
- Possibilidades de diversificação — 182

6 Desempenho dos investimentos previdenciários no Brasil — 184
INTRODUÇÃO — 184
GOVERNANÇA E CONEXÕES EM FUNDOS DE PENSÃO: EVIDÊNCIAS SOBRE RENTABILIDADE — 185
- Desafios da rentabilidade em fundos de pensão — 186
  - Práticas de governança (hipótese 1) — 190
  - Conexões com o governo (hipótese 2) — 192
  - Conexões com instituições financeiras (hipótese 3) — 193
- Medição da associação de governança e conexões em fundos de pensão — 194
  - Fontes de dados e medidas estimadas — 195
  - Resultados do estudo — 197
- Conclusões para obtenção de melhores resultados — 200

REVISÃO DE LITERATURA SOBRE RETORNO DOS INVESTIMENTOS NA PREVIDÊNCIA ABERTA — 201
- Papel da previdência aberta na indústria de fundos de investimentos — 203
- Oportunidades para o maior crescimento dos fundos previdenciários — 206
  - Por que mais indivíduos escolhem planos de previdência aberta para investir? — 207
  - Investir em um fundo de previdência ou participar de um plano de previdência — 207
- Gestores dos investimentos dos recursos da previdência aberta — 211
- Conclusões para melhor desempenho — 215
CONSIDERAÇÕES FINAIS — 218

Referências — 221

LISTA DE FIGURAS

FIGURA 1.1	Taxa de fecundidade (nascimentos por mulher) – 1960	15
FIGURA 1.2	Taxa de fecundidade (nascimentos por mulher) – 2015	15
FIGURA 1.3	Gastos Públicos – 1970 (% PIB)	18
FIGURA 1.4	Gastos Públicos – 2011 (% PIB)	18
FIGURA 1.5	Os tipos de sistemas previdenciários e planos de benefícios	24
FIGURA 2.1	Os regimes do sistema de previdência no contexto da seguridade social do Brasil	37
FIGURA 3.1	Ativos sob a gestão de sistemas privados de previdência (fechada e aberta) no mundo com formação de reservas (US$ trilhões) – 2017	79
FIGURA 3.2	Distribuição da proporção de investimentos previdenciários entre países-membros da OCDE (em US$ trilhões e em % sobre o total da OCDE) – 2017	80
FIGURA 3.3	Ativos sob a gestão de sistemas privados de previdência (fechada e aberta) no mundo com formação de reservas (% PIB) – 2017	80
FIGURA 3.4	Os operadores de previdência complementar no Brasil e as modalidades dos planos de benefícios oferecidos	94
FIGURA 3.5	Contexto do ambiente para obtenção de retorno dos ativos por investidores institucionais	96
FIGURA 3.6	Operadores de recursos previdenciários no Sistema Financeiro Nacional e seus órgãos Reguladores e Supervisores	102
FIGURA 3.7	Fluxo de caixa livre da organização em relação aos custos de agência	115
FIGURA 4.1	Formalização do fundo de pensão e principais contratos	122
FIGURA 4.2	Principais normativos que impactam os fundos de pensão no Brasil	122
FIGURA 4.3	Estrutura de governança e tipos de gestão em fundos de pensão no Brasil	127
FIGURA 4.4	Quadrantes de atuação da fiscalização com base na Supervisão Baseada em Riscos	131
FIGURA 4.5	Os segmentos de alocação de ativos e limites máximos por fundos de pensão	136
FIGURA 5.1	Principais normativos da previdência complementar aberta	159
FIGURA 6.1	Resumo das hipóteses e da fundamentação teórica	194

LISTA DE QUADROS

QUADRO 1.1	Reformas dos sistemas de previdência social de países da Europa – 1990-2010	32
QUADRO 1.2	Reformas da previdência social na América Latina e Caribe – 1981-2006	33
QUADRO 2.1	Financiamento da previdência social	46
QUADRO 3.1	Comparativo das características principais dos modelos de previdência privada no Brasil	92
QUADRO 4.1	A heterogeneidade da indústria de fundos de pensão no Brasil	123
QUADRO 4.2	Separação dos tipos de decisão, seus responsáveis e áreas em uma empresa	126
QUADRO 4.3	Os tipos de governança em investimentos	156
QUADRO 5.1	Os tipos de benefícios que os planos de previdência aberta podem oferecer	170
QUADRO 5.2	Principais diferenças em planos PGBL e VGBL	172
QUADRO 5.3	Famílias de produtos PGBL e VGBL e anos de criação	174
QUADRO 5.4	Os tipos de planos de previdência complementar aberta com cobertura por sobrevivência	176
QUADRO 5.5	Características dos planos com cobertura por sobrevivência	177
QUADRO 5.6	Os tipos de planos de seguros de pessoas com cobertura por sobrevivência	178
QUADRO 5.7	Características dos planos de previdência complementar com cobertura por sobrevivência	180
QUADRO 6.1	Descrição dos dados dos fundos de pensão para construção das variáveis	195
QUADRO 6.2	Descrição das medidas estimadas para desempenho dos fundos de pensão e de indicadores de mercado	196
QUADRO 6.3	Descrição das variáveis operacionalizadas para a abordagem empírica	197
QUADRO 6.4	Resumo das evidências sobre associações com retorno dos investimentos: 2011 a 2015	199

LISTA DE GRÁFICOS

GRÁFICO 1.1	Gastos por função do governo de economias avançadas selecionadas e Brasil, em destaque as despesas com proteção social, em % PIB – 2017	9
GRÁFICO 1.2	Europa Ocidental: Pirâmide etária (% da população)	11

Lista de gráficos

GRÁFICO 1.3	Mundo: Pirâmide etária (% da população)	12
GRÁFICO 1.4	Gastos com previdência *versus* população acima de 65 anos de idade em países da OCDE, outros selecionados e Brasil – 2015	13
GRÁFICO 2.1	Despesa com benefícios do Governo Central (% PIB)	56
GRÁFICO 2.2	Quantidade de benefícios previdenciários (em milhões)	58
GRÁFICO 2.3	Variação real acumulada do salário mínimo em relação a dez/1994	60
GRÁFICO 2.4	Evolução da longevidade em anos de países selecionados da OCDE e Brasil	62
GRÁFICO 2.5	Evolução da taxa de fertilidade média por mulher e projeções em regiões por nível de desenvolvimento econômico, no Mundo e no Brasil	63
GRÁFICO 2.6	Evolução da taxa de pessoas ativas sobre idosos e projeções para países selecionados entre economias desenvolvidas e Brasil	64
GRÁFICO 2.7	Pirâmide etária (milhões de pessoas) – Brasil	65
GRÁFICO 2.8	Aposentadorias femininas urbanas por tempo de contribuição (quantidade em milhares)	66
GRÁFICO 2.9	Comparativo de idade para aposentadoria – países da OCDE e Brasil – 2016	67
GRÁFICO 2.10	Economia prevista, acumulado no período, R$ milhões correntes em 2019	74
GRÁFICO 3.1	Capitalização de recursos para a aposentadoria	78
GRÁFICO 3.2	Total de ativos em sistemas privados de previdência (aberta e fechada) de países-membros da OCDE e de não membros selecionados (% PIB) – 2007 e 2017	83
GRÁFICO 3.3	Evolução do total de ativos entre fundos de pensão e bancos/seguradoras de países-membros da OCDE (US$ trilhões, preços correntes)	84
GRÁFICO 3.4	Evolução do total de ativos entre fundos de pensão e bancos/seguradoras de países selecionados, inclusive Brasil (US$ trilhões, preços correntes)	84
GRÁFICO 3.5	Proporção de ativos por tipo de plano de previdência sob regime de capitalização em países-membros da OCDE e não membros selecionados (% sobre total) – 2017	85
GRÁFICO 3.6	Evolução dos ativos totais por tipo de operador de previdência privada e no total (R$ bilhões, preços correntes)	95
GRÁFICO 3.7	Evolução da taxa nominal de juros de países da Zona do Euro e EUA e linhas de tendência	113
GRÁFICO 3.8	Evolução da taxa de juros média por triênio no Brasil: taxas SELIC nominal e real deflacionadas pelo IPCA	113
GRÁFICO 4.1	Evolução do número de EFPC por tipo de patrocínio	132
GRÁFICO 4.2	Ativos sob a gestão das ESI por tipo de patrocínio (R$ bilhões e % ESI) – 2018	133
GRÁFICO 4.3	Total de participantes em planos sob a gestão das EFPC e das ESI – dez/2018	133
GRÁFICO 4.4	Evolução do retorno nominal ao ano dos fundos de pensão e demais indicadores de mercado, (%)	143
GRÁFICO 4.5	Evolução dos investimentos e da situação de solvência dos planos BD e do total de ativos nas EFPC (R$ bilhões, preços constantes)	144
GRÁFICO 5.1	Evolução de ativos em fundos de investimentos por classe ANBIMA (R$ trilhões, preços constantes – dez/18)	165
GRÁFICO 5.2	Evolução dos investimentos em PGBL e VGBL (R$ bilhões)	166
GRÁFICO 5.3	Taxa média de crescimento anual por tipo de fundo de investimento e no total 1990 a 1997; 1997 a 2001 e 2001 a 2018	167
GRÁFICO 5.4	Evolução do número de fundos das classes ANBIMA – Renda Fixa, Ações e Previdência	183
GRÁFICO 6.1	Evolução do retorno acumulado nominal dos fundos de pensão e demais indicadores de mercado, (%) 2004 a 2018	187
GRÁFICO 6.2	Evolução do retorno acumulado nominal dos fundos de pensão e demais indicadores de mercado, (%) – após a crise do *subprime* dos EUA	188
GRÁFICO 6.3	Evolução da carteira consolidada das EFPC por segmento de alocação (R$ milhões, valores constantes de dez/2017)	189
GRÁFICO 6.4	Evolução da taxa real de juros no Brasil e meta de retorno real das EFPC, em média anual (%) por período	190
GRÁFICO 6.5	Evolução do patrimônio líquido dos fundos de investimento por classe ANBIMA (R$ bilhões) e participação da renda fixa e previdência no total dos fundos (%)	203
GRÁFICO 6.6	Evolução do Patrimônio Líquido (R$ bilhões constantes) dos Fundos de Previdência e CDI Real (%)	204
GRÁFICO 6.7	Evolução do patrimônio líquido por classe ANBIMA de ativos em fundos de previdência (% de participação)	214

LISTA DE TABELAS

TABELA 1.1	Ano das primeiras leis que criaram a previdência social em países selecionados e ano médio nos continentes	6
TABELA 1.2	Evolução dos gastos públicos em países selecionados da OCDE (% PIB)	20
TABELA 1.3	Investidores institucionais e ativos sob a gestão no mundo, em 2015	27
TABELA 1.4	Total de ativos sob a gestão de fundos de pensão por país, em US$ trilhões e % do PIB – 2017	29
TABELA 2.1	Fator previdenciário	48
TABELA 2.2	Exemplo da dinâmica de um regime de repartição simples	51
TABELA 2.3	Déficit do INSS	57
TABELA 2.4	Déficit previdenciário dos servidores públicos (% PIB)	57
TABELA 2.5	Benefícios servidores inativos Governo Central, % PIB – 2018	58
TABELA 2.6	Número de benefícios previdenciários do INSS emitidos e composição – dez/2018	59
TABELA 2.7	Despesas com benefícios de um salário mínimo (% PIB)	60
TABELA 2.8	Resultado do INSS, % PIB – 2018	61
TABELA 2.9	Expectativa de sobrevida no Brasil – em anos	62
TABELA 2.10	Idade média na concessão de benefício do regime geral da previdência social em anos – 2018	67
TABELA 2.11	Alíquotas de contribuição do RGPS	72
TABELA 2.12	Alíquotas de contribuição do RPPS, em 2019	73
TABELA 2.13	Síntese das propostas de reforma, em anos	73
TABELA 2.14	Impacto da reforma em período de anos, R$ bilhões constantes – 2019	74
TABELA 3.1	Ativos sob a gestão de fundos de pensão e demais veículos de aposentadoria – (evolução % vs 2016, US$ milhões e % PIB) – 2017	82
TABELA 3.2	Alocação de ativos em planos de previdência privada por país-membro da OCDE e não membros selecionados (% do total investido no país) – 2017	87
TABELA 3.3	Retorno real dos investimentos previdenciários, líquido de despesas de investimento, 2017, países-membros da OCDE e não membros selecionados – dez/2016 vs dez/2017	88
TABELA 4.1	ESI e características do patrocinador, investimentos sob a gestão e tipo de participantes (R$ milhões e % total) – dez/2018	135
TABELA 4.2	Os limites de alocação de investimentos e de concentração por emissor – Resolução CMN nº 4.661/2018	138
TABELA 4.3	Carteira consolidada das EFPC por segmento de ativo (R$ milhões correntes; R$ milhões constantes; % PIB e % Alocação)	145
TABELA 4.4	Ranking dos 15 maiores planos por tipo de benefício (R$ bilhões) – 2018	146
TABELA 4.5	Alocação da carteira consolidada por tipo de plano (R$ bilhões, preços correntes) e evolução do total de ativos (% ao ano)	148
TABELA 4.6	Evolução da participação do segmento de ativo por tipo de plano em relação ao total dos investimentos por tipo de plano	148
TABELA 5.1	Tabelas dos regimes de tributação	164
TABELA 5.2	Evolução das reservas técnicas de produtos de previdência aberta (R$ milhões a preços correntes e % PIB)	166
TABELA 6.1	O efeito de prática de governança e de conexões dos fundos de pensão sobre desempenho dos investimentos: 2011 a 2015	199
TABELA 6.2	Evolução da Provisão Matemática de Benefícios a Conceder em VGBL, PGBL (R$ bilhões constantes e variação % anual)	205
TABELA 6.3	Cobrança de IR nos fundos de investimentos de renda fixa em função do prazo de permanência dos recursos	206
TABELA 6.4	Provisão Matemática de Benefícios a Conceder em PGBL e VGBL por EAPC/Seguradora (R$ milhões correntes e % do total) – dez/2018	212
TABELA 6.5	Patrimônio Líquido em fundos de investimentos e de previdência por gestor de investimentos (R$ milhões) e participação no total da indústria de fundos (%) – jan/2019	213

LISTA DAS ABREVIATURAS

ABRAPP	Associação Brasileira das Entidades Fechadas de Previdência Complementar
AETQ	Administrador Estatutário Tecnicamente Qualificado
ALM	Asset Liability Management
ANAPAR	Associação Nacional dos Participantes de Fundos de Pensão
ANBIMA	Associação Brasileira das Entidades dos Mercados Financeiros e de Capitais
ANCEP	Associação Nacional dos Contabilistas das Entidades de Previdência
BACEN	Banco Central do Brasil
BB	Banco do Brasil
BD	Plano de Benefício Definido
BDR	Brazilian Depositary Receipts
BNDES	Banco Nacional de Desenvolvimento Econômico e Social
BPC	Benefício de Prestação Continuada
BR-EMS	Experiência do Mercado Segurador Brasileiro
CAGR	Compound Annual Growth Rate
CAP	Caixa de Aposentadorias e Pensões
CAPM	Capital Asset Pricing Model
CCB	Cédulas de Crédito Bancário
CCCB	Certificados de Cédulas de Crédito Bancário
CD	Plano de Contribuição Definida
CDI	Certificado de Depósito Interbancário
CDP	Carbon Disclosure Project
CEF	Caixa Econômica Federal
CGFS	Committee on the Global Financial System
CGPAR	Governança Corporativa e de Administração e Participações Societárias da União
CGPC	Conselho de Gestão da Previdência Complementar
CLT	Consolidação das Leis Trabalhistas
CMN	Conselho Monetário Nacional
CNPC	Conselho Nacional da Previdência Complementar
CNSEG	Confederação Nacional das Empresas de Seguros Gerais
CNSP	Conselho Nacional de Seguros Privados
COE	Certificado de Operações Estruturadas
COFINS	Contribuições para o Financiamento da Seguridade Social
CPMF	Contribuição Provisória sobre Movimentações Financeiras
CRPC	Câmara de Recursos da Previdência Complementar
CSLL	Contribuição sobre o Lucro Líquido das Empresas
CV	Plano de Contribuição Variável
CVM	Comissão de Valores Mobiliários
EAPC	Entidade Aberta de Previdência Complementar
EFPC	Entidade Fechada de Previdência Complementar
ERISA	Employee Retirement Income Security Act
ESG	Environment, Social and Governance
ESI	Entidade Sistemicamente Importante
ETF	Exchange Traded Funds
FAF	Fundo de Aplicação Financeira
FAPI	Fundo de Aposentadoria Programada Individual
FENAPREVI	Federação Nacional de Previdência Privada e Vida
FI	Fundo de Investimento
FIC	Fundo de Investimento em Cotas
FIDC	Fundo de Investimento em Direitos Creditórios
FIE	Fundo de Investimento Especialmente Constituído
FIM	Fundo de Investimento Multimercado
FIP	Fundo de Investimento em Participação
FUNPRESP-EXE	Fundação de Previdência Complementar do Servidor Público Federal do Poder Executivo
FUNPRESP-JUD	Fundação de Previdência Complementar do Servidor Público Federal do Poder Judiciário
FUNPRESP-LEG	Fundação de Previdência Complementar do Servidor Público Federal do Poder Legislativo
GMM	Generalized Method of Moments
IAPS	Institutos de Aposentadorias e Pensões
IBA	Instituto Nacional de Atuária

IBGE	Instituto Brasileiro de Geografia e Estatística
IBOVESPA	Índice da Bolsa de Valores de São Paulo
IBrX	Índice Brasil
ICO	Inicial Coin Offering
ICSS	Instituto de Certificação de Profissionais da Seguridade Social
IGP-DI	Índice Geral de Preços de Mercado
IMA	Índice de Mercado ANBIMA
INPS	Instituto Nacional de Previdência Social
INSS	Instituto Nacional do Seguro Social
IOPS	International Organization of Pension Supervisors
IPASE	Instituto de Previdência e Assistência do Estado
IPCA	Índice de Preços ao Consumidor Amplo
IR	Imposto de Renda
ISE	Índice de Sustentabilidade Empresarial
ITCMD	Imposto de Transmissão Causa Mortis e Doações
LDI	Liability-Driven Investment
LOAS	Lei Orgânica da Assistência Social
LOPS	Lei Orgânica da Previdência Social
MONGERAL	Montepio Geral de Economia dos Estados dos Servidores do Estado
MPAS	Ministério da Previdência e Assistência Social
NCD	Nocional de Contribuição Definida
NTA	Nota Técnica Atuarial
OCDE	Organização para a Cooperação e Desenvolvimento Econômico
ONU	Organização das Nações Unidas
PAGP	Plano com Atualização Garantida e Performance
PAYG	Pay-As-You-Go
PDR	Plano com Desempenho Referenciado
PGBL	Plano Gerador de Benefício Livre
PIB	Produto Interno Bruto
PMBAC	Provisão Matemática de Benefícios a Conceder
PREVIC	Superintendência Nacional de Previdência Complementar
PRGP	Plano com Remuneração Garantida e Performance
PRI	Plano de Renda Imediata
PRI	Principles for Responsible Investment
PRMIA	Professional Risk Managers' International Association
PRSA	Plano com Remuneração Garantida e Performance sem Atualização
RGPS	Regime Geral de Previdência Social
RMV	Renda Mensal Vitalícia
RMI	Renda Mensal Inicial
RPC	Regime de Previdência Complementar
RPPS	Regime Próprio de Previdência Social
SBR	Supervisão Baseada em Riscos
SFH	Sistema Financeiro da Habitação
SFN	Sistema Financeiro Nacional
SINDAPP	Sindicato Nacional das Entidades Fechadas de Previdência Complementar
SINPAS	Sistema Nacional de Previdência e Assistência Social
SIPEC	Sistemas de Pessoal Civil da Administração Federal
SNCR	Sistema Nacional de Crédito Rural
STJ	Supremo Tribunal de Justiça
SUSEP	Superintendência Nacional de Seguros Privados
TAC	Termo de Ajustamento de Conduta
TJP	Taxa de Juros Padrão
TMA	Taxa Máxima Atuarial
VAGP	Vida com Atualização Garantida e Performance
VDR	Vida com Desempenho Referenciado
VGBL	Vida Gerador de Benefício Livre
VI	Variável Instrumental
VRGP	Vida com Remuneração Garantida e Performance
VRI	Vida de Renda Imediata
VRSA	Vida com Remuneração Garantida e Performance sem Atualização

1

FUNDAMENTOS ECONÔMICOS DA PREVIDÊNCIA

INTRODUÇÃO

A previdência é um dos elementos do sistema de seguridade social ou do chamado estado de bem-estar dos países. Este sistema é uma das marcas do que foi chamado de "era dourada" (*golden years*) do período de prosperidade pós-guerra, marcado pela reconstrução econômica, moral e política das sociedades afetadas pelo conflito mundial de 1939/1945. Sob o aspecto econômico, este período foi marcado pela conquista, no campo social, da segurança, do emprego, dos direitos de cidadania e da defesa dos ideais de justiça, solidariedade e universalismo.

Entretanto, as premissas para a construção desse modelo de estado de bem-estar – que compreendeu uma dinâmica de taxas elevadas de crescimento econômico; nível de emprego maior na indústria do que nos serviços; população com maior contingente de pessoas em fase laboral do que de pessoas recebendo benefícios; dentre outros – não parecem existir mais na atualidade, ou ao menos foram substancialmente modificadas. As alterações nessas premissas têm mudado as bases estruturais para continuidade do sistema e requerem reflexão por parte dos governos e da sociedade em geral.[1]

Este capítulo tem o objetivo de apresentar os fundamentos econômicos da previdência social e analisar questões relacionadas com as modificações estruturais que impactam a continuidade deste sistema. Na primeira seção, expomos a origem da previdência social como um sistema que permite ao cidadão obter uma renda proporcional às suas contribuições, bem como garantir uma renda mínima na fase de aposentadoria, para evitar situações de falta de recursos financeiros para sua sobrevivência. Na segunda, compreenderemos o desequilíbrio dos sistemas de previdência como resultado de questões demográficas e a pressão fiscal associada à manutenção desse sistema. Na seção seguinte, apresentaremos a evolução dos sistemas de previdência, os diferentes tipos de arranjos escolhidos pelos países e seus pilares. Na quarta seção, avaliaremos a transferência do risco da previdência dos governos para uma solução de mercado. Por fim, abordaremos brevemente a experiência de reforma dos sistemas de previdência de alguns países selecionados.

---

[1] Para maior reflexão sobre as mudanças estruturais dos sistemas de *welfare state* dos países, ver Esping-Andersen (1995).

ORIGEM DA PREVIDÊNCIA SOCIAL

Os sistemas de proteção social surgiram da preocupação das sociedades em proporcionar condições dignas de sobrevivência à população. Os primeiros registros associados ao tema vêm de longa data. O Livro de Miquéias – sexto livro dos doze profetas menores da Bíblia hebraica e cristã, há cerca de 2700 anos –, por exemplo, descreve a preocupação do profeta com o direito da viúva, dos órfãos e dos estrangeiros tidos como escravos e sem condições dignas de sobrevivência. Por sua vez, textos do século XVI destacam o planejamento racional das autoridades do extinto Império Inca em prover condição de bem-estar à sua população.[2]

Especificadamente em relação à previdência, a sua organização como instituição se desenvolve com o processo de industrialização e urbanização dos países no século XIX. Naquele contexto, a estrutura do mercado de trabalho não era suficiente para resolver questões de riscos econômicos relacionados com o envelhecimento, gerando a necessidade de resolver a demanda por benefícios de aposentadoria através de um sistema próprio. Surgem, portanto, as primeiras formas de previdência contributiva, convergindo para um modelo de bem-estar social.[3]

Para esclarecer as origens da previdência, optou-se por estruturar esta seção em três tópicos. No primeiro, abordamos o desenvolvimento histórico da previdência social de países da Europa, que se assemelham ao sistema escolhido pelo Brasil. Em seguida, discutiremos sucintamente o contexto institucional europeu, sob o qual se deu a expansão do modelo de repartição simples.[4] Por fim, são expostos alguns argumentos teóricos que justificam o papel do Estado na previdência.

Desenvolvimento do sistema

O século XIX consolidou o processo de industrialização e trouxe alterações relevantes de caráter econômico, social e político às nações. Tais mudanças foram impulsionadas pelo processo de urbanização e da consequente quebra dos laços comunitários existentes originalmente na sociedade rural.

Ocorre que o novo "mundo urbano" veio acompanhado de diversos problemas, como doenças, invalidez, morte prematura e idade avançada para trabalhar, que passaram a ser absorvidos por um contingente menor de pessoas, enquanto no meio rural incidiam sobre famílias que eram constituídas por um número maior de indivíduos. Somado a isso, havia ainda um conjunto de adversidades relacionadas com a vida laboral nos centros urbanos, como situações de desemprego e acidentes de trabalho. A ausência de respostas para solucionar estes problemas da sociedade moderna gerava maior empobrecimento e, em muitos casos, a miséria das famílias.

---

[2] Para conhecer a estrutura social e econômica do Império Inca, ver Metraux e Alexander (1961).
[3] Para aprofundar sobre o processo de industrialização e urbanização dos países no século XIX e impactos sobre os riscos econômicos relacionados com o envelhecimento, ver Esping-Andersen (1995) e Tafner, Botelho e Erbisti (2015).
[4] No modelo de repartição simples, não há acumulação de recursos para pagamento das aposentadorias. As aposentadorias dos inativos, a cada momento no tempo, são pagas com as contribuições dos trabalhadores que estão na ativa. Esses trabalhadores, por sua vez, ficam sujeitos a receber suas aposentadorias, no futuro, com base na contribuição dos trabalhadores que estiverem na ativa na geração seguinte e assim sucessivamente.

O custo social decorrente dos infortúnios com a urbanização trouxe a necessidade de compartilhamento de riscos, que se sobrepunha aos interesses individuais. Daí surgiu o sistema de previdência ligado ao Estado, como forma de aliviar a pobreza na fase de idade avançada para trabalhar, e o sistema de seguros, para lidar com os riscos de fatalidades que impediam a continuidade no trabalho ou de sobrevivência de seus dependentes. Ambos os sistemas eram baseados em contribuições dos cidadãos para a cobertura de seus segurados, sendo a Alemanha o país de vanguarda em relação ao desenvolvimento deste arcabouço no final do século XIX.

Em 1889, sob o governo do Chanceler Otto von Bismarck, a Alemanha deu origem ao sistema moderno de previdência social[5]. Isto é, um sistema financiado por contribuições compulsórias de empregadores e empregados, sob a gestão do Estado. O objetivo era prover benefícios de renda básica ao idoso e um seguro contra acidentes de trabalho, doença e desemprego aos trabalhadores da indústria. Pouco tempo depois, em 1891, a Dinamarca estabeleceu um segundo sistema de benefício básico ao idoso.[6] Mantida a gestão do sistema pelo governo local, o benefício era financiado por impostos sobre as receitas e não guardava relação com as contribuições prévias de trabalhadores e empregadores. Este modelo evoluiu, desembocando no célebre plano de proteção social proposto pelo economista inglês William Henry Beveridge, em 1942, que tinha por objetivo prover benefícios de cobertura universal aos indivíduos e, de forma ampla, o atendimento das suas necessidades desde seu nascimento à morte. Estes dois modelos deram forma aos sistemas de previdência social dos demais países da Europa Ocidental.[7]

Antes da Primeira Guerra Mundial, os recursos destinados à previdência e demais benefícios eram bastante limitados, uma vez que eram poucos os que tinham esse tipo de proteção nos diversos países. A exceção era a Alemanha (seguida por Inglaterra e Dinamarca), que no período já apresentava despesas da ordem de 2,6% do PIB, incluindo desde previdência social até gastos com benefícios sociais, como seguro por acidente, doença e desemprego.

Após o ano de 1930, os países da Europa Ocidental seguiram o mesmo caminho. Naquele período, tais despesas já eram da ordem de 5,2% do PIB na Alemanha, seguida da Inglaterra com 4,6%, Áustria com 4,4% e Irlanda com 2,8%. Já entre os países escandinavos, a despesa com a mesma rubrica representava 2,6% do PIB na Dinamarca. Enquanto

---

[5] Cabe aqui qualificar o uso da expressão "moderno". Embora fatos ocorridos no século XIX possam soar muito antigos para o leitor atual, na linha de tempo da existência da humanidade os últimos 120 ou 130 anos se assemelham a um ponto numa longa trajetória. Até então, as sociedades não estruturavam sistemas de previdência, pelo simples fato de que poucas pessoas chegavam vivas à velhice. Os avanços da medicina, que permitiram estender a longevidade das pessoas, combinados com o fenômeno da urbanização e crescimento das cidades, fizeram surgir um contingente cada vez maior de indivíduos que prolongavam a sua existência quando já não tinham mais condições de trabalhar. Estes fatos levaram a uma pressão social para que os governos dessem uma resposta às consequências desse novo contingente de inativos. Repare o leitor que a origem da figura da aposentadoria no fim do século XIX se relaciona com a impossibilidade do indivíduo de continuar trabalhando, quando ainda teria vários anos de vida pela frente. Este ponto precisa ser lembrado quando for feita a análise do caso brasileiro, onde, cada vez mais, a aposentadoria por tempo de contribuição passou a ser uma renda garantida recebida precocemente, em um momento em que o indivíduo ainda tem pela frente vários anos de permanência no mercado de trabalho, recebendo, na prática, uma segunda renda.
[6] Para se aprofundar nos estudos dos indicadores de evolução dos benefícios da previdência social de países da Europa Ocidental, ver Tomka (2003).
[7] Para dados sobre os dois diferentes modelos e mudanças ao longo do tempo, ver Kohli e Arza (2011).

Finlândia e Suécia, com 0,7% e 1,1%, respectivamente, representavam os dois países com menor percentual entre os que foram observados na Europa Ocidental.[8]

Somente após a Segunda Guerra Mundial, em 1945, período chamado de *golden age*, marcado por um crescimento econômico sem precedentes e pela organização dos movimentos trabalhistas, houve forte expansão da cobertura dos sistemas de previdência social pelos demais países. Na década de 1980, os sistemas da Europa Ocidental alcançaram o estágio "maduro", em que havia a combinação tanto de uma extensa cobertura à população, como de um montante importante de benefícios pagos.[9]

É importante destacar que entre os diversos benefícios sociais, o benefício da aposentadoria não foi o primeiro a ser introduzido.[10] Entretanto, após seu estabelecimento nos programas de previdência social dos países da Europa Ocidental, ele superou rapidamente os gastos dos demais.[11] O motivo da evolução dos benefícios de aposentadoria está associado ao programa de universalização de cobertura da população e ao aumento gradual da proporção de idosos.

Em relação às regras para elegibilidade à obtenção dos benefícios sociais, havia, basicamente, dois grandes sistemas antes da Segunda Guerra Mundial. No primeiro, a exemplo da Alemanha, a concessão do benefício social era determinada pelo tipo de trabalho e dependia das contribuições pagas. Ou seja, os diferentes tipos de trabalhadores eram elegíveis ao respectivo benefício na proporção das contribuições pagas. Ainda neste primeiro sistema, existiam países que incluíam a relação com a idade e o salário do trabalhador, como na Escandinávia e no Reino Unido. Já no segundo sistema, a concessão do benefício dependia de um processo oficial do governo, que identificava a baixa condição financeira do indivíduo e o qualificava como pessoa elegível à assistência governamental. Conforme já mencionado, este sistema foi introduzido primeiramente na Dinamarca, em 1891, e no Reino Unido, em 1908, sendo independente de contribuições. Sendo denominado em inglês de *means--tested*[12].

Entretanto, anos mais tarde, os dois padrões de elegibilidade supracitados começaram a mudar. Apesar do sistema de elegibilidade aos indivíduos de baixa condição financeira (independentemente de contribuições) ganhar força logo após a Primeira Guerra Mundial, tal movimento foi temporário, apresentando enfraquecimento já no período entre guerras. Em que pese o fato de, após a Segunda Guerra Mundial, este sistema estar presente em cerca de metade dos países da região, em 1980, a maioria deles não praticava mais as regras do *means-tested*.

---

[8] Conforme observado por Tomka (2003), a partir de dados disponíveis para despesas com seguridade social da base da International Labour Organization (ILO).

[9] Esse estágio não considera somente o valor de benefícios em termos absolutos a preços constantes, mas também em relação à proporção da média dos salários dos trabalhadores na fase ativa. Para uma melhor compreensão da cobertura do sistema de bem-estar que inclui os benefícios de previdência, ver Flora (1985).

[10] Dentre os benefícios sociais, em 1883, na Alemanha já havia um seguro saúde compulsório para os trabalhadores da indústria. Em 1884, foi introduzido o seguro acidente e somente depois um benefício de renda para a fase de aposentadoria, em 1889. Rapidamente, os demais países da Europa Ocidental introduziram seus próprios modelos, porém cobrindo, ao menos, acidentes por trabalho, seguro saúde e benefícios de renda por idade avançada.

[11] Conforme observado por Tomka (2003), em 1960, as despesas previdenciárias alcançaram a maior proporção entre os demais benefícios sociais, representando mais que três vezes os gastos do segundo item correspondente a assistência às famílias carentes.

[12] Para questões relacionadas com o sistema *means-tested*, ver Therborn (1995).

Por sua vez, o "princípio da cidadania" como garantia à elegibilidade aos benefícios sociais, emergiu logo cedo. Em 1913, a Suécia introduziu de forma universal a todos seus cidadãos, o benefício de aposentadoria com base em contribuições. Após a Segunda Guerra Mundial, a elegibilidade em função da cidadania passou a ter papel relevante no acesso a benefícios sociais em demais países da Europa Ocidental. Por exemplo, a Dinamarca deu cobertura a todos na condição de seus cidadãos, de seguro saúde e de pensão ao criar os sistemas destes benefícios no país. Sob o mesmo princípio, os países da Grã-Bretanha – Inglaterra, Escócia e País de Gales – atenderam de forma universal os seus cidadãos, ao estabelecerem o Serviço Nacional de Saúde. Em 1970, o princípio da cidadania de países da Europa Ocidental deu ensejo ao ingresso de relevantes grupos sociais ao esquema previdenciário, a exemplo da qualificação aos benefícios por trabalhadores autônomos e estrangeiros, observado determinado período de tempo de residência no país. Mediante contribuições, esses grupos de trabalhadores também passaram a ser elegíveis ao seguro por acidente de trabalho, assim como ao benefício de aposentadoria.[13]

O princípio da cidadania, contudo, não modificou as diferenças de benefícios e regras de elegibilidade entre grupos sociais, mesmo ao final do século XX. A própria Alemanha, onde o sistema de previdência é considerado conservador, manteve diferentes modelos de previdência a diferentes grupos sociais. Por exemplo, no setor privado, trabalhadores rurais, de mineração e autônomos possuíam um modelo de previdência segregado do sistema destinado aos servidores públicos.[14]

Contexto institucional

A estrutura institucional da Europa Ocidental delineia o "pano de fundo" do desenvolvimento de sistemas de previdência social e dos problemas que os governos passaram a enfrentar, posteriormente, para equilibrar a acumulação de recursos e os benefícios oferecidos. De fato, em termos históricos, na média, os países europeus, com exceção da Oceania, possuem as leis mais antigas de criação da previdência social (Tabela 1.1), denotando um estágio de maturidade nesse tema mais avançado do que em outras regiões.

O sistema de bem-estar social concebido na Europa está relacionado, em boa medida, com o crescimento econômico sem precedentes após a Segunda Guerra Mundial e a organização das classes trabalhistas. A expansão do modo de produção através da indústria, a disseminação do conceito de Nação como forma predominante da organização política dos países e a criação do seguro social, da educação e da saúde públicas, tornaram-se fenômenos dominantes ao redor do mundo.

Para a adequada compreensão do desenvolvimento do sistema de bem-estar provido pelo Estado, que inclui o sistema de previdência social dos países da Europa Ocidental, ressaltamos aqui uma das teses de suas bases institucionais. A tese pela qual a origem da previdência está associada a uma estrutura tripartite, formada por uma economia de mercado capitalista, um sistema político democrático e pelo próprio sistema de bem-estar dos países.

---

[13] Para maior compreensão do princípio da cidadania, ver Esping-Andersen (1996).
[14] Ver Esping-Andersen (1990) para saber mais sobre sistema de previdência diferenciado por tipo de setor de atuação do trabalhador.

Tabela 1.1 Ano das primeiras leis que criaram a previdência social em países selecionados e ano médio nos continentes

Europa	Ano	Oceania	Ano	América Latina	Ano	América do Norte	Ano	África	Ano	Ásia	Ano
Alemanha	1889	Nova Zelândia	1898	Argentina	1904	Canadá	1927	África do Sul	1928	Japão	1941
Reino Unido	1908	Austrália	1908	Brasil	1923	Estados Unidos	1935	Egito	1955	Turquia	1949
França	1910			Chile	1924			Tunísia	1960	China	1951
Suécia	1913			Costa Rica	1941			Nigéria	1961	Índia	1952
Itália	1919			México	1943			Etiópia	1963	Singapura	1953
Holanda	1919							Gabão	1963	Arábia Saudita	1962
Espanha	1919							Quênia	1965	Paquistão	1972
Polônia	1927										
Grécia	1934										
Ano médio	1915	Ano médio	1903	Ano médio	1927	Ano médio	1931	Ano médio	1956	Ano médio	1954

Fonte: Adaptada pelos autores a partir da Tabela 4.1 de Azra e Johnson (2006).

Sob essa ótica, os benefícios sociais tinham como base[15], de um lado, o ganho econômico produzido num sistema de mercado capitalista e, de outro, o consenso produzido por um sistema político democrático. Em outras palavras, a partir do funcionamento de instituições capitalistas e democráticas, o sistema de bem-estar teve o efeito de estabilizar e conciliar tais instituições.[16]

Um dos objetivos primários do sistema de bem-estar foi possibilitar à intervenção pública operar como uma espécie de garantia da distribuição de renda e da estabilidade social do cidadão, com base em direitos individuais. Com isso, houve a criação de sistemas de provisão de benefícios e de serviços sociais, em que se buscavam, simultaneamente: (i) suavizar a trajetória do consumo pessoal dos cidadãos, evitando uma queda abrupta do mesmo quando em idade avançada; (ii) permitir à pessoa ter uma renda proporcional às suas contribuições; e complementarmente, (iii) garantir uma renda mínima na idade avançada para trabalhar e evitar situações de miséria (componente assistencial).

A dinâmica demográfica associada à existência de muitos trabalhadores ativos e poucos aposentados, somada a aspectos econômicos como o elevado crescimento – gerando receita e capacidade de financiamento para o sistema –, permitiram, durante algumas décadas, que o arranjo citado anteriormente fosse perfeitamente consistente com o equilíbrio fiscal e macroeconômico dos países. Como veremos mais à frente, infelizmente esta realidade não se manteve nas décadas mais recentes.

Razões para atuação dos governos

Não há consenso sobre a abrangência das áreas necessárias de atuação do governo. Na realidade, responder sobre quais são as funções que o Estado deve desempenhar não é uma questão simples. Se antes da década de 1930 a preocupação era a defesa do território, a justiça e a segurança de uma Nação, após a Grande Depressão e o fim da Segunda Guerra Mundial, houve maior atenção dos governos em como conduzir o crescimento econômico, reduzir o desemprego e, em anos mais recentes, em como controlar a inflação.

Dessa forma, em linhas gerais, na atualidade os governos passaram a executar, de forma mais intensa, quatro funções básicas: (i) a garantia das bases macroeconômicas para a estabilidade e crescimento econômico do país; (ii) a promoção da justiça entre os cidadãos; (iii) a criação de mecanismos institucionais ou de regras para alocação eficiente dos recursos na economia; e (iv) a garantia de condições de igualdade de oportunidades aos cidadãos e de acesso a bens meritórios, como por exemplo, a educação básica.[17]

No que diz respeito à previdência, podemos observar que as três últimas funções básicas dos governos, mencionadas anteriormente, fundamentam a participação do Estado neste sistema. Para garantir a equidade, o Estado exerce a ação de redistribuição da renda, que consiste em transferência de recursos aos que estão em condições de insuficiência financeira, através de contribuições cobradas via tributação. Tal atuação do

---

[15] Outra base importante das sociedades constituídas dessa forma, esteve relacionada com o processo de expropriação decorrente das guerras, iniciado com a concessão de benefícios sociais aos soldados e que se estenderam, depois, a outros trabalhadores dos países da Europa Ocidental.
[16] Ver Flora (1985) para conhecer demais teses sobre as bases institucionais do sistema de bem-estar dos países da Europa Ocidental.
[17] Para se aprofundar nas quatro funções básicas apresentadas, ver Tafner *et al.* (2015).

Estado, entretanto, não significa que ele seja eficiente, pois depende da forma como o financiamento é executado.

No decorrer do século XX, observou-se a evolução do modelo de previdência por contribuição de toda sociedade, sob a gestão do Estado. Ademais, se espraiou nos governos a ideia de que a seguridade social deveria ser estendida a todos aqueles que não pudessem obter sustento no mercado de trabalho.

Apesar de os motivos que ensejam uma eventual atuação do Estado na previdência social poderem variar de tempos em tempos, o fato é que sua participação nesse tema é uma realidade em países de diferentes condições, seja geográfica, social, política ou econômica. Em geral, quanto mais desenvolvido o país, maior é a participação do governo no bem-estar da população.

O Gráfico 1.1 apresenta o gasto por função do governo como proporção do PIB, em diferentes países selecionados dentre as economias avançadas e Brasil. Pode-se observar que os gastos do governo relacionados com a proteção social (destacados na segunda faixa e de cor cinza) – incluindo aposentadorias e pensões (primeira faixa e de cor preta) – representam as maiores despesas diante das demais funções de governo. Nota-se que no Brasil, as despesas com benefícios de aposentadorias e pensões estão acima até de algumas economias avançadas. Sobre a previdência social no Brasil, trataremos no próximo capítulo.

Existem importantes razões para a intervenção do Estado na previdência social. Um primeiro argumento assume a hipótese de que os indivíduos carecem de informação e de capacidade de decisão, cabendo ao governo intervir para corrigir o problema. Quando os indivíduos são jovens, por exemplo, tendem a não refletir sobre a precariedade da vida e os riscos à saúde, carecendo de visão de longo prazo e de instrumentos para cálculo do que precisarão acumular para o futuro.[18]

Um segundo argumento está associado às lacunas no mercado de ativos para a obtenção de retorno dos investimentos pelos indivíduos.[19] São elas: (a) a falta de oportunidades no mercado para investimentos em instrumentos seguros para a busca de retornos reais; (b) a escassez de mecanismos de cobertura de riscos, caso as reservas acumuladas não sejam suficientes em função da duração da vida (pagamento de benefícios em prazo acima do estimado) e do período de trabalho (contribuições em prazo menor que o projetado); e (c) inexistência de mercado estruturado para conversão de pecúlio em renda vitalícia.[20]

O terceiro grande argumento para a intervenção do Estado na previdência está relacionado com a "depreciação do capital humano", ou seja, o fato de que a produtividade dos mais idosos é menor que a dos jovens, reduzindo a produtividade geral da economia. Por essa linha de raciocínio, o Estado deveria incentivar a saída dos adultos de idade mais avançada do mercado de trabalho.[21]

---

[18] Para aprofundar as questões teóricas das razões para atuação do Estado na previdência, ver Feldstein (1974) e Oliveira (1992).
[19] Falhas de mercado para obtenção de retorno por fundos de pensão podem ser observadas em Tafner (2007).
[20] Destaca-se que a previdência com formação de reservas tem se inovado com a possibilidade de serem contratados produtos de seguro para riscos decorrentes de desvios de hipóteses biométricas, sobrevivência dos assistidos, entre outros. Ver Instrução PREVIC nº 7 (2018) e Resolução CNSP nº 345 (2017). Este tema será aprofundado a partir do Capítulo 3.
[21] Para observar estudos relacionados com a indução de aposentadoria dos mais velhos do mercado de trabalho, ver Mulligan (2000).

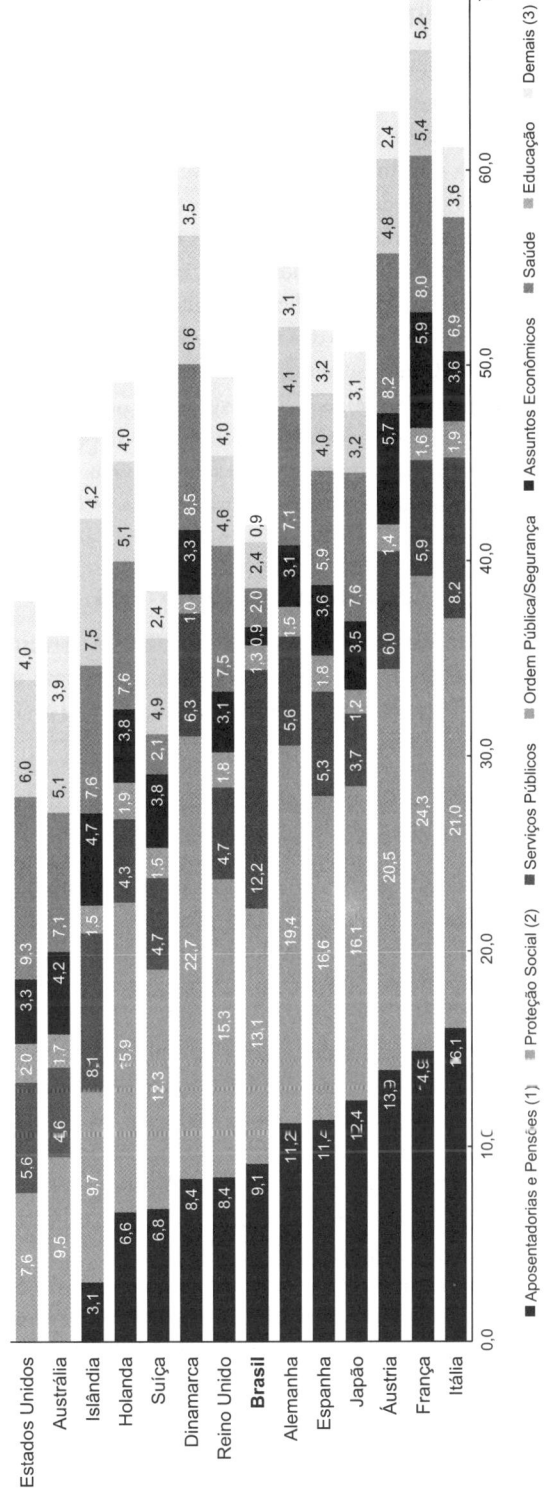

Gráfico 1.1
Gastos por função do governo de economias avançadas selecionadas e Brasil, em destaque as despesas com proteção social, em % PIB – 2017

Notas: (1) despesas de Aposentadorias e Pensões segregados do item Proteção social, não há dados disponíveis dessas despesas para Estados Unidos e Austrália; (2) despesas com Proteção Social incluem o item com aposentadorias e Pensões e; (3) o item "Demais" incluem as despesas com Defesa, Proteção Ambiental, Moradia e Recreação/Cultura/Religião

Fonte: Adaptado pelos autores a partir do Government Finance Statistics (GFS), Expenditure by Function of Government (COFOG); dados disponíveis em site: http://data.imf.org, consulta em 08/02/2019; e para Brasil: http://www.tesourotransparente.gov.br/publicacoes/tabela/cofog-despesas-por-funcao-do-governo-central/publicacao-2019-03-29-217841289 1, acesso em 08/04/2019.

DESEQUILÍBRIO NOS SISTEMAS DE PREVIDÊNCIA NO MUNDO

Na década de 1970, observou-se que havia limites para continuar com o mesmo ritmo de expansão de gastos públicos com o sistema de proteção social de seus cidadãos. Diante dos direitos sociais criados através do sistema previdenciário e assistencial, tem sido crescente a preocupação dos países em minimizar o impacto fiscal da cobertura previdenciária.

Nesta seção, apresentamos os desafios que os governos têm enfrentado para manter o financiamento da previdência consistente com o equilíbrio macroeconômico dos países. Para compreendermos esse ponto, seguiremos com a identificação dos problemas enfrentados na Europa, cabendo ponderar que a extensão dos benefícios sociais ocorreu de forma diferenciada entre os sistemas dos países da região, em função dos respectivos ambientes institucionais.

De toda forma, nem as Guerras, nem mesmo a Grande Depressão, contiveram o processo de expansão dos benefícios sociais. Como veremos, na raiz dos problemas observados estão questões demográficas e o respectivo financiamento da previdência. Em função desses fatores, alguns países já realizaram mudanças em seus sistemas de previdência social e poderão enfrentar a necessidade de alterações ainda maiores no futuro.

Questões demográficas

As questões demográficas estão na origem dos desequilíbrios estruturais dos sistemas previdenciários. Países economicamente desenvolvidos e até mesmo economias emergentes como o Brasil têm experimentado duas grandes mudanças ligadas ao aumento da expectativa de vida e à redução na taxa de fecundidade.[22]

Aumento da expectativa de vida

A questão da maior longevidade já era algo considerado e previsto há muitos anos, havendo inclusive casos de países que já tinham adotado medidas de contenção a respeito de suas implicações.[23] No Reino Unido, por exemplo, a mortalidade já havia se estabilizado pelo menos no ano de 1860. Na metade do século XX, a expectativa de vida ao nascer já tinha ultrapassado os 65 anos.

O Gráfico 1.2 apresenta as pirâmides etárias da Europa Ocidental como percentual da população, em 1950 e 2017. Nota-se que, em 1950, cerca de 10% da população encontrava-se em faixas acima de 65 anos de idade e pouco mais que 1% acima de 80 anos. Ademais, é interessante notar o reduzido percentual na faixa de 30-34 anos de idade, faixa etária marcada pelos sobreviventes pós-Guerras Mundiais. Ao longo de quase sete décadas, a população das faixas acima de 65 anos de idade dobrou de tamanho, sendo possível observar novas faixas acima dos 80 anos nos dados de 2017.

A partir da observação do passado, é possível estimar a evolução das faixas etárias no futuro. O Gráfico 1.3 apresenta as pirâmides etárias em percentual da população mundial, tanto de 2017 como para uma projeção relativa à 2060. Quando comparamos as duas

---

[22] Sobre as consequências sobre gastos com previdência relacionados com questões demográficas nos países, ver estudo da OCDE (2005). Para o caso brasileiro, ver estudo de Tafner *et al.* (2015).
[23] Para a questão da longevidade e previsão por parte dos países, ver Barr (2006).

Fundamentos econômicos da previdência 11

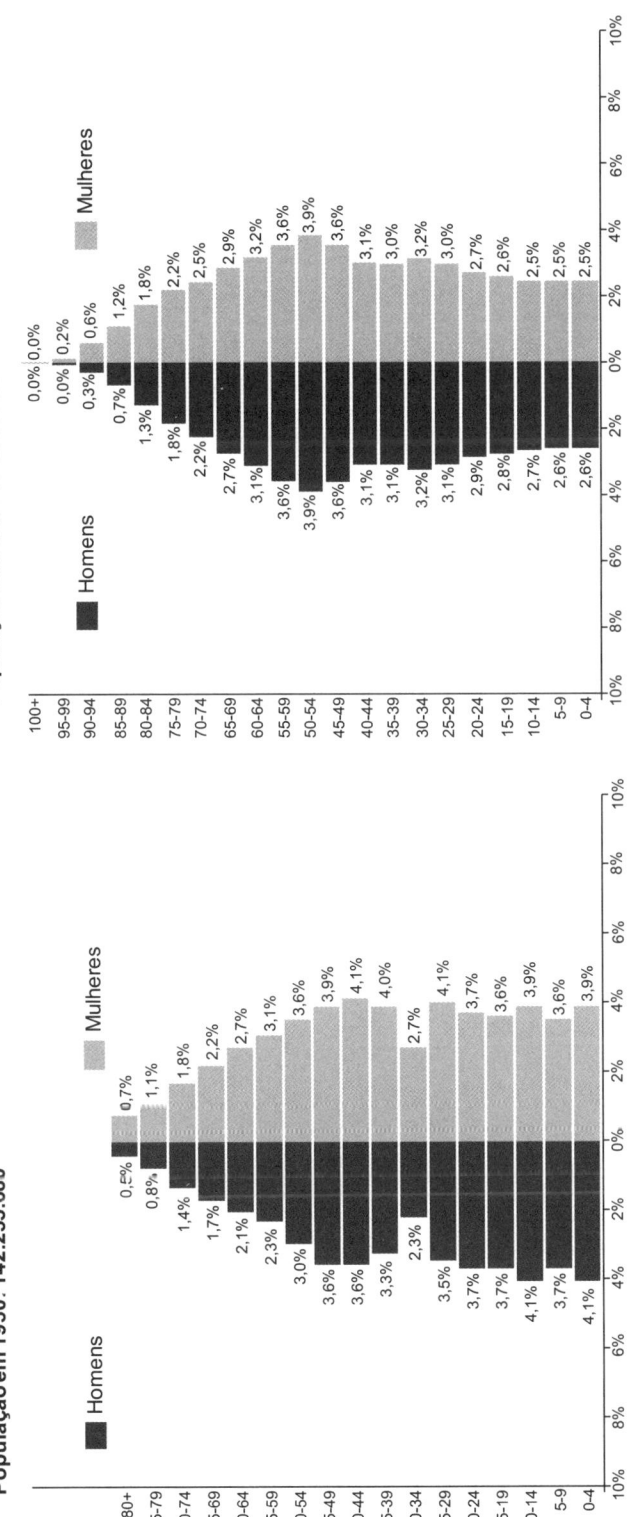

Gráfico 1.2
Europa Ocidental: Pirâmide etária (% da população)

Fonte: Adaptado pelos autores a partir do site do PopulationPyramids.net – https://www.populationpyramid.net/visualizations, acesso em 10/04/2019.

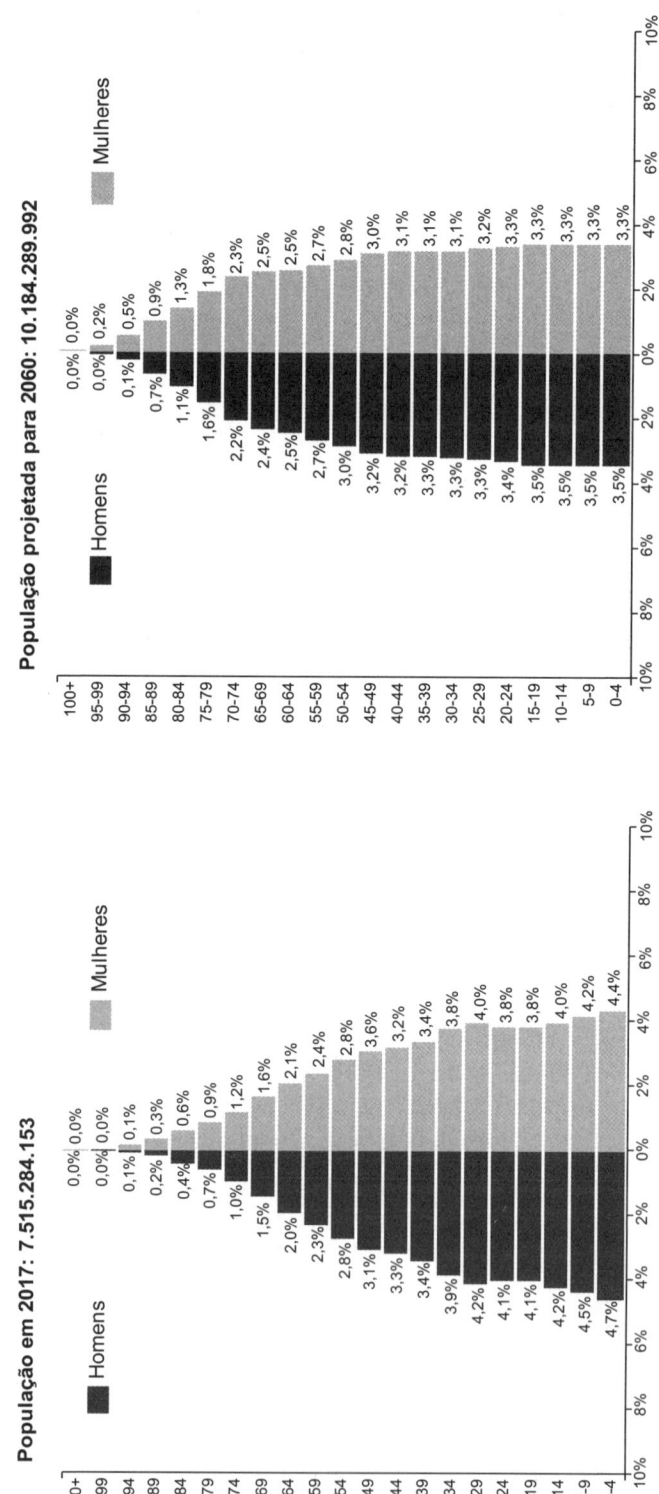

Gráfico 1.3
Mundo: Pirâmide etária (% da população)

Fonte: Adaptado pelos autores a partir do site do PopulationPyramids.net – https://www.populationpyramid.net/visualizations, acesso em 10/04/2019

pirâmides, as perspectivas são alarmantes. Em 2060, o desenho da pirâmide etária passa por um afunilamento na sua base, onde mais de 18% da população mundial estará na faixa acima de 65 anos de idade e quase 6% já estará acima dos 80 anos de idade.

Embora as projeções demográficas carreguem algum grau de incerteza, em diversos países as previsões de expectativa de vida de pelo menos duas décadas passadas têm sido consistentes com a longevidade observada. Nesse contexto, é importante compreender como a maior longevidade impactará os sistemas de previdência se nada for feito.

Uma primeira consequência é a redução de participação da população envolvida com o trabalho, o que significa o declínio nas contribuições futuras, além da diminuição no nível de consumo e de poupança da economia. Outra consequência se dá nas contas públicas, na medida em que aumentam os anos de pagamento de benefícios, sem que se tenha a contrapartida de crescimento macroeconômico e das respectivas arrecadações ao sistema de repartição.

O Gráfico 1.4 mostra a relação entre população idosa e gasto público com a previdência para países, membros da OCDE e outros selecionados, como o Brasil. Os quatro quadrantes relacionam (i) a proporção da população acima de 65 anos sobre a população total do país com (ii) os gastos em previdência como proporção do PIB para o ano de 2015. A maioria dos países encontram-se no quadrante superior direito e no inferior esquerdo. Ou seja,

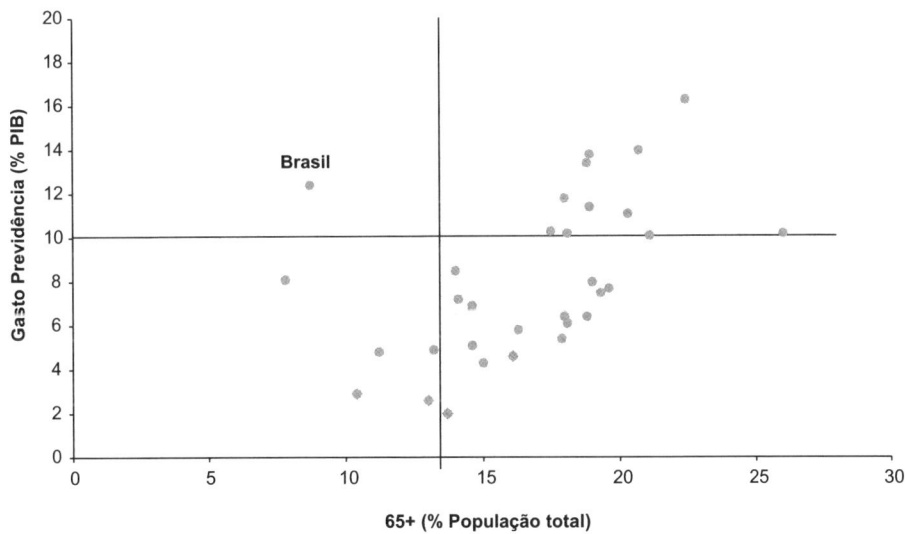

Gráfico 1.4
Gastos com previdência *versus* população acima de 65 anos de idade em países da OCDE, outros selecionados e Brasil – 2015

Nota: Além do Brasil, no quadrante superior à esquerda do gráfico, constam os seguintes países: Alemanha, Austrália, Áustria, Bélgica, Canadá, Chile, Coreia do Sul, Dinamarca, Eslováquia, Eslovênia, Espanha, Estados Unidos, Estônia, Finlândia, França, Holanda, Hungria, Islândia, Irlanda, Israel, Itália, Japão, Letônia, Luxemburgo, Noruega, Nova Zelândia, Portugal, Reino Unido, Suécia, Suíça e Turquia.

Fonte: Elaboração dos autores a partir de dados estatísticos da OCDE para gastos com previdência, e da ONU para indicadores de população por faixa etária. Ambos disponíveis em site, respectivamente: https://data.oecd.org/socialexp/pension-spending.htm (Pension Spending/Society at a Glance); e https://esa.un.org/unpd/wpp/Download/Standard/Population, acesso em 10/12/18.

quanto maior a proporção de idosos na população total, maiores são os gastos com previdência, o que é algo perfeitamente natural. No quadrante inferior direito estão países que, por alguma razão – reformas previdenciárias, crescimento elevado ou elementos da cultura local, nos casos em que se entende que a responsabilidade com essa faixa etária deve ser dividida com as famílias –, se encontram no "quadrante nobre".[24]

Por sua vez, o Brasil encontra-se no quadrante superior esquerdo do Gráfico 1.4. Isso ocorre justamente pelo fato de ser ainda um país com um contingente de população jovem, porém, com gastos previdenciários comparáveis aos de países com maior contingente de idosos.

Nesse contexto, o problema do desequilíbrio do sistema previdenciário decorre diretamente do impacto da transição demográfica no regime em que uma geração financia outra geração. Uma vez que no modelo de repartição simples, uma geração numerosa exigirá outra de igual número em quantidade no futuro – ou uma geração com maior produtividade –, a mudança da composição etária afeta o equilíbrio do sistema de previdência no país.[25]

Redução da taxa de fecundidade

A taxa de fecundidade indica o número de filhos por mulher no seu período reprodutivo e sua redução é outro fator que impacta diretamente a capacidade dos países de manter o equilíbrio do sistema.[26] Uma menor taxa de fecundidade reduz a oferta de mão de obra futura e eleva a taxa de dependência da população que recebe benefícios previdenciários da população que trabalha e contribui para o sistema.[27]

A taxa de fecundidade é um indicador, em determinada data e local, que estima o número médio de filhos por mulher durante seu período de reprodução. Esse indicador não deveria ser inferior a 2,1 filhos por mulher, uma vez que o número de 2 filhos corresponderia à substituição dos pais e 0,1 seria a fração para substituir os que morreram antes de entrar na fase reprodutiva. Caso não se alcance este indicador mínimo, não se tem assegurada a reposição populacional.

Ao observarmos a taxa de fecundidade de países do mundo, nota-se que o indicador varia de país para país. As Figuras 1.1 e 1.2 apresentam a taxa de fecundidade no ano de 1960 e de 2015, respectivamente, e evidenciam as diferenças na evolução do indicador em cada região.

A Figura 1.1 mostra que, em 1960, a maior parte dos países no mundo possuía uma taxa acima de 3,5 de nascimentos por mulher. Entretanto, podemos observar na Figura 1.2 que, na maioria dos países em 2015, a taxa de nascimentos por mulher foi reduzida fortemente para a faixa entre 1,2 a 2,8. Em outras palavras, já há países em que o nascimento de

---

[24] Os países que se encontram no "quadrante nobre" ou inferior à esquerda do Gráfico 1.4 são: Islândia, Coreia do Sul, Chile, Nova Zelândia, Irlanda, Israel, Estados Unidos, Eslováquia, Luxemburgo e Turquia. Apresentados a partir do menor gasto com previdência na proporção do PIB em 2015.
[25] Para conhecer os estudos e projeções sobre expectativa de vida e taxa de dependência da população fora do mercado de trabalho da população ativa, ver OCDE (2005).
[26] Taxa de fecundidade, ou taxa de fertilidade, não deve ser confundida com taxa de natalidade. A taxa de natalidade indica o número de nascidos vivos a cada 1 mil habitantes. Já a de fecundidade está relacionada com o número de filhos por mulher no seu período reprodutivo.
[27] Para compreender os impactos da redução da taxa de natalidade sobre a força de trabalho, ver OCDE (2005).

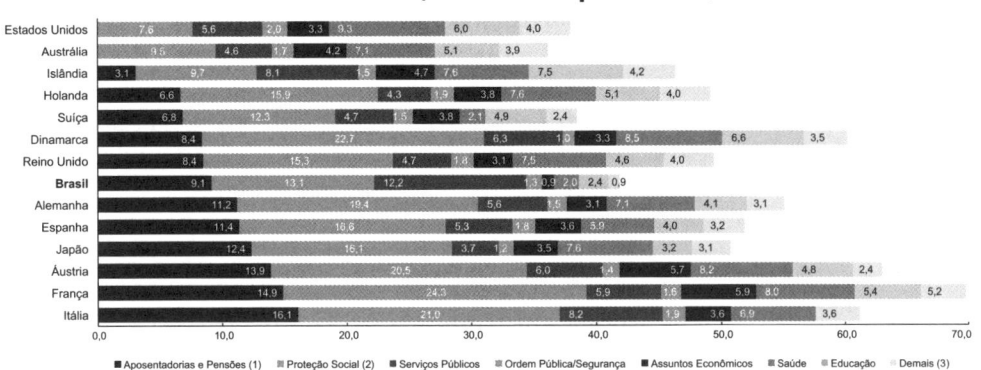

Figura 1.1
Taxa de fecundidade (nascimentos por mulher) – 1960

País	Valores
Estados Unidos	7,6 / 5,6 / 2,0 / 3,3 / 9,3 / 6,0 / 4,0
Austrália	9,5 / 4,6 / 1,7 / 4,2 / 7,1 / 5,1 / 3,9
Islândia	3,1 / 9,7 / 8,1 / 1,5 / 4,7 / 7,6 / 7,5 / 4,2
Holanda	6,6 / 15,9 / 4,3 / 1,9 / 3,8 / 7,6 / 5,1 / 4,0
Suíça	6,8 / 12,3 / 4,7 / 1,5 / 3,8 / 2,1 / 4,9 / 2,4
Dinamarca	8,4 / 22,7 / 6,3 / 1,0 / 3,3 / 8,5 / 6,6 / 3,5
Reino Unido	8,4 / 15,3 / 4,7 / 1,8 / 3,1 / 7,5 / 4,6 / 4,0
Brasil	9,1 / 13,1 / 12,2 / 1,3 / 0,9 / 2,0 / 2,4 / 0,9
Alemanha	11,2 / 19,4 / 5,6 / 1,5 / 3,1 / 7,1 / 4,1 / 3,1
Espanha	11,4 / 16,6 / 5,3 / 1,8 / 3,6 / 5,9 / 4,0 / 3,2
Japão	12,4 / 16,1 / 3,7 / 1,2 / 3,5 / 7,6 / 3,2 / 3,1
Áustria	13,9 / 20,5 / 6,0 / 1,4 / 5,7 / 8,2 / 4,8 / 2,4
França	14,9 / 24,3 / 5,9 / 1,6 / 5,9 / 8,0 / 5,4 / 5,2
Itália	16,1 / 21,0 / 8,2 / 1,9 / 3,6 / 6,9 / 3,6

■ Aposentadorias e Pensões (1) ■ Proteção Social (2) ■ Serviços Públicos ■ Ordem Pública/Segurança ■ Assuntos Econômicos ■ Saúde ■ Educação ■ Demais (3)

Fonte: adaptado pelos autores a partir do site PopulationPyramids.net, https://www.populationpyramid.net/hnp/fertility-rate-total-births-per-woman/2015/, acesso em 10/04/2019.

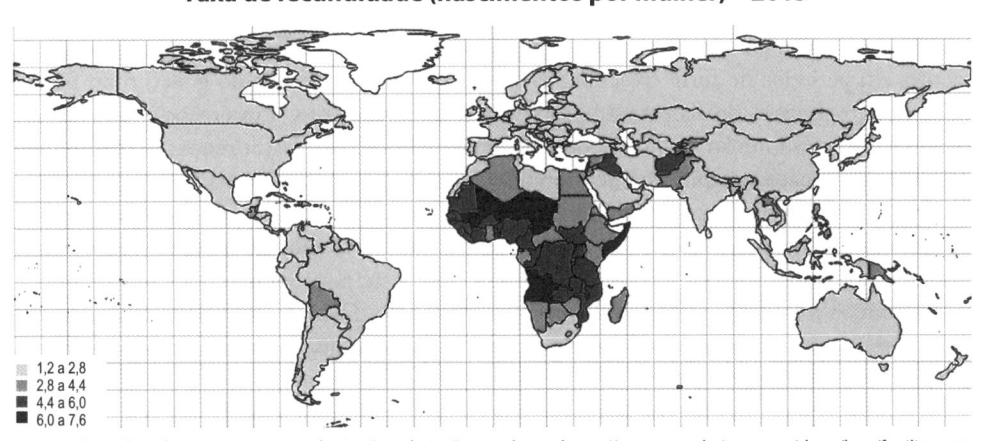

Figura 1.2
Taxa de fecundidade (nascimentos por mulher) – 2015

Legenda:
- 1,2 a 2,8
- 2,8 a 4,4
- 4,4 a 6,0
- 6,0 a 7,6

Fonte: adaptado pelos autores a partir do site PopulationPyramids.net, https://www.populationpyramid.net/hnp/fertility-rate-total-births-per-woman/2015/, acesso em 10/04/2019.

bebês por mulher se situa abaixo do mínimo para reposição de sua população. Outro dado importante é que o forte declínio da taxa de fecundidade ocorre não somente em economias desenvolvidas, mas também em outros países ao redor do mundo.

Nos países desenvolvidos, a taxa de fecundidade é relativamente menor que a das demais economias. Há estudos que indicam evidências de impacto das condições sociais e econômicas da população de países desenvolvidos sobre a decisão da mulher de ter ou não ter filhos. A conclusão é que estas condições oferecem maior acesso à informação e a métodos contraceptivos que se refletem, diretamente, na decisão da mulher por não ter filhos.[28]

---

[28] Para observar evidência sobre os fatores que impactam negativamente sobre a taxa de fecundidade, ver Hondroyiannis (2010).

A maior longevidade e o declínio da taxa de fertilidade na maioria dos países, economicamente desenvolvidos ou não, indicam que o mundo passa por mudanças demográficas importantes, que resultam no aumento da proporção de idosos na população, combinado com a redução dos que contribuem com o sistema. Tais aspecto conduzem à desaceleração do crescimento populacional ao redor do mundo e, consequentemente, um desempenho econômico também reduzido das nações no longo prazo. Estes fatores colocam em xeque as futuras gerações, em função da perspectiva de incidência sobre elas de um ônus significativo para a sustentação dos regimes previdenciários daqui a algumas décadas.

Pressão fiscal

O peso crescente dos gastos públicos para a cobertura da previdência social é um desafio ao equilíbrio macroeconômico dos países. Ou seja, sem a redução do impacto fiscal para a cobertura previdenciária, não é possível um financiamento consistente com o equilíbrio econômico de um país. Nos próximos tópicos abordaremos alguns fatores que contribuíram para redução da capacidade de arrecadação dos governos nos últimos anos, bem como a evolução do gasto público no período recente, em diversos países.

Produção, trabalho, tecnologia e sustentabilidade

Conforme já mencionado, a expansão dos modelos de proteção social ocorreu, principalmente, em períodos de forte crescimento econômico e participação do governo no financiamento e regulação do sistema de proteção social. Entretanto, a interrupção do ciclo de crescimento mais intenso na década de 1970, acompanhado de maior renovação tecnológica, impactou o padrão capitalista de produção.

Neste cenário, houve a revolução do modo "fordista", marcado por processos rígidos de trabalho e consumo padronizado em massa, para um novo modelo no qual predominam formas de trabalho flexíveis e consumo diferenciado. Este novo padrão de desenvolvimento econômico impulsionou a globalização dos mercados. Dito de outra forma, a ascensão desse novo modelo trouxe como consequência a integração dos mercados de bens, serviços e capital, entre diferentes países.

De fato, a crescente integração dos mercados provoca a ampliação das opções de consumo disponíveis tanto para os governos quanto para as empresas, classes sociais e indivíduos de forma isolada. Por outro lado, a depender da posição particular dos países na economia global, há maior perda de receita entre muitos e concentração de receita em poucos. Além desse fato, são cada vez mais rápidas as transformações no mercado de trabalho e a ocorrência de processos disruptivos de produção. Estes fatores podem inibir a capacidade de originar recursos fiscais dos governos, bem como a capacidade contributiva dos indivíduos ao longo do tempo.[29]

Tendo em vista que a capacidade produtiva é um dos pilares da estrutura tributária das economias, juntamente com o trabalho, que gera a capacidade contributiva dos cidadãos, alterações nos tipos de contratos de trabalho e de sociedades cada vez mais voltadas para os

---

[29] Para se aprofundar sobre tendência da maior integração global e consequências na sustentabilidade econômica das Nações, ver Viana (1997). Para as questões das novas formas de trabalho e processo disruptivo, ver Harari (2018).

serviços – realizados por indivíduos de forma autônoma e sem formalização – são fatores que também se refletem na capacidade de os governos gerarem receita através da arrecadação de impostos.[30] Nesse contexto, os países têm maior dificuldade para fazer frente às despesas com seus sistemas de proteção social.

Evolução do gasto público

As críticas crescentes ao peso do governo na economia e a crise do keynesianismo, ou do fundamento da ação do Estado como agente indispensável ao controle da economia, já nos anos 1970, também contribuíram para introduzir obstáculos ao financiamento do sistema de previdência social dos países.[31] As Figuras 1.3 e 1.4 demonstram a forte evolução dos gastos públicos como proporção do PIB, entre 1970 e 2011, respectivamente.

Podemos observar na Figura 1.3 que os gastos públicos como proporção do PIB, em 1970, estavam entre 20 e 30% da economia na maioria dos países, chegando a ultrapassar os 40% em parte da Europa Ocidental. Ao analisarmos os mesmos dados para 2011 (Figura 1.4), nota-se o agravamento da situação, com casos de gastos superiores a 40% do PIB na maioria dos países desenvolvidos e, até mesmo, em algumas economias emergentes.

A questão que nos chama a atenção é compreender se os progressos nos objetivos sociais e econômicos, com o gasto público correspondendo a quase metade do PIB, respondem à função do Estado como distribuidor de renda com vistas a proporcionar alívio à parcela mais pobre da população dessas economias. Esta questão é importante para se pensar um novo arranjo da previdência e o que se pode aprender com a experiência de reforma de outros países.[32]

Sem considerarmos os aspectos políticos e ideológicos, a existência do governo se faz importante para direcionar, ajustar e complementar o sistema de mercado que, isoladamente, não possui condições de desempenhar todas as funções econômicas, quais sejam: a função alocativa, relacionada com o fornecimento de bens públicos; a função distributiva, associada à distribuição de uma renda considerada justa pela sociedade; e a função estabilizadora, por meio da política econômica, com vistas a um alto nível de emprego, à estabilidade dos preços e uma taxa apropriada de crescimento econômico.

Para refletirmos sobre a atuação do governo, consideremos uma situação hipotética. Suponha que os sobreviventes de um naufrágio conseguem encontrar uma ilha deserta e passem a viver nela pelo resto de suas vidas. No começo, cada um iria viver por si. Com o passar do tempo, entretanto, surgem algumas questões: como as pessoas vão se proteger dos animais selvagens? Se houver um problema entre duas pessoas, em que nenhuma cede para uma solução, quem julgará a situação? E se algum dentre eles perturbar o grupo e causar danos prejudicando os demais? Quem protegerá o grupo contra esta pessoa e de outros com o mesmo comportamento? E quanto aos que adoecerem, haverá quem cuide?

Na sociedade hipotética ilustrada, o governo surge como forma de organização que disciplina a relação entre as pessoas. Com o passar do tempo, aparecerão outros problemas

---

[30] Para as alterações nos contratos de trabalho, novas formas e impacto sobre a contribuição ao sistema de previdência no mundo, ver Esping-Andersen (1995).
[31] Para maior compreensão da relação das despesas públicas nos países, relação com bem-estar econômico e social e necessidade de os governos reduzirem de forma gradual suas atividades sem comprometer seus objetivos, ver Tanzi e Schuknecht (1996).
[32] O tema sobre reformas é apresentado ao final deste Capítulo 1.

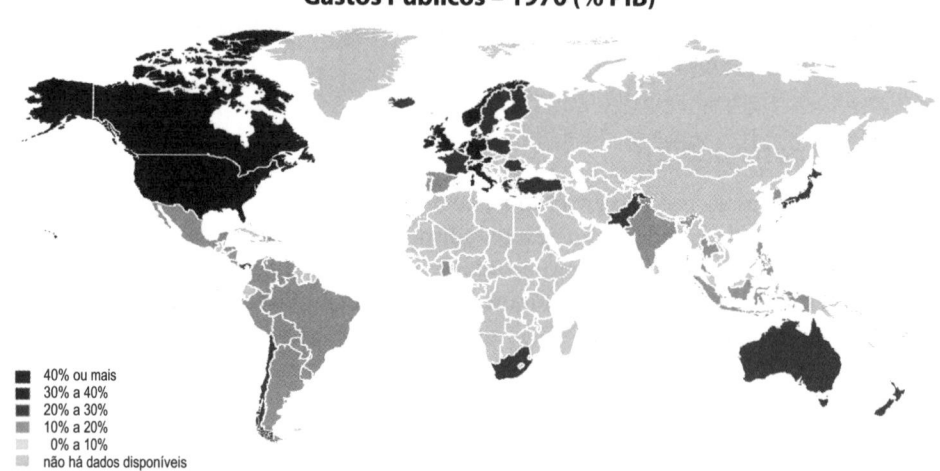

Figura 1.3
Gastos Públicos – 1970 (% PIB)

- 40% ou mais
- 30% a 40%
- 20% a 30%
- 10% a 20%
- 0% a 10%
- não há dados disponíveis

Fonte: adaptada pelos autores a partir de site do FMI, http://www.imf.org/external/datamapper/exp@FPP/USA/FRA/JPN/GBR/SWE/ESP/ITA/ZAF/IND/TUR?year=2011, acesso em 10/04/2019.

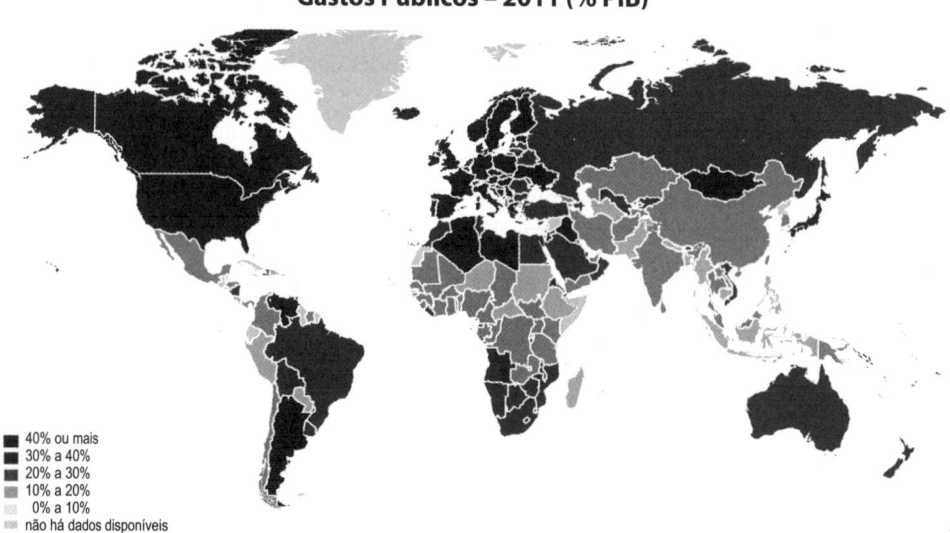

Figura 1.4
Gastos Públicos – 2011 (% PIB)

- 40% ou mais
- 30% a 40%
- 20% a 30%
- 10% a 20%
- 0% a 10%
- não há dados disponíveis

Fonte: adaptada pelos autores a partir de site do FMI, http://www.imf.org/external/datamapper/exp@FPP/USA/FRA/JPN/GBR/SWE/ESP/ITA/ZAF/IND/TUR?year=2011, acesso em 10/04/2019.

decorrentes dessa mesma organização, como a incapacidade para estabelecer as prioridades; os desperdícios; etc. Esta situação, em maior ou menor medida, é observada nos países e gera as críticas ao governo, porém, sem deixar de considerá-lo importante, na medida em que, se não fosse desta forma, cada indivíduo viveria unicamente em função de seus próprios interesses e de forma desorganizada.[33]

---

[33] Caso hipotético adaptado de Giambiagi e Além (2016) no qual são aprofundadas as questões de um mercado incompleto e a necessidade dos governos nos sistemas econômicos.

A Tabela 1.2 apresenta os gastos públicos em percentual do PIB para países selecionados da OCDE, diferenciando-se dos dados apresentados nas Figuras 1.3 e 1.4 no que se refere ao recorte temporal. Nota-se que enquanto nos grupos dos países desenvolvidos, no século XIX, este percentual era em média 10,5%, ele passou para cerca de quatro vezes mais ao observarmos o ano de 1980 em diante.

Um dado relevante não observado na Tabela 1.2 é que houve um aumento significativo dos gastos públicos no período entre as duas Guerras Mundiais, 1914/1918 e 1939/1945, respectivamente. Estes gastos foram gerados pelas questões militares e foram fatores determinantes para a expansão dos gastos ao redor do mundo. Já em 1880 o economista alemão Adolph Wagner, à luz do retrospecto da época, considerava a tendência de crescimento dos gastos públicos. Veio daí a expressão "lei de Wagner" ou "lei dos dispêndios públicos crescentes".[34]

SISTEMAS PREVIDENCIÁRIOS NOS PAÍSES

As últimas seções deste capítulo elucidarão a origem dos sistemas previdenciários, bem como os respectivos desequilíbrios gerados ao longo do tempo, situando o leitor nos principais aspectos históricos e de fundo que conformam este tema.

Já nesta seção, o objetivo é apresentar a nomenclatura moderna associada à previdência, preparando o terreno conceitual que serve de referência para a análise realizada ao longo deste livro. Nesse sentido, serão abordados os tipos de sistemas previdenciários (ou modelos institucionais), os regimes de financiamento associados e os tipos de benefício utilizados.

No que tange aos sistemas previdenciários, eles podem ser desde mandatórios e geridos pelo governo, até voluntários e geridos pela iniciativa privada. As questões que surgem ao analisar o tipo de sistema é se este deveria ter caráter mandatório e/ou sobre os pesos que deveriam ser dados aos diferentes objetivos do sistema de previdência. Isto é, quais aspectos devem ser contemplados pelo mesmo: segurança ao longo da vida; redistribuição da renda ao longo do tempo; alívio da pobreza como objetivo primário; ou promoção do crescimento econômico através de incentivo à poupança, combinado com um mercado de capitais eficiente.[35]

Conforme explorado em mais detalhes na primeira subseção a seguir, os regimes de financiamento são essencialmente de dois tipos: de repartição simples ou de capitalização de reservas. Para cada regime, por sua vez, podem ser previstos diferentes tipos de benefícios. A combinação entre os diferentes tipos de sistemas previdenciários, regimes de financiamento e de benefício, compõe o que chamaremos de "sistema de pilares".

---

[34] Através do desenvolvimento das modernas sociedades industriais é que houve uma maior pressão de aumento do gasto dos governos. Para aprofundar sobre a evolução dos gastos dos governos, ver estudos da OECD (2018).

[35] Dentre os objetivos primários: a manutenção do consumo do indivíduo quando não estiver na fase laborativa; seguro de uma renda diante da incerteza da expectativa de vida em anos; alívio da pobreza; redistribuição de renda através de tributos. Dentre os secundários, a ampliação e crescimento econômico, ver Barr e Diamond (2006). Entretanto, um sistema que incentive a formação de reservas pode não significar crescimento econômico ao país, na medida em que seu mercado de capitais não for eficiente na alocação dos recursos para investimentos e aumento da produtividade, para se aprofundar, ver Barr (2006).

Tabela 1.2 Evolução dos gastos públicos em países selecionados da OCDE (% PIB)[1]

	Final do século XIX, em torno de 1870[2]	Período prévio à Primeira Guerra Mundial, em torno de 1913[2]	Período posterior à Primeira Guerra Mundial, em torno de 1920[2]	Período prévio à Segunda Guerra Mundial, em torno de 1937[2]	1960	1980	1990	2007	2015
Alemanha	10,0	14,8	25,0	34,1	32,4	47,9	45,1	42,8	43,9
Austrália	18,3	16,5	19,3	14,8	21,2	34,1	34,9	32,9	36,2
Áustria			14,7	20,6	35,7	48,1	38,6	49,2	51,0
Bélgica[3]		13,8	22,1	21,8	30,3	57,8	54,3	48,2	53,8
Canadá			16,7	25,0	28,6	38,8	46,0		
Espanha[3]		11,0	8,3	13,2	18,8	32,2	42,0	39,0	43,8
Estados Unidos	7,3	7,5	12,1	19,7	27,0	31,3	32,8	36,9	37,6
França	12,6	17,0	27,6	29,0	34,6	46,1	49,8	52,3	56,6
Holanda[3]	9,1	9,0	13,5	19,0	33,7	55,8	54,1	42,0	44,5
Irlanda			18,8	25,5	28,0	48,9	41,2	35,9	28,8
Itália[3]	11,9	11,1	22,5	24,5	30,1	42,1	53,4	46,8	50,2
Japão	8,8	8,3	14,8	25,4	17,5	32,0	31,3	35,1	39,4
Noruega	5,9	9,3	16,0	11,8	29,9	43,8	54,9	41,4	48,8
Nova Zelândia			24,6	25,3	26,9	38,1	41,3		
Reino Unido	9,4	12,7	26,2	30,0	32,2	43,0	39,9	40,9	42,2
Suécia	5,7	10,4	10,9	16,5	31,0	60,1	59,1	49,3	49,6
Suíça	16,5	14,0	17,0	24,1	17,2	32,8	33,5	30,7	34,0
Média simples	10,5	12,0	18,2	22,4	27,9	43,1	44,2	41,6	44,0

Nota: (1): gastos referentes ao Governo geral; (2) os valores estão relacionados ao ano mais próximo para o qual há dados disponíveis depois de 1870, antes de 1913, depois de 1920 e antes de 1937 e; (3) Até 1937, dados referentes apenas ao governo central.

Fonte: adaptada pelos autores a partir da Tabela 1.1 de Giambiagi e Além (2015) considerando Tanzi (1998), The demise of the Nation State, IMF Working Paper, WP/98/120 e dados atualizados com base em Tanzi (2011). Para 2015, com base em OECD (2018), General government spending (indicator).

Regimes de financiamento e tipos de benefícios

Com relação ao financiamento, podemos observar dois tipos: (i) o *Pay-As-You-Go* (PAYG), ou *unfunded*, traduzido como "repartição simples" e gerido pelo governo; e (ii) o "sistema de capitalização" com formação de reservas, ou *funded*, normalmente gerido pela iniciativa privada.

O modelo de repartição simples é observado na maioria dos países e não há formação de reservas para pagamento das aposentadorias no futuro. Nesse regime de financiamento, as aposentadorias dos inativos são pagas, a cada momento do tempo, pelas contribuições dos ativos contemporâneos. Por sua vez, estes últimos ficam sujeitos, quando se aposentarem, a terem suas aposentadorias financiadas pelos trabalhadores ativos da próxima geração.

O regime de repartição simples, portanto, representa um modelo "solidário", através do qual há a transferência de uma parte da sociedade que está trabalhando para a outra que está aposentada. De certo modo, trata-se da transferência de parte da renda dos adultos aos idosos e dos que gozam de boa saúde aos que estão em situação de invalidez, uma vez que recebem benefícios assistenciais sob a gestão e regulação do Estado e com contribuições mandatórias de empregados e empregadores.

Já no sistema de capitalização, a aposentadoria de cada indivíduo é custeada pela capitalização prévia dos recursos decorrentes das próprias contribuições feitas ao longo da vida ativa de trabalho. Geralmente, os sistemas privados são deste tipo. Neles as contribuições são acumuladas e investidas em ativos de mercado para obtenção do retorno esperado ao longo do tempo. Desta forma, espera-se formar as reservas necessárias para fazer frente ao pagamento do benefício de aposentadoria no futuro. Teoricamente, a ideia básica desse tipo de sistema é que o valor presente das contribuições estimadas seja igual ao valor presente dos benefícios esperados de cada participante.

No sistema de capitalização, assume-se o risco de premissas como a expectativa em anos do período da vida laboral e da vida na aposentadoria, uma taxa de juros que remunere o capital acumulado, entre outras. A partir dessas premissas, são calculados tanto os valores a guardar através de contribuições quanto da renda a se auferir no futuro com a aposentadoria. Neste modelo, o governo participa na questão regulatória para segurança e funcionamento do sistema e, em alguns casos, acaba por participar também na garantia de uma renda mínima àqueles desprovidos de condições financeiras adequadas à sobrevivência.

Além dos regimes de financiamento, os sistemas de previdência são caracterizados pela existência de diferentes tipos de benefício ou planos. Neste livro, para fins didáticos, eles foram agrupados em cinco tipos[36], conforme exposto a seguir.

(1) Benefícios Assistenciais (podem assumir três formas): (i) "benefício básico" com base em determinados critérios para o indivíduo ser elegível ao benefício e independente de contribuições prévias (ou dependendo do número de contribuições em anos, sem relação com renda prévia); (ii) "benefício mínimo" com base em um esquema de contribuições, que não guarda relação com a reserva formada e que tem o efeito de redistribuição da renda; e (iii) plano de "assistência social", no qual são pagos benefícios maiores a pensionistas em condições de pobreza e benefícios menores aos que possuem melhores condições de aposentadoria – os valores de benefício dependem de contribuições mínimas e outras fontes como retorno de ativos.

---

[36] A distribuição e definição dos tipos de planos observados em países-membros da OCDE são apresentadas em estudo da OECD (2017).

(2) Benefício Definido (BD): o benefício guarda valor com o salário que o trabalhador recebeu ao longo de seu contrato laboral e decorre das contribuições dos empregados e do empregador. Neste tipo de plano, assume-se o risco atuarial ao serem consideradas hipóteses demográficas para estimar a expectativa de vida do trabalhador, o período laboral em que fará as contribuições, entre outros[37].

(3) Contribuição Definida (CD): o benefício depende das contribuições acumuladas e dos retornos dos investimentos em ativos para serem convertidos em renda no momento da aposentadoria. Este tipo não oferece segurança relacionada com a incerteza da renda ao longo da vida do indivíduo, possui relações atuarialmente estritas às suas contribuições e depende do desempenho do portfólio dos investimentos.

(4) Nocional de Contribuição Definida (NCD): este plano simula os planos CD, contudo, sem investir realmente em ativos de mercado[38]. Neste caso, há uma conta dita "nocional" que guarda relação com determinada taxa de retorno e que é mantida para cada participante. A entidade gestora declara a respectiva taxa de retorno a cada ano e as contribuições acumuladas nos mesmos períodos. Na aposentadoria, esse capital nocional acumulado é convertido em benefício de renda considerando a expectativa de vida.

(5) Pontos: referências salariais classificadas por pontos a cada ano trabalhado. No momento da aposentadoria, o resultado da soma dos pontos é multiplicado por respectivos valores-ponto que serão convertidos em pagamento de benefícios.

Cada país costuma adotar diferentes combinações de regimes de financiamento e tipos de benefício em seus territórios. Apenas para fins exemplificativos, apresentamos a seguir os modelos adotados em seis países[39]: Chile, Reino Unido, Austrália, Nova Zelândia, Holanda e EUA.

- Chile: assim como em outros países da América Latina, o modelo chileno é de planos CD, em que há um benefício mínimo do governo para trabalhadores que contribuem 20 anos ou mais. A parte que excede o mínimo é mandatória, com a formação de reserva individual através do sistema privado.
- Reino Unido: o regime é o de repartição simples do Estado. Compreende benefícios básicos de aposentadoria, sendo mandatório e complexo.
- Austrália: o modelo guarda relação com o do Chile, uma vez que possui uma segunda parte mandatória e com reservas individuais. Entretanto, de forma diferente do caso chileno, a primeira parte depende de taxação, onde os empregadores têm papel importante nas reservas individuais.
- Nova Zelândia: o seu sistema é considerado "generoso" para todos e financiado por um imposto geral, suplementado voluntariamente, com formação de reservas e plano do tipo BD. Em 1997, foi negada a proposta de alteração do sistema para um modelo mandatório como o do Chile.
- Holanda: assim como na Nova Zelândia, o sistema de previdência é relativamente generoso e tem uma taxa igualitária para formação das reservas. Entretanto, é

---

[37] Para aprofundar os esquemas previdenciários dos países, ver Barr (2006).
[38] O sistema "nocional" significa que o sistema opera "como se" fosse de capitalização, mas com um retorno dado por variáveis macroeconômicas como crescimento do PIB ou da receita. Assim, as contribuições são capitalizadas contabilmente, mas não como fruto de uma aplicação financeira efetiva.
[39] Referente aos diferentes modelos adotados pelos países, ver Barr (2006).

mandatório participar de esquemas privados e há também um sistema voluntário de aposentadoria.
- EUA: há um esquema de repartição simples, mas não é comparável aos países europeus. As pessoas até podem se aposentar mais cedo, contudo até 2001, o benefício integral era pago somente aos 65 anos de idade. Desde então, a idade para se receber o benefício integral vem aumentando gradualmente, passando a 66 anos aos que completaram 62 anos em 2005, e chegando a 67 anos para aqueles que completarem 62 anos de idade em 2022 e após. Muitos trabalhadores em empresas são inscritos em esquemas individuais de planos BD. O único sistema mandatório é o da previdência pública.

Sistema de pilares

Em grande parte dos países, a seguridade é regida por regras formais. Isto não significa que o sistema não seja também impactado por regras informais.[40] Ocorre que o tipo de arranjo previdenciário é determinado por um conjunto de regras que acabam por definir como os agentes decidirão maximizar os benefícios que venham a receber. Este conjunto de regras pode ser um fator determinante no desempenho do sistema previdenciário e no comportamento dos indivíduos no mercado de trabalho.

Fatores como a antecipação da elegibilidade para requerimento da aposentadoria, o aumento da expectativa de vida, a elevação dos anos para pagamento de benefícios, a diminuição do número de anos em atividade econômica, ou a antecipação do pedido de aposentadoria, são exemplos de regras com impactos relevantes sobre a sustentabilidade dos sistemas previdenciários. Situações como aposentadorias precoces, por exemplo, potencializam os efeitos das mudanças demográficas e das crises econômicas dos sistemas de seguridade de quase todos os países. Nesse sentido, um conjunto de regras dos sistemas de aposentadorias geraram déficits fiscais e, como consequência, a necessidade de reformas nos anos 1980 e 1990 em diversos países.[41]

Diante de fatores que, combinados, determinam o desempenho dos sistemas previdenciários dos países, é preciso reavaliar se os sistemas atuais proveem o objetivo de proteção aos idosos. Ao se abordar a questão do desempenho de sistemas previdenciários e a definição da estrutura mais adequada, é preciso reconhecer os diferentes tipos de arranjos possíveis para os mesmos.[42]

A literatura sugere que o financiamento da seguridade para os idosos deveria ser pautado pela combinação de três pilares. A Figura 1.5 apresenta os pilares 1, 2 e 3 e os tipos de planos que são oferecidos em cada pilar. Alguns estudos adotam o conceito de "pilar zero" exclusivamente para os esquemas não contributivos, com o objetivo de aliviar a pobreza na população idosa, o que corresponde a um componente de natureza assistencial. Por isso, na Figura 1.5 adotamos este "pilar zero" como plano de "Benefício Assistencial".[43]

---

[40] As regras informais, aqui destacadas, decorrem de incentivos implícitos que levam a um determinado comportamento pela sociedade. Para se aprofundar, ver Gruber e Wise (2002).
[41] Sobre o desempenho dos sistemas de previdência, ver Tafner (2007).
[42] Para aprofundar estudos sobre a questão da efetiva proteção social pelos governos e adequação da estrutura, ver estudo do World Bank (1994) e de Mesa-lago (2005).
[43] Para abordagem dos pilares da previdência, ver OCDE (2006, 2017).

Figura 1.5
Os tipos de sistemas previdenciários e planos de benefícios

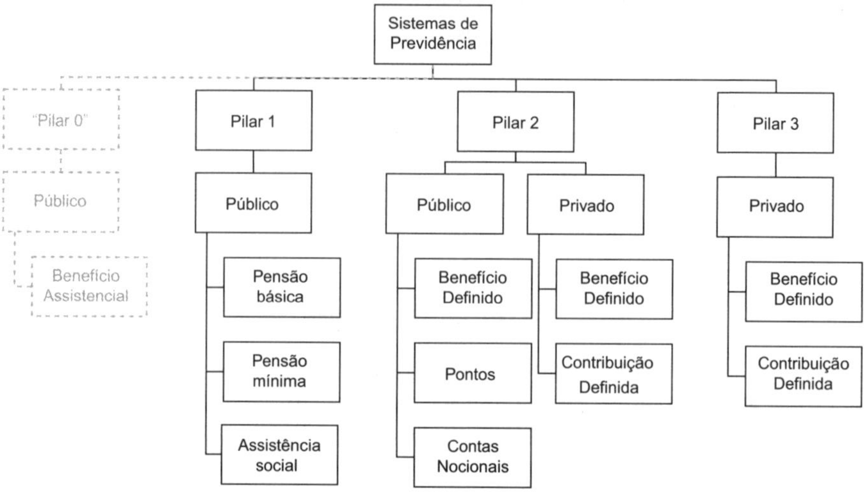

```
                        Sistemas de
                        Previdência
    ┌───────────┬───────────┬───────────┐
 "Pilar 0"   Pilar 1     Pilar 2      Pilar 3
    │           │         ┌───┴───┐       │
 Público     Público    Público Privado Privado
    │           │         │       │       │
Benefício    Pensão   Benefício Benefício Benefício
Assistencial básica   Definido  Definido  Definido
             Pensão    Pontos  Contribuição Contribuição
             mínima            Definida    Definida
           Assistência  Contas
             social    Nocionais
```

Fonte: Adaptação dos autores a partir de relatórios da OCDE (2017), para o pilar "0" a partir de relatório da OCDE (2006).

O primeiro pilar é um sistema público mandatório e busca atender o caráter distributivo através do setor público. Neste pilar, o regime de financiamento é de repartição simples, sendo oferecidos: um benefício básico, igual para todos os aposentados, dependendo dos anos de trabalho e não dos salários do passado; um benefício mínimo para alívio da pobreza; e um plano de assistência social para os que recebem pensões reduzidas.

Por sua vez, o Pilar 2 é mandatório, com regime financeiro de capitalização, e tanto o sistema público como o privado oferecem o plano BD. O sistema público oferece ainda mais dois tipos de plano: o de pontos e de contas nocional, ou plano NCD. Já o sistema privado, além do BD, oferece também a opção CD. As contribuições e os retornos obtidos pelos investimentos em planos BD e CD formarão a reserva para o pagamento de aposentadorias no futuro.

Em planos BD, contribuições adequadas para um plano de benefício são resultado de uma taxa de custeio obtida através de cálculos atuariais. Os cálculos atuariais são projeções estimadas a partir de premissas demográficas e econômicas. Estas premissas têm como base informações do conjunto de participantes do plano e do cenário econômico. As projeções estimadas do fluxo de pagamento de benefícios correspondem ao passivo dos planos. Desta forma, o eventual desequilíbrio do plano de benefícios é determinado pela diferença entre o seu passivo do plano e seus ativos. Um valor de passivo acima do valor do ativo total do plano corresponde a um déficit e o contrário, a um superávit. Já em planos CD não há o risco atuarial de se estimar o fluxo de benefícios a ser pago na fase de aposentadoria. Como já apresentamos na subseção anterior, o benefício de complementação de aposentadoria nesse tipo de plano depende das contribuições acumuladas e dos retornos dos investimentos em ativos.[44]

Finalmente, o terceiro pilar representa um sistema voluntário de contribuições para formação de reserva, atendido pelo setor privado. Oferece os mesmos tipos de planos do segundo pilar (planos BD e CD).

---

[44] Importante destacar que em planos CD, o risco atuarial ocorre no caso de previsão de coberturas de invalidez e morte em seu regulamento.

Dado o exposto, os sistemas previdenciários deveriam considerar a combinação entre tipos de planos com formação de reservas efetivas, de forma a prover melhor cobertura, adequação e redução de incertezas. Para tanto, deveriam buscar o que há de melhor entre planos BD e CD para reduzir os aspectos considerados críticos nos planos individualmente.

Porém, redesenhar as instituições que executam a gestão desses planos é tão importante quanto oferecer a melhor solução para a escolha do modelo. Este tema será tratado do Capítulo 3 em diante, quando abordaremos, especificamente, o modelo de capitalização de reservas. Contudo, anteciparemos neste primeiro capítulo a questão do mercado como solução à questão da maior pressão fiscal dos países.

TRANSFERÊNCIA DO RISCO DA PREVIDÊNCIA PARA O MERCADO

Sob um contexto em que as questões demográficas representam um risco de desequilíbrio estrutural na previdência, a opção pela migração de um modelo de repartição simples para um sistema de capitalização é alvo de discussão em diversos países. Como observamos na seção anterior, essa opção passa pela transferência da previdência do Pilar 1 para os sistemas previdenciários do Pilar 2 ou 3.

Em outras palavras, a migração entre os sistemas de repartição simples e capitalização envolve uma mudança estrutural de um sistema público financiado pelas contribuições correntes e de forma mandatória, para um sistema de formação de reserva mandatório com operação através do sistema público ou privado; ou ainda, para um sistema privado com formação de reserva e na forma de contribuição voluntária ao sistema. As próximas subseções exploram em mais detalhes as implicações e desafios associados a tal opção.

Implicações do regime de capitalização

As discussões acerca da transferência do risco da previdência para o mercado na acumulação e capitalização de reservas evoluíram para uma reunião, em 2005, entre representantes do Grupo dos Dez (G10).[45] O trabalho do grupo teve como objetivo tratar das implicações dessa transferência para os mercados financeiros, assim como de políticas econômicas decorrentes das reformas nos sistemas de previdência. As principais conclusões foram:

(1) A sugestão de promover uma transição da previdência pública para esquemas privados, através dos chamados fundos de pensão, o que pode elevar a influência das reservas de previdência e sua relação com o fluxo financeiro no mercado de capitais do país.
(2) A ideia de que os governos podem facilitar o desenvolvimento e expansão dos mercados, através da criação de instrumentos que propiciem a formação da reserva e a provisão dos benefícios de aposentadoria.

---

[45] Segundo definição do glossário da OCDE, o G10 é uma organização internacional que reúne Ministros da Fazenda e Presidentes dos Bancos Centrais, criada em 1962. Os países são Bélgica, Canadá, Estados Unidos, França, Itália, Japão, Holanda, Reino Unido, Alemanha, Suécia e Suíça. O grupo foi instituído em 1962 com as dez economias mais ricas. Em 1964, a Suíça foi o 11º país a fazer parte do grupo. Seu propósito é de cooperação econômica, monetária e financeira (disponível em: https://stats.oecd.org/glossary/detail.asp?ID=7022, consulta em 6 de agosto de 2018).

(3) A noção de que o desenvolvimento da regulamentação e da supervisão devem contribuir para: um maior rigor na gestão de riscos; ampliação da transparência; melhor governança das reservas privadas; garantia da consistência entre formação de reservas; e direcionamento por princípios de prudência e de padrões contábeis.

(4) A sugestão de que as regras tributárias sobre as reservas não devem inibir a formação destas, nem devem servir como forma de postergação do pagamento de impostos.

(5) A defesa da educação financeira – tendo em vista que há elevação de risco ao transferir para o indivíduo a formação de reservas – e a necessidade de reforçar o aconselhamento para formação da provisão de renda para o momento em que não estiver na vida laboral.

A evolução dos ativos acumulados com a arrecadação das contribuições para benefícios de aposentadoria no futuro eleva os investimentos dos fundos de pensão[46] em ativos de mercado, ampliando a relevância dos mesmos como investidores institucionais.

Os investidores institucionais são organizações de profissionais que executam a gestão de investimentos em nome dos donos dos recursos. O objetivo de retorno dos investidores institucionais, portanto, está relacionado com os interesses dos que possuem o direito sobre o resultado da organização. Os fundos de pensão, por exemplo, possuem como objetivo o pagamento de benefício no futuro aos participantes dos planos, os quais, por sua vez, contribuem com os recursos a serem investidos. O objetivo de retorno sobre os recursos arrecadados é de longo prazo e as limitações de risco dos ativos a investir dependem do fluxo de pagamento dos benefícios.

Assim como os fundos de pensão, os fundos mútuos de investimentos possuem diferentes objetivos de retorno em função do nível de aversão ao risco de seus clientes. A depender dos diferentes tipos de riscos, há diferentes horizontes de prazo para investimento e respectiva necessidade de liquidez, de curto a longo prazo. As seguradoras também são investidores institucionais relevantes, ao investirem recursos dos prêmios que são pagos por seus segurados, de forma a maximizar o retorno a essas companhias e fazerem frente aos sinistros que forem incorridos.

Dessa forma, ao construírem e manterem uma carteira de investimentos, os investidores institucionais concorrem no mercado pela demanda e oferta de ativos na busca do retorno esperado por seus clientes.[47] A Tabela 1.3 apresenta os ativos no mundo sob gestão de investidores institucionais, em 2015. Podemos observar que os recursos dos fundos de pensão concentram o maior volume, mesmo sem considerarmos os recursos administrados por companhias seguradoras destinados à aposentadoria, ou os fundos de investimentos voltados especificamente para planos de previdência.[48]

---

[46] Como será visto no Capítulo 4, os fundos de pensão correspondem às Entidades Fechadas de Previdência Complementar (EFPC).
[47] Para aprofundar conhecimento sobre as recomendações decorrentes da reforma da previdência ao considerar a transferência do risco ao mercado, ver OCDE (2005).
[48] O Capítulo 3 apresentará dados do volume de ativos com objetivos de previdência por fundos de pensão a funcionários de grupos específicos de trabalhadores a seus empregados e de planos pessoais comercializados no mercado dos diferentes países.

Tabela 1.3 Investidores institucionais e ativos sob a gestão no mundo, em 2015

Investidores institucionais	Ativos (US$ trilhões)
Fundos de pensão	36
Administradores de riquezas privadas	33
Companhias Seguradoras	24
Fundos mútuos de investimentos	24
Fundos soberados	5
Endowments/Fundações	1
Total	123

Fonte: Adaptação dos autores a partir da Tabela 4.1 de Ambachtsheer (2016).

Tal concentração de ativos com objetivo de renda para a aposentadoria lança luz para a questão da governança interna das organizações que administram os recursos. Em outras palavras, suscita uma discussão acerca do alinhamento entre o sistema de decisão desses investidores e os objetivos de retorno dos planos de benefícios, levando em conta tanto os riscos relacionados com os ativos, no tocante à obtenção de um retorno adequado para a carteira do fundo, quanto aos concernentes ao passivo.

Riscos associados ao ativo e ao passivo

Dado que a organização de investidores institucionais é um instrumento moderno do sistema financeiro dos mercados em escala, existe a tendência de maior crescimento e centralização dessa forma de investimento dos indivíduos.[49] Esta tendência resulta em mudanças na indústria de ativos e nos incentivos aos gestores de investimentos. Por sua vez, tais incentivos influenciam as decisões de investimento, o resultado de mercado e, consequentemente, o retorno esperado para os planos de benefícios sob a gestão tanto de fundos de pensão, como de organizações autorizadas a comercializar planos de previdência ou seguros com cobertura por sobrevivência. Em última instância, a centralização destes recursos pode afetar a liquidez, a variação de preços dos ativos e as taxas de juros no mercado.

Uma inadequada composição de incentivos, por sua vez, pode sujeitar a gestão dos recursos à assunção de riscos acima de valores prudenciais, tanto em planos BD quanto CD. De fato, no caso de planos BD, em função, por exemplo, de eventual situação de déficit, os gestores podem ter o incentivo de investir em ativos de maior risco para elevar o retorno e compor o patrimônio do plano no longo prazo. Especialmente em contextos de juros baixos no longo prazo, tais incentivos podem se tornar excessivos, caso não seja observada a necessidade de liquidez e de solvência do plano a cada período.

Por seu turno, os planos CD também estão sujeitos a uma exposição excessiva a riscos. Cite-se, como exemplo, uma situação de centralização de investimentos em ações do próprio patrocinador do plano, ou mesmo, estratégias de investimentos que podem não ter a melhor combinação entre custos incorridos com administração e retorno ao plano de benefícios.

Somado aos aspectos mencionados, cabe destacar que, desde a crise financeira de 2008, o ambiente global tem sido marcado por reduzidas taxas de inflação e juros. A partir de dados dos países-membros da OCDE, de 2008 a 2017, é possível observar uma média da taxa de inflação e de juros de, respectivamente, 2,4% e 0,7% anuais. Esses são fatores conjunturais que impõem desafios no contexto de obtenção de retorno por investidores

---

[49] Para assuntos relacionados com a governança interna dos investidores institucionais e seu impacto no mercado de capitais, ver Commitee on the Global Financial System (CGFS) (2003).

institucionais, incluindo os fundos de pensão e demais investidores que administram recursos previdenciários ao redor do mundo[50].

Isso ocorre na medida em que a economia não mais proporciona taxas de juros de longo prazo suficientes para a remuneração dos ativos sob gestão. Se pensarmos num retorno real necessário aos recursos do plano de pelo menos 3% ao ano, no longo prazo, para pagamento do benefício de aposentadoria no futuro, o cenário supracitado de juros médios abaixo de 3% ao ano impõe: maiores contribuições; redução dos benefícios; ou uma alocação de recursos em investimentos de maior risco – desde que estes gerem maior retorno, sem que os riscos potenciais se cristalizem e afetem o resultado.

A Tabela 1.4,[51] como exemplo, apresenta a magnitude dos ativos sob a gestão por fundos de pensão de 22 países em valores absolutos e como percentual do PIB. Os dados mostram a relevância destes investidores e os desafios que lhes são impostos à medida que precisam investir os recursos para a obtenção de retorno e pagamento de benefícios ao longo do tempo.

Desta forma, há a necessidade de maior monitoramento do risco de investimentos em função de seleção adversa. Este conceito econômico está associado a situações em que há grande assimetria de informações dos administradores em relação aos detentores do capital, acerca da melhor tomada de decisão. Caso essa questão da assimetria citada não seja observada e tratada na governança das organizações, pode-se incorrer no desvio do cumprimento do pagamento de benefícios no futuro a seus participantes. O risco moral é outro fenômeno que precisa ser evitado e que, intencionalmente, desvia a organização de seu propósito. Esse risco é possível quando os administradores buscam maximizar seu próprio interesse ou de grupos relacionados, em detrimento do propósito da organização.[52]

Além dos riscos associados à gestão dos ativos por fundos de pensão, também existem riscos do passivo que precisam ser adequadamente endereçados. Do ponto de vista do indivíduo, o benefício de aposentadoria funciona como dois mecanismos para manutenção de bem-estar social ou *welfare state*.[53] O primeiro representa aquele pelo qual as pessoas buscam o equilíbrio entre gastos e poupança em diferentes fases da vida. Este processo permite ao indivíduo a transferência de consumo durante anos de sua vida laborativa para os anos em que não estiver trabalhando. Essa transferência ocorre através da poupança de parte da renda do indivíduo durante os anos de trabalho, de forma a acumular e usufruir, posteriormente, no momento de sua aposentadoria. O segundo é o mecanismo de seguro, no qual são estimados riscos de expectativa de vida de um grupo de pessoas e faz-se a estimativa do total que os indivíduos devem contribuir para a formação de reservas desse grupo.

Ocorre que numa reserva para aposentadoria constituída individualmente, há o risco de se viver além da poupança individual que sua manutenção econômica necessita. Nesse caso, deveria haver uma redução ainda maior de consumo durante a vida laboral para prevenir, antecipadamente, o risco de maior longevidade. Entretanto, apesar de nenhuma pessoa saber por quanto tempo um indivíduo viverá, a expectativa de vida pode ser estimada. Ou seja, alguns membros acabam assumindo o risco de maior longevidade de outros, num certo grupo de indivíduos. Sendo assim, o mecanismo de seguro oferece melhores condições para a sua manutenção econômica no futuro, quando estimados os riscos num grupo de pessoas.

---

[50] Para se aprofundar sobre os desafios na obtenção de retorno, ver OCDE (2015).
[51] Os 22 maiores fundos de pensão na relação ativos/PIB no mundo e características como alocação de ativos, proporção de planos BD e CD são apresentados em relatório da Willis Towers Watson (2018).
[52] Estes riscos são aprofundados nos Capítulos 4 e 6 para os recursos administrados por fundos de pensão e nos Capítulos 5 e 7 para os planos de previdência e seguros com cobertura por sobrevivência comercializados no mercado.
[53] Para uma melhor compreensão dos riscos de passivo na gestão por fundos de pensão, ver Barr e Diamond (2006).

Tabela 1.4 Total de ativos sob a gestão de fundos de pensão por país, em US$ trilhões e % do PIB – 2017

País	Total de ativos	Ativos/PIB[7]
Holanda	1.598	193,8%
Austrália	1.924	138,4%
Suíça[5]	906	133,1%
Estados Unidos[6]	25.411	131,2%
Reino Unido	3.111	121,3%
Canadá	1.769	107,8%
Finlândia	233	92,8%
Chile	205	77,8%
África do Sul	258	75,1%
Malásia	227	73,4%
Japan[4]	3.054	62,5%
Hong Kong	164	49,1%
Irlanda	157	48,2%
Coreia do Sul	725	47,4%
México	177	15,5%
Alemanha[3]	472	12,9%
Brasil[1]	243	12,3%
Itália	184	9,6%
França	167	6,5%
Índia	120	4,9%
Espanha	44	3,3%
China[2]	177	1,5%
Total[8]	41.326	67,1%

Notas: (1) Inclui apenas os investimentos de entidades fechadas; (2) Inclui apenas ativos de entidades abertas ou seguradoras; (3) inclui apenas ativos planos patrocinados por corporações; (4) não inclui planos de previdência patrocinados e deficitários (com provisão a constituir); (5) inclui apenas os ativos de planos de previdência de entidades abertas, sem considerar os planos de seguradoras; (6) inclui IRAs (individual retirement account): conta individual de aposentadoria; (7) a relação Ativos / PIB é calculada em termos de moeda local, e o total Ativos em USD e; (8) Média ponderada para o total de Ativos/PIB.
Fonte: Adaptado pelos autores a partir de relatório da Willis Towers Watson. Fhttps://www.willistowerswatson.com/-/media/WTW/Images/Press/2018/01/Global-Pension-Asset-Study-2018-Japan.pdf. Para dados de Brasil, conforme Consolidado Estatístico da Abrapp.

Do ponto de vista do passivo, os principais desafios estão associados aos riscos relacionados com a capacidade de estimar a longevidade, a elevação da proporção de idosos sobre a população e o prolongamento do período de recebimento de benefícios, tanto pela longevidade quanto pela entrada em aposentadoria de forma antecipada. Como observamos neste capítulo, a tendência é que este cenário de condições demográficas seja agravado no futuro.

Novamente, em um contexto de lacunas no mercado de capitais para a obtenção de retorno adequado e de estimativas apropriadas do passivo, a solução possível deve vir da redução de benefícios, da elevação de contribuições, do aumento do número de anos de trabalho, ou de uma combinação de todas estas medidas.[54] O risco de um benefício de renda reduzido para o futuro também é uma questão entre planos de previdência oferecidos através de entidades abertas de previdência complementar ou sociedades seguradoras. Estas organizações, da mesma forma que os fundos de pensão, são investidores

---

[54] Para questões relacionadas com o argumento de redução dos benefícios como consequência das falhas de mercado de capitais e da estimação do passivo, ver Barr (2006).

institucionais de recursos previdenciários, como apresentamos na subseção anterior. Apesar do risco de o passivo recair sobre a entidade ou seguradora e não sobre o plano contratado, estes investidores institucionais também dependem do mercado de ativos na obtenção do melhor retorno a seus planos. A diferença entre os dois tipos de investidores institucionais, basicamente, decorre dos diferentes aspectos que o pagamento de benefícios assume para cada investidor. Enquanto em fundos de pensão o pagamento de benefícios é o seu propósito, ou razão de sua existência, em entidades abertas e sociedades seguradoras, trata-se de produto oferecido ao mercado com objetivo do melhor desempenho à organização. Porém, como já destacamos, ambos dependem do mercado de ativos para alocação ótima de recursos previdenciários.

Alocação estratégica dos recursos

Uma estratégia de investimentos adequada à maximização do retorno deve estar alinhada ao propósito e aos riscos do plano ou, da organização do investidor institucional. Todavia, conforme observado, é possível incorrer-se em riscos de seleção adversa, por exemplo, ao serem tomadas decisões de alocação em ativos, uma vez que não sejam respeitados parâmetros mínimos de retorno por classe de ativo, ou um orçamento de risco previamente determinado.

Por exemplo, suponha que o governo, para atrair demanda por seus papéis e, com isso, financiar a dívida pública, condiciona o país a uma maior emissão de títulos com altas taxas de juros.[55] Na decisão de investimento por parte dos investidores de recursos previdenciários, essa combinação de fatores não somente eleva a aversão ao risco de outros investimentos, por exemplo, debêntures e ações de empresas listadas, como reduz a capacidade de diversificação de investimentos e os objetivos de longo prazo.

Observa-se, portanto, que os ciclos econômicos, ao longo do tempo, oferecem oportunidades e riscos que podem influenciar, negativamente, o compromisso dos planos de previdência com a acumulação de reservas. O retorno dos investimentos pelas organizações que administram recursos previdenciários depende de sua capacidade de alocação ótima. Este processo deve lhes permitir a diversificação para redução da correlação de riscos entre ativos e proporcionar um maior retorno da carteira.[56] Ocorre que sistemas de capitalização com formação de reserva transferem para o mercado a gestão de recursos que continuam sujeitos a fatores macroeconômicos fora do controle dessas organizações.[57]

Assim, é oportuno salientar o que já introduzimos na primeira parte desta seção: a necessidade do desenvolvimento de um sistema regulatório e de supervisão com grande capacidade para influenciar ações de controle de riscos, transparência e melhor governança da organização de investidores institucionais de recursos previdenciários. Este processo deve ter princípios de prudência e ser acompanhado de padronização contábil e de reforço da educação financeira da população, de forma que os participantes em potencial possam realizar uma avaliação consciente dos instrumentos para proteção dos benefícios previdenciários e dos riscos envolvidos na opção pelo plano.[58]

Neste contexto, ao buscar uma relação ótima de risco e retorno, o administrador de recursos previdenciários deve contar com um processo eficaz de seleção, monitoramento e

---

[55] Para compreensão do financiamento dos déficits do governo e a consequência no portfólio de investimentos, ver Friedman (1978).
[56] Teoria das carteiras, ver Markowitz (1952).
[57] Para o caso dos fundos de pensão, Mesa-lago (2005) discute elementos-chave relacionados com os sistemas de capitalização e sua viabilidade.
[58] Estudos de Davis e Hu (2005) destacam a questão regulatória e a educação financeira.

controle dos investimentos. Este processo deve proporcionar a identificação dos diferentes tipos de riscos dos ativos, de maneira a permitir que eles sejam analisados e avaliados de acordo com seus potenciais impactos e probabilidade de ocorrência na carteira de investimentos. A adequação destes parâmetros oferecerá, além de uma fronteira eficiente para maximização do resultado do plano, as condições necessárias para o efetivo monitoramento e controle dos ativos sob a gestão.

Na gestão de investimentos por fundos de pensão, o objetivo é a maximização do retorno líquido de longo prazo da carteira de investimentos aos planos de benefícios. Desde que, limitado às restrições do passivo do plano de benefícios e de riscos operacionais. Neste caso, há dois fatores principais que precisam ser devidamente monitorados. De um lado, o fator da combinação de ativos que proporcione a liquidez necessária para o pagamento de benefícios ao longo do tempo. E, do outro, o fator de exposição a risco de ativos, em conformidade à política de investimentos, que permita a diversificação da carteira. Assim, eleva-se a possibilidade de se obter o retorno esperado ao plano, a um menor nível de risco de carteira global.[59]

Estes são aspectos observados no regime de capitalização e que, se avaliados os riscos de forma adequada, representam importante caminho para a viabilização da aposentadoria futura dos trabalhadores.

REFORMA DOS SISTEMAS DE PREVIDÊNCIA DOS PAÍSES

Na década de 1970, com o encerramento do ciclo de forte crescimento econômico do pós-guerra, os programas de previdência social dos países passaram a enfrentar importantes desafios políticos, que vão desde o reconhecimento dos limites para expansão da previdência social, até a implementação de medidas de contenção de maiores gastos sociais.

Em que pese o contexto político de resistência – que além de não buscar compreender os limites para expansão, não contribui para um processo de reforma efetivo dos gastos do sistema –, a dinâmica de reforma dos sistemas de previdência tem sido amplamente acelerada. Este processo de redução de gastos e contenção de custos começou no Reino Unido, em 1980, e se espalhou rapidamente pela Europa[60].

Dentre as mudanças paramétricas, foram observadas novas regras de indexação de salários; redução de opções para aposentadoria precoce; elevação da idade mínima para aposentadoria; e extensão do período de referência para cálculo dos benefícios com base nos salários de referência. Mudanças não paramétricas ou estruturais também ocorreram, a exemplo da Itália, Suécia, Letônia e Polônia. Dentre as mudanças não paramétricas, destacam-se a reconfiguração do sistema público de aposentadoria de repartição e a mudança para um sistema misto com contas individuais privadas obrigatórias. Estes países reconfiguraram seu sistema de previdência social do modelo de repartição simples para o sistema de capitalização com formação de reservas.[61]

A maior parte dos países da Europa realizou reformas incrementais que introduziram inovações, porém mantendo a arquitetura do sistema vigente. O fato é que mudanças paramétricas permitiram conter o maior crescimento das despesas futuras com os sistemas de previdência social. O Quadro 1.1 destaca as reformas dos sistemas de previdência em países da Europa de 1990 a 2010, segregando as reformas em quatro tipos: (i) reformas

---

[59] Nese (2017) aprofunda os parâmetros necessários para definição da taxa de retorno e variáveis de controle.
[60] Para avaliar os resultados das reformas nos países, ver Pierson (1996).
[61] Para aprofundar o conhecimento sobre as reformas dos sistemas de previdência na Europa, ver Kohli e Arza (2011).

Quadro 1.1 Reformas dos sistemas de previdência social de países da Europa – 1990-2010

Reformas paramétricas	• Aumento da idade de aposentadoria – a maioria dos países, recentemente República Tcheca, Dinamarca, Alemanha, Grécia, Hungria, Itália, Suíça. • Aumento dos anos de contribuição para o direito ao benefício – a maioria dos países, recentemente República Tcheca, França (para o setor público). • Eliminação ou restrição das opções de reforma antecipada – a maioria dos países, recentemente Bélgica, Dinamarca, Grécia, Irlanda para funcionários públicos, Polônia, França (para o setor público). • Introdução de incentivos para postergação da aposentadoria – Itália, França, Reino Unido, entre outros. • Alteração das regras de indexação dos salários pelos preços – a maioria dos países, recentemente a Hungria, a França (para o setor público). • Ampliação do período de trabalho para o cálculo dos benefícios para toda a vida ativa – a maioria dos países, recentemente a Finlândia. • Ajuste dos benefícios às mudanças na expectativa de vida – Alemanha, Finlândia, Portugal. • Ajuste das condições de elegibilidade a mudanças na expectativa de vida – França, Dinamarca. • Redução dos coeficientes de plano nocional de contribuições definida (NDC)*, que levou até a cortes de pensão – Itália.
Reforma estrutural	• Reconfiguração do sistema público de pensões por repartição para um sistema NDC – Itália, Suécia, Letônia, Polônia. • Mudança para um sistema misto com contas individuais privadas obrigatórias – Bulgária, Croácia, Estônia, Hungria, Letônia, Lituânia, Polônia, República Eslovaca.
Melhoria de proteção mínima	• Melhoria ou ampliação da cobertura no pilar básico da prevenção da pobreza – Finlândia, Suécia, Itália, Reino Unido. • Aumento dos benefícios mínimos – Bélgica, França, Espanha. • Redução dos limites de rendimentos para cobrir trabalhadores de baixa renda e de meio período – Suíça.
Reconfiguração público-privado, atráves de multipilares	• Conversão do pagamento de desligamento de empresas em planos de pensão – Itália. • Adição de novas faixas obrigatórias para reservas individuais – Dinamarca, Suécia, Reino Unido, inscrição automática ao programa. • Promoção de poupanças individuais voluntárias e/ou planos de previdência patrocinados com incentivos fiscais – França, Alemanha, Hungria, Polônia, Portugal, entre outros. • Introdução das contribuições mínimas do empregador para patrocinar planos de previdência (Noruega). Conversão de planos de previdência de BD para CD – Suécia, Reino Unido, entre outros.

Nota: (*) O tipo de plano nocional de contribuição definida (NDC) simula os planos CD, contudo, sem investir realmente em ativos. Neste caso, uma conta nocional que guarda relação com determinada taxa de retorno e que é mantida para cada participante.
Fonte: Adaptação dos autores a partir do Quadro de Kohli e Arza (2011).

paramétricas; (ii) reformas estruturais; (iii) regras para melhoria de proteção mínima; e (iv) reconfiguração público-privado através de multipilares.[62] Cada tipo descreve as mudanças e respectivos países que as implementaram.

---

[62] A reconfiguração público-privado através de multipilares está relacionada com a combinação de um esquema de aposentadoria em que há um benefício da previdência pública, complementado por um benefício gerido pelo setor privado. Ou seja, trata-se da combinação de um pilar assistencial e um benefício mínimo do pilar 1 com os pilares 2 e 3.

Por sua vez, ao observarmos a experiência de reforma de países da América Latina e Caribe, podemos reconhecer que vários deles já implementaram passos importantes e até radicais rumo ao processo de contenção de maiores gastos sociais em seus sistemas. O Chile foi o país pioneiro, em 1981, ao realizar uma reforma estrutural. O país partiu de um sistema público de previdência social de repartição simples para um sistema privado, mandatório e de capitalização de reservas, mediante a adoção de planos CD.

O Quadro 1.2 apresenta a relação dos países que realizaram reformas em seus sistemas entre 1981 e 2006. Estes países passaram pela mudança do sistema de previdência público de repartição (pilar 1) para o de capitalização com formação de reservas no sistema privado (pilar 2). Os tipos de planos passaram de BD para CD.

Contudo, ao avaliar os resultados das reformas destes países, esbarramos em dois aspectos. Se analisarmos a reforma como um desenho final, os resultados não são bons, pois ainda há pessoas não cobertas pelos planos e há efeitos adversos sobre igualdade de direitos, custos com administração dos investimentos e riscos de gestão dos ativos. Se, porém, avaliarmos as reformas como o estágio de uma transição, sujeita a ajustes posteriores, é preciso considerar que, se elas não tivessem ocorrido, a situação do sistema, sob a ótica fiscal, nos dias de hoje, envolveria um problema estrutural ainda maior para o país.[63]

Quadro 1.2 Reformas da previdência social na América Latina e Caribe – 1981-2006

País	Ano
Chile	1981 (pioneiro)
Peru	1993
Argentina	1994
Colômbia	1994
Uruguai	1996
Bolívia	1997
México	1997
El Salvador	1998
Costa Rica	2001
República Dominicana	2003-2006
Principais medidas estruturais e comuns aos sistemas dos países: • Sistema de público para programas privados e mandatórios aos trabalhadores (pilar 2) • Benefício definido para contribuições definidas • Financiamento de repartição simples para regime capitalização	

Nota: A Argentina (re)estatizou seu sistema de previdência em 2008.
Fonte: Elaboração dos autores a partir de estudos de Mesa-lago (2005).

O fato é que os resultados demonstram a contenção dos riscos fiscais por parte dos países que adotaram algum tipo de reforma, seja ela paramétrica ou estrutural. Porém, reformas estruturais de um sistema público de repartição simples para um sistema privado de capitalização e mandatório, como as observadas em alguns países da América Latina e Caribe, ainda não provaram os devidos benefícios aos participantes de seus sistemas.

---

[63] Para se aprofundar sobre os resultados obtidos e discutir questões de efetividade dos sistemas ao prover o benefícios de aposentadorias, ver Mesa-lago (2005).

2
MODELO DE REPARTIÇÃO NO BRASIL

INTRODUÇÃO

A previdência social é ainda um tema pouco discutido em profundidade pelos cidadãos, embora afete tanto a vida dos trabalhadores como das empresas e da sociedade em geral. Infelizmente, a compreensão da abrangência da previdência social e de sua perspectiva de futuro são até consideradas abstrações, que giram em torno de debates entre políticos e estudiosos sobre a reforma necessária para o alívio das contas públicas.

Parcela não desprezível da população parece não levar em conta os reflexos da previdência social nas finanças individuais e no bem-estar das pessoas. Essa constatação é reforçada quando se é mais jovem ou quando não se leva em conta a possibilidade de imprevistos que impedem a continuidade no trabalho e a manutenção de uma renda mínima para a sobrevivência.

No caso das empresas, não é diferente. Observa-se que grande parte delas trata a previdência social exclusivamente, como um pesado encargo tributário, sem contar as que assumem riscos legais elevados, que reduzem seu valor em função do impacto potencial no passivo, além de comprometer seu risco de imagem.

Tampouco os diferentes tipos de regime de previdência, as suas formas de financiamento e os reflexos nas contas públicas são tratados em disciplinas de cursos regulares com o objetivo de ensinar e orientar os alunos e futuros profissionais para o conhecimento e apoio na tomada de decisões, seja para planejamento da previdência individual, seja como assunto ligado à responsabilidade social e corporativa das empresas.

No primeiro capítulo, começamos a dar os primeiros passos no preenchimento da lacuna supracitada, ao contextualizar para o leitor a origem dos sistemas de previdência social, que explicam os modelos aplicados pelos países nos dias de hoje, os dilemas que os governos têm enfrentado para sua manutenção e as reformas para conter a expansão de gastos com aposentadorias que têm levado países a crises sucessivas em suas contas públicas. Neste capítulo, avançaremos focando na análise do caso brasileiro.

Na primeira seção, identificaremos o modelo escolhido pelo Brasil, avaliaremos os impactos da Constituição Federal de 1988 ao tratar a previdência social brasileira como parte integrante do direito de cidadania e conheceremos os mitos que cercam o debate da previdência social. Na seção seguinte, trataremos do chamado "Regime Geral da Previdência Social" (RGPS), de forma a compreender as regras que se aplicam aos trabalhadores do setor privado. Na terceira seção, avaliaremos as diferentes regras em favor do funcionalismo público, isto é, os "Regimes Próprios de Previdência Social" (RPPSs). Na quarta, apresentaremos as razões da piora do desequilíbrio previdenciário, as reformas de Fernando Henrique Cardoso e Lula, os riscos de transição do modelo de repartição para capitalização e os problemas resultantes ao se adiar uma reforma mais ampla. Por fim, na última seção, vamos explorar os principais aspectos associados à proposta de reforma do atual Governo Bolsonaro.

MODELO ESCOLHIDO PARA O SISTEMA PREVIDENCIÁRIO BRASILEIRO

O sistema de seguridade brasileiro adota as seguintes ações para a proteção social dos seus cidadãos: (i) a Assistência Social, como programa de proteção à família, maternidade, infância, adolescência e à velhice; (ii) a Saúde, que envolve ações curativas e preventivas; e (iii) o Seguro Social, também conhecido popularmente como "Previdência Social".

O artigo 195 da Constituição Federal 1988 estabelece o financiamento da seguridade social por toda a sociedade, de forma direta e indireta, mediante recursos da União, Estados, Distrito Federal e Municípios. O financiamento incide sobre os empregadores na folha de pagamento de salários, faturamento e lucro; sobre a renda dos trabalhadores; e sobre as receitas de concursos e de loterias. Também são fontes de arrecadação as contribuições sociais vinculadas ao financiamento da seguridade social; e, ainda, o subsistema previdenciário, formado por contribuições específicas sobre a remuneração do trabalhador e sobre a folha de pagamento do empregador.[1]

O modelo escolhido para o sistema previdenciário brasileiro é composto por três regimes. O primeiro compreende o Regime Geral de Previdência Social, gerido pelo Instituto Nacional de Seguridade Social (INSS), que atende aos trabalhadores da iniciativa privada sob o regime de repartição simples. O segundo é o Regime Próprio de Previdência Social, destinado aos servidores públicos, cuja responsabilidade é do Tesouro Nacional e também sob o regime de repartição simples[2]. Por se tratarem de regimes de repartição, o RGPS e o RPPS são o foco deste capítulo.

O terceiro regime compreende a Previdência Complementar[3], que é operada através do sistema de capitalização[4] e administrada por entidades específicas. Neste caso, as entidades podem ser abertas[5], quando são acessíveis por qualquer trabalhador, ou fechadas, caso em que os planos são patrocinados por empresas ou instituídos por associação de classe (ou setor da indústria) e oferecidos a grupo de trabalhadores específicos. Por se

---

[1] O Quadro 2.1 apresenta o detalhamento do Financiamento da Previdência Social.
[2] Conforme apresentado no Capítulo 1, neste regime não há formação de reservas e as aposentadorias são pagas com as contribuições dos trabalhadores que estão na ativa. Por sua vez, estes trabalhadores ficam sujeitos às contribuições da próxima geração para recebimento de sua aposentadoria no futuro.
[3] As entidades de previdência complementar somente foram institucionalizadas no Brasil em 15/07/1977, mediante a Lei nº 6.435, objetivando a formação de reservas para complementar os benefícios recebidos da previdência social. Posteriormente, a citada lei evoluiu para as Leis Complementares 108 e 109, ambas de 2001.
[4] Conforme exposto no Capítulo 1, no regime de capitalização há formação de reservas mediante a contribuição dos participantes dos planos de benefícios e/ou de patrocinadores. Por sua vez, os recursos arrecadados são investidos no mercado de ativos com objetivo de retorno para composição das reservas.
[5] Os planos abertos também são comercializados por sociedades seguradoras e seu detalhamento é apresentado no Capítulo 4.

tratar de um sistema de capitalização, falaremos a respeito do Regime de Previdência Complementar (RPC) no Capítulo 3, seguido da análise das entidades fechadas e abertas, nos Capítulos 4 e 5.

Os benefícios assistenciais são outra parte relevante do modelo escolhido pelo Brasil de proteção social. São eles: a renda mensal vitalícia (RMV), os amparos assistenciais e de pensão mensal vitalícia. A RMV foi criada pela Lei nº 6.179/74. Por sua vez, a Lei Orgânica da Assistência Social (LOAS) dispôs sobre a concessão dos amparos assistenciais, chamados de benefício de prestação continuada (BPC) e substitutos da RMV.

A Figura 2.1 apresenta a Previdência Social do Brasil, inserida no Sistema de Seguridade Social do país. Os retângulos em cinza destacam os três regimes da previdência social mencionados anteriormente.

Esclarecido o desenho geral do sistema previdenciário brasileiro atual, nas próximas subseções detalharemos mais alguns aspectos. Na primeira, traremos um apanhado dos principais episódios histórico-legais associados à constituição desse sistema. Na segunda subseção, avaliaremos os impactos da Constituição de 1988 ao tratar a previdência social do Brasil como parte integrante do direito de cidadania, porém, sem o devido cuidado para preservar a consistência macroeconômica que viabilizasse a sua sustentação em bases equilibradas. Por fim, a última subseção aborda os mitos que cercam o debate da previdência social e que prejudicam a compreensão do problema.

Histórico da previdência social no Brasil

Já na época do Império havia instituições no Brasil que guardavam alguma semelhança com mecanismos de previdência no país. Entretanto, podemos situar as origens da previdência social brasileira na Lei Eloy Chaves[6], de 1923, que criou a Caixa de Aposentadorias e Pensões (CAP), adotada, inicialmente, para os ferroviários.

A CAP se destinava a amparar seus empregados na fase em que não mais estariam trabalhando. Ao longo de 15 anos e seguindo o modelo dos ferroviários, foram criadas outras CAPs semelhantes por parte dos portuários (1926), dos serviços telegráficos e radiotelegráficos (1930), dos trabalhadores de força, luz e bondes (1930) e dos demais serviços públicos explorados ou concedidos pelo poder público (1931), dentre outros. Em 1937, havia 183 CAPs no Brasil. A inscrição dos filiados às CAPs se dava por empresa. O sistema era composto por um número reduzido de segurados em múltiplas instituições e envolvia valores financeiros relativamente modestos pela forma pulverizada de captação de recursos.

No ano de 1930, em paralelo às CAPs e num cenário em que a classe média urbana e o sindicalismo ganhavam força no país, houve por parte do Estado a atenção à questão da previdência. Este cenário incentivou a vinculação aos esquemas previdenciários por categoria de profissionais. Algumas instituições de previdência começaram a se destacar pela maior quantidade de segurados e volume de recursos. Assim, o Estado acabou assumindo as novas instituições, criando os Institutos de Aposentadorias e Pensões (IAPs) dos marítimos, dos comerciários, dos bancários etc.

---

[6] O Decreto nº 4.682/1923 previa que as empresas ferroviárias deveriam criar e custear as suas respectivas Caixas de Aposentadoria e Pensão em benefício de seus empregados. O decreto é também denominado de Lei Eloy Chaves (LEC), por conta de Eloy Marcondes de Miranda Chaves – deputado federal na época que, a pedido dos trabalhadores ferroviários dos estados, criou a CAP que previa os benefícios que seriam concedidos e quais contribuições deveriam ser pagas pelas empresas ferroviárias e os trabalhadores.

Modelo de repartição no Brasil 37

Figura 2.1
Os regimes do sistema de previdência no contexto da seguridade social do Brasil

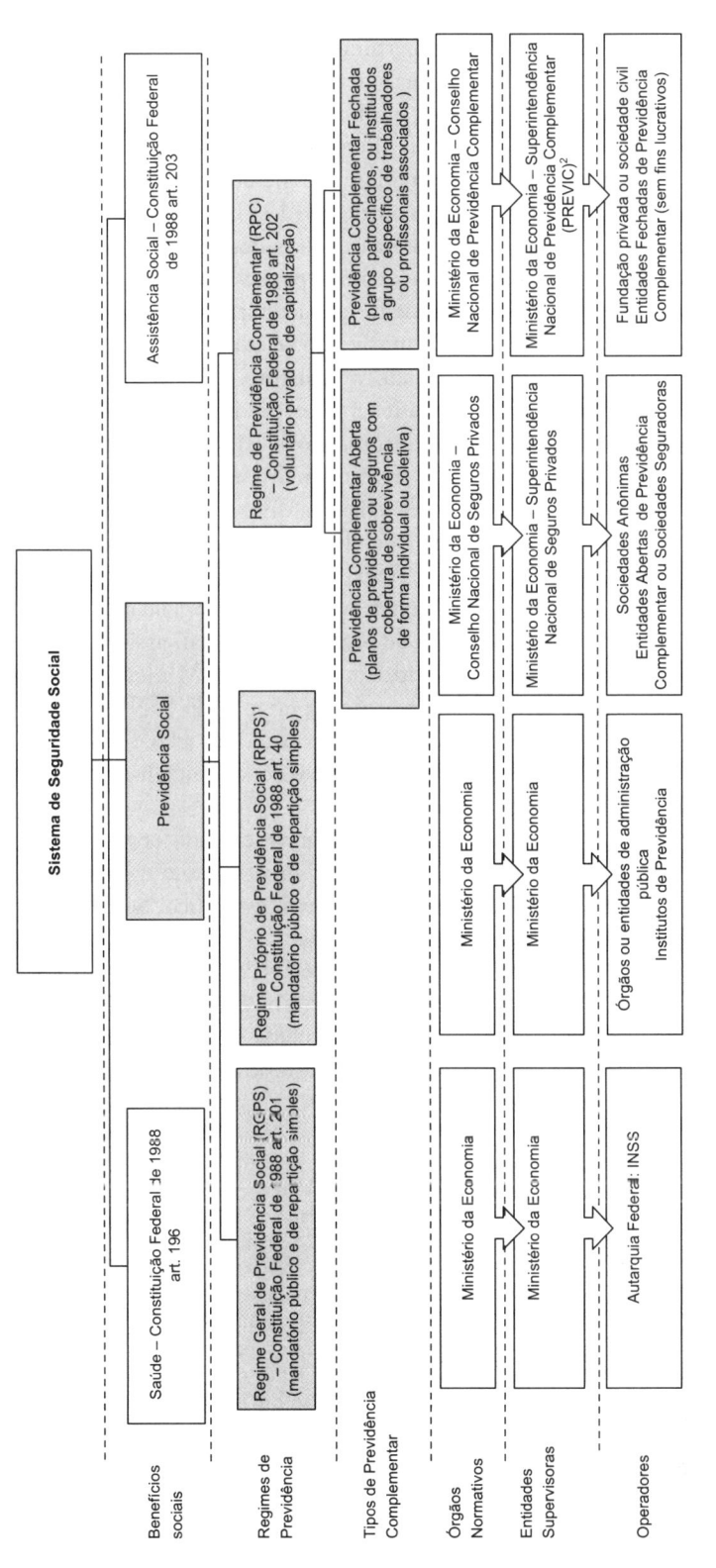

| Benefícios sociais | Saúde – Constituição Federal de 1988 art. 196 | | Assistência Social – Constituição Federal de 1988 art. 203 |

Sistema de Seguridade Social → Previdência Social

Regimes de Previdência:
- Regime Geral de Previdência Social (RGPS)[1] – Constituição Federal de 1988 art. 201 (mandatório público e de repartição simples)
- Regime Próprio de Previdência Social (RPPS)[1] – Constituição Federal de 1988 art. 40 (mandatório público e de repartição simples)
- Regime de Previdência Complementar – Constituição Federal de 1988 art. 202 (voluntário privado e de capitalização)

Tipos de Previdência Complementar:
- Previdência Complementar Aberta (planos de previdência ou seguros com cobertura de sobrevivência de forma individual ou coletiva)
- Previdência Complementar Fechada (RPC) (planos patrocinados, ou instituídos a grupo específico de trabalhadores ou profissionais associados)

Órgãos Normativos:
- Ministério da Economia
- Ministério da Economia – Conselho Nacional de Seguros Privados
- Ministério da Economia – Conselho Nacional de Previdência Complementar

Entidades Supervisoras:
- Ministério da Economia
- Ministério da Economia – Superintendência Nacional de Seguros Privados
- Ministério da Economia – Superintendência Nacional de Previdência Complementar (PREVIC)[2]

Operadores:
- Autarquia Federal: INSS
- Órgãos ou entidades de administração pública – Institutos de Previdência
- Sociedades Anônimas – Entidades Abertas de Previdência Complementar ou Sociedades Seguradoras
- Fundação privada ou sociedade civil – Entidades Fechadas de Previdência Complementar (sem fins lucrativos)

Notas: (1) Importante destacar que há Estados e Municípios que optaram pelo regime de capitalização, através de alternativa regulamentada pela Portaria MF nº 464 (2018); (2) até a publicação deste livro, encontra-se em preparação pelo Governo, a fusão da Superintendência de Seguros Privados (SUSEP) com a da Superintendência Nacional de Previdência Complementar (PREVIC).

Fonte: Adaptação dos autores dos artigos da Constituição Federal de 1988, respectivas Emendas Constitucionais e da Lei Complementar nº 109 de 2001.

Os IAPs deveriam garantir a cobertura previdenciária de diversas categorias. Em geral, aquelas em que havia profissionais mais bem remunerados acabavam por ter as instituições mais fortes sob o aspecto financeiro, em função da relação direta das contribuições que faziam com base nos salários. Assim, as diferenças entre as instituições no decorrer do tempo passaram a ser significativamente superiores na medida em que uma categoria de profissionais era mais bem remunerada que a outra. Em 1938, foi criado o Instituto de Previdência e Assistência do Estado (IPASE) para a categoria dos servidores públicos civis.[7] O IPASE unificou os diferentes montepios que existiam para as diversas categorias distintas de servidores federais, que poderiam aderir de forma facultativa.[8]

Sob tal cenário, houve uma tentativa de se unificar as instituições. Na década de 1940, no Governo Vargas, foi criado o Instituto de Serviços Sociais no Brasil, mas padecendo ainda de limitações quanto a questões práticas. Em 1946, iniciou-se a tramitação no Congresso Nacional de uma nova lei, que resultou na Lei Orgânica da Previdência Social (LOPS). Entretanto, somente em 1966 foi possível uniformizar as contribuições e os planos de previdência dos diversos institutos, através da criação do Instituto Nacional de Previdência Social (INPS), que unificou as seis estruturas existentes dos IAPs. A exceção foi o IPASE, que foi extinto somente em 1977, com a criação do Sistema Nacional de Previdência e Assistência Social (SINPAS). O SINPAS foi criado em 1977 e integrou as áreas de previdência social, assistência social e assistência médica, bem como a gestão das entidades ligadas ao Ministério da Previdência e Assistência Social (MPAS). No mesmo ano da criação do SINPAS, foram instituídas as entidades de previdência complementar através da Lei nº 6.435 (1977), como forma de complementar os benefícios recebidos da previdência social. A análise daquelas entidades será aprofundada nos Capítulos 3 e 4.

Cabe destacar que as inovações na área previdenciária ocorreram na competência do Ministério do Trabalho e Previdência Social, uma vez que na época ainda havia poucos aposentados e não se justificava ter um ministério específico. Somente em 1974, foi criado o Ministério de Previdência e Assistência Social.

Em 1990, com as mudanças na estrutura do INPS, o instituto passou a ser denominado Instituto Nacional do Seguro Social (INSS).[9] Em 2017, o Ministério da Previdência foi extinto, passando a ser uma secretaria subordinada ao Ministério da Fazenda. Em 2019, com o novo governo de Jair Bolsonaro, o Ministério da Fazenda passou a ser denominado de Ministério da Economia.

---

[7] O IPASE não incluiu o montepio dos militares das Forças Armadas. A origem do montepio das Forças Armadas é de 1795, através do alvará que aprovou o Plano de Montepio dos Oficiais da Armada Real. Sua regulação foi sendo alterada, até chegar no Estatuto dos Militares com o Decreto-Lei nº 3.084 de 1941, seguido de novo Estatuto com o Governo Vargas, através do Decreto-Lei nº 8.698, de 2 de setembro de 1946. O Estatuto dos Militares foi complementado pela Lei de Remuneração de 1951. Em 1953, o Decreto nº 32.389 consolidou todas as disposições legais existentes sobre a previdência dos Militares, conhecida como Pensão dos Militares. Em 1960, foi revisado pela Lei nº 3.765 que unificou as pensões de montepio (caráter contributivo), meio soldo (não contributivo) e especiais (em caso de morte ou moléstia adquirida em combate), ao criar apenas um benefício conhecido como Pensão Militar. Em 2000, foi publicada a Medida Provisória (MP) 2.131 que está em vigor em virtude da reedição em 2001. Esta MP disciplina a remuneração dos militares das Forças Armadas e altera partes do Estatuto dos Militares e da Pensão Militar. Para se aprofundar, ver Silva (2017).

[8] Para se aprofundar quanto à origem dos RPPS, ver Silva (2003).

[9] Para conhecer mais sobre a história dos Institutos de Previdência no Brasil, ver Giambiagi e Além (2016).

Impactos da Constituição de 1988

Em sua origem, as CAPs respeitavam um sistema de capitalização de recursos para formação de reservas para aposentadoria. Posteriormente, evoluíram para um sistema de repartição simples, sob a pressão do Estado para obtenção de maiores recursos, ocasião na qual as receitas do sistema passaram a ser parte da receita consolidada do governo.

Como apresentamos no Capítulo 1, o modelo de capitalização está associado à concepção da previdência social como uma poupança, através da qual o segurado se "protege" diante do "risco" de sua longevidade na fase de aposentadoria. De forma análoga à aquisição de um seguro do carro, que permite a compra de outro no caso de roubo, quem contribui para um sistema de capitalização busca ter meios de ter um lastro de reserva financeira com a qual se sustentará quando não estiver mais trabalhando.[10] Nesse modelo, o indivíduo é responsável pela própria aposentadoria e assume o risco das premissas utilizadas para estimar tanto o valor a guardar, quanto a renda que espera.

Por sua vez, no caso do modelo de repartição, a previdência social tem como concepção se tratar de um modelo "solidário", através do qual há uma transferência de uma parte da sociedade que está trabalhando para a outra que está aposentada. De certo modo, dos adultos aos idosos e dos que gozam de boa saúde para os que estão em situação de invalidez. Neste modelo, o atendimento dos grupos sociais necessitados é uma função do Estado e custeado por toda a sociedade.

Apresentamos, portanto, dois modelos de previdência que, na prática, funcionam de forma combinada na maioria dos países. Ou seja, como sistemas híbridos de previdência em que há mecanismos de capitalização que convivem com os de repartição. Mesmo no Chile, que no início da década de 1980 foi um dos pioneiros na adoção de uma reforma previdenciária para um sistema de capitalização, há um benefício mínimo concedido pelo Estado aos que não conseguem atingir um certo montante capitalizado ao longo da sua vida ativa. Analogamente, há esquemas de repartição que adotam um limite máximo de benefícios garantidos pelo Estado. Acima dele, então, há esquemas variados de previdência complementar, em alguns casos podendo ser compulsórios, que operam com mecanismos de capitalização.

Apesar das possíveis combinações, há uma concepção de modelo de previdência que acaba predominando nos sistemas. No caso brasileiro, é o regime de repartição. Neste contexto, a Assembleia Nacional Constituinte, eleita em 1986, elaborou a Constituição Federal brasileira, promulgada em 1988. Analistas de mercado na época observaram no texto da nova Constituição que a palavra "direitos" estava muito mais presente que a expressão "deveres". O fato reflete a ausência de uma consciência maior da própria sociedade acerca da contrapartida que deveria existir para que os direitos fossem de fato obedecidos e respeitados.

De certo modo, na época a "Nova Constituição" representou muito mais a aspiração de se garantir o acesso a recursos transferidos pelo governo pelos diferentes grupos e categorias, do que a compreensão de quais eram as fontes necessárias e as condições para financiamento ao longo do tempo, sem impacto do ônus nas contas do governo. Claramente, a preocupação estava mais voltada para a despesa do que para a receita e a Constituição de 1988 trouxe

---

[10] Nesse tipo de sistema, geralmente, os participantes adquirem um seguro de sobrevida através do plano, dado o "risco" de sobreviver além da média utilizada em estudos atuariais. Essa é a principal diferença com uma poupança tradicional ou reservas próprias, que sujeitaria o aposentado a ficar sem renda, uma vez que a conta da sua poupança fosse "zerada", caso sobrevivesse em tempo superior ao que considerou na fase em que não mais estivesse trabalhando.

regras bastante generosas para concessão de aposentadorias. Dentre as regras, regulamentadas por meio de disposições normativas em 1990 e, posteriormente, através das Leis n°s 8.212 e 8.213, ambas de 1991, destacamos quatro.

A primeira diz respeito à definição de um salário mínimo para todos os benefícios, desaparecendo a discriminação entre o piso da população urbana, de um lado, e rural, de outro. A segunda refere-se à correção monetária de todos os salários de contribuição para apuração do salário de benefício. A terceira regra envolve a extensão da aposentadoria proporcional para as mulheres, enquanto a quarta regra previa a redução de cinco anos da idade para a concessão de aposentadoria por velhice aos trabalhadores rurais.

A primeira das quatro medidas supracitadas fez com que dobrasse as despesas com o estoque de benefícios rurais em manutenção, considerando que o valor unitário desses benefícios, até então, era de meio salário mínimo.[11] As demais medidas também tiveram um impacto importante. Por exemplo, a correção dos salários de contribuição e do valor dos benefícios reduziu os riscos de perda do valor real da aposentadoria através da inflação, que era uma forma de "adequar" o valor da despesa às condições de aumento acelerado do nível de preços. A aposentadoria proporcional para as mulheres elevou a tendência de aumento das despesas com aposentadoria por tempo de serviço no total da despesa previdenciária. Houve ainda a redução da idade para aposentadoria no setor rural, que implicou um forte aumento da despesa com inativos, já que todos aqueles nas faixas etárias de 55-60 anos (mulheres) e 60-65 anos (homens) desse meio, no momento seguinte, tornaram-se elegíveis para requerer o benefício de aposentadoria.

A promulgação da Constituição de 1988 também unificou os regimes dos servidores públicos, através do artigo nº 39. Ocorre que até a "Nova Constituição" havia duas categorias de servidores. Um grupo era vinculado ao regime estatutário e outro grupo de servidores era de contratados através da Consolidação das Leis Trabalhistas (CLT). Com a Constituição de 1988, "celetistas" passaram a ser servidores estatutários. Assim, o Estado assumiu o passivo das duas categorias e as despesas decorrentes da concessão de generosos benefícios. Por exemplo, os servidores da União, em muitos casos, continuavam sendo promovidos quando aposentados.[12]

Sem deixar de compreender o mérito social das mudanças, o problema é que maiores direitos e abrangência não foram combinados com um planejamento de elevação da receita para equilíbrio financeiro do sistema de previdência. Como resultado, o financiamento à saúde pública foi bastante prejudicado. De fato, a saúde era custeada, em boa parte, pelo repasse da diferença entre as receitas e as despesas da previdência oficial. Ocorre que até meados da década de 1990, a previdência social era superavitária em termos de caixa. Ou seja, arrecadava um volume de recursos superior ao pagamento de aposentadorias e pensões. Com as mudanças no decorrer dos anos, passou a arcar com um volume crescente de gastos, de forma que a diferença de caixa favorável foi gradualmente desaparecendo. Esta situação provocou sérios problemas ao sistema de saúde pública na primeira metade dos anos 1990.[13]

---

[11] Com exceção dos benefícios rurais em decorrência de acidentes de trabalho, cujo valor era equivalente a 75% do salário mínimo, conforme Giambiagi e Além (2016).
[12] Para se aprofundar sobre a instituição do regime unificado, ver Lei nº 8.112 (1990).
[13] Depois de 1994, a deficiência de recursos deu origem à elevação de dotações do Tesouro Nacional para o Ministério da Saúde, assim como a procura de novas fontes de financiamento. No caso, a Contribuição Provisória sobre Movimentações Financeiras (CPMF), criada para custear os gastos do setor da saúde. Para conhecer mais sobre os impactos da Constituição Federal de 1988, ver Oliveira e Beltrão (1989).

Mitos sobre o sistema

Não fossem somente as evidências históricas para a atual crise no sistema, há mitos apresentados em calorosos debates políticos e que não contribuem para a melhor compreensão da crise da previdência social. Apresentaremos a seguir alguns entre eles, começando pela análise do argumento segundo o qual a previdência, a rigor, teria superávit e não déficit. Posteriormente, discutiremos a ideia de que o problema previdenciário estaria limitado à esfera rural e não à área urbana. Em terceiro lugar, avaliaremos o ponto de vista de que não se deveria ter regras de alcance nacional, dadas as dimensões do país. Por último, trataremos o raciocínio de que, para resolver o problema em questão, bastaria cobrar dos grandes devedores da previdência.

Suposta ausência de déficit

O primeiro mito a ser analisado é a ideia de que o resultado da previdência, se corretamente apurado, não seria deficitário. O argumento é que a Constituição definiria o conceito de "seguridade social", diferente da previdência, estritamente. De acordo com esse raciocínio, no "conceito da seguridade", alguns tributos que hoje se destinam para o financiamento de outras atividades que não o pagamento de benefícios previdenciários, deveriam ser considerados fonte de receita da previdência no sentido amplo, de "seguridade social". Ao mesmo tempo, despesas que atualmente são parte das rubricas de gasto do INSS, como, por exemplo, os benefícios rurais – cuja natureza se confunde com o assistencialismo – seriam inteiramente meritórias, mas deveriam, de acordo com essa análise, ser de responsabilidade do Tesouro Nacional e não do INSS.

Em outras palavras, a sugestão feita é que a decomposição do chamado "conceito Governo Central" seja não entre Tesouro Nacional de um lado e INSS de outro e sim entre aquele e a "seguridade social". Assim, se receitas hoje apuradas na contabilidade do Tesouro forem registradas como arrecadação da seguridade, ao mesmo tempo que despesas do INSS fossem deslocadas para o Tesouro, a seguridade social, ao contrário do INSS, teria superávit e não mais déficit.

O argumento – um exemplo claro de "contabilidade criativa" – teve muito eco político no debate sobre o tema. A tal ponto que foi uma das principais razões esgrimidas pelos adversários da reforma previdenciária quando o país travou um debate intenso sobre a mesma, no ano de 2017. Ele peca, porém, por três razões.

A primeira é a sua irrelevância. Por quê? Isso remete a outra pergunta: por que, do ponto de vista fiscal, a previdência se tornou um assunto tão importante? Porque ela passou a ser responsável por uma parcela crescente do gasto público. Nesse sentido, o fundamental é atacar de forma eficaz o problema do déficit público, que em alguns dos últimos anos foi da ordem de 8 a 10% do PIB – um nível astronômico. Quando se tiram rubricas de uma conta e se transferem para outra, no momento de consolidar tudo na apuração do resultado consolidado, o efeito líquido é nulo e o déficit público continuará sendo exatamente o mesmo. É como argumentar que, na conta-corrente conjunta de um casal que está "pendurado" no cheque especial, a conta de luz não deveria ser paga pelo marido e sim pela esposa. Ou, ainda, que a receita do aluguel da vaga de garagem da família no prédio que não é usada por ela deveria ser computada na conta do marido e não da esposa. No fim do mês, tudo isso é irrelevante, pois, na ausência de medidas, a família como um todo continuará no vermelho.

O segundo erro do argumento é o desvio de foco. O ponto principal da discussão sobre o assunto no Brasil é que no ano 2000, para cada 100 pessoas na faixa de 15 a 59 anos, havia apenas 14 no grupo etário de 60 anos ou mais de idade – e em 2060 serão 61. Ou seja, trata-se de um desafio maiúsculo, que implicará ter um número crescente de idosos a ser sustentados pelo mesmo contingente relativo de pessoas numa determinada faixa adulta. Em outras palavras, trata-se de uma questão matemática. Considerar que a questão se resume a um simples rearranjo contábil implica desviar o foco daquilo que é essencial.

O terceiro erro é a dimensão temporal. Quando se pensa em previdência social, é preciso olhar 4 ou 5 décadas para a frente. Nesse sentido, saber se no presente as contas são deficitárias ou superavitárias não tem muita importância. A questão mais importante a responder é: o que vai acontecer na altura de 2040 ou 2050 se não mudarmos as regras? Essa é a questão principal a considerar – e não guarda a menor relação com a alocação contábil das rubricas.

Déficit meramente rural

O segundo argumento frequentemente levantado por quem se opõe a uma reforma previdenciária é a ideia de que, mesmo reconhecendo a existência de um problema na esfera das contas do INSS, este estaria restrito à esfera rural. Isto porque as contas na área urbana, estas sim, seriam superavitárias. O equívoco aqui é considerar um período muito específico, sem atentar para as tendências de longo prazo.

A previdência urbana e a rural eram ambas deficitárias no RGPS até 2008. A previdência urbana, de fato, foi superavitária depois de 2009. Há que considerar, entretanto, três coisas. Primeiro, a despesa com benefícios não cedeu e sim muito pelo contrário: os benefícios urbanos pagos pelo INSS eram de 5,23% do PIB em 2004 e alcançaram 6,78% do PIB em 2018.

Segundo, a melhora das contas urbanas ocorreu em um contexto da arrecadação previdenciária provavelmente impossível de repetir: entre 2004 e 2015, a receita total – urbana e rural – do INSS aumentou de 4,79% para 5,84% do PIB. Isso se deu em um ambiente que combinou três coisas: a criação da "Super-Receita", que unificou as máquinas de arrecadação da Receita Federal e do INSS e permitiu aos fiscais da Previdência terem acesso a uma tecnologia de arrecadação e combate à sonegação da Receita Federal da qual antes não dispunham; um forte movimento de formalização da economia; e a redução da taxa de desemprego. Quando esses fatores cessaram, a receita deixou de crescer.

Terceiro, o que era verdade até 2015 deixou de sê-lo depois disso: as contas do INSS do meio urbano voltaram a ficar no vermelho a partir de 2016, com pioras sucessivas, a ponto do déficit urbano em 2018 ter alcançado nada menos que R$ 81 bilhões.

Crítica às regras nacionais

Sempre que se discute o endurecimento de regras de aposentadoria, vem à baila o argumento de que não faria sentido adotar regras unificadas em um país com as dimensões geográficas do Brasil. Embora o argumento seja aparentemente razoável aos ouvidos do leigo nas questões específicas envolvidas, ele é a rigor um exemplo típico de como o viés político no tratamento de algumas questões distorce os argumentos. Há três questões que cabe levar em conta.

A primeira é: por que esse argumento só aparece quando se trata de adotar regras mais duras para a concessão de benefícios? Parâmetros como a idade de aposentadoria ou o tempo de contribuição exigido estão presentes na Constituição há mais de 30 anos. Nessas mais de três décadas, ninguém nunca contestou a ideia de que a regra de quem se aposenta por idade aos 65 anos no Rio Grande do Sul é a mesma de quem se aposenta a essa idade no Maranhão.

A segunda é a dificuldade de controlar as fraudes em um país tão propenso à prática de irregularidades como o Brasil. Imaginemos um caso: uma pessoa que nasceu no Nordeste e trabalha no Sudeste. Se a regra não for nacional, qual região deveria ser considerada? A idade de aposentadoria deveria ser associada ao Nordeste ou ao Sudeste? E se for a idade do lugar onde trabalhou, como fica um trabalhador que trabalhou 15 anos no Nordeste e 20 no Sudeste? Como o leitor já deve ter notado, os incentivos a fazer o registro da carteira de trabalho na região com regras mais favorecidas seriam enormes.

A terceira questão é numérica. A maioria das pessoas tende a pensar que a expectativa de vida é muito diferenciada entre as regiões. Ocorre que ela de fato é muito diferente ao nascer, pelas diferentes taxas de mortalidade infantil entre as regiões. No debate sobre previdência social, porém, o relevante não é a expectativa de vida ao nascer e sim a expectativa de vida ao se aposentar – por exemplo, aos 60 anos. Nessa faixa, as diferenças são muito menores. Assim, enquanto atualmente, conforme o Instituto Brasileiro de Geografia e Estatística (IBGE), a expectativa média de vida aos 60 anos de idade é de 82 anos na média brasileira, ela é de 81 anos para o Nordeste. Ora, não faz nenhum sentido adotar uma diferenciação na Constituição, ainda mais sujeita a grandes dificuldades de comprovação e que abriria um enorme caminho para as fraudes, por conta de uma diferença tão pequena. Ressalte-se que a diferença de 1,2 ano da expectativa de sobrevida aos 60 anos entre a média nacional e o Nordeste é inferior à diferença de 1,7 ano da expectativa de sobrevida aos 60 anos nos Estados de Espírito Santo e Rio de Janeiro – sendo no ES maior que no RJ –, ambos localizados na região Sudeste. Faz sentido que um trabalhador que trabalha na Vale no RJ se aposente dois anos antes que um que trabalha na Vale no ES? Provavelmente o leitor concordará que não.

Cobrança dos grandes devedores

Resta, por último, analisar o argumento de que o déficit previdenciário poderia ser resolvido se, ao invés de mudar as regras de concessão de aposentadoria, o governo simplesmente cobrasse o que os grandes devedores teriam que pagar para a previdência social. Este também é um argumento que é aparentemente poderoso e muito convincente aos olhos da grande maioria das pessoas. Seria desejável que fosse verdadeiro, pois nesse caso realmente as coisas seriam bem mais simples. Infelizmente, ele padece de três vícios.

O primeiro problema do raciocínio é a confusão entre fluxo e estoque. Isso é compreensível, porque as pessoas em geral não levam em conta algumas questões, mas em economia, essa é uma das primeiras distinções que se ensina ao aluno. Um conceito de fluxo está associado a uma variável medida em períodos de tempo, como a produção de veículos no segundo trimestre do ano ou o PIB de 2016. Não faz sentido, por exemplo, pensar em "qual é o PIB de hoje às 10 horas da manhã". Já o conceito de estoque se refere a um instante no tempo, como a quantidade de moeda na economia no dia X, o volume total em R$ das cadernetas de poupança etc. Tipicamente, por exemplo, o déficit público é um conceito de fluxo, enquanto a dívida pública é um conceito de estoque. Na vida de uma pessoa, quanto ela recebe de salário por ano é um fluxo, ao passo que o seu patrimônio – em imóveis ou aplicações – é um estoque. No caso que nos interessa, o déficit do INSS é um fluxo e a dívida ativa, um estoque. Digamos que, por exemplo, o déficit previdenciário seja de R$ 300 bilhões e, por uma extraordinária coincidência, a dívida para com a previdência seja de igual valor. Um político pode fazer um discurso dando a entender que bastaria arrecadar o valor dessa dívida para resolver o problema. Ocorre que um ano depois o problema seria o mesmo – e já não haveria mais dívida a cobrar. É como se uma família que ganha R$ 10 mil por mês e gasta R$ 11 mil pretendesse resolver seu problema cobrando a dívida de um amigo no valor de R$ 1 mil: isso pode resolver o problema um mês, mas 30 dias depois a questão irá ressurgir da mesma forma.

O segundo problema é a natureza dos devedores. Na grande maioria dos casos, se trata de entidades tais como empresas falidas – muitas das quais nem existem mais – ou unidades do setor público. A dívida é simplesmente impossível de cobrar ou, nos casos envolvendo o setor público, implicará cobrir um rombo e abrir outro. O que significa "ir atrás da dívida previdenciária" de um grande jornal financeiramente quebrado há 10 anos ou de uma grande companhia de aviação que não voa há 15? O governo terá que esperar a solução das pendências de uma massa falida, o que se arrastará na justiça provavelmente durante 20 ou 30 anos. Há, além disso, centenas de milhares de casos que, somados, atingem bilhões de dívidas de empresas de 3 ou 4 empregados, onde os registros se perderam na bruma da história, mas a lei exige que mesmo créditos, na prática, irrecuperáveis fiquem na "carteira" do governo por um prazo muito longo. Nesses casos, com frequência sequer se sabe onde estão os donos – muitas vezes, já mortos, ainda que "contaminando" as estatísticas da dívida ativa. Alternativamente, se o governo cobrar R$ 5 bilhões que uma empresa estatal deve à previdência, provavelmente o Tesouro terá que cobrir esses mesmos R$ 5 bilhões para repor o patrimônio da mesma.

Finalmente, o terceiro ponto é o significado efetivo do conceito do que seja a "dívida previdenciária". Imaginemos que o leitor receba em sua residência uma intimação alegando que deve comparecer numa data para saldar uma dívida tributária de R$ 153 mil, da qual sequer tinha conhecimento. Muito provavelmente, irá contratar um advogado e contestar a cobrança. Não é diferente no caso das grandes empresas. Autuações milionárias fazem parte da vida dos grandes bancos e das grandes empresas. Nisso há de tudo: desde erros administrativos, até funcionários que praticam achaques, passando por situações nas quais de fato as empresas devem pagar e o farão em algum momento.

De fato, há sempre, todos os anos, um percentual da dívida ativa inscrita em 31 de dezembro de um ano que se converte em receita até 31 de dezembro do ano seguinte. O fato, porém, de ter uma dívida gigantesca não significa que ela será efetivamente arrecadada num ano. Primeiro, porque em muitos casos o contribuinte tem razão e uma dívida registrada no valor X será anulada após a contestação. Segundo, porque mesmo quando a empresa reconhece uma dívida, ela é muitas vezes inferior ao que lhe era inicialmente cobrado. E terceiro, porque no caso das dívidas maiores muitas vezes o que ocorre é o pagamento ao longo de períodos longos – 5, 10 ou 20 anos. Portanto, resumidamente, o fato de que em 31 de dezembro o sistema registre formalmente uma dívida previdenciária de R$ 200 bilhões ou R$ 300 bilhões não quer dizer em absoluto que, realisticamente, isso poderá virar receita no ano seguinte. O que acontece em geral é que alguns bilhões, apenas, se convertem em receita. É assim, todos os anos. A ideia de que isso poderá ser a grande solução para um desequilíbrio da magnitude do nosso – R$ 195 bilhões de déficit do INSS só em 2018 – é um equívoco.

Antes de apresentarmos as questões que explicam de fato as dificuldades para manutenção do modelo atual de repartição, é importante identificarmos os dois tipos de regime dessa modalidade existentes no país.

REGIME GERAL DA PREVIDÊNCIA SOCIAL (RGPS)

Nesta seção, trataremos do RGPS, de forma a compreendermos as regras que se aplicam aos trabalhadores do setor privado e que se aposentam pelo Instituto Nacional do Seguro Social (INSS). Como já abordado na seção anterior, o RGPS utiliza o sistema de repartição simples, sendo mandatório, operado pelo Estado e financiado através de contribuições específicas.[14]

Nas subseções a seguir, explicaremos as regras de concessão, o sistema de financiamento e a forma de cálculo dos benefícios, concluindo com um exemplo hipotético da dinâmica associada ao sistema de repartição simples e, por conseguinte, as dificuldades associadas à sua continuidade no longo prazo, na ausência de mudanças em parâmetros-chave.

Regras de concessão

As regras para concessão do benefício de aposentadoria ao trabalhador privado estão dispostas na Constituição Federal de 1988. A seguir, apresentamos um resumo das diretrizes adotadas pelo RGPS atualmente, que envolvem tanto critérios de idade como de tempo de contribuição, dentre outros associados a situações específicas.

- Idade: 65 e 60 anos para homens e mulheres, respectivamente, com redução de 5 anos no regime geral para os trabalhadores rurais de ambos os sexos e tempo mínimo de contribuição de 180 meses (15 anos).
- Tempo de contribuição: 35 e 30 anos de serviço para homens e mulheres, respectivamente, com redução de 5 anos de idade para os professores de ambos os sexos, exercidos em funções de magistério na educação básica.
- Especial por tempo de contribuição: para quem trabalha exposto a agentes nocivos à saúde, regulamentada por lei.
- Idade da pessoa com deficiência: mínimo de 180 meses trabalhados na condição de deficiente, além da idade mínima de 60 anos, se homem, ou 55 anos, se mulher.
- Tempo de contribuição da pessoa com deficiência: mínimo de 180 contribuições e outros requisitos, conforme o seu grau de deficiência.
- Invalidez: para indivíduo incapaz de trabalhar e que não possa ser utilizado em outra profissão.

Fontes de financiamento

As contribuições previdenciárias incidem sobre a remuneração ou a renda dos trabalhadores, bem como sobre a folha de pagamento dos empregadores. No sistema de repartição, as aposentadorias, a cada momento do tempo, são financiadas pelos trabalhadores ativos contemporâneos e pelas demais contribuições correntes pagas pelos empregadores. Trata-se

---

[14] Conforme o Quadro 2.1, que apresenta de forma detalhada o financiamento da previdência social.

de um sistema que envolve o risco de não haver a garantia de que os futuros trabalhadores estarão dispostos a contribuir, nem de que os empregadores terão a receita esperada de seus negócios.

Neste regime, portanto, não há a constituição de uma reserva prévia para a cobertura de benefícios. Porém, é importante observar que existe a possibilidade de constituição de reservas de contribuições correntes no momento que estas receitas ultrapassarem as despesas com benefícios pagos. Estas reservas têm o objetivo de fazer frente a situações de risco ao sistema, como a oscilação no nível de emprego e da renda real, entre outros – e não para a formação de reservas.[15] O Quadro 2.1 apresenta as contribuições específicas que financiam a previdência social.

Quadro 2.1 Financiamento da previdência social

	Base de incidência	Alíquota
Contribuições Empregado, Empregado Doméstico e Trabalhador Avulso	Salário de contribuição faixa 1 faixa 2 faixa 3	8% 9% 11%
Contribuições individuais e facultativas (Contribuinte Individual e Facultativo)	Salário mínimo vigente (SM)	5% (exclusiva do facultativo Baixa Renda, não dá direito a Aposentadoria por Tempo de Contribuição e Certidão de Tempo de Contribuição)
	SM vigente	11% (exclusiva do Plano Simplificado, não dá direito a Aposentadoria por Tempo de Contribuição e Certidão de Tempo de Contribuição)
	Remuneração auferida (limites do SM até cerca de 6 vezes o SM)	20%
Contribuições dos empregadores ou equiparados	Folha salarial	20% sobre o total (incluindo autônomos), se instituição financeira adicional de 2,5%; 1% a 3% para acidentes de trabalho; 15% ao contratar cooperados
	Receita Bruta (se produção rural)	2,6% em substituição à contribuição de 20% e daquelas destinadas ao custeio dos benefícios concedidos em razão do grau de incidência de incapacidade laborativa decorrente dos riscos ambientais do trabalho.
	Salário de contribuição (empregador doméstico)	12%
Contribuições de segurados especiais rurais, pesca e mineração (economia familiar)	Resultado da comercialização da produção	2% com mais 0,1% a título de acidentes de trabalho

continua

---

[15] Ver Tafner (2007).

Quadro 2.1 Financiamento da previdência social (*continuação*)

	Base de incidência	Alíquota
Repasses da União (Tesouro Nacional)	Orçamento fiscal, excluindo o que existe para o Orçamento da Seguridade Social (OSS)	Depende das necessidades de financiamento
Sistema Integrado de Pagamento de Impostos e Contribuições das Microempresas e Empresas de Pequeno Porte (Simples)	Faturamento	3,5% a 10% (conforme faixa de faturamento) a título de contribuição de empregadores sobre a folha; 2% a título de Cofins e 1% a título de CSLL
Outras receitas	Receitas com títulos e valores mobiliários ou imobiliários	Depende da remuneração de cada título, do aluguel ou da venda de imóveis
Contribuições para o Financiamento da Seguridade Social (Cofins)	Valor adicionado, faturamento; isenção para instituições financeiras	Valor adicionado de 7,6% ou via lucro presumido; 3% do faturamento
Contribuição sobre o Lucro Líquido das Empresas (CSLL)	Lucro líquido das empresas. Lucro presumido 32% (com Imposto de Renda)	8% para as empresas em geral e 18% para instituições financeiras
Receitas de concursos de prognósticos*	Receita líquida	Deduzidos os valores de prêmios, impostos, administração e crédito educativo

Nota: Cofins e CSLL são contribuições compartilhadas com Saúde e Assistência Social.
Fontes: Adaptado pelos autores do modelo apresentado por Tafner (2007), a partir da Lei 8.212/1991, atualizada pela EC 20/1998, e Lei 9.876/1999; LC 123/2006.

Cabe destacar que o financiamento da seguridade social através de contribuições específicas, apesar da facilidade de cobrança, traz o problema do seu efeito cumulativo, ou seja, a distorção nos preços relativos dos produtos, decorrente do efeito "cascata" da incidência de um tributo em duas ou mais etapas do processo de produção, contrariamente ao regime de tributação com base no valor adicionado, que permite corrigir essa distorção.[16]

Cálculo do benefício

No sistema de repartição simples estruturado no Brasil, o benefício é definido a partir dos limites mínimo e máximo previstos na legislação. O cálculo do valor inicial a ser pago mensalmente segue uma regra geral com base na Lei nº 8.213/1991. Esta regra se aplica a todos os cidadãos que se filiaram ao INSS a partir da Lei nº 9.876, publicada em 29/11/1999, como segue:

1. para os benefícios de aposentadoria por idade e por tempo de contribuição: a média aritmética simples dos maiores salários de contribuição, correspondentes a 80% de todo o período contributivo, multiplicada pelo fator previdenciário (Tabela 2.1), sendo a multiplicação facultativa no caso dos benefícios de aposentadoria por idade. O fator é obtido com base em uma fórmula que, como mostrado na Tabela 2.1,

---

[16] A esse respeito, ver Cintra (2010).

Tabela 2.1 Fator previdenciário

2017 — Alíquota = 0,31

TC \ Idade de aposentadoria	50	51	52	53	54	55	56	57	58	59	60	61	62	63	64	65	66	67	68	69	70	71	72	73	74	75
ES	30,5	29,7	28,8	28,0	27,2	26,4	25,6	24,8	24,0	23,2	22,4	21,6	20,9	20,1	19,4	18,7	18,0	17,3	16,6	15,9	15,2	14,6	14,0	13,3	12,7	12,2
25	0,40	0,41	0,43	0,44	0,46	0,48	0,50	0,51	0,54	0,56	0,58	0,61	0,63	0,66	0,69	0,72	0,75	0,78	0,82	0,86	0,91	0,95	1,00	1,05	1,11	1,16
26	0,42	0,43	0,45	0,46	0,48	0,50	0,52	0,54	0,56	0,58	0,60	0,63	0,66	0,69	0,71	0,75	0,78	0,82	0,85	0,90	0,94	0,99	1,04	1,10	1,16	1,21
27	0,43	0,45	0,47	0,48	0,50	0,52	0,54	0,56	0,58	0,60	0,63	0,66	0,68	0,71	0,74	0,78	0,81	0,85	0,89	0,93	0,98	1,03	1,08	1,14	1,20	1,26
28	0,45	0,47	0,48	0,50	0,52	0,54	0,56	0,58	0,60	0,63	0,65	0,68	0,71	0,74	0,77	0,81	0,84	0,88	0,92	0,97	1,02	1,07	1,12	1,19	1,25	1,31
29	0,47	0,48	0,50	0,52	0,54	0,56	0,58	0,60	0,63	0,65	0,68	0,71	0,74	0,77	0,80	0,84	0,87	0,91	0,96	1,01	1,06	1,11	1,16	1,23	1,30	1,36
30	0,49	0,50	0,52	0,54	0,56	0,58	0,60	0,62	0,65	0,67	0,70	0,73	0,76	0,80	0,83	0,87	0,91	0,95	0,99	1,04	1,10	1,15	1,20	1,27	1,34	1,40
31	0,50	0,52	0,54	0,56	0,58	0,60	0,62	0,65	0,67	0,70	0,73	0,76	0,79	0,83	0,86	0,90	0,94	0,98	1,03	1,08	1,14	1,19	1,25	1,32	1,39	1,45
32	0,52	0,54	0,56	0,58	0,60	0,62	0,64	0,67	0,69	0,72	0,75	0,78	0,82	0,85	0,89	0,93	0,97	1,01	1,06	1,12	1,17	1,23	1,29	1,36	1,44	1,50
33	0,54	0,56	0,58	0,60	0,62	0,64	0,66	0,69	0,72	0,75	0,78	0,81	0,84	0,88	0,92	0,96	1,00	1,05	1,10	1,15	1,21	1,27	1,33	1,41	1,48	1,55
34	0,55	0,57	0,59	0,62	0,64	0,66	0,69	0,71	0,74	0,77	0,80	0,84	0,87	0,91	0,95	0,99	1,03	1,08	1,13	1,19	1,25	1,31	1,37	1,45	1,53	1,60
35	0,57	0,59	0,61	0,63	0,66	0,68	0,71	0,73	0,76	0,79	0,83	0,86	0,90	0,94	0,98	1,02	1,07	1,12	1,17	1,23	1,29	1,35	1,42	1,50	1,58	1,65
36	0,59	0,61	0,63	0,65	0,68	0,70	0,73	0,76	0,79	0,82	0,85	0,89	0,92	0,97	1,01	1,05	1,10	1,15	1,20	1,26	1,33	1,39	1,46	1,55	1,63	1,70
37	0,61	0,63	0,65	0,67	0,70	0,72	0,75	0,78	0,81	0,84	0,88	0,92	0,95	1,00	1,04	1,08	1,13	1,18	1,24	1,30	1,37	1,43	1,50	1,59	1,68	1,75
38	0,62	0,65	0,67	0,69	0,72	0,74	0,77	0,80	0,83	0,87	0,90	0,94	0,98	1,02	1,07	1,11	1,16	1,22	1,28	1,34	1,41	1,47	1,55	1,64	1,72	1,80
39	0,64	0,66	0,69	0,71	0,74	0,77	0,79	0,82	0,86	0,89	0,93	0,97	1,01	1,05	1,10	1,14	1,20	1,25	1,31	1,38	1,45	1,52	1,59	1,68	1,77	1,85
40	0,66	0,68	0,71	0,73	0,76	0,79	0,82	0,85	0,88	0,92	0,95	1,00	1,03	1,08	1,13	1,18	1,23	1,29	1,35	1,41	1,49	1,56	1,63	1,73	1,82	1,90
41	0,68	0,70	0,73	0,75	0,78	0,81	0,84	0,87	0,90	0,94	0,98	1,02	1,06	1,11	1,16	1,21	1,26	1,32	1,38	1,45	1,53	1,60	1,68	1,77	1,87	1,96
42	0,70	0,72	0,75	0,77	0,80	0,83	0,86	0,89	0,93	0,97	1,01	1,05	1,09	1,14	1,19	1,24	1,29	1,35	1,42	1,49	1,57	1,64	1,72	1,82	1,92	2,01
43	0,71	0,74	0,77	0,79	0,82	0,85	0,88	0,92	0,95	0,99	1,03	1,08	1,12	1,17	1,22	1,27	1,33	1,39	1,46	1,53	1,61	1,68	1,76	1,87	1,97	2,06
44	0,73	0,76	0,78	0,81	0,84	0,87	0,90	0,94	0,98	1,02	1,06	1,10	1,15	1,20	1,25	1,30	1,36	1,42	1,49	1,57	1,65	1,72	1,81	1,91	2,02	2,11
45	0,75	0,77	0,80	0,83	0,86	0,89	0,93	0,96	1,00	1,04	1,08	1,13	1,17	1,23	1,28	1,33	1,39	1,46	1,53	1,61	1,69	1,77	1,85	1,96	2,06	2,16
46	0,77	0,79	0,82	0,85	0,88	0,91	0,95	0,98	1,02	1,06	1,11	1,16	1,20	1,26	1,31	1,37	1,43	1,49	1,57	1,64	1,73	1,81	1,90	2,01	2,11	2,21
47	0,79	0,81	0,84	0,87	0,90	0,94	0,97	1,01	1,05	1,09	1,14	1,18	1,23	1,29	1,34	1,40	1,46	1,53	1,60	1,68	1,77	1,85	1,94	2,05	2,16	2,26
48	0,80	0,83	0,86	0,89	0,92	0,96	0,99	1,03	1,07	1,12	1,16	1,21	1,26	1,32	1,37	1,43	1,50	1,56	1,64	1,72	1,81	1,89	1,99	2,10	2,21	2,32
49	0,82	0,85	0,88	0,91	0,94	0,98	1,02	1,05	1,10	1,14	1,19	1,24	1,29	1,35	1,40	1,46	1,53	1,60	1,68	1,76	1,85	1,94	2,03	2,15	2,26	2,37
50	0,84	0,87	0,90	0,93	0,97	1,00	1,04	1,08	1,12	1,17	1,21	1,27	1,32	1,38	1,43	1,50	1,56	1,64	1,71	1,80	1,89	1,98	2,08	2,20	2,31	2,42
51	0,86	0,89	0,92	0,95	0,99	1,02	1,06	1,10	1,14	1,19	1,24	1,29	1,35	1,41	1,47	1,53	1,60	1,67	1,75	1,84	1,93	2,02	2,12	2,24	2,36	2,47
52	0,88	0,91	0,94	0,97	1,01	1,04	1,08	1,13	1,17	1,22	1,27	1,32	1,37	1,44	1,50	1,56	1,63	1,71	1,79	1,88	1,97	2,07	2,17	2,29	2,41	2,53
53	0,90	0,93	0,96	0,99	1,03	1,07	1,11	1,15	1,19	1,24	1,29	1,35	1,40	1,47	1,53	1,59	1,67	1,74	1,83	1,92	2,02	2,11	2,21	2,34	2,46	2,58
54	0,92	0,95	0,98	1,01	1,05	1,09	1,13	1,17	1,22	1,27	1,32	1,38	1,43	1,50	1,56	1,63	1,70	1,78	1,86	1,96	2,06	2,15	2,26	2,39	2,51	2,63
55	0,93	0,96	1,00	1,04	1,07	1,11	1,15	1,20	1,24	1,29	1,35	1,41	1,46	1,53	1,59	1,66	1,73	1,81	1,90	2,00	2,10	2,20	2,30	2,44	2,56	2,68

ES = Expectativa de sobrevida.

Fator = (TC × a / ES) × (1 + [Id + TC × a]/100)

Fonte: Elaboração dos autores a partir da Tábua de Mortalidade – Ambos os sexos – 2017 do IBGE. Disponível em site https://ibge.gov.br/populacao/9126-tabuas-completas-de-mortalidade.html?=&t=resultados, acesso em 15/04/2019.

relaciona o tempo de contribuição (TC) até o momento da aposentadoria, a idade do trabalhador (Id) na ocasião e a expectativa de anos (ES) que ele ainda tem de vida, além da alíquota (a) de 31% – ou seja, 0,31 – sobre o salário;
2. para os benefícios de aposentadoria por invalidez; aposentadoria especial; auxílio-doença; auxílio-acidente: a média aritmética simples dos maiores salários de contribuição correspondentes a 80% de todo o período contributivo.

Vejamos em mais detalhes como o sistema do INSS processa os cálculos. Tendo em vista as regras citadas, o sistema verifica qual a quantidade de meses que a pessoa possui recolhimentos no período contributivo. Após isso, efetua a soma da quantidade de meses que representam 80% do período selecionado. Por exemplo, supondo um cidadão com 200 meses de recolhimento, 80% desse período corresponde a 160 meses. O sistema, portanto, somará os 160 maiores salários observados e dividirá por 160.

No momento da aposentadoria é aplicado, ou não, o fator previdenciário da Tabela 2.1. Conforme o caso, a aplicação do fator previdenciário pode aumentar – quando o fator excede a unidade – ou diminuir o valor do salário de benefício. Na aposentadoria por tempo de contribuição, inclusive a do professor, a sua aplicação é obrigatória e, nas aposentadorias por idade (incluindo idade do deficiente físico) e tempo de contribuição do deficiente físico, ela é opcional. Em outras palavras, o fator previdenciário será aplicado se for mais vantajoso para o indivíduo.

Suponha-se, por exemplo, um homem de 55 anos, com 35 anos de contribuição. Neste caso, seu fator previdenciário é de 0,6816. Se a média salarial desse homem gerou um montante de R$ 2.000, seu salário de benefício será resultante do cálculo de 0,6816 × R$ 2.000 = R$ 1.363. Nota-se que, a cada ano que ele aguardar para requerer o benefício, seu resultado será cerca de 7% ao ano superior em relação ao ano anterior.[17]

Após a obtenção do salário de benefício, o INSS calcula a renda que, finalmente, será paga a cada mês ao cidadão – denominada de Renda Mensal Inicial (RMI). Novamente, conforme legislação, são efetuados cálculos a partir de regras específicas para cada tipo de aposentadoria, conforme descrito a seguir.

(1) Aposentadoria por idade: 70% do valor do salário de benefício acrescido de 1% para cada grupo de 12 contribuições (cada ano completo de trabalho) até o limite de 100% do salário de benefício.[18]
Exemplo: um cidadão homem possui 30 anos de contribuição completos, 65 anos de idade e salário de benefício calculado de R$ 2.000 (antes de aplicar o fator previdenciário). Neste caso, o fator previdenciário observado na Tabela 2.1 seria de 0,8668 e não seria utilizado no cálculo por não ser vantajoso para o cidadão. Assim, a RMI de aposentadoria do cidadão seria obtida pelo cálculo R$ 2.000 × [0,70 + (0,01 × 30)] e resultaria em R$ 2.000.[19]

---

[17] Por exemplo, considere-se esse caso do homem com 55 anos de idade e 35 de contribuição, com fator previdenciário de 0,6816. Um ano depois, com parâmetros de 56 e 36 anos, respectivamente, o fator será de 0,7287, ou seja, 6,9% maior que o do ano anterior.
[18] Conforme artigo 50 da Lei nº 8.213/91, com complemento através do artigo 7º da Lei nº 9.876 (1999) e opção da aplicação do fator previdenciário. Caso essa aposentadoria seja requerida, com base na Lei Complementar nº 142 (2013), na condição de deficiente físico, a aplicação do fator previdenciário será opcional.
[19] Vale ressaltar que a maior parte desses benefícios é de 1 salário mínimo. Nesse caso, a fórmula de cálculo é irrelevante, por conta da vinculação da Constituição ao salário mínimo.

(2) Aposentadoria por tempo de contribuição: o cálculo utiliza a chamada Regra 85/95 Progressiva, estabelecida pela Lei nº 13.183, que leva em conta a soma da idade e do tempo de contribuição do cidadão, havendo direito ao benefício aqueles que contribuíram por no mínimo 180 meses. Os números 85 e 95 são os pontos que mulheres e homens, respectivamente, devem atingir para serem elegíveis a aposentadoria integral. A regra não acaba com o fator previdenciário, tratando-se apenas de uma opção. Se a pessoa quiser se aposentar antes dos pontos necessários para ser elegível à aposentadoria integral, haverá aplicação do fator previdenciário. Conforme o próprio nome indica, a regra 85/95 é progressiva, sendo posteriormente de: (i) 86/96 pontos, a partir de 31/12/2018; (ii) 87/97, em 31/12/2020; (iii) 88/98, em 31/12/2022; (iv) 89/99, em 31/12/2024; e (v) 90/100, em 31/12/2026.

Exemplos: são elegíveis à aposentadoria integral pela regra 85/95 – atualmente 86/96 – sem a incidência do fator previdenciário, uma mulher com 53 anos que tiver contribuído com o INSS por 33 anos, ou um homem de 58 anos que tiver contribuído com o INSS por 38 anos.

A análise do cálculo do benefício realizada nesta subseção teve como foco a regra geral aplicável nos casos de aposentadoria por idade e tempo de contribuição. Todavia, é importante destacar que existem outros benefícios previstos na legislação do RGPS como: auxílios por acidente, doença, reclusão (segurado preso) aos dependentes; pensão por morte; salário-família; ou salário-maternidade, pago no caso de nascimento de filho ou de adoção de criança, com duração conforme o evento. Além dos benefícios previdenciários, há a garantia de salário mínimo à pessoa com deficiência e ao idoso com 65 anos ou mais de baixa renda;[20] e salário mínimo mensal ao trabalhador com 65 anos de idade e sem as condições mínimas para se aposentar, conforme apresentado nas regras citadas. Também existe a pensão especial aos portadores da Síndrome da Talidomida nascidos a partir de 1º de março de 1958; e às pessoas atingidas pela hanseníase que tenham sido submetidas a isolamento e internação compulsórias em hospitais-colônias até 31/12/1986.

Dinâmica do regime de repartição simples

Na Tabela 2.2, apresentamos a dinâmica de um regime de repartição simples, ao ilustrar o que se recebe e o que se paga de benefícios numa sociedade hipotética. Nosso objetivo é demostrar que, ao não se manter condições favoráveis para evolução das diferentes variáveis do modelo – como, por exemplo, aspectos demográficos e a taxa de crescimento econômico –, as contribuições não serão suficientes para o pagamento de aposentadorias e o sistema se encontrará numa situação de déficit.

Observa-se na parte I da tabela que esta sociedade é formada por jovens, por pessoas maduras e por aposentados, com as respectivas gerações indicadas pelos grupos de "a" a "f". Considera-se que o regime de repartição simples foi o escolhido para seu sistema de previdência social no ano 1. Neste sistema, a alíquota de contribuição é de 15% sobre o salário e a economia cresce 5% ao ano, com a respectiva incidência sobre a renda dos trabalhadores. Assume-se a hipótese de que, a cada ano, há o ingresso de um jovem no mercado

---

[20] O Estatuto do Idoso, estabelece que é assegurado o benefício mensal de um salário mínimo, nos termos da Lei Orgânica da Assistência Social (LOAS) aos idosos, a partir de 65 anos, e que não possuam meios para prover sua subsistência, nem através de sua família.

Tabela 2.2 Exemplo da dinâmica de um regime de repartição simples

Parte I		Ano 1	Ano 2	Ano 3	Ano 4	Ano 5
Jovem	Salário	Grupo b 500,00	Grupo c 525,00	Grupo d 551,25	Grupo e 578,81	Grupo f 607,75
	Contribuição	75,00	78,75	82,69	86,82	91,16
Maduro	Salário	Grupo a 1.000,00	Grupo b 1.050,00	Grupo c 1.102,50	Grupo d 1.157,63	Grupo e 1.215,51
	Contribuição	150,00	157,50	165,38	173,64	182,33
Aposentado	Benefício	–	Grupo a 236,25	Grupo b 248,06	Grupo c 260,47	Grupo d 273,49
Parte II		Ano 1	Ano 2	Ano 3	Ano 4	Ano 5
Contribuições (até ano anterior ao da aposentadoria)			Grupo a 150,00	Grupo b 232,50	Grupo c 244,13	Grupo d 256,33
Benefício de aposentadoria			236,25	248,06	260,47	273,49
Transferências recebidas			86,25	15,56	16,34	17,16

Fonte: Adaptação dos autores da Tabela 2 apresentada por Tafner (2007).

de trabalho, um trabalhador se aposenta e um aposentado falece, mantendo-se estável a população total. A dinâmica é adotada para um período de 5 anos, sendo a despesa com aposentadorias dada pela receita recolhida em função das contribuições.

Confirmadas as hipóteses do nosso exemplo, observamos na parte II as contribuições feitas pelos grupos "a" a "d" e suas respectivas aposentadorias e transferências recebidas. Nota-se que as transferências recebidas – de uma entidade externa ao sistema previdenciário, tipicamente o Tesouro – foram necessárias para completar o valor de pagamento do benefício de aposentadoria a cada grupo. Os grupos "e" e "f", por sua vez, foram intencionalmente excluídos desta parte por não haverem ocorrido os respectivos pagamentos de aposentadoria, até o ano 5.

Assim, identificamos que o grupo "a" passa inicialmente a receber aposentadoria de R$ 236,25 – definida pela arrecadação no ano 2 – tendo contribuído com uma parcela de R$ 150,00 ao sistema, ou seja, inferior à sua renda de aposentadoria. Podemos observar ainda que existem transferências recebidas do sistema para este grupo no valor de R$ 86,25, uma vez que as contribuições arrecadadas não foram suficientes para cobrir 100% do pagamento do benefício.

Já no caso do grupo "b", enquanto o pagamento recebido a título de aposentadoria foi de R$ 248,06, a contribuição acumulada foi superior à do grupo "a". Porém, observa-se ainda a necessidade de uma transferência para completar o valor do pagamento da aposentadoria, mesmo que relativamente inferior à do grupo "a". Esta transferência é também identificada nas aposentadorias dos grupos "c" e "d".

No arranjo em que as aposentadorias de um período são financiadas pelas contribuições desse período, cometendo-se o "pecado original" de que em um primeiro período houve aposentados que receberam mais do que tinham contribuído, a cada período há uma dívida assumida com futuros aposentados que não têm lastro de reservas. Assim, há um desequilíbrio atuarial latente. Qualquer alteração desfavorável em pelo menos uma das variáveis potencializa o desequilíbrio do sistema e a necessidade de haver novas transferências. Além disso, a benevolência da legislação, concedendo benefícios exagerados a certos grupos, bem como situações em que a receita é afetada por fases negativas da economia acabam por gerar resultados negativos, que tendem a se agravar com o passar dos anos.

O exemplo escolhido, ainda que trivial, reflete a evolução de muitas sociedades, nas quais, inicialmente, foram instituídas aposentadorias para um pequeno grupo de pessoas que não tinham contribuído para tanto, gerando-se um desequilíbrio que se perpetua com o tempo. Em algum momento, tem-se o aparecimento do que um especialista no tema qualificava como "geração sanduíche", que fica espremida e tem que simultaneamente custear com impostos o financiamento do desequilíbrio da geração anterior, ao mesmo tempo que tem que financiar a sua própria aposentadoria futura.

REGIME PRÓPRIO DE PREVIDÊNCIA SOCIAL (RPPS)

O regime de previdência dos servidores públicos titulares de cargo efetivo pode ser mantido pelos entes públicos da federação, sejam eles a União, estados, Distrito Federal e municípios. As normas básicas dos RPPSs estão previstas no artigo 40 da Constituição Federal. A inscrição dos servidores é mandatória, sendo atribuição da União a edição de normas gerais sobre todo o sistema público de previdência, que inclui tanto as regras especiais sobre os regimes próprios mantidos em favor dos servidores e militares federais, bem como do RGPS. Entretanto, cabe aos Estados, Distrito Federal e Municípios a promulgação de leis específicas sobre os seus respectivos regimes próprios de previdência. Quanto aos Militares dos Estados e Distrito Federal e Forças Armadas,[21] é importante destacar que a Emenda Constitucional nº 41/2003 alterou os artigos nºs 42 e 142, que tratavam dos respectivos planos previdenciários. Com a EC nº 41/2003, cada plano passa a ser definido através de lei ordinária de cada ente da Federação. Sendo assim, a União possui dois sistemas distintos, ou seja, um para os servidores civis e outro para os militares.[22]

Apesar da União de os estados possuírem seus RPPSs, existem municípios que não os instituíram. Nesse caso, seus servidores titulares de cargos efetivos são vinculados obrigatórios do RGPS, assim como o são o servidor público ocupante, exclusivamente, de cargo em comissão, de cargo temporário, de emprego público ou mandato eletivo. Desde a EC nº 20/1998, estes servidores não puderam mais continuar vinculados aos RPPSs.

A instituição de um RPPS pelo ente federativo se dá no momento em que o sistema de previdência é assegurado por lei a seus servidores, independente da criação, não sendo permitida sua instituição de forma retroativa. A instituição deve assegurar que os benefícios não sejam distintos dos previstos pelo RGPS, salvo o disposto no artigo 40 da Constituição Federal e nas Emendas Constitucionais nº 20 (1998); nº 41 (2003); nº 47 (2005). [23]

O RPPS deve ser administrado por unidade gestora integrante da estrutura da administração pública de cada ente federativo, que tenha por finalidade a sua administração, gerenciamento e operacionalização, incluindo a arrecadação e gestão de recursos e fundos

---

[21] A "Nova Constituição" destaca as Forças Armadas como categoria diferenciada das demais pela destinação constitucional de servidores da Pátria – conforme artigo nº 142. O Estatuto dos Militares prevê remuneração comum às três Forças – Exército, Marinha e Aeronáutica. Assim, um mesmo nível hierárquico recebe o mesmo soldo, tanto para ativos como inativos.
[22] As leis que dispõem sobre os militares e os servidores civis são, respectivamente, a Lei nº 6.880 (1980) e a Lei nº 8.112 (1990), como já destacado na subseção sobre Impactos da Constituição.
[23] Relacionado com a instituição, a extinção, o funcionamento e os benefícios previstos em um RPPS, ver Orientação Normativa nº 2 (2009).

previdenciários e a concessão, o pagamento e a manutenção dos benefícios. Sua governança conta com a participação dos segurados nos colegiados e instâncias de decisão em que os seus interesses sejam objeto de discussão e deliberação. Dessa forma, cabe aos segurados acompanhar e fiscalizar sua administração. Destaca-se que à categoria dos militares é possível a constituição de unidade gestora de forma segregada da unidade dos demais servidores, em função de possuírem regime previdenciário diferenciado instituído em Lei.

A unidade gestora do RPPS pode ser uma entidade autárquica ou um fundo, de âmbito interno da estrutura da administração pública de cada ente federativo. Entretanto, não há lei que defina sua estrutura de gestão. Ocorre que sua ausência causa problemas de transparência e sobreposição de funções dos RPPS dos diversos órgãos e entidades da Administração Pública. Consequentemente, isso representa maiores custos ao governo.[24] O modelo mais comum é formado por Diretoria Executiva, Conselho de Administração e Conselho Fiscal. Curiosamente, esta unidade gestora até hoje não existe na União. A gestão do RPPS da União é feita de forma descentralizada pelos Poderes Executivo, Legislativo e Judiciário.[25]

De forma análoga ao realizado na última seção, que tratava do RGPS, nas próximas subseções analisaremos as regras utilizadas para concessão de benefícios aos servidores por meio do RPPS, as fontes de financiamento adotadas neste regime e a forma de cálculo dos benefícios.

Regras de concessão

As regras para concessão de benefícios de aposentadoria aos servidores podem ser distribuídas em dois grandes grupos.[26] No primeiro, estão as regras permanentes, conforme art. 40, § 1º, inciso I, da Constituição Federal, com redação da EC nº 41/2003. No segundo, as regras de transição para concessão do benefício de aposentadoria voluntária aos que tenham ingressado em cargo efetivo até 31/12/2003, sendo que até 31/12/2003, há ainda o disposto no artigo 6º da EC 41/2005.

Regras permanentes:

(1) aposentadoria por invalidez permanente, com remuneração no cargo efetivo;
(2) aposentadoria compulsória aos 75 anos de idade, com proventos proporcionais ao tempo de contribuição;
(3) aposentadoria voluntária – àqueles que ingressaram no serviço público a partir de 01/01/2004 ou àqueles que não optaram pelas regras dos arts. 2º e 6º da EC nº 41/2003 ou do art. 3º da EC nº 47/2005 – desde que cumpridos 10 anos no serviço público e 5 anos no cargo efetivo em que se dará a aposentadoria: aos 60 anos de idade e 35 anos de contribuição, se homem, e aos 55 anos de idade e 30 anos de contribuição, se mulher. Com proventos proporcionais ao tempo de contribuição: aos 65 anos de idade, se homem, e aos 60 anos de idade, se mulher. Aplica-se o redutor de 5 anos aos servidores professoras e professores, respectivamente, conforme e § 5º, art. 40 da CF, para tempo de contribuição e idade.

---

[24] Para se aprofundar sobre a importância da unidade gestora nos RPPS, ver Calazans *et al.* (2013).
[25] Conforme artigo 7º da Instrução Normativa RFB nº 1.332 (2013): no Poder Executivo, a gestão é de responsabilidade do dirigente do órgão setorial ou seccional dos Sistemas de Pessoal Civil da Administração Federal (SIPEC); no Poder Judiciário, cabe ao responsável pelo setor de pagamento do Tribunal ou da seção judiciária; e no Poder Legislativo, ao Diretor-Geral do Senado Federal ou da Câmara dos Deputados.
[26] Aplicáveis aos servidores titulares de cargos efetivos da União, dos estados, do Distrito Federal e dos municípios, incluídas suas autarquias e fundações.

Regras de transição:

(1) De acordo com a EC nº 41/2005, terá direito à aposentadoria, conforme artigo 6º, se o ingresso ocorreu até 31/12/2003, quem, cumulativamente, tiver 60 anos de idade, se homem, e 55 anos de idade, se mulher; tempo de contribuição de 35 anos, se homem, e 30 anos, se mulher; 20 anos de efetivo exercício no serviço público e 10 anos de exercício nos cargos em que se der a aposentadoria. [27]

(2) Já pelo artigo 3º da EC nº 47/2005, se o ingresso ocorreu até 16/12/1998, é assegurado o provento de aposentadoria integral, desde que o servidor tenha cumprido cumulativamente 35 anos de contribuição, se homem, e 30 anos de contribuição, se mulher; 25 anos de efetivo tempo no serviço público, 15 anos de carreira e 5 anos no cargo em que se aposentar; e tiver idade mínima resultante da redução de um ano de idade para cada ano que exceder a condição prevista para os 35 anos de contribuição homem e 30 anos de contribuição, se mulher. Exemplo: aposentadoria integral de homem aos 60 anos de idade e 35 anos de contribuição (o resultado da soma deve ser 95, se homem, e 85, se mulher). Se contribuir 36 anos, a idade mínima será de 59 anos e assim, sucessivamente.

Fontes de financiamento

Até o primeiro governo de Fernando Henrique Cardoso (1995-1998), ainda não havia uma uniformidade das normas da previdência do servidor público, sendo que os benefícios eram custeados com recursos estatais. Foi através da EC nº 20/1998, que se tratou de consolidar um novo modelo previdenciário público, com ênfase no caráter contributivo.

Um pouco antes da EC nº 20/1998, havia sido determinado o financiamento mediante recursos da União e de todos os demais entes da federação e das contribuições do pessoal civil e militar, ativo, inativo e dos pensionistas, para os seus respectivos regimes; bem como a aplicação de alíquotas não inferiores às aplicadas sobre a remuneração dos servidores da União. A Lei nº 10.887 (2004) determina a contribuição social do servidor público da União de 11%, que incide sobre a totalidade da base de contribuição. Essa alíquota incide sobre a base de contribuição dos que ingressaram antes da criação do regime de previdência complementar e não tiverem optado por ele. Ficou facultado à União e a todos os demais entes da federação a constituição de fundos de bens, direitos e ativos com finalidade previdenciária, desde que a conta do fundo seja distinta da conta do Tesouro da unidade federativa e siga diretrizes estabelecidas pelo Conselho Monetário Nacional.[28]

A contribuição do ente federativo, por sua vez, é igual ao dobro do valor da contribuição do seu servidor ativo. A base de cálculo da contribuição poderá incidir sobre mais verbas além do vencimento básico, como adicionais de caráter individual e das vantagens pessoais permanentes, desde que haja previsão legal. Na hipótese de insuficiência financeira do RPPS decorrente do pagamento de benefícios previdenciários, o ente federativo é responsável por sua cobertura, observada a proporcionalidade das despesas entre os poderes do ente da federação. Essa contribuição deve ser produto de sua arrecadação e contabilizado em conta específica.

---

[27] Aplica-se redutor de 5 aos servidores professoras e professores, respectivamente, conforme o § 5º, art. 40 da CF, para tempo de contribuição e idade.
[28] Para se aprofundar sobre Estados e Municípios que optaram pelo regime de capitalização, ver Portaria MF nº 464 (2018) e informações pelo site http://www1.previdencia.gov.br/sps/app/draa/draa_default.asp. Relacionado às diretrizes para aplicação em ativos por RPPS, ver Resolução CMN 3.922 (2010).

Apesar da EC nº 41/2003 assegurar o regime de previdência complementar em seu artigo 40, somente em 2012 foi possível a instituição do regime de previdência complementar (RPC) para os servidores públicos federais titulares de cargo efetivo (obrigatória para novos servidores) e a fixação dos limites máximos de aposentadorias e pensões a serem pagos pelo regime próprio dos servidores da União. A Lei nº 12.618/2012 instituiu o RPC e autorizou a criação de três entidades de previdência complementar para os servidores públicos federais: a Fundação de Previdência Complementar do Servidor Público Federal do Poder Executivo (Funpresp-Exe); a Fundação de Previdência Complementar do Servidor Público Federal do Poder Legislativo (Funpresp-Leg) e a Fundação de Previdência Complementar do Servidor Público Federal do Poder Judiciário (Funpresp-Jud).

Em 2012, foram criadas a Funpresp-Exe e a Funpresp-Jud. Em 2013, o Poder Legislativo Federal aderiu à Funpresp-Exe mediante a criação de plano exclusivo ao servidor público federal do Poder Legislativo. Com a criação destas Entidades de Previdência Complementar, os servidores da União admitidos a partir de sua criação passaram a ter seus benefícios de aposentadoria limitados ao teto vigente para o RGPS.[29] Os servidores com ingresso anterior ao início do RPC podem aderir ao regime. Os que ingressaram após 2012, cuja remuneração seja superior ao teto do RGPS, são inscritos no respectivo plano do RPC, automaticamente.[30] A contribuição do servidor ao plano de previdência complementar é paritária com a do ente em até 8,5% e, acima deste percentual, o ente não é obrigado a contribuir o que superar tal limite, porém o servidor pode contribuir com percentual superior se assim contratar. Como já destacamos, as regras do regime de previdência complementar e o funcionamento das entidades de previdência complementar fechada serão tratados, respectivamente, nos Capítulos 3 e 4.

Cálculo do benefício

A EC nº 41/2003 e outras normas posteriores trouxeram importantes alterações para o cálculo dos benefícios. Um primeiro ponto de relevo é o fato de que ela revogou, para novos servidores, o princípio da integralidade, que determinava que a base de cálculo da aposentadoria, ou pensão por morte, deveria ser o valor da última remuneração do servidor em atividade. Posteriormente, com a Lei nº 10.887/2004 foi possível estabelecer a forma de cálculo da aposentadoria dos servidores públicos, que passou a corresponder à média dos 80% maiores salários de contribuição durante todo o tempo contributivo.

O valor do benefício de aposentadoria não pode ser superior ao valor da remuneração do servidor no cargo efetivo em que se der a aposentadoria, nem inferior ao valor do salário mínimo. Dado o exposto no parágrafo anterior, se o servidor se aposentar pela regra de transição, ou seja, se ele ingressou no ente público antes da EC nº 41/2003, terá direito ao benefício integral correspondente ao valor de sua última remuneração no cargo efetivo. Nesse caso, o valor de sua aposentadoria será igual ao valor da sua última remuneração, sem qualquer interferência das eventuais contribuições feitas sobre as parcelas pagas em decorrência de outras remunerações recebidas.

Por sua vez, se o servidor ingressou no ente da federação após a EC nº 41/2003, ele terá direito ao disposto no art. 1º da Lei nº 10.887/2004. Nesse caso, o valor do benefício de aposentadoria será obtido pela média aritmética simples das maiores remunerações

---

[29] Em 2019, o teto do RGPS é de R$ 5.839,45.
[30] De acordo com a Lei nº 12.618 (2012), artigo 1º ,§ § 1º e 2º.

utilizadas como base para as contribuições do servidor aos regimes de previdência a que esteve vinculado, correspondentes a 80% de todo o período contributivo desde a competência de julho de 1994 – ou desde o início da contribuição, se posterior àquela competência (ou seja, assim como no RGPS).

A NECESSIDADE DE UMA REFORMA DA PREVIDÊNCIA SOCIAL

Nesta seção, aprofundaremos o conhecimento sobre as razões que recomendam a adoção de uma reforma da previdência social no país. Iniciaremos expondo o déficit fiscal brasileiro e as reformas realizadas ao longo dos Governos FHC, Lula e Dilma. Em seguida, compreenderemos os riscos de transição de um modelo de repartição para o de capitalização e, finalmente, concluiremos refletindo sobre os custos de não se realizar a reforma da previdência social.

Déficit fiscal

Tendo já explicado, na segunda seção, os mitos que prejudicam a procura de soluções para o problema do sistema de previdência brasileiro, discutiremos a seguir os fundamentos da crise atual, iniciando pelo Gráfico 2.1. Este apresenta as despesas com benefícios pagos pelo Governo Central, correspondentes à soma das despesas do INSS com a dos servidores inativos da União desde a promulgação da Constituição Federal (1988) até o ano de 2018.

Os dados mostram que no período de 30 anos passamos de um peso relativo dessa soma de 3,5% do PIB, em 1988, para exatamente o triplo disso, em 2018. A despesa com benefícios do INSS subiu de 2,5% do PIB, em 1988, para 8,6% do PIB, em 2018. Ao contrário do que em geral se imagina, as despesas com servidores aposentados da União se mantiveram relativamente estáveis nos últimos 25 anos, após uma elevação importante até a primeira metade da década de 1990.

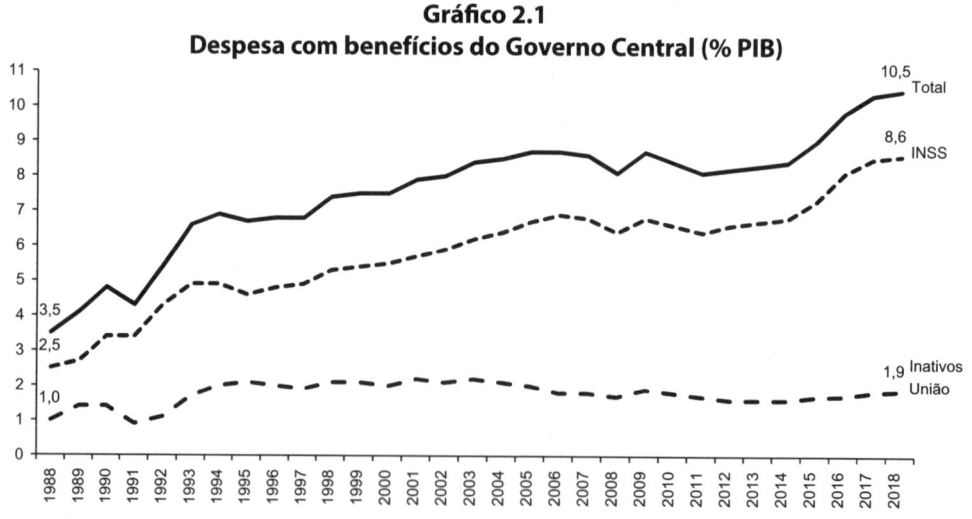

Gráfico 2.1
Despesa com benefícios do Governo Central (% PIB)

Fonte: Elaboração dos autores, dados a partir de dados do Ministério da Economia, Secretaria Especial da Fazenda e Secretaria de Tesouro Nacional.

Quando se analisa a "fotografia" do resultado previdenciário, observa-se um déficit em percentagem do PIB (os dados são apresentados no próximo tópico) de magnitude de grandeza similar entre o INSS e os servidores da União, com a grande diferença de que, no caso do INSS, isso reflete o pagamento de benefícios a aproximadamente 30 milhões de pessoas, enquanto, no caso dos servidores, os inativos são da ordem de 1 milhão de indivíduos. Tem-se, portanto, a impressão de que o problema principal está no regime previdenciário dos servidores. Entretanto, quando se observa o "filme" do problema previdenciário e se analisa, especificamente, a trajetória do gasto, a conclusão é diferente. De fato, se é verdade que o gasto com servidores aumentou muito até meados dos anos 1990, a rigor, ele até mesmo diminuiu ligeiramente desde então, em termos relativos, enquanto a despesa com benefícios do INSS continuou aumentando substancialmente, como se observa no Gráfico 2.1.

A Tabela 2.3 apresenta a evolução do déficit do INSS como proporção do PIB nos últimos anos, tendo aumentado de 1,2%, em 2008, para 2,9% do PIB, em 2018.

Por sua vez, a dinâmica de maior comprometimento do PIB com gastos pela União e demais entes, ainda que proporcionalmente menor que a observada no RGPS, é apresentada na Tabela 2.4. Apesar de não haver dados disponíveis posteriores a 2016 com este tipo de desagregação na Tabela 2.4, podemos verificar a evolução preocupante do déficit previdenciário dos servidores públicos como proporção do PIB, até 2016.

No caso dos servidores federais, os dados de 2018, em percentagem do PIB, aparecem expostos na Tabela 2.5. Ela mostra a decomposição da despesa com benefícios aberta por categoria (civis e militares) e por poder, além da desagregação entre aposentados e pensionistas. Observa-se que embora seja tema muito comentado, pelo elevado valor *per capita* dos

Tabela 2.3 Déficit do INSS

% PIB	2008	2009	2010	2011	2012	2013	2014	2015	2016	2017	2018
INSS	-1,2	-1,3	-1,1	-0,8	-0,9	-0,9	-1,0	-1,4	-2,4	-2,8	-2,9
Receita	5,2	5,5	5,5	5,6	5,7	5,8	5,8	5,9	5,7	5,7	5,7
Despesa	6,4	6,8	6,6	6,4	6,6	6,7	6,8	7,3	8,1	8,5	8,6

Fonte: Elaboração dos autores, Secretaria do Tesouro Nacional – Anuário Estatístico da Previdência Social.

Tabela 2.4 Déficit previdenciário dos servidores públicos (% PIB)

% PIB	2007	2008	2009	2010	2011	2012	2013	2014	2015	2016
Servidores União	-1,6	-1,5	-1,7	-1,6	-1,5	-1,4	-1,4	-1,4	-1,5	-1,5
Receita	0,2	0,2	0,2	0,2	0,2	0,2	0,2	0,2	0,2	0,2
Despesa	1,8	1,7	1,9	1,8	1,7	1,6	1,6	1,6	1,7	1,7
Servidores Estados e Municípios	-0,8	-0,8	-0,7	-0,7	-0,8	-0,8	-0,8	-0,7	-0,8	-1,2
Receita	1,3	1,2	1,3	1,3	1,2	1,2	1,3	1,3	1,3	1,4
Despesa	2,1	2,0	2,0	2,0	2,0	2,0	2,1	2,0	2,1	2,6
Total	-2,4	-2,3	-2,4	-2,3	-2,3	-2,2	-2,2	-2,1	-2,3	-2,7
Receita (1)	1,5	1,4	1,5	1,5	1,4	1,4	1,5	1,5	1,5	1,6
Despesa (2)	3,9	3,7	3,9	3,8	3,7	3,6	3,7	3,6	3,8	4,3

Notas: (1) Para a receita, contribuição ao Plano de Seguridade Social (parcela do servidor). (2) Para a despesa dos servidores, aplicou-se o percentual da despesa de inativos no total do Boletim Estatístico de Pessoal à despesa com pessoal da STN.
Fonte: Elaboração dos autores a partir de dados disponíveis até 2016 do Anuário Estatístico da Previdência Social (capítulo 46) – Secretaria do Tesouro Nacional.

benefícios, todas as aposentadorias e pensões do Legislativo e do Judiciário alcançam uma soma de apenas 0,22% do PIB.

O Gráfico 2.2 mostra a evolução da quantidade de benefícios previdenciários. Nota-se um crescimento significativo, passando de 9,7 milhões de benefícios, em 1988, contra 28,8

Tabela 2.5 Benefícios servidores inativos Governo Central, % PIB – 2018

Categorias		% PIB
Militares	Total	0,64
	Aposentados	0,34
	Pensionistas	0,30
Civis	Total	1,23
	Aposentados	0,88
	Pensionistas	0,35
Executivo	Total	1,01
	Aposentados	0,70
	Pensionistas	0,31
Legislativo	Total	0,06
	Aposentados	0,05
	Pensionistas	0,01
Judiciário	Total	0,16
	Aposentados	0,13
	Pensionistas	0,03
Total Geral		1,87
	Aposentados	1,22
	Pensionistas	0,65

Fonte: Elaboração dos autores a partir do Painel Estatístico do Pessoal (Ministério da Economia).

Gráfico 2.2
Quantidade de benefícios previdenciários (em milhões)

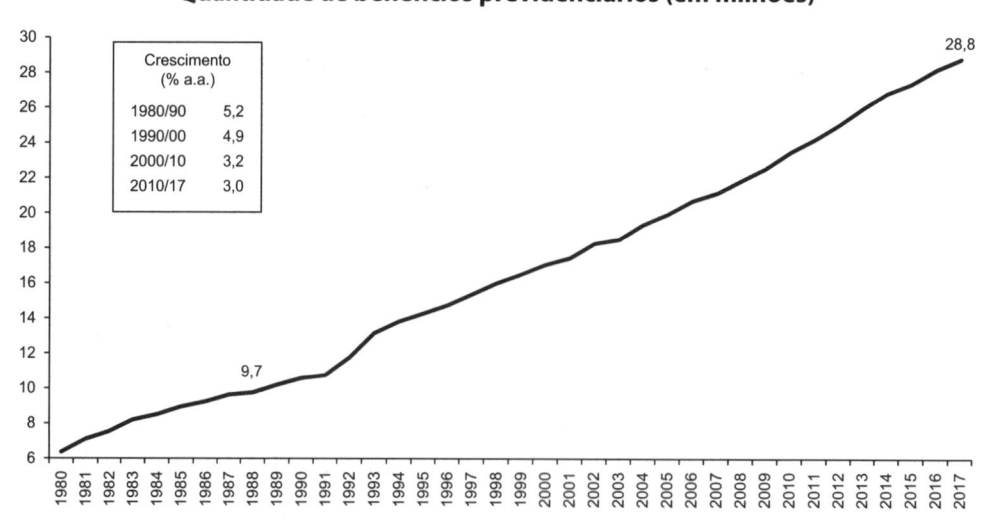

Crescimento (% a.a.)	
1980/90	5,2
1990/00	4,9
2000/10	3,2
2010/17	3,0

Fonte: Anuário Estatístico da Previdência Social.

milhões em 2017. Nos anos de 2000 a 2017 a taxa de crescimento médio da variável foi de pouco mais de 3% ao ano.

A Tabela 2.6 complementa a informação do Gráfico 2.2, revelando o número de benefícios previdenciários emitidos por tipo e composição entre trabalhadores urbanos e rurais em dezembro de 2018. Desta forma, podemos observar em grandes números quem são os beneficiários do INSS.

Tabela 2.6 Número de benefícios previdenciários do INSS emitidos e composição – dez/2018

Benefício	Milhões	% Quantitativo	% Valor	Benefício médio (R$)
Aposentadorias	20,5	69,5	71,7	1.317
Idade	10,8	36,6	27,9	969
Invalidez	3,4	11,5	10,7	1.189
Tempo de contribuição	6,3	21,4	33,1	1.985
Pensões	7,7	26,1	24,1	1.171
Auxílio doença	1,1	3,7	3,8	1.278
Outros	0,2	0,7	0,4	812
Total	29,5	100,0	100,0	1.274
Urbanos	20,0	67,8	78,4	1.474
Rurais	9,5	32,2	21,6	854

Fonte: Elaboração dos autores a partir do Boletim Estatístico da Previdência Social.

A dinâmica observada da evolução das despesas previdenciárias nos últimos 30 anos é explicada pelas quatro causas expostas a seguir.

Baixo crescimento econômico

A primeira razão importante para o aumento da relação entre as despesas previdenciárias e o PIB é o crescimento modesto do seu denominador. Um fato que merece ser ressaltado é que, adicionalmente ao impacto das medidas aprovadas em 1988, a dinâmica da série foi influenciada pela trajetória do PIB: fases de recessão ou crescimento modesto, como 1990/1992, foram acompanhadas de aumentos importantes da relação despesa com benefícios/PIB, em contraste com a evolução desta relação, por exemplo, nas fases de crescimento mais intenso, como 1993/1995, 2008 ou 2010.

Se a relação Despesas previdenciárias/PIB cresceu fortemente nas últimas décadas, foi entre outras coisas pelo baixo crescimento do PIB. Tivesse este crescido mais rapidamente e é válido admitir que aquele coeficiente não teria se expandido à mesma velocidade. Entre 1950 e 1980, a economia brasileira cresceu a uma média anual de nada menos que 7,4%. Esta taxa caiu para apenas 2,2% a.a. entre 1980 e 2018, mesma taxa observada também no período de 30 anos de 1988 a 2018. Não há como não considerar esse fato uma das razões para o aumento do peso relativo das despesas do INSS.

Aumentos do salário mínimo

Como apresentado na primeira seção, os benefícios assistenciais fazem parte relevante do modelo de proteção social do país. A Lei Orgânica da Assistência Social (LOAS) dispôs sobre a concessão dos amparos assistenciais. Estes amparos, chamados de benefício de prestação continuada (BPC) e substitutos da RMV, têm valor igual a um salário mínimo, garantido à pessoa portadora de deficiência ou idosa, que comprove sua condição financeira e familiar como insuficientes para sua própria manutenção.

O salário mínimo afeta todos os benefícios assistenciais da LOAS e da RMV, a quase totalidade dos benefícios rurais e uma parte importante dos benefícios por idade no meio urbano. No conjunto, o salário mínimo, correspondente ao piso previdenciário, afeta em torno de 2/3 dos benefícios do INSS, o que corresponde a algo superior a 40% da folha. Ou seja, um aumento real de 1% do salário mínimo implica um incremento da despesa do INSS de mais de 0,4%, que se soma ao efeito do aumento físico do número de benefícios.

Para explicar o efeito do aumento do salário mínimo sobre as despesas, é importante observarmos sua evolução ao longo do tempo. O Gráfico 2.3 mostra a variação real acumulada do salário mínimo em relação a dezembro de 1994. Os dados apresentam um forte crescimento da variável, ano a ano após o Plano Real, tendo uma evolução superior a 170% em termos reais no período. Em função disso, houve uma escalada dos gastos com benefícios assistenciais e previdenciários no valor de um salário mínimo. Dada sua magnitude, convém analisarmos o impacto destes benefícios no caixa do INSS.

A Tabela 2.7 mostra as despesas com benefícios de um salário mínimo como proporção do PIB em dois momentos. O primeiro, em 1998, e o segundo, vinte anos depois, no ano

Gráfico 2.3
Variação real acumulada do salário mínimo em relação a dez/1994

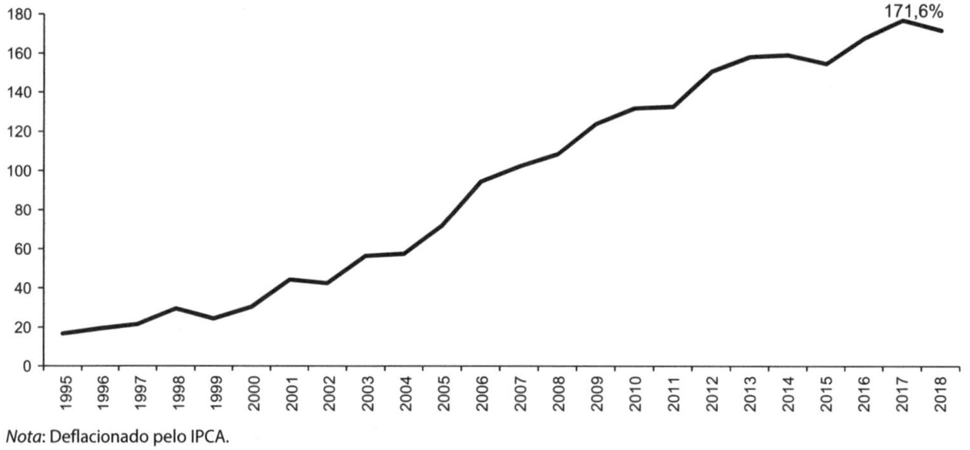

Nota: Deflacionado pelo IPCA.
Fonte: Elaboração dos autores a partir de relatório do IBGE.

Tabela 2.7 Despesas com benefícios de um salário mínimo (% PIB)

Benefícios por grupos	1998	2018
INSS rurais	0,83	1,76
INSS urbanos	0,62	1,59
LOAS + RMV	0,27	0,82
Total	1,72	4,17

Fonte: Elaboração dos autores, com base no valor do salário mínimo médio anual e na média dos benefícios emitidos dos respectivos anos.

de 2018. Ao somarmos os benefícios assistenciais e previdenciários, em duas décadas essa despesa teve uma variação de nada menos que 2,45% do PIB.

Para completar o conjunto de informações relevantes acerca do ponto em discussão, a Tabela 2.8 mostra o resultado do INSS de 2018 em relação ao PIB, decompondo o resultado entre o rural e o urbano. Podemos observar que do total do déficit do INSS, 58% decorre dos benefícios aos rurais e 42% aos urbanos, sendo os primeiros fortemente correlacionados com o salário mínimo.

Tabela 2.8 Resultado do INSS, % PIB – 2018

Composição	% PIB
Rural	−1,67
Urbano	−1,19
Total	−2,86

Fonte: Elaboração dos autores a partir de dados da Secretaria do Tesouro Nacional.

Mudanças demográficas

A crise previdenciária é agravada no Brasil por aspectos demográficos que afetam também os países desenvolvidos. Nos últimos 30 anos, a longevidade brasileira vem se elevando fortemente. As tábuas de mortalidade, ano a ano, vêm alterando a expectativa de vida da população. Felizmente, os avanços na medicina têm contribuído para reduzir a mortalidade desde o nascimento. Em que pese a maior longevidade ser um elemento extremamente positivo, ela engendra, de toda forma, desafios importantes para a sustentabilidade fiscal, pela maior permanência no tempo do fluxo de despesas associado a uma determinada pessoa.

O Gráfico 2.4 apresenta a evolução da longevidade em anos, de 2005 a 2016, do Brasil, de países-membros selecionados da OCDE e de sua média. Entre os países com maior longevidade do grupo, o Japão e a Suíça e o país mais desenvolvido economicamente, os EUA, observa-se que o Brasil possui uma curva crescente mais acentuada que os países com populações mais longevas, e numa direção oposta a dos EUA. Em detrimento da curva dos EUA, que apresenta uma queda na curva da longevidade, o Brasil se aproxima da expectativa de vida do país economicamente mais desenvolvido do mundo. Além disso, sua curva que cresce de forma mais acentuada que a de países com população mais longeva da OCDE. Este gráfico assume a definição para longevidade utilizada pela OCDE, para expectativa de vida ao nascer e aos 40, 60, 65 e 80 anos de idade. Qual seja, trata-se do número médio de anos que uma pessoa nessa idade pode viver, assumindo que os níveis de mortalidade por idade permanecem constantes. Para demonstração da longevidade, utilizamos dados da expectativa de vida ao nascer de cada ano no período de 2005 a 2016.

Com relação à curva da média dos países-membros da OCDE, a curva brasileira confirma a curva acentuada e a crescente da expectativa de vida frente à de países desenvolvidos. A observação da maior longevidade no Brasil contrasta com o fato de o país não ser uma economia rica, mas que proporciona regras generosas para concessão de benefícios de aposentadoria aos trabalhadores. Na Tabela 2.9, apresentamos a expectativa de sobrevida no Brasil, segregada entre homem e mulher e a partir de diferentes idades de 0 a 70 anos, no período de 1930/1940 a 2017.

Gráfico 2.4
Evolução da longevidade em anos de países selecionados da OCDE e Brasil

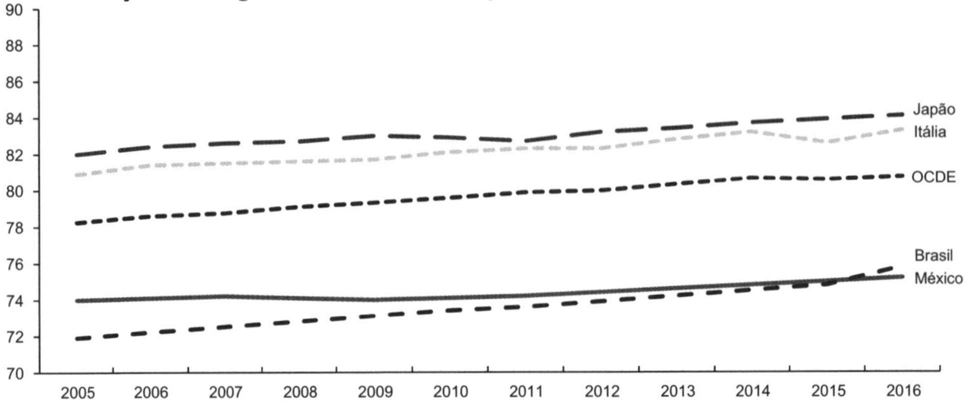

[Gráfico de linhas mostrando: Japão, Itália, OCDE, Brasil, México, de 2005 a 2016, eixo vertical de 70 a 90 anos]

Fontes: Elaboração dos autores, a partir de dados da OCDE Health Statistics – dados disponíveis até 2016, consulta em 15/02/2019. Dados para Brasil 2016: IBGE 2018.

Tabela 2.9 Expectativa de sobrevida no Brasil – em anos

Idade	1930/1940		1970/1980		2000		2016		2017	
	Homem	Mulher	Homem	Mulher	Homem	Mulher	Homem	Mulher	Homem	Mulher
0	39	43	55	60	67	74	72	79	73	80
10	45	48	53	57	60	67	64	71	64	71
20	38	40	45	48	50	57	54	61	54	61
30	31	33	37	40	42	48	45	51	46	51
40	24	26	29	32	34	38	37	42	37	42
50	18	20	22	24	26	30	28	33	28	33
60	13	14	16	17	19	22	20	24	21	24
70	8	9	11	11	13	15	14	16	14	16

Fonte: Adaptação dos autores da Tabela de Santana et al. (2000), a partir de dados 1930/1940 da Previdência em Dados; 1970/1980 da CEPAL e, 2000, 2016 e 2017 do IBGE.

É notável como a expectativa de vida das mulheres tem evoluído de forma proporcionalmente superior à dos homens, principalmente devido aos avanços verificados na prevenção do câncer nesse grupo específico. Se na década de 1930/1940 a expectativa de vida das mulheres, desde o nascimento até as idades mais avançadas, era um pouco superior à dos homens, nos períodos posteriores de 1970/1980, 2000 e 2017, esta variação ganhou proporções cada vez maiores. No tocante aos homens, doenças cardíacas tipicamente masculinas têm sido controladas com exames adequados, uso de remédios e intervenções cirúrgicas. Para as mulheres, campanhas de prevenção do câncer de mama e a identificação precoce da doença têm contribuído para que muitas possam ter o problema detectado a tempo. Diagnósticos cada vez mais precisos e novos tratamentos contribuem para a redução e o controle da doença.

Observe-se, a propósito, que entre 1930/1940 e 2017, na comparação de uma pessoa com 40 anos, a expectativa de sobrevida aumentou em 13 anos para os homens e em nada menos que 16 anos para as mulheres. Ainda na mesma Tabela 2.9, ressalte-se que, para a previdência, muito mais relevante que a expectativa de vida ao nascer é a expectativa de vida na idade em que os indivíduos se aposentam. Quando o efeito da mortalidade infantil e da *causa mortis* em idades precoces – violência e doenças – deixa por definição de ser considerado no grupo etário dos que sobreviveram, a expectativa de vida deste grupo é muito maior que a expectativa de vida ao nascer. Assim, em 2017, por exemplo, uma mulher ao nascer tinha uma expectativa de vida de 80 anos, mas ela era de 84 anos para o grupo daquelas que tinham chegado vivas aos 60 anos.[31]

Sob a ótica da previdência social, uma maior expectativa de vida eleva os anos de pagamento de benefícios. Regras diferenciadas que contemplem uma elegibilidade com tempo inferior de contribuição, quando há uma expectativa de vida superior às estimativas iniciais, acabam potencializando o desequilíbrio entre o que se consegue arrecadar e o que deve ser pago. Para piorar o déficit das contas públicas, à questão da longevidade soma-se a mudança na trajetória da taxa de fertilidade. Isto decorre diretamente do impacto da transição demográfica no regime em que uma geração financia outra geração. Em outras palavras, uma geração numerosa exigirá outra de igual número em quantidade.

Seria possível assumirmos a hipótese de uma geração de número inferior em nosso modelo de repartição, controlando os demais aspectos, caso o ganho com a produtividade no Brasil fosse superior para arcar com os gastos previdenciários da geração anterior – o que não é o caso. O Gráfico 2.5 apresenta a evolução da taxa de fertilidade no Brasil e regiões por nível de desenvolvimento e média no mundo com expectativas até 2100. As projeções indicam que o Brasil já está com a taxa projetada de nascimento por mulher próxima da taxa de regiões mais desenvolvidas, respectivamente, 1,70 e 1,69, no período de 2015-2020. É um número inferior a 2,01 em que estaria compatível com o mínimo considerado taxa de reposição.

Gráfico 2.5
Evolução da taxa de fertilidade média por mulher e projeções em regiões por nível de desenvolvimento econômico, no Mundo e no Brasil

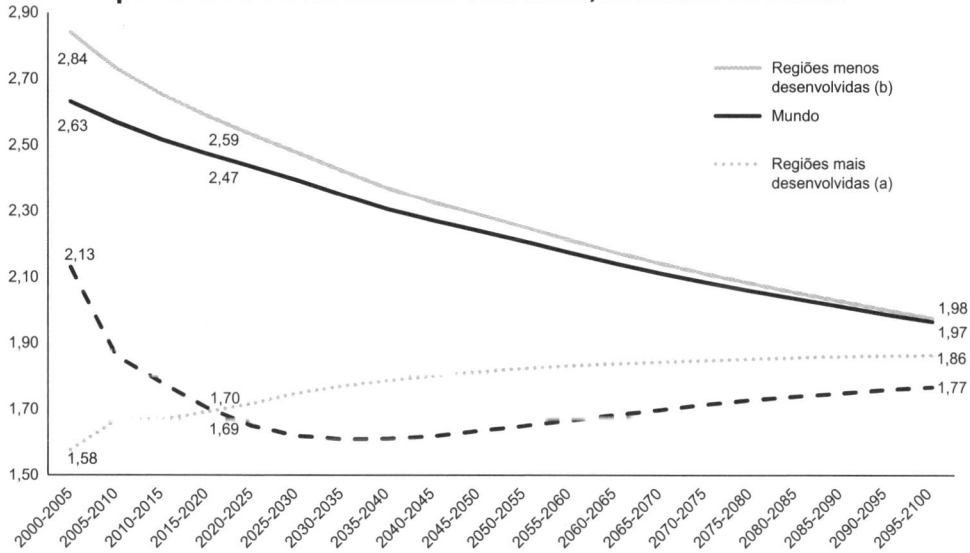

Notas: a) Regiões mais desenvolvidas compreendem Europa, América do Norte, Austrália / Nova Zelândia e Japão. (b) As regiões menos desenvolvidas compreendem todas as regiões da África, Ásia (exceto Japão), América Latina e Caribe, além da Melanésia, Micronésia e Polinésia.

Fonte: Elaboração dos autores a partir de dados da United Nations, Department of Economic and Social Affairs, Population Division (2017). World Population Prospects: The 2017 Revision, DVD Edition. Recuperado em 18/04/2019: https://population.un.org/wpp/Download/Standard/Fertility/

---

[31] Para se aprofundar nas causas do crescente déficit fiscal no país, como a longevidade, e a necessidade de reforma da previdência, ver Tafner (2018).

A combinação do aumento da longevidade com a diminuição da fertilidade reduz a proporção de pessoas ativas sobre as idosas. O Gráfico 2.6 apresenta a evolução dessa taxa no Brasil, nos países-membros da OCDE e na média de países desenvolvidos, bem como as expectativas até 2100.

Nota-se uma expectativa de redução da taxa de pessoas ativas sobre idosas, inclusive no Brasil, que acompanha a mesma trajetória de países desenvolvidos selecionados e média das economias desenvolvidas. Ou seja, as projeções indicam que teremos um número menor de pessoas contribuindo para a previdência, para um número maior de pessoas que estarão recebendo benefícios. As projeções e preocupações para o caso brasileiro se confirmam quando comparamos dados populacionais do Brasil por faixa etária de 2015 e projetados para 2060 (Gráfico 2.7).

Observa-se que, nos próximos 45 anos, as projeções indicam que o Brasil passará a contar com um contingente de pessoas maior na faixa de 60 anos e com as mulheres superando largamente os homens, exatamente quando ambos já terão direito a aposentadoria (as mulheres, inclusive antes). Ao mesmo tempo, há uma redução de 30% na população de crianças, ou dos futuros adultos, na faixa etária de 0 a 4 anos. Outro dado importante é o forte crescimento da população acima de 80 e, de forma mais acelerada, entre as mulheres. Ademais, quando analisamos a questão da longevidade, observamos no gráfico que, em 2015, a população acima de 90 anos não chegava a um milhão de habitantes, enquanto em 2060, esta faixa etária da população chegará a dobrar entre os homens e quadruplicar entre as mulheres.

Gráfico 2.6
Evolução da taxa de pessoas ativas sobre idosos e projeções para países selecionados entre economias desenvolvidas e Brasil

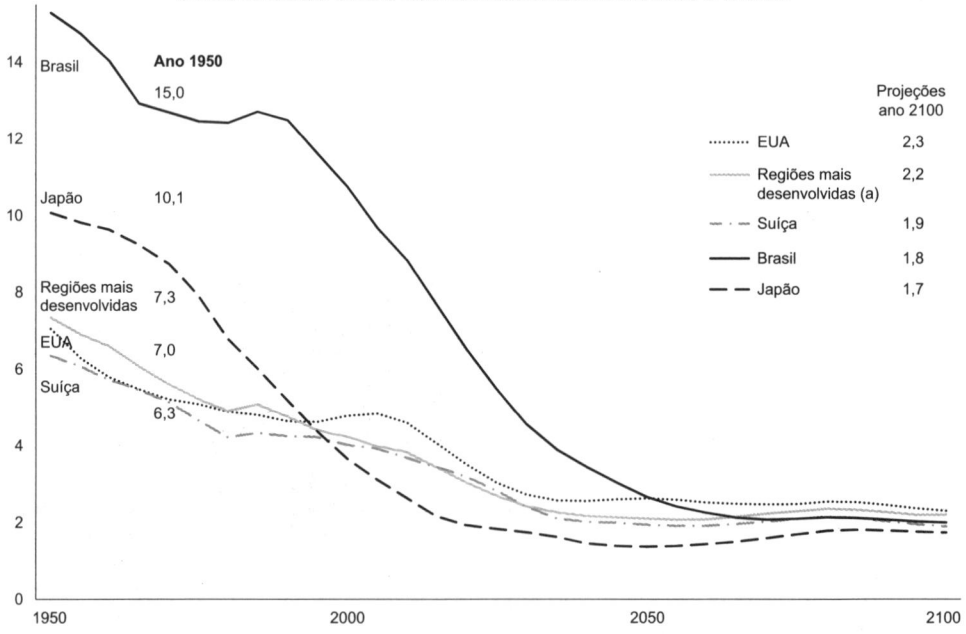

	Ano 1950		Projeções ano 2100
Brasil	15,0	EUA	2,3
Japão	10,1	Regiões mais desenvolvidas (a)	2,2
Regiões mais desenvolvidas	7,3	Suíça	1,9
EUA	7,0	Brasil	1,8
Suíça	6,3	Japão	1,7

Nota: (a) Regiões mais desenvolvidas compreendem Europa, América do Norte, Austrália/Nova Zelândia e Japão.

Fontes: Elaboração dos autores a partir de dados da United Nations, Department of Economic and Social Affairs, Population Division (2017). World Population Prospects: The 2017 Revision, DVD Edition.

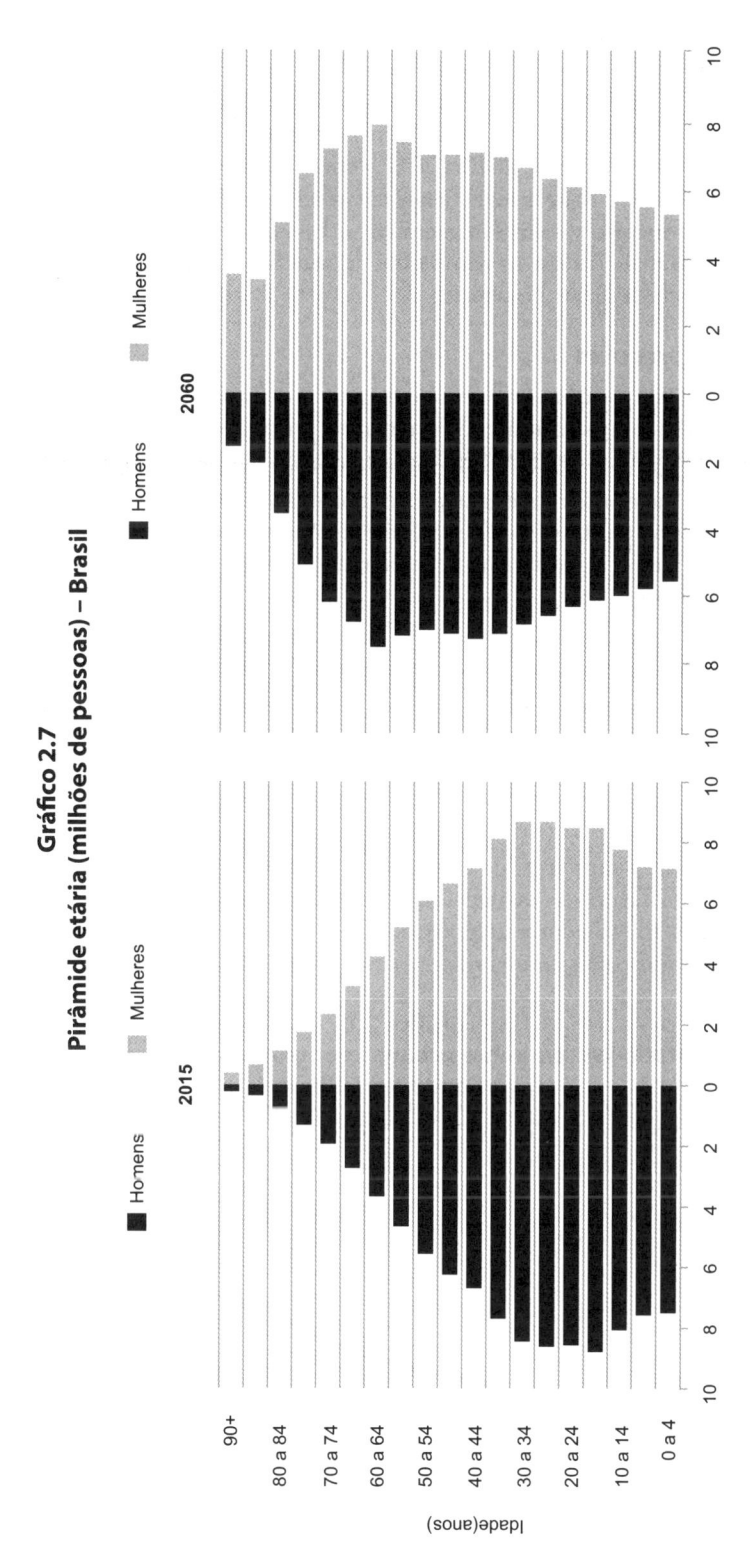

Gráfico 2.7
Pirâmide etária (milhões de pessoas) – Brasil

Fonte: Adaptado pelos autores a partir de dados do IBGE (Projeção populacional de 2018).

O Gráfico 2.8 apresenta a evolução de aposentadorias femininas urbanas por tempo de contribuição. Observa-se forte evolução no período que aconteceu a primeira reforma do Governo FHC, comentada mais à frente. Ou seja, de 1994 a 2000 houve crescimento de 12,7% da entrada no benefício pelas mulheres urbanas. Ainda que a uma taxa menor, nos períodos de 2000 a 2010 e de 2010 a 2017, observa-se um incremento anual de 6,7% em ambos os períodos. Ou seja, as regras mais favoráveis às mulheres têm gerado um custo fiscal cada vez mais oneroso para as contas públicas. E, quando se observa a maior longevidade, evidencia-se o maior prazo de pagamento de benefícios a este grupo, portanto, com um impacto futuro ainda maior no déficit.

Aposentadorias precoces

Conforme exposto nas seções anteriores, o regime de aposentadoria estabelecido pela Constituição de 1988 tem as seguintes características principais:

(1) Aposentadoria por idade: 65 e 60 anos para homens e mulheres, respectivamente, com redução de 5 anos no regime geral para os trabalhadores rurais de ambos os sexos.
(2) Aposentadoria por tempo de contribuição: 35 e 30 anos de contribuição para homens e mulheres, respectivamente, com redução de 5 anos de idade para os professores de ambos os sexos.

Como consequência das características do modelo escolhido para o Brasil, observamos incentivos que levam à presença de muitas aposentadorias precoces no país. A Tabela 2.10 apresenta a idade média na concessão de benefício do RGPS (dado de 2018).

Podemos observar que, no caso das aposentadorias por tempo de contribuição, a idade média na concessão dos benefícios é de 55,1 anos para os homens e de 52,7 anos para as mulheres. O regime geral apresenta então três fontes de distorção em relação ao padrão da maioria dos países:

(1) a aposentadoria por tempo de contribuição a idades precoces;
(2) regras muito favoráveis aos aposentados rurais, que podem se aposentar 5 anos antes que os trabalhadores urbanos; e
(3) regras distintas para as mulheres, com um diferencial de 5 anos.

Gráfico 2.8
Aposentadorias femininas urbanas por tempo de contribuição (quantidade em milhares)

Crescimento (% a.a.)	
1994/00	12,7
2000/10	6,7
2010/17	6,7

1994: 309
2017: 1.905

Fonte: Adaptado pelos autores a partir de dados do Anuário Estatístico da Previdência Social (vários anos).

Tabela 2.10 Idade média na concessão de benefício do regime geral da previdência social em anos – 2018

Benefício	Total			Clientela urbana			Clientela rural		
	H	M	Total	H	M	Total	H	M	Total
TC	55,1	52,7	54,2	55,1	52,7	54,2	54,8	51,9	54,5
Idade	63,3	59,4	61,0	65,5	61,5	63,0	60,8	56,5	58,4
TC e idade	59,6	57,8	58,6	59,2	58,3	58,7	60,7	56,5	58,4
Pensão	53,6	58,1	56,9	47,6	56,8	54,6	62,8	61,5	61,9

Notas: TC – Tempo de Contribuição; H – Homens e; M – Mulheres.
Fonte: Elaboração dos autores a partir do Boletim Estatístico da Previdência Social.

Por exemplo, considere-se o caso de uma mulher que aos 16 anos comece, com ajuda dos pais, a contribuir como autônoma ao INSS. Como resultado, ela pode se aposentar aos 46 anos. Note-se ainda que, pela Constituição, uma professora que comece a trabalhar com 23 anos pode se aposentar, por exemplo, aos 48 anos, mesma idade na qual uma mulher que exercesse outra profissão poderia se aposentar, tendo começado a trabalhar também aos 18 anos. Essas regras permitem que um contingente não desprezível de pessoas se aposente antes dos 55 anos.

O Brasil é um dos poucos países do mundo que adotam a figura da aposentadoria por tempo de contribuição. No Gráfico 2.9, mostramos o comparativo de idade para aposentadoria no Brasil (considerando os que se aposentam por tempo de contribuição) e nos países da OCDE, com sua média entre homens e mulheres. Salta aos olhos a constatação de que, no Brasil, as pessoas se aposentam muito antes do que nas economias desenvolvidas e também emergentes. No Gráfico 2.9, observamos o Brasil em primeiro lugar no comparativo de idade para aposentadoria.

Reformas realizadas no Brasil

Nesta parte do capítulo, apresentaremos as reformas na previdência social brasileira, implantadas através de Emendas Constitucionais (EC) nos governos de Fernando Henrique Cardoso (FHC), em 1998, e de Luiz Inácio Lula da Silva, em 2003. Em 2012, houve continuidade

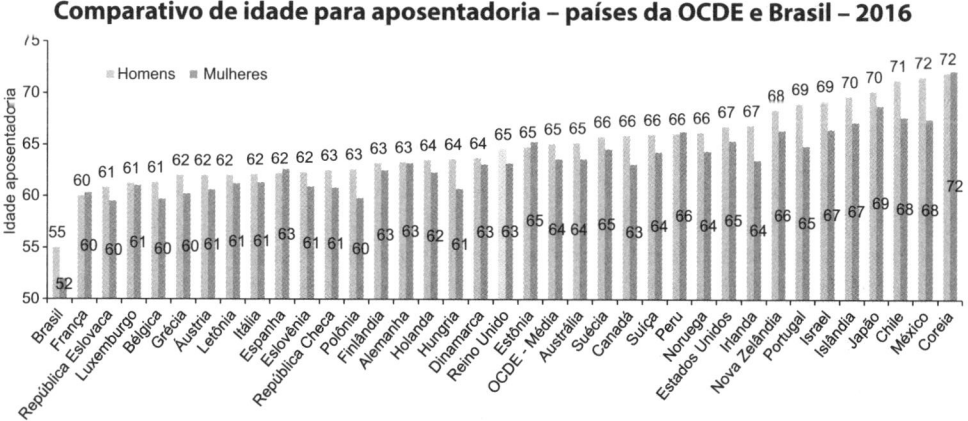

**Gráfico 2.9
Comparativo de idade para aposentadoria – países da OCDE e Brasil – 2016**

Fonte: Adaptado pelos autores a partir de dados de países-membros da OCDE de 2016, Pensions at a Glance: Demographic and economic context. Dados de Brasil 2016 – Secretaria da Previdência.

da reforma de Lula com sua regulamentação por parte do governo de Dilma Rousseff. Infelizmente, nenhuma destas reformas representou mudanças substanciais para frear o processo de expansão acelerado dos gastos e reduzir de forma profunda o déficit fiscal.

Reforma de FHC I

A primeira reforma previdenciária de FHC se deu ao final de seu primeiro governo, através da EC nº 20, de 15/12/1998, aprovada com todas as dificuldades do elevado quórum necessário para a sua aprovação no Congresso Nacional. No caso da Proposta de Emenda à Constituição (PEC), é importante lembrar que ela foi enviada ao Congresso em 1995 e que somente foi aprovada, parcialmente, pelas condições muito específicas em que foi votada. De fato, a decisão foi tomada poucos dias antes da desvalorização cambial do começo de 1999. Ela foi apresentada à opinião pública – e ao mercado – como uma tentativa – *a posteriori*, malsucedida – de demonstrar o comprometimento do país com as reformas, recriar confiança e não ter que enfrentar assim uma mudança cambial que o governo ainda procurava, na época, evitar a qualquer custo – e que veio a se tornar inevitável um mês depois.

A reforma foi, em parte, *per se*, inócua, uma vez que alguns dos dispositivos mais importantes dependeriam de regulamentação posterior, o que veio acontecer em 1999, com a adoção do chamado "fator previdenciário" (comentado mais à frente). Porém, os pontos mais relevantes foram três:

(1) no caso dos servidores públicos, a adoção de uma idade mínima para os novos entrantes do sistema. Ela foi definida em 60 anos para os homens e 55 para as mulheres e seria válida, portanto, só para quem fosse se aposentar algumas décadas depois;

(2) a imposição, também aos servidores, de um "pedágio", na forma de 20% de acréscimo ao tempo remanescente para o indivíduo ter direito de se aposentar por tempo de contribuição. Por exemplo, aquele que ainda tivesse que trabalhar por cinco anos, teria estendido o período para seis anos; e

(3) a "desconstitucionalização" da regra de cálculo da aposentadoria pelo INSS, que passaria então a ser objeto de legislação e não mais matéria constitucional.

Reforma de FHC II

A continuidade da reforma de FHC veio no segundo período de seu governo, na forma de uma mudança paramétrica. Adotou-se o chamado "fator previdenciário", instituído pela Lei nº 9.876/1999, após a Reforma da Previdência de 1998. Esta lei define que para o RGPS a aposentadoria por tempo de contribuição será igual ao resultado da multiplicação da média dos 80% maiores salários de contribuição do indivíduo na ativa por um fator – o chamado "fator previdenciário".

Conforme já mencionado, o fator previdenciário é tanto menor quanto menores sejam a idade de aposentadoria e o número de anos de contribuição, e quanto maior for a expectativa de sobrevida na idade de aposentadoria, conforme já mostrado na Tabela 2.1. Tratou-se de uma tentativa de incorporar alguns princípios do regime de capitalização e certo senso de equilíbrio atuarial, em um sistema que continuou operando, essencialmente, com base em um regime de repartição.

Em outras palavras, o fator previdenciário correspondeu a uma tentativa de evitar que a pessoa se aposente precocemente – pois quanto mais cedo ele requerer seu benefício e parar de contribuir, menor será seu valor de aposentadoria – sem o ônus de colocar a nova regra paramétrica na Constituição. Dessa forma, a de FHC, no seu conjunto, foi uma reforma

– entendidas a PEC de 1998 e a Lei de 1999 como um conjunto – que afetou basicamente as regras do INSS, uma vez que o efeito sobre os servidores incidiria apenas no longo prazo.

Reforma de Lula e regulamentação de Dilma Rousseff

A reforma do Governo Lula sucedeu a de FHC através da EC nº 41, de 19/12/2003. Sua proposta de emenda foi aprovada em apenas 8 meses a partir do seu envio e logo no início do seu governo, em 30/04/2003.[32] Basicamente, a reforma consistiu em cinco pontos:

(1) antecipação da vigência da idade mínima prevista pela emenda aprovada no governo anterior, de 60 anos para os homens e 55 para as mulheres, para ser adotada imediatamente para todos os servidores públicos da ativa e não apenas para os novos entrantes, o que passaria a ter efeitos fiscais imediatos;

(2) taxação dos servidores públicos inativos em 11% da parcela do salário que excedesse o teto contributivo do INSS;

(3) redução do valor das pensões concedidas posteriormente à reforma e superiores ao teto do INSS;

(4) aumento do teto contributivo do INSS para, na época, dez salários mínimos, ou seja, R$ 2.400 – um valor em torno de 30% maior do que existia até então; e

(5) adoção de regras mais rigorosas para a concessão de aposentadoria integral aos servidores públicos, envolvendo a exigência de maior número de anos no cargo.

Diferente da reforma de FHC que atingiu o RGPS, a reforma de Lula representou maiores mudanças, principalmente, para o RPPS. Para o RGPS, a reforma só implicou um aumento do teto de contribuição e, consequentemente, também do teto futuro de pagamentos por parte do governo. Com isso, houve um ganho imediato de receita em função da contribuição se dar sobre um valor de referência maior, no caso dos maiores salários. Porém, no longo prazo, tem efeitos atuariais desfavoráveis, pelo compromisso com despesas futuras superiores.

Alguns meses após da aprovação da EC nº 41, houve outra proposta de emenda à Constituição, denominada na época de "PEC paralela" por ter iniciado sua negociação ainda na fase de votações da primeira e que reduziu de alguma forma seus efeitos. Com a nova emenda, houve a permissão de que os funcionários que excedessem o tempo de contribuição requerido para se aposentar pudessem descontar o excesso do limite da idade mínima. Assim, muitos deles se aposentaram antes do limite mínimo de 60 anos para os homens e 55 para as mulheres, ao poder compensar essa antecipação com o "excesso" de tempo de contribuição em relação ao mínimo.

A reforma de Lula foi considerada uma reforma previdenciária parcial. Ela, além de outros aspectos, indicava a criação de um fundo de previdência complementar dos servidores da União por meio de lei ordinária.[33] Porém, essa parte da reforma relacionada com a criação do citado fundo passou anos sem ser regulamentada. Tal item que faltava da reforma de 2003 foi retomado no primeiro Governo Dilma Rousseff, com a aprovação da Lei nº 12.618/2012.

---

[32] Nakahodo e Savoia (2008) destacam que o Governo FHC empreendeu esforços que permitiram mudanças na Constituição e que, apesar de não se ter conseguido uma reforma mais profunda, principalmente, no que tange às aposentadorias do setor público, permitiram um ambiente institucional favorável para a consecução das reformas que foram propostas pelo Governo Lula.

[33] Na verdade, a criação da previdência complementar dos servidores estava prevista na reforma constitucional de 1998, mediante lei complementar. A reforma de 2003 permitiu a criação da mesma mediante lei ordinária, o que facilitou o processo posterior.

Conforme será comentado na terceira seção deste capítulo, a Lei nº 12.618/2012 instituiu o regime de previdência complementar aos novos servidores públicos federais através da autorização e criação de três entidades de previdência complementar para os servidores públicos federais[34] e fixou o teto de benefício de aposentadorias e pensões pelo RGPS.[35] Desta forma, criou-se a previdência complementar do servidor federal e também se alterou o tipo de plano dos servidores de benefício definido para contribuição definida.

Riscos do modelo de capitalização

Em certo sentido, pode-se argumentar que o sistema de capitalização é "mais justo" que um sistema de repartição, pelo fato de que o que a pessoa recebe como benefício futuro é uma função do que ela contribuiu ao longo do tempo para formar sua reserva matemática. Assim, esse aspecto reforça o fundamento de que quem trabalha mais tempo e/ou paga mais acaba por receber mais. Qual seria o motivo então que explica ter tantos sistemas no mundo que não são de capitalização? Conforme já exposto neste livro, a resposta está na origem dos modelos de previdência mundo afora. De forma análoga, no caso brasileiro, os esquemas de capitalização também já existiam desde o início do século XX. Porém, com o decorrer do tempo, foram surgindo problemas que comprometeram sua viabilidade. A seguir, apresentaremos dois deles.

O primeiro está associado a regras generosas de aposentadoria, não acompanhadas de uma reavaliação de crescimento econômico e das questões demográficas. Sem esta reavaliação, não há como conter a expansão dos sistemas e compreender seus limites. Se um certo plano de previdência está atuarialmente equilibrado e, num momento, decide-se que os participantes desse plano podem se aposentar mais cedo, há duas alternativas: ou aumentam-se as alíquotas de contribuição, ou a partir de certo ponto, o fundo de capitalização vai começar a perder recursos até terminarem, pois os benefícios prometidos são incompatíveis com o nível das contribuições. Se passar o tempo de reavaliação e das condições para retomada do equilíbrio, o plano pode passar a ser ameaçado pela insolvência. Nesse caso, o sistema passa a operar como se fosse de repartição, pois os primeiros aposentados se beneficiam de aposentadorias generosas, tendo contribuído pouco para isso, enquanto a partir de determinado momento os ativos acabam tendo que pagar mais, para gerar caixa para o pagamento dos inativos existentes.

Um segundo tipo de problema está relacionado com o desvio do propósito do uso dos recursos. Em muitos casos, há relatos de administradores de recursos de caixas de aposentadoria controladas pelo Estado, que foram tentados a usar estes para cobertura das contas do governo. Como resultado, o capital foi consumido pelos déficits públicos acumulados ao longo de décadas.

Neste contexto, outro ponto relevante a se considerar é o chamado "déficit de transição" associado à migração de um regime de repartição para o de capitalização. Isso porque o governo perde receita ao constituir novos fundos e continuar como responsável por garantir o pagamento de benefícios daqueles que já tinham direito a eles. Assim, a passagem de

---

[34] Como já apresentamos na seção 4, foi autorizada a criação da Fundação de Previdência Complementar do Servidor Público Federal do Poder Executivo (Funpresp-Exe); a Fundação de Previdência Complementar do Servidor Público Federal do Poder Legislativo (Funpresp-Leg); e a Fundação de Previdência Complementar do Servidor Público Federal do Poder Judiciário (Funpresp-Jud).
[35] O fundo é para os servidores da administração direta. As empresas estatais já dispunham de seus fundos próprios de previdência complementar.

um sistema de repartição para outro de capitalização gera um déficit que, na prática, toma o espaço de tempo de uma geração até ocorrer a substituição de massas e uma geração se aposentar com base nas contribuições feitas desde o início de sua vida ativa já com base no sistema de capitalização[36].

Devido ao custo da transição entre um sistema e outro, diversos países da América Latina – como Argentina, Colômbia, Peru, Uruguai etc. – optaram, nos anos 1990, por adotar variedades de sistemas mistos, que combinam traços do regime de capitalização com outros do regime de repartição. De alguma forma, esses regimes inspiraram o surgimento de propostas similares no Brasil e que foram discutidas ao longo de alguns anos. Esse regime misto é caracterizado pela existência de um teto para se contribuir, acima do qual as contribuições são vertidas a um fundo de previdência complementar privado ou público.

De modo geral, porém, cabe notar que os problemas fiscais resultantes do "déficit de transição" são tanto maiores quanto maior for a redução do citado teto de contribuição – ou seja, quanto mais radical for a mudança. Se o regime de repartição for alterado completamente, no limite, para um de capitalização – o que implica uma "linha de corte" de valor igual a zero – o custo da transição, em termos de fluxo, é muito elevado e equivale a um fluxo anual igual à receita de contribuições. Por outro lado, se a "linha de corte" do novo teto contributivo for igual à que havia antes da reforma, como resultado, na prática, não haveria mudança alguma. O fato é que entre esses limites há várias possibilidades de linhas de corte, que trariam redução dos compromissos futuros, porém, com uma perda inicial de receita. Esse fato se traduz em um custo, que tem sido um dos vários motivos que têm impedido uma reforma mais profunda do sistema.[37]

Custos de não se realizar a reforma

O custo de não se realizar uma reforma da previdência social é a exigência de regras mais duras de aposentadoria quando ela for feita. A evolução dos gastos previdenciários, como apresentado na parte inicial desta seção, demonstra essa tendência de maior déficit fiscal e a necessidade de contenção dos gastos públicos.[38]

No caso do Brasil, se nada for feito, essa tendência dos gastos previdenciários inviabilizará o cumprimento do teto dos gastos públicos, instituído pela Emenda Constitucional nº 95 (2016). A emenda trouxe o Novo Regime Fiscal, que limita o crescimento nominal das despesas do governo brasileiro durante 10 anos à mera reposição da inflação. Sem nova reforma, as despesas não obrigatórias, como o custeio da máquina pública, o investimento público e os programas de transferência de renda – como o Bolsa Família – deverão sofrer, individualmente ou em conjunto, uma forte redução. Assim, a evolução das contas públicas, sem uma reforma da previdência, tornará inviável a aplicação do teto de gastos, pois não será possível implementar cortes seguidos nos gastos não obrigatórios.

Isso tem levado à discussão de novas questões como, por exemplo, a revisão nas regras para a aposentadoria dos servidores públicos; a proposta de mudança da regra do reajuste para o salário mínimo; a redução e até eliminação de despesas não obrigatórias; e a diminuição do abono pago como auxílio aos trabalhadores de baixa renda, entre outras.

---

[36] Lembremos que, em 2018, o Brasil teve um déficit público da ordem de 7% do PIB. Como a receita do INSS foi da ordem de 6% do PIB, se ela fosse toda vertida para um sistema de capitalização, no limite o déficit público aumentaria para 13% do PIB, o que denota as dificuldades de operar essa transição entre regimes.
[37] Para mais considerações sobe o risco transicional na reforma da previdência, ver Giambiagi e Ana Além (2016).
[38] Para conhecer os diferentes resultados de alternativas de reforma previdenciária, ver Giambiagi, Pinto e Rothmuller (2019).

PROPOSTA DE REFORMA DO GOVERNO BOLSONARO

Na altura do fechamento deste livro, o Governo Jair Bolsonaro encaminhou ao Congresso Nacional, em fevereiro de 2019, um ambicioso conjunto de medidas, consubstanciadas numa PEC,[39] que alteram de forma significativa as regras de concessão de benefícios. As mudanças propostas mais importantes, deixando alguns detalhes de lado, foram as seguintes:

- dilatação do período de contribuição de quem tipicamente se aposenta por tempo de contribuição, mediante a definição de duas possibilidades de aposentadoria, uma sujeita a uma idade mínima crescente e outra a uma soma de pontos (idade + tempo de contribuição) também crescente no tempo;
- elevação da idade exigida para a aposentadoria das mulheres no meio rural e no meio urbano;
- aumento de 15 para 20 anos do tempo mínimo de contribuição para quem se aposenta por idade;
- limitação do valor do pagamento das pensões futuras à metade do benefício original, combinadas com um adicional em função do número de dependentes;
- limitação da acumulação de benefícios, com vedações que restringem as possibilidades de acumulação de valores de aposentadoria e de pensões;
- redefinição das alíquotas cobradas no RGPS e nos RPPSs, com adoção de um sistema progressivo para a variável;
- adoção de um sistema de pagamentos ditos "fásicos", que se iniciaria aos 60 anos para pessoas em condições de miséria, no lugar dos Benefícios de Prestação Continuada (BPC) aos 60 anos, compensado pelo aumento para 70 anos da idade de concessão plena do benefício assistencial e financiado pela redução do pagamento do abono salarial a pessoas de menor renda de 2 para 1 salário mínimo;
- anúncio do encaminhamento de uma proposta posterior para endurecimento das condições exigidas para a concessão de aposentadorias e pensões aos militares; e
- menção à adoção futura de um regime de capitalização para uma parte do contingente que hoje é beneficiado no âmbito do RGPS, mas deixando o detalhamento disso para ser feito por Lei Complementar posterior.

No que tange às mudanças paramétricas de redefinição das alíquotas cobradas no RGPS e nos RPPS, a Tabela 2.11 apresenta a comparação entre as alíquotas atuais e propostas para o caso das contribuições do RGPS. Observa-se a adoção de um sistema progressivo, com redução da alíquota nas menores faixas de renda e aumento nas faixas superiores.

Tabela 2.11 Alíquotas de contribuição do RGPS

Atual		Proposta	
Faixa Salarial	Alíquota	Faixa Salarial	Alíquota
Até R$ 1.751,81	8%	Até R$ 998,00	7,50%
De R$ 1.751,82 a R$ 2.919,73	9%	De R$ 998,01 a R$ 2.000,00	9,00%
De R$ 2.919,73 a R$ 5.839,45	11%	De R$ 2.000,01 a R$ 3.000,00	12,00%
De R$ 3.000,01 a R$ 5.839,45	14%		

Fonte: Elaboração dos autores a partir da PEC 6/2019. Dados do Ministério da Economia.

---

[39] Para se aprofundar sobre a Proposta de Emenda Constitucional (PEC) do Governo Bolsonaro, ver PEC nº 6 (2019).

Por sua vez, a Tabela 2.12 compara as alíquotas do RPPS da União com a nova proposta. Se antes havia uma única alíquota, de 11%, agora, com a proposta, há alíquotas menores para quem recebe menos e maiores para quem recebe mais.

Tabela 2.12 Alíquotas de contribuição do RPPS, em 2019

Atual			Proposta	
Data de ingresso no serviço público	Faixa Salarial	Alíquota	Faixa salarial (R$)	Alíquota
Até 2013 sem adesão à Funpresp	Sobre todo o salário	11%	Até 1 Salário Mínimo	7,50%
Até 2013 com adesão à Funpresp	Até o teto do RGPS	11%	998,01 a 2.000,00	9,00%
A partir de 2013	Até o teto do RGPS	11%	2.000,01 a 3.000,00	12,00%
			3.000,01 a 5.839,45	14,00%
			5.839,46 a 10.000,00	14,50%
			10.000,01 a 20.000,00	16,50%
			20.000,01 a 39.000,00	19,00%
			Acima de 39.000,00	22,00%

Nota: Em 2012 foi aprovada a Lei nº 12.612 que instituiu o RPC aos novos servidores públicos federais através da criação da Fundação de Previdência Complementar dos Servidores Públicos Federais (Funpresp) e fixou o teto de benefício de aposentadorias e pensões pelo RGPS. Ver Seção 5 deste Capítulo sobre as reformas realizadas.
Fonte: Elaboração dos autores a partir da PEC 6/2019. Dados do Ministério da Economia.

A síntese das principais propostas de mudanças paramétricas é exposta na Tabela 2.13. É importante destacar que as principais medidas também valerão para estados e municípios e que elas contribuirão para o ajuste fiscal de vários entes da Federação. Ademais, ainda há a expectativa de proposta de reforma para o regime dos militares. Na Tabela 2.13, o item "pontos" corresponde à soma de anos de idade e de tempo de contribuição.

O impacto global da reforma resultante da comparação de quanto o governo estima que se gastaria num cenário sem reforma previdenciária, com o que ocorreria se a reforma for aprovada, é explicitado no Gráfico 2.10. Neste gráfico apresentamos a economia prevista, acumulada no período de 2020 a 2030, em valores atuais.

Tabela 2.13 Síntese das propostas de reforma, em anos

Grupos	Critério	Gênero	Inicial	Final
Adm. Pública	Idade mínima	Homem	61	62
		Mulher	56	57
	Pontos	Homem	96	105
		Mulher	86	100
RGPS (Urbanos)	Idade Mínima (tempo de contribuição)	Homem	61	65
		Mulher	56	62
	Pontos	Homem	96	105
		Mulher	86	100
	Idade	Homem	65	65
		Mulher	60	62
RGPS (Rurais)	Idade	Homem	60	60
		Mulher	55	60

Fonte: Elaboração dos autores a partir da PEC 6/2019. Dados do Ministério da Economia.

Por sua vez, na Tabela 2.14 discriminamos as rubricas impactadas, que em conjunto alcançam uma dimensão de quase R$ 1,2 trilhão em 10 anos. Em 20 anos, estima-se uma economia próxima de R$ 4,5 trilhões.

Gráfico 2.10
Economia prevista, acumulado no período, R$ milhões correntes em 2019

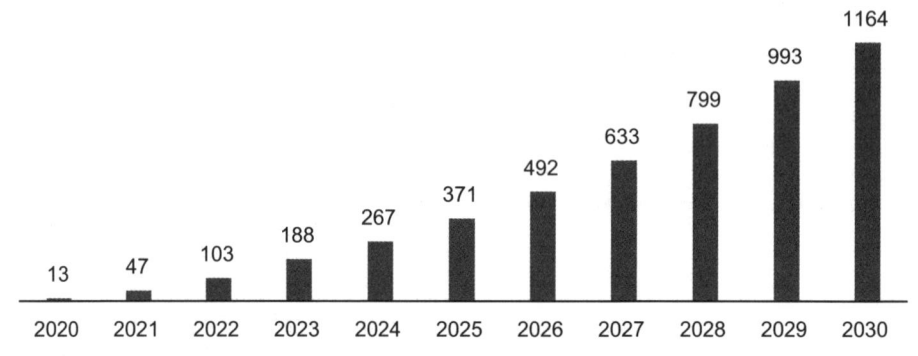

Ano	Valor
2020	13
2021	47
2022	103
2023	188
2024	267
2025	371
2026	492
2027	633
2028	799
2029	993
2030	1164

Fonte: Elaborado pelos autores a partir de dados do Ministério da Economia.

Tabela 2.14 Impacto da reforma em período de anos, R$ bilhões constantes – 2019

Item	4 anos	10 anos
Reforma RGPS	83	715
Reforma RPPS União	34	174
Alteração alíq. RGPS	(10)	(28)
Alteração alíq. RPPS União	14	29
Assist. física + Abono	41	182
Reforma militares	28	92
Total	189	1.165

Fonte: Elaboração dos autores. Dados do Ministério da Economia.

Por fim, cabe destacar que no Governo Temer uma proposta inicialmente apresentada com objetivos também bastante ambiciosos, em dezembro de 2016, teve, posteriormente, nas negociações parlamentares, uma significativa redução de seu alcance e sequer chegou a ser enviada ao plenário da Câmara dos Deputados.

No momento em que este livro está sendo concluído, o governo atual se prepara para o início desse processo de negociação política, não havendo ainda maiores definições acerca do que poderá resultar do mesmo. Se mantida, a proposta traz inovações relevantes, como, por exemplo, a adoção de mecanismos automáticos de idade mínima. Medidas desse tipo são importantes e têm como objetivo o equilíbrio fiscal de longo prazo, tendo em vista a dilatação da longevidade e a necessidade de revisar periodicamente os parâmetros requeridos para a aposentadoria dos indivíduos.

3

SISTEMA DE CAPITALIZAÇÃO DE RESERVAS

INTRODUÇÃO

No universo dos assuntos dos quais este livro trata, há três questões importantes que se apresentam ao indivíduo ao longo de sua vida. A primeira surge logo na infância: é a descoberta de que toda pessoa um dia morrerá. A segunda se dá na fase adulta: é a indagação do que acontecerá quando ele vier a se aposentar. E a terceira, quando já estiver em idade avançada, é a percepção de que poderá viver além do previsto, o que implica o risco de não se preparar corretamente para ter uma situação que lhe permita sobreviver o restante de seus anos, sem perda de bem-estar financeiro.

Os sistemas públicos de previdência ao redor do mundo são limitados pela realidade fiscal enfrentada pelos governos, com o agravante de que se observa uma tendência de crescimento nas restrições, tanto para seu acesso quanto para os benefícios que oferecem. Dessa forma, as modalidades privadas de aposentadoria funcionam como mecanismos que auxiliam na redução da fragilidade do sistema público de previdência e permitem aos trabalhadores ter condições de arcar com o planejamento para usufruir dos recursos acumulados previamente, quando chegar a fase de aposentadoria.

Em linha com o supracitado, corporações ao redor do mundo se organizaram para contribuir com planos de aposentadoria para seus empregados, de forma a oferecerem uma condição favorável aos seus funcionários quando estes estiverem fora da vida laboral. Aproveitando-se desse movimento, os bancos e as seguradoras também prosperaram suas atividades, ao oferecer planos de benefícios a clientes previdentes, com foco em indivíduos preocupados com a fase da aposentadoria e já destituídos de vínculo com um empregador que lhes ofereça este tipo de benefício.

Diante do exposto, o objetivo deste capítulo é apresentarmos o sistema de capitalização de reservas através da previdência complementar no Brasil e os modelos oferecidos no país, bem como suas características e desafios. Para tanto, na primeira seção, teremos a oportunidade de identificar, num exemplo, como a previdência com formação de reservas funciona na viabilização de benefícios futuros de aposentadoria e reconhecer sua relevância através dos principais números do sistema no mundo e no Brasil. Os dados abrangem tanto os planos de previdência operados por fundos de pensão, quanto os planos pessoais oferecidos por bancos e seguradoras. De antemão, cabe alertar ao leitor que, para o caso brasileiro, por "fundos de pensão" estamos nos referindo aqui às Entidades Fechadas de Previdência Complementar (EFPC), enquanto para os planos pessoais, nos referimos às Entidades Abertas de Previdência Complementar (EAPC) e às Sociedades Seguradoras.

Os tipos de operadores de previdência privada citadas serão analisados em mais detalhes na segunda seção do capítulo, que aborda o regime de previdência complementar no Brasil, complementando a análise dos demais regimes (RGPS e RPPS), realizada no capítulo anterior. Na terceira seção, abordaremos as quatro dimensões do ambiente institucional para investimentos previdenciários – fundamentada na teoria de que o ambiente institucional dos países influencia o comportamento de seus agentes econômicos, incluindo os investidores institucionais – com o intuito de explorar seu impacto sobre as decisões de investimentos na previdência complementar. Finalmente, na última seção, apresentamos a governança de investimentos nas entidades de previdência.

Sistema de capitalização de reservas no mundo

No Capítulo 1 mostramos que existem diferentes arranjos previdenciários no mundo, que podem ser didaticamente estruturados, resumidamente, em 3 pilares: o pilar 1, mandatório, público e de repartição simples; o pilar 2, mandatório, público e/ou privado com formação de reservas; e o pilar 3, relacionado com reservas de poupança do indivíduo, num modelo voluntário e privado. No caso do pilar 3, existem planos de previdência que são patrocinados por organizações públicas (como autarquias e empresas do governo) ou por corporações privadas, ou ainda instituídos por associações de caráter profissional (classista ou setorial), operados por organizações privadas com ou sem objetivo de lucro.

O nível de capitalização de reservas previdenciárias nos sistemas dos países depende do grau de cobertura oferecido no pilar 1 dos mesmos. Entretanto, há o entendimento de que os pilares com formação de reserva crescerão em todos os países nas próximas décadas, numa combinação com o pilar de repartição simples e público. O consenso é que o sistema de previdência dos países com base no pilar 1 tem como premissas a estabilidade de contribuições e de beneficiários, assumindo-se o pressuposto da existência de laços fortes de solidariedade na sociedade, com compartilhamento de riscos e clareza na interdependência entre seus cidadãos. Como veremos, entretanto, este modelo tem uma série de limitações, que têm estimulado o crescimento dos outros dois pilares.

Conforme apresentado nos capítulos anteriores, os sistemas públicos podem oferecer benefícios ditos como universais a seus cidadãos, com base nas suas contribuições. A partir do princípio da universalidade, o acesso à previdência é limitado à residência ou nacionalidade da pessoa que recebe o benefício de previdência. Considerando o sistema com base em contribuições de trabalhadores, somente estes têm acesso à previdência e seus benefícios são denominados de aposentadorias ocupacionais. Neste caso, o modelo de financiamento é o de repartição simples, sendo de responsabilidade do Estado o pagamento dos benefícios, seja com contribuições suficientes ou não.

Já no sistema de capitalização, os riscos e responsabilidades podem ser de duas naturezas distintas, a depender do tipo de plano adotado. No caso dos planos de benefício definido (BD), o risco de ter que haver contribuições adicionais por retornos insuficientes dos investimentos recai muitas vezes sobre o patrocinador do plano. Dependendo das regras dispostas para equacionamento de déficit, os riscos podem não estar limitados a seu patrocinador e recair sobre os participantes. Já no caso dos planos do tipo contribuição definida (CD), para os quais muitos planos BD estão migrando, os riscos recaem também sobre os beneficiários.[1]

---

[1] Há que se considerar que no Brasil temos, por exemplo, os planos CD com risco atuarial de invalidez e morte do participante. Neste caso, o risco é compartilhado. Porém, em muitos casos, o risco é assumido exclusivamente pelo patrocinador. Para se aprofundar sobre a reorganização dos tipos de planos e limites de abrangência dos segurados, ver Engelen (2006).

O plano de contribuição variável (CV), ou misto, funciona como plano CD na fase de contribuições e BD, na fase do recebimento do benefício, com os mesmos riscos, se em planos da previdência fechada. Em planos da previdência aberta, a modalidade é CV e não há o risco atuarial ao participante na fase do pagamento em que o benefício é do tipo (BD).[2]

Outra distinção importante entre os regimes do pilar 1 e 3 está no fato de que, no segundo caso, prevalecem esquemas de benefício que não são de redistribuição vertical, mas sim horizontal, considerando o ciclo de vida do participante do plano de benefícios. A redistribuição vertical, observada no regime de repartição simples, tem por objetivo a transferência de renda entre diferentes grupos (ou gerações), de forma a aliviar a desigualdade social e econômica existente entre eles.[3] Já a redistribuição horizontal visa alocar a renda durante o ciclo de vida do próprio indivíduo, de forma que o mesmo possa enfrentar as suas diferentes fases de abundância e carência de recursos.[4]

Na prática, o indivíduo, ao assumir poupar no presente para usufruir no futuro, acaba formando um fundo de reserva, o que leva à necessidade de tomar decisões de investimento. Porém, além das incertezas que envolvem o mercado de ativos na obtenção de uma taxa de retorno esperada, há outras que precisam ser avaliadas pelo indivíduo. Dentre elas, a disponibilidade de recursos ao longo da vida ativa para poupar e a expectativa de vida do período em que usufruirá a renda esperada. Uma vez estimados os anos em que usufruirá a renda esperada na fase de aposentadoria e os anos que terá para formar a reserva necessária, o indivíduo terá condições de saber o quanto deverá deixar de consumir ao longo de sua fase ativa de trabalho para formar a reserva, assumindo uma taxa de retorno sobre o recurso investido no mercado de ativos.

Em outras palavras, essa dinâmica envolve uma série de incertezas: 1) a obtenção do retorno esperado com a capitalização dos recursos no mercado de ativos, compatível com a taxa de juros que assumiu em seus cálculos; 2) a disponibilidade de renda ao longo de sua vida, que propicie as condições para separar a parte necessária à formação da reserva e; 3) a longevidade compatível com a expectativa de vida estimada para a formação da reserva.

O Gráfico 3.1 apresenta a dinâmica da capitalização de recursos e seu uso na fase de aposentadoria. Trata-se de uma apresentação simplificada do modelo da hipótese de ciclo de vida, assumindo que os recursos serão acumulados e capitalizados no mercado de ativos durante certo período de tempo. Neste modelo, o indivíduo tem uma determinada renda que lhe permite poupar R$ 1 mil por mês, durante o período de 40 anos em que estará trabalhando, a partir dos 20 anos de idade. Desta forma, ao se aposentar aos 60 anos de idade, terá uma renda de quase R$ 8,6 mil e que usufruirá durante o período de 25 anos. Ou seja, até os 85 anos de idade. Para tanto, estima-se a acumulação e capitalização de recursos a uma taxa de retorno dos ativos de 5% ao ano, que representa uma reserva necessária de R$ 1,48 milhão, para fazer frente à renda futura.

No entanto, como observamos, tomar decisões de investimentos e que busquem a taxa de retorno esperada para o menor nível de risco não é suficiente para se assegurar diante

---

[2] Para uma extensa discussão sobre os benefícios e limitações dos planos CD, ver Muralidhar (2019).
[3] Em outras palavras, enquanto a redistribuição vertical tem como objetivo transferir renda dos ricos para os pobres, a redistribuição entre diferentes grupos busca aliviar a desigualdade social e econômica em função de outras características, além da renda, como por exemplo: classe social, etnia, gênero, localização, ou idade avançada. Para se aprofundar na organização dos esquemas de benefícios de renda, ver Engelen (2006).
[4] O ciclo da vida corresponde a uma teoria de consumo baseada na concepção de que os indivíduos tomam decisões em função do que eles desejam consumir ao longo de sua vida, limitadas pelos recursos que possuirão ao longo de sua existência. Para se aprofundar, ver Ando e Modigliani (1963).

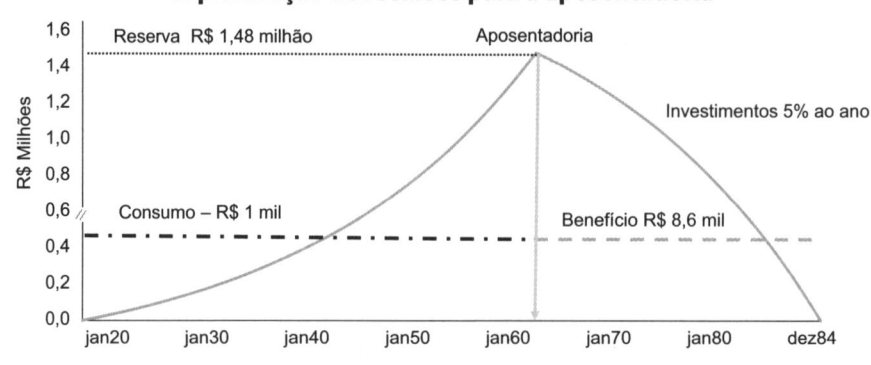

Gráfico 3.1
Capitalização de recursos para a aposentadoria

Fonte: Adaptado a partir de simulações para formação de reservas da "Longevità Previdência" – plataforma eletrônica em desenvolvimento pelos autores para acesso ao público.

dos riscos do passivo, como o da longevidade, por exemplo. Certamente, então, a escolha por um modelo de previdência que proporcione as melhores condições para se alcançar o benefício esperado frente às incertezas envolvidas deve ser adequadamente considerada.

Em princípio, qualquer cidadão pode acessar o benefício de renda através do regime de capitalização. Porém, na prática, são apenas os indivíduos que possuem a possibilidade de se prevenir financeiramente frente a infortúnios da vida e com certa renda, que optam por formar uma reserva para o futuro. São, portanto, pessoas caracterizadas por maior aversão a riscos (*risk-averse*) e com condições de poupar parte de sua renda no presente para usufruir uma aposentadoria tranquila no futuro. Embora isso também ocorra com os benefícios ocupacionais do pilar 1, onde há contribuições por parte do cidadão, há a diferença fundamental de que, no caso do pilar 1, o custo de contribuir é mandatório, enquanto no pilar 3 é voluntário.

De toda forma, e como apresentamos no Capítulo 1, para uma sociedade em processo de maior envelhecimento, os custos se elevarão e estes serão inevitáveis para assegurar uma renda estável no momento da aposentadoria. Não somente isso: há questões macrossociais nos países que alteraram os riscos de cobertura dos benefícios a seus cidadãos. Por exemplo, o aumento das migrações na Europa, seja em função do desenvolvimento econômico ou por efeitos socioeconômicos de mudanças demográficas. Como será absorvido seu impacto no sistema de bem-estar dos países? Como lidar com residentes que não contribuem com o sistema de previdência e que carecem de direitos de cidadania? Como lidar com a situação dos que contribuem e que moram em outros países? Esses indivíduos devem ser excluídos do sistema de previdência ou o governo deveria incluí-los? Quais são as soluções possíveis, levando-se em conta o que é moralmente aceitável e prudente para se considerar? As novas formas de contrato de trabalho e as diferentes carreiras ao longo da vida, empreendendo ou sendo autônomo, são aspectos que se apresentam como desafios aos modelos atuais de previdência.

Certamente a solução destas, e de outras questões, trará dificuldades, cujas dimensões irão variar de nação para nação. O fato é que mais e mais países têm considerado os arranjos de capitalização a solução para seus sistemas de aposentadoria. Para enriquecer nossa análise sobre esse assunto, nas próximas subseções vamos conhecer como têm evoluído os sistemas privados de previdência com formação de reservas no mundo, a proporção dos ativos entre os diferentes tipos de planos, a forma de alocação desses ativos e seu desempenho para o pagamento de benefícios no futuro.

Processo de expansão

O total de ativos sob a gestão de operadores de previdência representa o tamanho do mercado dos investimentos previdenciários em fundos de pensão nos sistemas dos diversos países.[5] A Figura 3.1 apresenta os ativos, em trilhões de dólares, sob a gestão do sistema privado de previdência com formação de reserva, em 2017, para os 87 países que reportaram seus dados à OCDE.[6] Nota-se que os maiores volumes de ativos estão em economias desenvolvidas, com destaque para Estados Unidos, Reino Unido, Canadá, Austrália, Holanda, Japão e Suíça. São países que possuem sistemas de previdência privada com mais de US$ 1 trilhão cada um. É importante destacar que, em países como Canadá e Estados Unidos, seus sistemas começaram cedo. Em 1874, o Canadá teve seu primeiro plano de previdência patrocinado por empresa. Em 1857, os Estados Unidos tiveram o primeiro plano dirigido aos funcionários do seu setor público e, em 1875, aos trabalhadores do setor privado.

Observa-se que Brasil e Chile são os únicos países da América do Sul que superam US$ 0,2 trilhão em 2017. Este fato decorre da relativa senioridade dos sistemas de previdência privada, provavelmente. A regulação dos fundos de pensão patrocinados por empregadores no Brasil é de 1977. No Chile, em 1981 houve uma reforma estrutural do sistema de previdência, quando foi introduzida a previdência privada, em caráter mandatório, diferentemente do modelo escolhido pelo Brasil, onde a inscrição em planos de previdência por parte dos cidadãos ocorre de forma voluntária.

Figura 3.1
Ativos sob a gestão de sistemas privados de previdência (fechada e aberta) no mundo com formação de reservas (US$ trilhões) – 2017

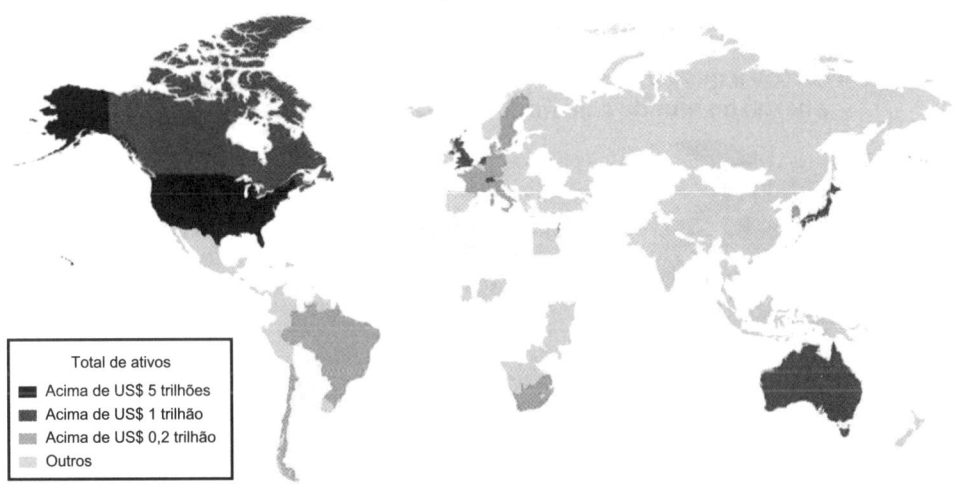

Total de ativos
- Acima de US$ 5 trilhões
- Acima de US$ 1 trilhão
- Acima de US$ 0,2 trilhão
- Outros

Nota: Dados dos país em 2017, exceto: Botsuana (2013), Gibraltar (2013), Índia (2016), Lesoto (2012), Liechtenstein (2016), Maldivas (2016), Paquistão (2015), Papua-Nova Guiné (2013), África do Sul (2016), Suriname (2016), Trinidad e Tobago (2012), Uganda (2016) e Zâmbia (2015).

Fonte: Adaptada pelos autores através de dados estatísticos da OCDE Pension Markets in Focus - 2017 (ano 2017, último disponível) Recuperado em: 19/04/2019: http://www.oecd.org/pensions/private-pensions/pensionmarketsinfocus.htm

---

[5] No Brasil, os dados de fundos de pensão incluem os planos instituídos, ou seja, aqueles que não dependem de uma empresa patrocinadora para a opção de inscrição ao plano por seus funcionários.
[6] Para aprofundar estudos sobre dados de previdência privada dos países, ver OCDE (2018b).

A Figura 3.2 apresenta a distribuição geográfica dos operadores de investimentos previdenciários dos países-membros da OCDE em 2017. Observamos a concentração de ativos previdenciários nos Estados Unidos, seguidos do Reino Unido, Canadá, Austrália, Holanda, Japão e Suíça.

Os sete países com maior volume de ativos previdenciários entre os membros da OCDE representam mais de 90% do sistema. Os demais 29 países-membros possuem o restante, representando juntos o volume de US$ 9 trilhões.

Já a Figura 3.3 tem como base a mesma informação da Figura anterior, mas como percentual do PIB de cada país. Ou seja, o total de ativos sob a gestão de operadores de

Figura 3.2
Distribuição da proporção de investimentos previdenciários entre países-membros da OCDE (em US$ trilhões e em % sobre o total da OCDE) – 2017

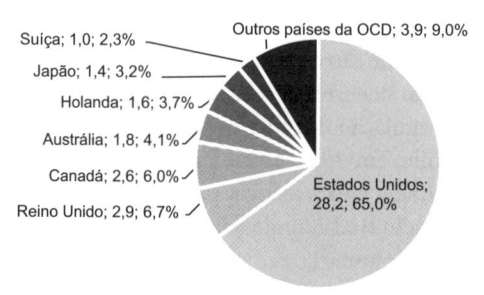

Suíça; 1,0; 2,3%
Japão; 1,4; 3,2%
Holanda; 1,6; 3,7%
Austrália; 1,8; 4,1%
Canadá; 2,6; 6,0%
Reino Unido; 2,9; 6,7%
Outros países da OCD; 3,9; 9,0%
Estados Unidos; 28,2; 65,0%

Nota: Os dados incluem investimentos no sistema de previdência operados por fundos de pensão e bancos/seguradoras, entre países-membros da OCDE no ano de 2017. Os dados para planos abertos da Suíça são de 2016.
Fonte: Adaptada pelos autores através de dados estatísticos da OCDE Pension Markets in Focus – 2017 (ano 2017, último disponível) Recuperado em: 19/04/2019: http://www.oecd.org/pensions/private-pensions/pensionmarketsinfocus.htm

Figura 3.3
Ativos sob a gestão de sistemas privados de previdência (fechada e aberta) no mundo com formação de reservas (% PIB) – 2017

Total de ativos
■ Acima de 100% do PIB
■ Acima de 50% do PIB
▨ Acima de 20% do PIB
▫ Não reportado

Nota: Dados dos países em 2017, exceto: Botsuana (2013), Gibraltar (2013), Índia (2016), Lesoto (2012), Liechtenstein (2016), Maldivas (2016), Paquistão (2015), Papua-Nova Guiné (2013), África do Sul (2016), Suriname (2016), Trinidad e Tobago (2012), Uganda (2016) e Zâmbia (2015).
Fonte: Adaptada pelos autores através de dados estatíticos da OCDE Pension Markets in Focus - 2017 (ano 2017, último disponível) Recuperado em: 19/04/2019: http://www.oecd.org/pensions/private-pensions/pensionmarketsinfocus.htm

planos de previdência privada. A proporção dos ativos sob a gestão da previdência privada em relação ao PIB indica a importância relativa que este sistema tem para o arranjo previdenciário do país.

Nota-se que existem 7 países, dos 87 que reportaram os dados à OCDE, que excederam o total de seu PIB em 2017, podendo ser identificados a Austrália, Canadá, Dinamarca, Islândia, Holanda, África do Sul, Suíça e Estados Unidos e no Reino Unido. A Tabela 3.1 apresenta os ativos sob a gestão de fundos de pensão e os ativos e dos demais veículos de previdência privada (como os oferecidos individualmente e na forma coletiva por bancos e seguradoras), a variação % em relação a 2016, em US$ milhões e em percentual do PIB, em 2017, por país-membro da OCDE e países selecionados, inclusive Brasil. Os dados estão classificados em ordem decrescente em % PIB do volume de ativos em fundos de pensão, dado que nem todos os países reportaram dados de demais operadores de previdência como bancos e seguradoras.

No agregado dos veículos de previdência privada, podemos observar a importância dos planos oferecidos em demais veículos como bancos e seguradoras. Estes veículos impactam fortemente o sistema previdenciário na proporção do PIB e há os que ultrapassam o próprio PIB no conjunto. Esse é o caso dos Estados Unidos, Canadá, Dinamarca e Suécia. Não podemos deixar de observar que, no caso do Brasil, este dado agregado dobra a proporção inicial do PIB considerando somente os fundos de pensão. Este fato demonstra a importância relativa dos demais operadores na formação de reservas previdenciárias nos países.

Com relação ao volume de ativos no sistema de previdência, existem pelo menos dois aspectos que explicam as diferenças observadas. Primeiro, a própria data de introdução desses sistemas nos diferentes países, como observamos no início desta subseção a partir da Figura 3.1. O segundo aspecto está associado ao caráter mandatório ou voluntário das reservas. Em geral, os países com sistemas mandatórios possuem maior proporção de reservas de previdência na proporção do PIB. Na Holanda, por exemplo, é mandatória a contribuição por todos os empregadores para formação de reservas previdenciárias a seus empregados e estes, por sua vez, são obrigados a participar dos planos[7].

O fato é que o total de ativos dos sistemas de previdência privada tem crescido rapidamente como proporção do PIB. O Gráfico 3.2 apresenta a expansão dos mesmos em países-membros da OCDE e de não membros selecionados, identificando dois momentos: 2007 e 2017.[8] Embora a expansão tenha ocorrido de forma diferenciada, os dados estatísticos da OCDE mostram que a média observada na proporção do PIB dos países da OCDE passou de 38,4%, em 2007, para 50,7%, em 2017. Enquanto isso, nos demais países selecionados, o indicador foi de 8,8% para 12,9%. Notamos que a expansão mais rápida como proporção do PIB foi na Dinamarca, cujo percentual cresceu de 137,2%, em 2007, para 208,4%, em 2017 (71,3 pontos percentuais de diferença). Na Holanda, foram 64 pontos percentuais de evolução no período. Já no caso brasileiro, a partir de 2015 foram apresentadas informações de ativos sob gestão em conjunto da previdência aberta com a fechada. Em 2007, portanto, são apresentados somente os dados disponíveis dos fundos de pensão. O detalhamento da evolução dos ativos da previdência fechada e da previdência aberta no Brasil é abordado na terceira seção e é aprofundado nos Capítulos 4 e 7, respectivamente.

---

[7] Exceção a esses casos pode ser observada nos Estados Unidos e no Canadá, onde os planos de benefícios são formas de retenção de talentos e oferecem pacotes competitivos de benefícios a seus executivos.
[8] Para se aprofundar, ver OCDE (2018).

Tabela 3.1 Ativos sob a gestão de fundos de pensão e demais veículos de aposentadoria – (evolução % vs 2016, US$ milhões e % PIB) – 2017

Países da OCDE	Fundos de Pensão			Todos os veículos de previdência		Outros países selecionados	Fundos de Pensão			Todos os veículos de previdência
	% Variação em relação a 2016	Em US$ milhões	% do PIB	Em US$ milhões	% do PIB		% Variação em relação a 2016	Em US$ milhões	% do PIB	% do PIB
Holanda	3,7	1.604.741	182,5			Namíbia	13,8	10.864	79,7	91,7
Islândia	12,7	37.158	151,9		159,0	Hong Kong, China	21,4	148.120	43,5	43,5
Suíça	8,1	1.012.808	147,8			El Salvador	4,6	9.674	34,5	
Austrália	11,2	1.718.262	120,4		123,3	Jamaica	13,5	4.127	27,8	27,8
Reino Unido	1,4	2.903.324	105,5		120,0	Uruguai	28,4	16.207	27,3	27,3
Estados Unidos	9,7	16.223.735	83,7		141,1	Croácia	9,3	15.532	26,8	26,8
Canadá	2,6	1.423.039	82,8		153,6	Kosovo	16,0	1.982	25,8	25,8
Chile	11,2	210.512	72,0		72,0	Colômbia	16,9	76.202	24,8	24,8
Israel	9,4	215.030	59,0			Peru	14,6	48.202	22,3	22,3
Finlândia	9,0	137.375	51,2			Costa Rica	11,5	10.805	18,8	18,8
Dinamarca	1,9	160.173	46,4		204,6	Quênia	18,4	10.463	13,1	13,1
Irlanda	2,8	118.971	33,5		35,6	Bulgária	17,7	7.813	12,9	12,9
Japão	0,7	1.382.484	28,6			República Dominicana	18,6	9.145	12,4	12,4
Nova Zelândia	15,3	52.986	25,8		25,8	**Brasil**	**5,0**	**243.289**	**12,3**	**23,2**
Estônia	17,6	4.365	15,8		17,5	Malaui	39,8	727	11,8	11,8
México	14,4	159.273	14,5			ARJ da Macedônia	18,7	1.136	9,4	9,4
República Eslováquia	10,4	11.965	11,7		11,7	Lituânia	17,2	3.607	7,2	7,2
Coreia	17,0	176.348	10,9			Tailândia	11,4	33.373	7,1	7,1
Noruega	8,4	41.989	10,5			Guiana	12,8	257	7,0	7,0
Portugal	7,0	23.694	10,2			Nigéria	22,0	24.560	6,5	6,5
Espanha	3,7	132.115	9,5			Rússia	5,2	96.907	6,1	6,1
Polônia	16,9	51.842	9,1		13,6	Romênia	26,0	10.677	4,9	4,9
República Checa	10,8	20.920	8,8		8,8	Gana	13,3	1.744	3,8	3,8
Bélgica	18,7	41.376	7,9		12,4	Armênia	67,1	219	1,9	1,9
Itália	7,0	158.667	7,7		9,7	Egito	11,2	3.432	1,7	1,7
Alemanha	3,8	268.420	6,9			Sérvia	10,5	366	0,8	0,8
Áustria	7,1	26.772	6,0			Panamá	4,8	501	0,8	
Eslovênia	6,2	2.945	5,7		6,9	Albânia	30,8	16	0,1	0,1
Suécia	..	22.070	4,5		80,0	Guérnesei	147,2	33.502	..	
Hungria	9,8	6.363	4,3		5,9	Total		820.260		
Luxemburgo	2,6	1.940	2,9							
Turquia	26,5	17.854	2,2			Média em fundos de pensão (%PIB):		16,1		
Letônia	13,7	521	1,6		13,8	Média em outros veículos (%PIB):		0,9		
Grécia	6,5	1.605	0,8							
França	9,3	17.460	0,7		9,7					
OECD Total		28.389.104								
Média em fundos de pensão (%PIB):		38,4								
Média em outros veículos (%PIB):		28,7								

Nota: ".." indica que não há dados disponíveis para "Todos os veículos de previdência", que inclui a previdência aberta. A forte evolução dos veículos de previdência"; para Guérnesei não há dados disponíveis para PIB. A forte evolução dos ativos entre 2016 e 2017 em Guérnesei é explicada pela inclusão de um esquema de previdência concluído em 2017, e não reportado em 2016. Para %PIB Brasil "todos os veículos de previdência", a soma do %PIB de ativos em fundos de pensão e em PGBL e VGBL.

Fonte: Adaptado pelos autores a partir de dados estatísticos da OCDE Pension Markets in Focus (2017) (ano 2017, último disponível). Recuperado em 22/04/2019 http://www.oecd.org/pensions/private-pensions/pensionmarketsinfocus.htm. Para dados de Brasil, base 2017, a partir do Consolidado Estatístico da ABRAPP e do Sistema de Estatísticas da SUSEP, recuperado em 22/04/2019, respectivamente, http://www.abrapp.org.br/Paginas/consolidadoestatistico.aspx e http://www2.susep.gov.br/menuestatistica/SES/principal.aspx.

Gráfico 3.2
Total de ativos em sistemas privados de previdência (aberta e fechada) de países-membros da OCDE e de não membros selecionados (% PIB) – 2007 e 2017

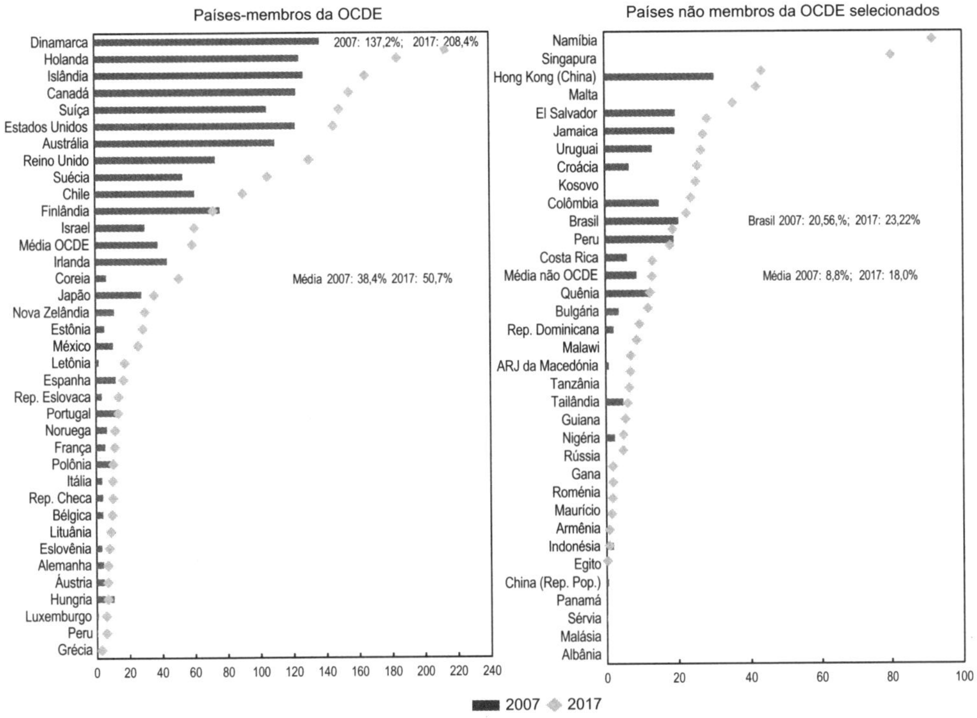

Países-membros da OCDE

Dinamarca, Holanda, Islândia, Canadá, Suíça, Estados Unidos, Austrália, Reino Unido, Suécia, Chile, Finlândia, Israel, Média OCDE, Irlanda, Coreia, Japão, Nova Zelândia, Estônia, México, Letônia, Espanha, Rep. Eslovaca, Portugal, Noruega, França, Polônia, Itália, Rep. Checa, Bélgica, Lituânia, Eslovênia, Alemanha, Áustria, Hungria, Luxemburgo, Peru, Grécia

2007: 137,2%; 2017: 208,4%
Média 2007: 38,4% 2017: 50,7%

Países não membros da OCDE selecionados

Namíbia, Singapura, Hong Kong (China), Malta, El Salvador, Jamaica, Uruguai, Croácia, Kosovo, Colômbia, Brasil, Peru, Costa Rica, Média não OCDE, Quênia, Bulgária, Rep. Dominicana, Malawi, ARJ da Macedónia, Tanzânia, Tailândia, Guiana, Nigéria, Rússia, Gana, Roménia, Maurício, Armênia, Indonésia, Egito, China (Rep. Pop.), Panamá, Sérvia, Malásia, Albânia

Brasil 2007: 20,56,%; 2017: 23,22%
Média 2007: 8,8%; 2017: 18,0%

■ 2007 ◆ 2017

Notas: Para dados de Brasil – em 2014, houve a inclusão dos planos abertos na base de dados da OCDE. ".." indica que não há dados disponíveis para o ano. Dos países selecionados pela OCDE, são apresentados autores somente os que possuíam dados disponíveis para 2017.

Fonte: Adaptado pelos autores a partir da base de dados apresentada no relatório da OCDE – Global Pension Statistics, 2017. Recuperado em 19/04/2019: www.oecd.org/daf/pensions/pensionmarkets.

Conforme apresentado anteriormente, a previdência aberta tem recebido destaque no total de investimentos previdenciários. Tanto no Brasil como no mundo, a previdência oferecida por bancos e seguradoras cresce de forma consistente em termos de volume de ativos. Não somente isso: seu crescimento médio anual é superior à evolução das reservas da previdência fechada e, até mesmo, frente às demais opções de investimentos, como veremos no Capítulo 7.

Embora o volume de ativos sob a gestão dos fundos de pensão nos países-membros da OCDE ainda supere o montante dos bancos e seguradoras, a taxa composta anual de crescimento, ou CAGR (Compound Annual Growth Rate),[9] das reservas em planos de previdência destes últimos tem sido maior: 3,7% para os fundos de pensão e 5,8% em bancos e seguradoras, nos últimos 10 anos. O Gráfico 3.3 apresenta a evolução do total de ativos sob a gestão de fundos de pensão e dos bancos e seguradoras desses países.

---

[9] Estes indicadores são apresentados nos Gráficos 3.3 e 3.4, indicados como CAGR (*Compound Annual Growth Rate*). Representando a taxa de progressão geométrica, que fornece uma taxa de retorno constante ao longo do período de tempo.

Gráfico 3.3
Evolução do total de ativos entre fundos de pensão e bancos/seguradoras de países-membros da OCDE (US$ trilhões, preços correntes)

Ano	Fundos de pensão	Bancos e Seguradoras
2007	19,8	8,5
2008	16,1	6,9
2009	18,2	8,1
2010	20,1	9,0
2011	20,8	9,4
2012	22,6	10,4
2013	24,6	11,9
2014	25,2	12,4
2015	24,7	12,4
2016	25,5	13,3
2017	28,5	14,9

Fundos de pensão CAGR 3,73%
Bancos e Seguradoras CAGR 5,83%

Fonte: Adaptado pelos autores a partir da base de dados apresentada no relatório da OCDE – Global Pension Statistics, 2017. Recuperado em 19/04/2019: www.oecd.org/daf/pensions/pensionmarkets.

Ao considerarmos os mesmos dados dos demais países não membros da OCDE selecionados, o que inclui o Brasil, observamos o mesmo resultado no Gráfico 3.4. De fato, embora os ativos sob gestão de fundos de pensão sejam superiores em volume de investimentos frente aos de bancos e seguradoras em planos de previdência, as reservas destes últimos têm crescido de forma superior à dos fundos de pensão, respectivamente: 8,1 e 7,3%, quando observados os últimos 10 anos (em dólares correntes).

Os dados acerca do volume, variação anual e participação no PIB dos ativos em produtos de previdência aberta permitem, ainda, a percepção do amplo espaço disponível para o crescimento do segmento. A Tabela 3.1 mostra a proporção média de 28,7% do PIB, em ativos na previdência aberta de países-membros da OCDE em 2017, que contrasta de forma acentuada com a média em países não membros selecionados, que não chega a 1%.

Gráfico 3.4
Evolução do total de ativos entre fundos de pensão e bancos/seguradoras de países selecionados, inclusive Brasil (US$ trilhões, preços correntes)

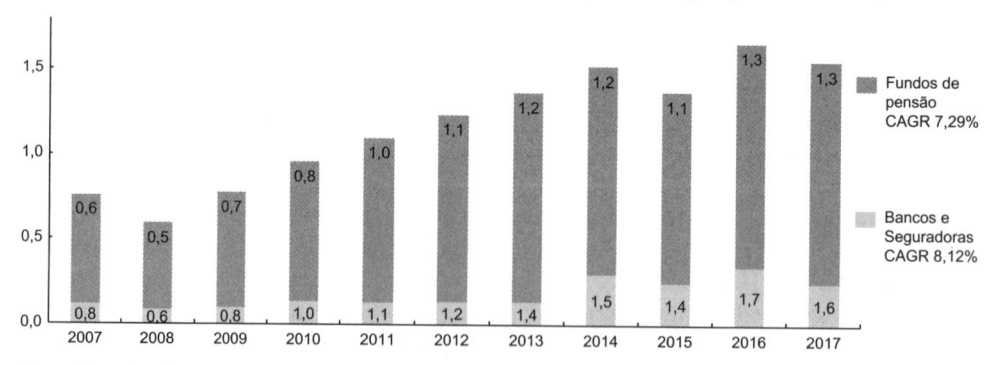

Ano	Fundos de pensão	Bancos e Seguradoras
2007	0,6	0,8
2008	0,5	0,6
2009	0,7	0,8
2010	0,8	1,0
2011	1,0	1,1
2012	1,1	1,2
2013	1,2	1,4
2014	1,2	1,5
2015	1,1	1,4
2016	1,3	1,7
2017	1,3	1,6

Fundos de pensão CAGR 7,29%
Bancos e Seguradoras CAGR 8,12%

Fonte: Adaptado pelos autores a partir da base de dados apresentada no relatório da OCDE – Global Pension Statistics, 2017. Recuperado em 19/04/2019: www.oecd.org/daf/pensions/pensionmarkets.

Nota: sendo países selecionados – África do Sul, Namíbia, Liechtenstein, Singapura, Botsuana, Hong Kong, Malta, El Salvador, Jamaica, Uruguai, Croácia, Kosovo, Colômbia, Brasil, Peru, Trinidad e Tobago, Costa Rica, Papua-Nova Guiné, Quênia, Bulgária, República Dominicana, Malaui, Lesoto, Suriname, ARJ da Macedônia, Uganda, Maldivas, Tanzânia, Tailândia, Guiana, Nigéria, Rússia, Gana, Romênia, Maurício, Zâmbia, Armênia, Indonésia, Egito, Gibraltar, China, Índia, Panamá, Sérvia, Malásia, Albânia e Paquistão.

Ao compararmos este indicador com o do Brasil, de 9,9%, obtido pela diferença entre total de investimentos previdenciários em todos os veículos de previdência e fundos de pensão, a partir de dados da OCDE, nota-se que o Brasil tem oportunidade para um maior crescimento da capitalização de recursos previdenciários. Esta afirmação tem como base os dados apresentados nos Gráficos 3.3 e 3.4. Os Gráficos apresentam a maior evolução de demais veículos ano a ano, respectivamente, tanto em países desenvolvidos, representados pelos países-membros da OCDE, bem como em países de regiões menos desenvolvidas, caso dos não membros selecionados para o estudo da OCDE. É importante destacar que muitos dos países-membros da OCDE já passaram por reformas estruturais em seus sistemas de previdência e que incluíram a capitalização de recursos, como observamos na última seção do Capítulo 1.

Proporção de ativos entre os diferentes tipos de planos

No que tange à proporção de ativos por tipo de plano (BD ou CD), os dados também indicam significativa variação entre os países. O Gráfico 3.5 apresenta a proporção de ativos entre (i) planos BD e CD sob a gestão de fundos de pensão, acessíveis por grupos de trabalhadores

Gráfico 3.5
Proporção de ativos por tipo de plano de previdência sob regime de capitalização em países-membros da OCDE e não membros selecionados (% sobre total) – 2017

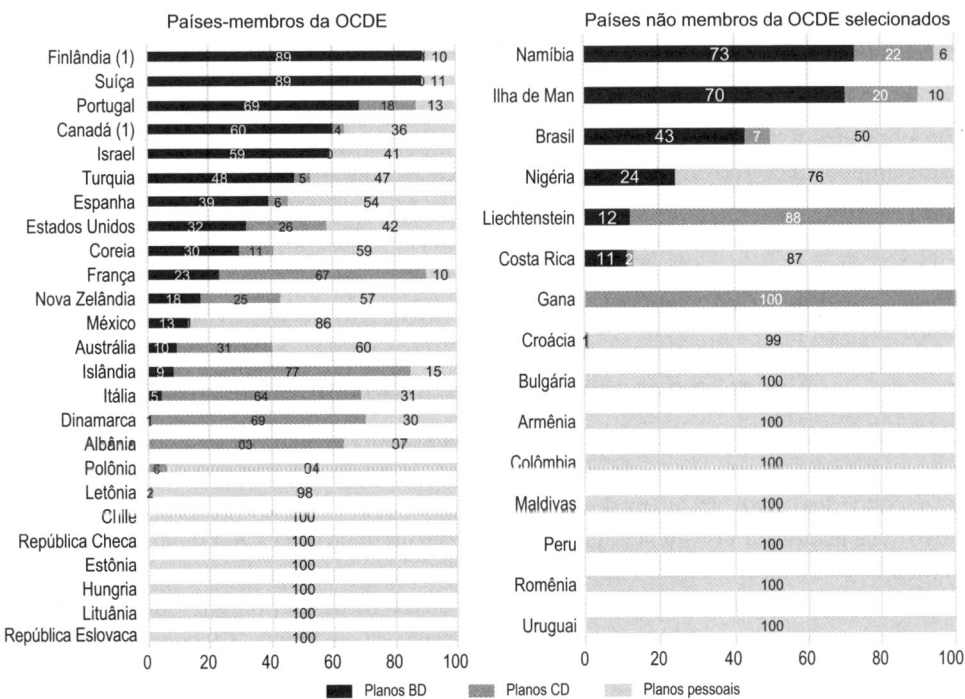

Países-membros da OCDE	Planos BD	Planos CD	Planos pessoais
Finlândia (1)	89		10
Suíça	89		11
Portugal	69	18	13
Canadá (1)	60	4	36
Israel	59	0	41
Turquia	48	5	47
Espanha	39	6	54
Estados Unidos	32	26	42
Coreia	30	11	59
França	23	67	10
Nova Zelândia	18	25	57
México	13		86
Austrália	10	31	60
Islândia	9	77	15
Itália	5	64	31
Dinamarca	1	69	30
Albânia		03	97
Polônia		6	04
Letônia		2	98
Chile			100
República Checa			100
Estônia			100
Hungria			100
Lituânia			100
República Eslovaca			100

Países não membros da OCDE selecionados	Planos BD	Planos CD	Planos pessoais
Namíbia	73	22	6
Ilha de Man	70	20	10
Brasil	43	7	50
Nigéria	24		76
Liechtenstein	12		88
Costa Rica	11	2	87
Gana		100	
Croácia	1		99
Bulgária			100
Armênia			100
Colômbia			100
Maldivas			100
Peru			100
Romênia			100
Uruguai			100

Nota: Trata-se de dados preliminares de 2017. Os planos do tipo CV estão classificados como BD em função da característica de benefício definido no momento da aposentadoria, caso do Brasil. Quanto às notações – (1) Os dados referem-se a 2015. (2) Os dados referem-se a 2016. (3) Os dados referem-se a 2014. (4) Os dados referem-se a 2013. (5) Nos três tipos os recursos são geridos por sociedades de seguros. (6) Os dados sobre Pensão Voluntária Coletiva Poupança que são gerenciados pelas AFP ("Administradoras de Fondos de Pensiones") são classificados em conjunto com planos pessoais, embora esses planos sejam ocupacionais.

Fonte: Adaptado pelos autores a partir da base de dados apresentada no relatório da OCDE – Global Pension Statistics, 2018. Recuperado em 19/04/2019: www.oecd.org/daf/pensions/pensionmarkets.

específicos; e (ii) planos pessoais oferecidos por bancos e seguradores, acessíveis por qualquer pessoa que deseje adquirir o produto de previdência. Os dados são de 2017, referentes a países-membros da OCDE e países não membros selecionados. Observa-se que a maioria dos países da OCDE possui ativos em planos BD ou CD, enquanto nos países selecionados a presença é menor. Considerando-se apenas os casos de países com maioria de planos BD e/ou CD, eles somam 9 ao todo, entre os 25 membros da OCDE com dados disponíveis e 4, nos países não membros do total de 15, ou 53% entre os selecionados.

Na Finlândia, França, Portugal e Suíça, os ativos de planos sob a gestão de fundos de pensão (BD e CD) representam cerca de 90% do sistema de previdência com formação de reservas no país. Dos países não membros selecionados, somente Liechtenstein não possui planos pessoais e Gana tem apenas 0,04% do sistema em planos oferecidos por bancos e seguradoras, sendo imperceptível no Gráfico 3.5. Ainda entre os países não membros da OCDE, a Namíbia, a Indonésia e o Brasil são os que possuem ativos em planos BD e CD na maior proporção – acima de 45% em seus sistemas.

Entre os países que possuem certo equilíbrio entre planos oferecidos por fundos de pensão e os planos individuais, temos os Estados Unidos, onde 59% do total de previdência privada é de planos patrocinados e o restante são planos pessoais. O Brasil também possui certo equilíbrio relacionado com o volume de ativos, sendo cerca de 53% entre planos BD e CD e 47% de planos pessoais. Não há planos BD ou CD patrocinados pelos empregadores nos seguintes países-membros da OCDE: Hungria, Chile, República Checa, Estônia e República Eslovaca. O mesmo ocorre nos seguintes países não membros: Bulgária, Armênia, Colômbia, Maldivas, Peru, Romênia e Uruguai.

Em vários países, como Armênia, Colômbia, Peru, Romênia e Uruguai, os indivíduos são obrigados a aderir a um plano pessoal quando começam a trabalhar. Empregadores também podem exercer um papel importante nos arranjos previdenciários mesmo em planos pessoais, ao efetuar contribuições mandatórias de seus funcionários a esses planos. Esse é o caso do Peru e da Colômbia. Cabe destacar que, ao observarmos a proporção de planos CD com planos pessoais, notamos que este agregado é superior à proporção de planos BD. Ou seja, mais de 50% dos ativos estão concentrados em planos CD e planos pessoais.

Alocação dos ativos e retorno dos investimentos

O desempenho dos investimentos depende da alocação dos recursos arrecadados em diferentes classes de ativos, do desempenho do mercado financeiro e da *expertise* dos gestores na escolha dos ativos ao longo do tempo.[10] Na Tabela 3.2, apresentamos a alocação de ativos em planos de previdência privada de países-membros da OCDE e não membros selecionados, inclusive Brasil, em 2017. Nota-se que, na maioria dos países, os fundos de pensão e bancos/seguradoras investem boa parte dos recursos em títulos públicos e privados, denotando a preferência desses agentes pela segurança da renda fixa. Tal concentração pode ser ainda maior, ao considerarmos que parte da carteira dos fundos de investimento – cuja participação média foi de 22%, entre países da OCDE, e de 12% nos não membros – é, possivelmente, composta por títulos públicos e/ou privados.

A concentração em ativos de renda fixa nos países se deve a várias outras razões, além da segurança. Por exemplo, a lacuna de oportunidades de investimentos no mercado

---

[10] Para aprofundar estudos sobre os drivers dos retornos em fundos de pensão, ver Allgayer et. al (2016).

Tabela 3.2 Alocação de ativos em planos de previdência privada por país-membro da OCDE e não membros selecionados (% do total investido no país) – 2017

Países da OCDE	Ações	Títulos públicos e privados	Caixa e depósitos	Fundos de investimentos outros (a)	Demais (b)	Total
Polônia (c)	85,2	7,4	5,9	0,0	1,4	100,0
Austrália	58,2	4,8	1,2	25,7	25,7	100,0
Lituânia	45,9	46,2	5,2	:	2,7	100,0
Bélgica	41,5	45,1	5,7	:	7,6	100,0
Chile	40,8	58,4	0,2	:	0,5	100,0
Finlândia	39,5	27,9	3,5	:	29,1	100,0
França	38,1	22,4	34,5	:	5,0	100,0
Noruega	36,9	54,2	2,4	:	6,5	100,0
Estônia	36,1	59,5	4,1	:	0,4	100,0
Áustria	35,5	44,4	7,0	:	13,1	100,0
Nova Zelândia	33,2	23,7	7,0	34,5	1,6	100,0
Estados Unidos	32,9	21,6	2,4	33,3	9,8	100,0
Irlanda	32,3	40,9	2,9	:	23,9	100,0
Países Baixos	31,7	43,6	3,3	:	21,4	100,0
Suíça (c)	31,1	30,6	5,0	:	33,2	100,0
Canadá (c)	30,5	31,7	4,3	:	33,5	100,0
Islândia	30,5	44,0	10,0	:	15,5	100,0
Luxemburgo	29,1	60,0	4,1	:	6,7	100,0
Letônia	27,9	61,7	7,1	:	3,4	100,0
Dinamarca	25,6	29,9	2,0	4,1	38,4	100,0
México	21,5	75,6	0,9	:	2,0	100,0
Portugal	20,4	58,1	5,3	:	15,1	100,0
Itália (c)	20,1	45,0	5,2	:	28,8	100,0
Israel	18,1	65,1	7,1	:	9,6	100,0
Suécia	13,9	14,5	3,9	65,2	5,4	100,0
Espanha (c)	13,2	45,5	11,0	21,8	8,5	100,0
Reino Unido	13,1	28,0	2,1	28,5	28,3	100,0
Peru	13,1	50,5	25,2	:	11,3	100,0
Grécia	11,4	58,7	7,8	20,8	1,3	100,0
Japão	10,5	30,4	3,0	:	51,1	100,0
Hungria (c)	7,1	60,1	3,7	26,6	2,4	100,0
Alemanha	6,2	51,9	3,8	:	38,0	100,0
Coreia	3,1	44,2	15,6	6,3	29,8	100,0
República Eslovaca	2,2	57,8	12,0	23,5	4,4	100,0
Eslovênia	1,9	59,6	12,3	24,6	1,7	100,0
República Checa	0,6	76,9	19,1	2,1	1,3	100,0
Média OCDE	26,1	43,9	7,5	22,4	14,4	

Países não membros selecionados	Ações	Títulos públicos e privados	Caixa e depósitos	Fundos de investimentos outros (a)	Demais (b)	Total
Namíbia (c)	65,1	24,0	8,1	:	2,8	100,0
Hong Kong (China)	63,4	20,9	11,5	:	4,1	100,0
Maurício	56,0	32,4	8,7	:	2,9	100,0
Paquistão	49,3	34,1	:	:	16,6	100,0
Papua-Nova Guiné	48,7	23,6	11,2	0,0	16,5	100,0
Peru	43,0	43,6	6,0	:	7,5	100,0
Malawi	41,8	37,1	9,8	:	11,3	100,0
Colômbia	40,4	49,5	2,2	0,0	7,9	100,0
Gibraltar	37,2	45,1	7,3	:	10,5	100,0
Jamaica	33,5	52,6	1,2	:	12,7	100,0
Trindade e Tobago	32,3	43,4	6,2	:	18,1	100,0
Liechtenstein	31,7	38,6	6,8	:	22,8	100,0
ARJ da Macedônia	30,3	61,3	8,2	:	0,1	100,0
Armênia	28,1	41,1	30,0	:	0,9	100,0
Guiana	25,9	21,7	28,1	:	24,2	100,0
Romênia	23,0	68,3	8,7	:	0,1	100,0
Zâmbia (c)	22,3	21,8	8,0	7,6	40,3	100,0
Croácia	21,9	73,4	4,4	:	0,3	100,0
Quênia	19,8	40,4	4,2	:	35,5	100,0
África do Sul (c)	19,5	9,3	4,0	15,8	51,3	100,0
Tailândia	18,4	56,4	12,3	12,0	1,0	100,0
Bulgária	17,4	60,9	5,9	12,9	3,0	100,0
Indonésia	17,3	45,2	27,8	:	9,7	100,0
Uganda	16,8	72,6	4,7	:	5,9	100,0
Malta	12,3	11,3	4,9	28,5	43,0	100,0
Rússia	11,5	68,8	14,8	:	4,9	100,0
Índia	11,2	84,5	2,5	:	1,7	100,0
Nigéria	10,7	76,1	10,1	:	3,1	100,0
Suriname	10,2	33,7	18,5	1,4	36,3	100,0
Malásia	9,4	79,5	6,6	1,5	3,1	100,0
Brasil (d)	**8,5**	**35,9**	**0,1**	**55,5**	**0,0**	**100,0**
Sérvia	8,5	84,1	7,4	:	0,0	100,0
Tanzânia	7,7	29,6	9,0	1,8	51,9	100,0
Egito	7,4	71,8	2,8	:	17,9	100,0
Maldivas	3,8	91,1	5,1	:	0,0	100,0
Costa Rica	3,0	92,1	3,4	:	1,5	100,0
Gana	1,7	69,6	13,9	1,2	13,6	100,0
Panamá	0,4	55,1	43,4	84,5	1,2	100,0
Kosovo	0,3	5,5	4,2	:	5,5	100,0
Singapura	0,2	:	3,2	:	96,6	100,0
Uruguai	0,2	77,6	6,8	0,0	15,5	100,0
República Dominicana	0,0	99,9	0,0	:	0,1	100,0
Albânia	0,0	94,7	3,4	0,0	1,9	100,0
Média não OCDE	21,2	51,9	9,2	14,8	14,0	

Nota: Os ativos são apresentados em conjunto da previdência fechada e da aberta. Os países estão classificados em ordem decrescente da categoria de ações. (a) Os "Fundos de investimentos outros" classifica os fundos em que não foi possível a identificação da categoria, se renda fixa, ações, caixa e depósitos etc. (b) A categoria "Demais ativos" inclui empréstimos, terrenos e edifícios, hedge funds, fundos de private equity, outros produtos estruturados, outros fundos mútuos (não investidos renda fixa, ações, caixa e depósitos etc.) e outros investimentos. (c) Dados exclusivamente de fundos de pensão. (d) Para dados do Brasil, o alto valor da categoria "Outros" é impulsionado, principalmente, pelos recursos de seguros com cobertura de sobrevivência oferecidos pela previdência aberta – (45% do investimento total).
Fonte: Adaptada pelos autores a partir da base de dados apresentada no relatório da OCDE – Global Pension Statistics, 2018. Recuperado em 19/04/2019: www.oecd.org/daf/pensions/pensionmarkets.

doméstico, além de restrições legais para maior diversificação, como a vedação a determinadas categorias de ativos, ou mesmo a determinação para alocação mínima de alguns dos instrumentos. Por outro lado, há regulações que encorajam investimentos em projetos que observam os princípios social, ambiental e de governança, a exemplo da Croácia.

A Tabela 3.3 apresenta a Taxa Interna de Retorno (TIR) real obtida sobre os investimentos de planos de previdência privada, líquido das despesas, de países-membros da OCDE e de não membros selecionados, de Dez/2016 *vs* Dez/2017. É importante destacar

Tabela 3.3 Retorno real dos investimentos previdenciários, líquido de despesas de investimento, 2017, países-membros da OCDE e não membros selecionados – dez/2016 *vs* dez/2017

Paises-membros OCDE	TIR em %	Países não membros selecionados	TIR em %
Polônia (a)	14,5	Hong Kong (China)	20,2
Estados Unidos (a)	7,5	Malawi	17,8
Austrália (a)	7,3	Uruguai	13,4
Israel	7,1	Colômbia	8,8
Grécia	6,9	Brasil (a; e)	8,2
Finlândia (a)	6,7	**Média ponderada (f)**	**7,8**
Média ponderada	**6,6**	República Dominicana	7,1
Suíça (a)	6,4	Armênia	6,7
Irlanda	6,3	Liechtenstein	5,9
Noruega	6,1	Kosovo	5,7
Canadá (a)	5,7	Panamá	5,4
Chile	5,6	Peru	5,2
Islândia (a)	5,3	**Média simples**	**5,0**
Hungria (a)	4,7	Tailândia	4,5
Holanda	4,5	Indonésia	4,0
Média simples	**4,0**	Bulgária	3,9
Dinamarca	3,9	Costa Rica (c)	3,7
Áustria	3,7	Malta	3,5
Portugal (a)	3,2	Sérvia	3,4
Japão	3,2	Namíbia	3,1
Bélgica	3,1	Guiana	2,9
França	3,1	ARJ da Macedónia	2,8
Peru	2,9	El Salvador	2,6
Eslovênia	2,2	Albânia	2,6
Espanha	2,2	Rússia	2,4
Alemanha	2,1	Malásia	2,3
Itália (a)	2,0	Croácia	1,2
Coreia (b)	1,9	Roménia	1,1
México (c)	1,5	Nigéria	0,1
Luxemburgo	1,2	Egito	-9,7
Letônia	0,8		
República Eslovaca	0,4		
Lituânia	0,3		
Estônia (d)	-0,1		
República Checa	-1,8		

Notas: Retorno estimado pela TIR (taxa interna de retorno) dos investimentos em conjunto da previdência aberta e da fechada. Indicação de países em que o retorno se refere a somente: (a) a fundos de pensão; (b) a contratos de seguro com cobertura para sobrevivência; (c) a planos de previdência aberta; (d) planos obrigatórios. (e) O dado de retorno do Brasil se refere aos fundos de pensão em 2017 (8,17%), deflacionado pelo IPCA. Em 2018, o retorno deflacionado pelo mesmo indexador praticamente se repete, sendo 8,24%. (f) A média ponderada não inclui Brasil.
Fonte: Adaptada pelos autores a partir da base de dados apresentada no relatório da OCDE – Global Pension Statistics, 2018. Recuperado em 19/04/2019: www.oecd.org/daf/pensions/pensionmarkets.

que o retorno sobre um ano não representa o desempenho no longo prazo. Porém, notamos que a previdência privada obteve no período analisado taxas de retorno real positivas e líquidas das despesas. O retorno mais alto foi observado na Polônia (14,5%), seguido dos Estados Unidos a uma longa distância (7,5%). Destaca-se a larga exposição em ações de investimentos previdenciários da Polônia de 85% do total no país no mesmo ano, conforme a Tabela 3.2. Fundos de pensão e os bancos/seguradoras proporcionaram retorno acima de 5% em 13 dos países dos 35 países-membros da OCDE.

Em que pese a diversificação dos investimentos observada na Tabela 3.2 e a respectiva variável na Tabela 3.3, é importante destacar que o retorno ao longo do tempo é mais relevante que retornos de curto prazo, dado o horizonte de tempo de investimentos previdenciários. Porém, não é de surpreender que países que obtiveram maior retorno são os que mais investem em renda variável. Mesmo países não membros com alta exposição em renda variável (acima de 30%) tiveram excelente desempenho, como no caso de Hong Kong (China) com 20,2% e Malawi com 17,8%, que obtiveram os maiores retornos líquidos no mundo, ao observarmos os países selecionados e a concentração de ativos previdenciários.

Regime de Previdência Complementar (RPC)

Desde a instituição da previdência social a todo trabalhador brasileiro, na Constituição de 1988, o sistema público de aposentadorias no país já dava sinais de que não seria um modelo sustentável, seja por questões demográficas, seja pela maior ênfase aos direitos vis-à-vis as respectivas contrapartidas para fazer frente ao pagamento dos benefícios. Inclusive, o Brasil estava indo na contramão das reformas iniciadas na década de 1990 nos sistemas públicos de previdência de países da Europa e dos EUA. As experiências de reforma dessas economias e mesmo de países da América Latina envolveram alterações estruturais do sistema de previdência, dos quais o caso mais marcante foi a transição do regime de repartição simples para o regime de capitalização de reservas no Chile, ainda nos anos 1980.

O fato é que a viabilidade da previdência já era uma preocupação desde a época do império. A previdência com formação de reservas já existia e estas eram geridas por montepios.[11] Mesmo com a criação da previdência social em 1923, estas instituições se desenvolveram e cresceram, com a adesão voluntária de determinados grupos de trabalhadores. O objetivo não era diferente dos dias atuais: garantia de um futuro na aposentadoria, usufruindo de uma renda complementar. Na década de 1960, já havia vários montepios formados com contribuições de funcionários de empresas privadas e públicas.

Ao longo desta seção, analisaremos em mais detalhes as origens da previdência privada no Brasil, associada à constituição dos montepios. Adicionalmente, exploraremos os modelos de previdência complementar adotados no país e a evolução dos investimentos previdenciários associados a esse regime.

Início: os montepios

Os montepios eram instituições privadas que recebiam contribuições voluntárias de trabalhadores para que estes, em troca, tivessem uma aposentadoria assegurada no futuro. Do

---

[11] A origem da palavra "montepio" vem do italiano Monte di Pietà, que traduzido quer dizer "monte de piedade". Os montepios surgiram no século XV como instituições de caridade, dado que a Igreja Católica proibia o empréstimo a juros. Somente com o tempo passaram a realizar penhoras e empréstimos, prática que era atribuída aos judeus.

contrário, no momento em que se retirassem da vida laboral, estando em situação de pobreza ou sem família para ampará-los, os indivíduos poderiam terminar essa fase recolhidos em Santas Casas de Misericórdia.

A primeira Santa Casa de Misericórdia foi a de Santos, em 1543, que deu início à atividade de previdência no país, na medida em que buscava a prevenção contra riscos diante da precariedade da vida e a adoção do mutualismo num sistema privado de proteção social aos cidadãos. Já as aposentadorias dos funcionários públicos eram pagas pelos cofres do império, sem as respectivas contribuições, até 1835, quando foi criado o Montepio Geral de Economia dos Servidores Públicos, para o qual os servidores passaram a contribuir.

Na época do império, a questão da aposentadoria teve um momento marcante em 1883, quando Dom Pedro II discutiu com seus Conselheiros de Estado formas de salvar os montepios e, principalmente, o Montepio Geral – uma instituição privada, que contava com contribuições de trabalhadores de vários setores da economia e que não deve ser confundida com o Montepio Geral de Economia dos Servidores Públicos, já comentado. Já naquela época, a forma em que poderia ser resolvido o problema do Montepio Geral passava pela elevação das contribuições dos trabalhadores e pelo corte no valor dos benefícios pagos aos aposentados. Do contrário, os montepios não teriam como pagar seus idosos e suas viúvas e órfãos. Certamente, tratava-se de uma decisão difícil de tomar, pela impopularidade que causaria.

Para rentabilizar os recursos das contribuições recebidas dos trabalhadores e fazer frente ao pagamento dos benefícios, os montepios compravam títulos da dívida pública, imóveis e concediam empréstimos. O problema, na época de Dom Pedro II, decorria do fato do passivo não ser estimado de forma adequada, pois não havia rigor científico no uso de tábuas de sobrevivência para o cálculo das reservas necessárias. O método de ajuste nas distorções era de tentativa e erro no fluxo dos benefícios, ano a ano. Ao longo do tempo, houve pagamento de aposentadorias de valores superiores aos que deveriam ter sido observados e, portanto, criaram-se arranjos não sustentáveis do modelo de aposentadoria sob a gestão dos montepios. Além disso, havia fraudes ao sistema, como, por exemplo, a adesão de trabalhadores já em seu leito de morte, deixando a herança do benefício para pensionistas, praticamente sem nenhuma contribuição na fase ativa.

O Montepio Geral faliu após 40 anos de atividade e meses depois da discussão de Dom Pedro II e seus conselheiros, quando foram aprovadas as medidas de aumento das anuidades e corte dos benefícios. Com a falência, houve rateio dos recursos em caixa aos aposentados e pensionistas. De forma diferente, o Montepio Geral de Economia dos Servidores Públicos somente sobreviveu à crise por ter sido salvo pelo governo, como reflexo da capacidade de articulação que as categorias mais fortes do funcionalismo já demonstravam naquela época.[12]

Apesar deste histórico, os montepios continuaram a existir e a se desenvolver no país. Alguns mantiveram o modelo de complementação de aposentadoria acessível a qualquer cidadão e outros se transformaram em organizações de bancos ou seguradoras, enquanto um terceiro grupo continuou na forma de organizações sem fins lucrativos, voltadas a grupos específicos de trabalhadores. Tais organizações estão na origem dos dois tipos de entidades que formam o Regime de Previdência Complementar (RPC) no Brasil: de um lado as Entidades Abertas de Previdência Complementar (EAPC) e Sociedades Seguradores e, do

---

[12] Para aprofundar-se na história da crise do sistema de aposentadorias no império do Brasil, ver Westin (2017).

outro, as Entidades Fechadas de Previdência Complementar (EFPC). Ao lado dos regimes públicos abordados no Capítulo 2 – o Regime Geral de Previdência Social (RGPS) e o Regime Próprio de Previdência Social (RPPS) – o RPC representa o terceiro regime do sistema de previdência brasileiro.

Em 1970, o Montepio Geral dos Servidores Públicos teve seu nome alterado para Mongeral. A Mongeral não se limitou a oferecer planos a servidores públicos e é uma das instituições mais antigas do Brasil em funcionamento, depois dos Correios (1663), da Casa da Moeda (1694) e do Banco do Brasil (1808). Em 2009, a Mongeral associou-se ao Grupo Aegon, de origem holandesa, e passou a se chamar Mongeral Aegon.[13]

Como as demais EAPC e Sociedades Seguradoras, a Mongeral Aegon vende planos de previdência a indivíduos e de forma coletiva a empresas. Relacionados com o modelo dirigido a grupos específicos de trabalhadores, temos os montepios que cresceram e se transformaram em importantes EFPC no país e na América Latina. Este é o caso de um montepio criado em 1904, que evoluiu para o que é hoje a Caixa de Previdência dos Funcionários do Banco do Brasil (PREVI). Segundo dados de 2018, a PREVI complementa o valor dos benefícios de 82.802 aposentados e 21.983 pensionistas, apresentando uma folha de pagamentos, em 2017, da ordem de R$ 12 bilhões.[14]

Não podemos deixar de destacar, entretanto, que existiram montepios que sucumbiram nesse mesmo período. Este é o caso, por exemplo, da Caixa de Pecúlio dos Militares (Capemi), que vinha enfrentando problemas desde 1980 e teve a falência decretada em 2008, impactando cerca de 2 milhões de participantes de seus planos.[15]

Modelos no Brasil

No Brasil, a criação das entidades de previdência complementar foi sancionada em 1977, através da Lei nº 6.435, a partir da necessidade de estabelecer diretrizes sobre o funcionamento de algumas entidades do setor estatal, do sistema de montepios e de desenvolver a poupança previdenciária e o mercado de capitais. O sistema brasileiro de previdência complementar emergiu a partir da experiência do sistema de previdência americano ERISA (Employee Retirement Income Security Act), que teve sua origem na administração de planos de aposentadoria na modalidade BD.[16]

Em 2001, o sistema evoluiu quando a Lei nº 6.435 foi revogada pela Lei Complementar nº 109/2001. Atualmente, esta lei é a norma geral que dispõe sobre o regime de previdência complementar no Brasil, incluindo regras sobre: os planos de benefícios de entidades fechadas e abertas; o funcionamento das respectivas entidades; sua fiscalização, intervenção e liquidação extrajudicial; o regime disciplinar; além de disposições gerais sobre o regime de previdência complementar no país.

As entidades de previdência complementar são organizações privadas. Porém, as entidades fechadas podem ser denominadas de "entidades públicas", em função do tipo de patrocinador e não de sua organização jurídica. Trata-se de EFPC criadas para operar planos

---

[13] Westin (2017).
[14] Os números da Previ estão disponíveis ao público no site da entidade: http://www.previ.com.br/painel/.
[15] Certamente, a lembrança da "quebra da Capemi" explica a rejeição de muitos poupadores à previdência privada da época.
[16] Para compreender os demais incentivos para criação das entidades de previdência complementar e a semelhança em relação ao modelo norte-americano ERISA, ver Pinheiro (2007).

patrocinados pela União, estados, Distrito Federal, municípios, autarquias, fundações, sociedades de economia mista e outras entidades públicas. Para estas, a Lei Complementar nº 108/2001 dispõe sobre a relação delas com suas respectivas entidades de previdência. Para os patrocinadores de empresas estatais, há ainda a Resolução da Comissão Interministerial de Governança Corporativa e de Administração e Participações Societárias da União (CGPAR) nº 9/2016, que dispõe sobre a atribuição de supervisão, coordenação e controle das respectivas EFPC relacionadas.[17]

O Quadro 3.1 apresenta o comparativo das características principais dos modelos de previdência privada no Brasil em que estão inseridas as respectivas entidades ou operadores do

---

[17] Ver Resolução CGPAR nº 9 (2016).

Quadro 3.1 Comparativo das características principais dos modelos de previdência privada no Brasil

	Previdência Complementar Aberta	Previdência Complementar Fechada
Órgão regulador	Conselho Nacional de Seguros Privados (CNSP)	Conselho Nacional de Previdência Complementar (CNPC)
Órgão fiscalizador	Superintendência de Seguros Privados (SUSEP)	Superintendência Nacional de Previdência Complementar (PREVIC)
Operadores do sistema de previdência	Entidades Abertas de Previdência Complementar (EAPC) ou Sociedades Seguradoras autorizadas a operar exclusivamente no ramo vida	Entidades fechadas de previdência complementar (EFPC) ou fundos de pensão
Organização jurídica do operador	Organizadas por instituições financeiras e seguradoras na forma de sociedade anônima	Organizadas por empresas e entidades associativas na forma de fundação/sociedade civil
Associações principais relacionadas	Federação Nacional de Previdência Privada e Vida (FenaPrevi), Confederação Nacional das Empresas de Seguros Gerais, Previdência Privada e Vida, Saúde Suplementar e Capitalização (CNseg)	Associação Brasileira das Entidades Fechadas de Previdência Complementar (Abrapp), Sindicato Nacional das Entidades Fechadas de Previdência Complementar (Sindapp), Associação Nacional dos Participantes dos Fundos de Pensão (Anapar)
Objetivo de lucro da organização	Com fins lucrativos, parte do rendimento pode ser compartilhado com a EAPC ou seguradora.	Sem fins lucrativos, 100% dos rendimentos dos ativos financeiros são retornados ao plano de benefícios respectivo.
Acessibilidade aos planos	Acessíveis por qualquer pessoa individual ou coletivamente por empresas ou entidades.	Somente por funcionários de empresa específica ou profissionais de associação de classe ou setor da indústria determinados.
Disponibilidade dos planos	São comercializados diretamente por seguradoras e por Entidades Abertas de Previdência Complementar (EAPC) ou intermediada por corretores de seguros	São oferecidos pelas empresas patrocinadoras de planos de benefícios a seus funcionários ou por associações de profissionais ou de setores da indústria com planos instituídos a seus associados.
Tipos de planos	Plano Gerador de Benefício Livre (PGBL) e Vida Gerador de Benefício Livre (VGBL) que é um seguro de sobrevivência.	Planos de benefícios dos tipos: benefício definido (BD), contribuição definida (CD) ou contribuição variável (CV)

continua

Quadro 3.1 Comparativo das características principais dos modelos de previdência privada no Brasil (*continuação*)

	Previdência Complementar Aberta	Previdência Complementar Fechada
Diretrizes para os investimentos	Dispostas pelo Conselho Monetário Nacional (CMN) que direciona, além das EAPC e seguradoras, as sociedades de capitalização, e dos resseguradores locais.	Dispostas pelo Conselho Monetário Nacional (CMN) através da Resolução 4.661/2018, especificamente, às EFPC
Disposição para gestão dos recursos	Determinação para gestão através de fundo especialmente constituído (FIE), cujos únicos quotistas sejam, direta ou indiretamente, sociedades seguradoras e EAPC.	Pode ser através de carteira própria, carteira administrada ou através de fundos de investimentos exclusivos ou abertos. Sendo os cotistas os respectivos planos, com ativos devidamente identificados e segregados através da custódia.
Riscos decorrentes de déficits atuariais	Os produtos atualmente comercializados não podem ser comercializados como do tipo Benefício Definido (BD). Desta forma, são estruturados somente na modalide de contribuição variável (CV), porém, sem o risco atuarial ao participante/segurado na fase do recebimento do benefício.	À excessão dos planos do tipo CD em que não há risco atuarial, estes riscos recaem sobre patrocinador e/ou participantes, a depender do regulamento do plano.
Diretrizes para determinação do passivo	É facultado às EAPC ou sociedades seguradoras a indicação da tábua biométrica durante o período de diferimento, elaborada por instituição independente. Observado o limite máximo da taxa de mortalidade da tábua AT-2000 Male e aprovação prévia da SUSEP.	Estimativa do passivo com base em hipóteses atuariais, aderentes ao conjunto de participantes com evidências em estudos técnicos e aprovada pelo Conselho Deliberativo da EFPC, de acordo com a legislação vigente.
Direito à rentabilidade dos ativos dos planos	Parte da rentabilidade remunera a EAPC ou seguradora através das taxas de carregamento e de administração dos fundos especialmente constituídos (FIEs).	100% da rentabilidade é apropriada pelos planos dos participantes
Estrutura de governança corporativa	Definido pela fiscalização através de circular e sem determinação de estrutura mínima e/ou participação dos participantes ou instituidores dos planos.	Estrutura mínima de conselhos deliberativo e fiscal e diretoria executiva definida em Lei Complementar. Assegurado aos participantes, no mínimo, um terço das vagas no conselho, e paridade entre membros da patrocinadora e participantes quando patrocinador for do setor público.
Taxas cobradas pelos operadores	Taxa de carregamento (incidente sobre as contribuições e prêmios para despesas administrativas e de comercialização do plano) e taxa de administração sobre o saldo da conta que é base para o cálculo dos benefícios.	Taxa de custeio administrativo para cobertura das despesas administrativas da EFPC e fomento da previdência complementar dos planos instituídos (incidente sobre o montante dos recursos garantidores dos planos).
Taxas cobradas da gestão terceirizada de recursos, quando houver	Taxa de administração do fundo de investimentos em cotas (FIC) de FIEs, incidente sobre o valor do PL do FIC. Sendo que, o somatório desta e da taxa de administração dos FIEs não poderá exceder o percentual cobrado sobre o valor do PL do FIC.	Taxas de administração e de desempenho em fundos de investimentos, devendo ser dada a respectiva transparência dos custos e benefícios. Determinação para suficiente segregação de funções e informação sobre partes relacionadas.

Fonte: Elaboração dos autores a partir da legislação vigente dos respectivos modelos de previdência privada no país.

sistema. Assim, tem-se uma visão ampla do sistema através de dois modelos que atendem um mesmo objetivo. Qual seja, a complementação de aposentadoria no futuro através da capitalização de recursos por meio de estruturas legais e processos distintos que podem impactar de forma diferenciada o crescimento das respectivas reservas previdenciárias no Brasil.

A Figura 3.4 apresenta os operadores dos dois modelos de previdência complementar e respectivos planos. As EAPC e Seguradoras, respectivamente, comercializam planos da modalidade de Plano Gerador de Benefício Livre (PGBL) e seguros de Vida Gerador de Benefício Livre (VGBL). Estes produtos são acessíveis a qualquer pessoa e podem ser escolhidos diferentes tipos de renda no momento da contratação. Cabe destacar que a maior parte dos planos de previdência oferecidos estão alocados em VGBL, que não formalmente é um plano de previdência, mas sim um seguro de vida. Entretanto, sua configuração permite funcionar como um produto de renda complementar, na medida em que há a acumulação dos prêmios pagos por seus segurados. Dados sobre a previdência complementar aberta, seus produtos e conceitos são aprofundados no Capítulo 5.

Já as EFPC atuam em três modalidades no país, através de planos BD, CD, ou um misto destes, denominado plano de contribuição variável (CV). Este possui características de plano CD na fase de acumulação e, no momento da aposentadoria, assume características de plano BD (o que mantém o risco atuarial do plano, ainda que mitigado em relação a um BD clássico). As EFPC são organizações sem fins lucrativos e independentes de bancos. Aprofundaremos o sistema de previdência complementar fechada no Capítulo 4.

Figura 3.4
Os operadores de previdência complementar no Brasil e as modalidades dos planos de benefícios oferecidos

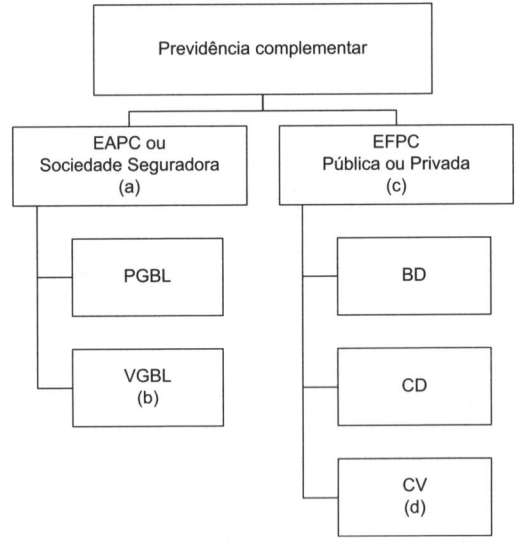

```
                    Previdência complementar
                    /                    \
        EAPC ou                          EFPC
   Sociedade Seguradora              Pública ou Privada
           (a)                              (c)
          / \                              / | \
       PGBL                              BD
       VGBL                              CD
        (b)                              CV
                                         (d)
```

Notas: (a) As sociedades seguradoras que atuam, exclusivamente, no segmento "vida" podem operar planos de previdência complementar. A modalidade dos planos que oferecem é CV, porém podem ser BD quando o plano for de remuneração garantida e/ou performance, ou renda imediata. (b) Oferecidos pelas Sociedades Seguradores, o VGBL, apesar de se tratar de seguro de vida, em tese, pode funcionar como plano de previdência pela possibilidade da opção de renda futura ao segurado. (c) Embora a organização jurídica das EFPC seja privada e sem fins lucrativos, são denominadas como públicas ou privadas pelo tipo de patrodinador. (d) Modalidade em que na fase de contribuição funciona como CD e na fase do recebimento do benefício como BD.
Fonte: Elaboração dos autores.

Evolução dos investimentos

O Gráfico 3.6 apresenta a evolução dos ativos de planos de aposentadoria na previdência aberta e fechada. Podemos observar a forte evolução da previdência complementar no período de 2006 a 2018. Os planos de previdência oferecidos pelas EAPC, apesar de possuírem menor volume quando comparados às EFPC, têm apresentado evolução superior na margem, o que confirma a preocupação das pessoas com a formação de sua reserva individual.[18]

Gráfico 3.6
Evolução dos ativos totais por tipo de operador de previdência privada e no total (R$ bilhões, preços correntes)

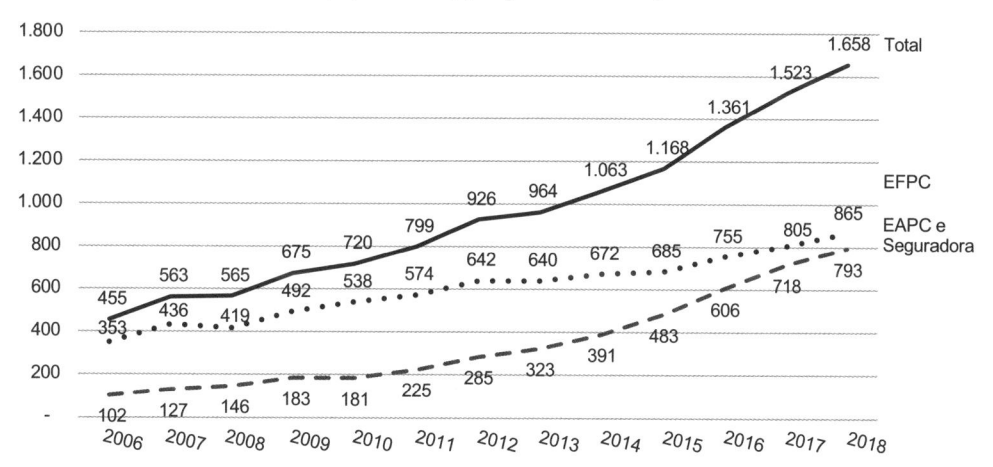

Ano	Total	EFPC	EAPC e Seguradora
2006	455	353	102
2007	563	436	127
2008	565	419	146
2009	675	492	183
2010	720	538	181
2011	799	574	225
2012	926	642	285
2013	964	640	323
2014	1.063	672	391
2015	1.168	685	483
2016	1.361	755	606
2017	1.523	805	718
2018	1.658	865	793

Fonte: Elaboração dos autores a partir de dados do encerramento do ano, obtidos do Consolidado Estatístico da ABRAPP (EFPC associadas) e Sistemas de Estatísticas da SUSEP (PGBL e VGBL).

O argumento supracitado também é válido para explicar a evolução positiva das reservas em EFPC instituídas, isto é, aquelas que não dependem de uma empresa patrocinadora para a opção de inscrição ao plano por seus funcionários. A EFPC instituída é uma inovação que decorre da Previdência Associativa trazida em 2001, através da Lei Complementar nº 109/2001.[19] A Previdência Associativa atende interesses de trabalhadores organizados em associações de classe (profissional e setorial). Na medida em que mais entidades de classe criam planos, maior é o número de pessoas que acessam a previdência fechada.

Outro aspecto que contribui para o crescimento da previdência complementar decorre da transformação digital, tanto nas entidades abertas quanto fechadas. Primeiro, pelo maior acesso à informação dos indivíduos e a preparação das entidades para o fornecimento de dados sobre a capitalização dos recursos, da cobertura dos respectivos planos de

---

[18] Destaca-se que esta evolução ocorre, principalmente, através de investimentos em VGBL que representa 82% na previdência aberta, e o restante em PGBL.
[19] A Previc dispôs sobre a instituição e o funcionamento de planos de benefícios setoriais para maior fomento da previdência complementar fechada em benefício de uma parcela maior da população. Ver Instrução PREVIC nº 29/2016.

aposentadoria e dos benefícios fiscais.[20] E segundo, pela transparência nos dados, o que proporciona maior consciência sobre os retornos e os riscos dos ativos investidos, bem como dos custos cobrados.

Dessa forma, na medida em que são realizadas comparações entre o desempenho de diferentes planos, são criadas condições para uma análise mais qualificada quanto a escolha dos ativos e a cobrança de taxas nos planos. Por conseguinte, são gerados incentivos para a melhoria na gestão das entidades, com vistas à obtenção de maior rentabilidade dos investimentos e redução dos custos que impactam diretamente no resultado da capitalização para a aposentadoria dos participantes.

O ambiente para investimentos previdenciários

As instituições são fundamentais em uma sociedade – isto é, a forma em que são delimitadas as interações das pessoas e organizações –, sejam elas na forma de regras formais/explícitas (como leis e regulação) ou informais/implícitas (como as regras sociais e a cultura).[21]

A compreensão da governança associada aos investimentos realizados pelas entidades de previdência passa pelo entendimento das condições institucionais do ambiente no qual elas estão inseridas. Nesse sentido, a Figura 3.5 aborda as diferentes sobreposições de contexto do ambiente no qual os investidores institucionais se encontram. Do ambiente externo ao interno, a primeira sobreposição representa a orientação do sistema financeiro do país, que impacta na forma de alocação dos ativos pelos investidores. A segunda trata da regulamentação específica aplicada a cada tipo de investidor, com diferentes níveis de complexidade e limitações. A terceira sobreposição se refere a características específicas no nível da organização, como sua organização jurídica, propósito etc. Por sua vez, a última sobreposição explora as diferentes práticas de governança interna dos investidores, as quais determinam o processo de decisão de investimentos e seu monitoramento.

Figura 3.5
Contexto do ambiente para obtenção de retorno dos ativos por investidores institucionais

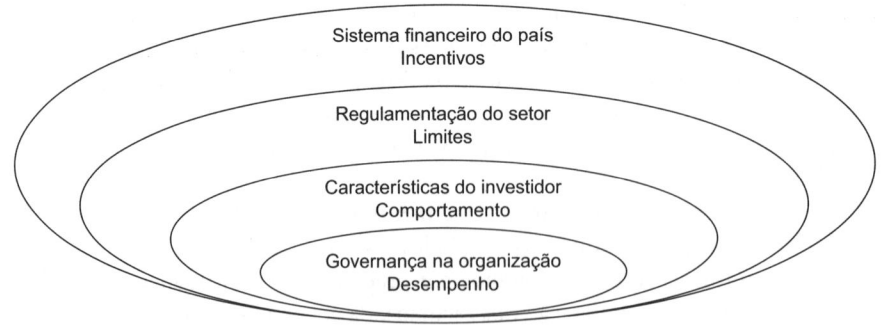

Sistema financeiro do país
Incentivos

Regulamentação do setor
Limites

Características do investidor
Comportamento

Governança na organização
Desempenho

Fonte: Adaptada pelos autores a partir de Nese (2017).

---

[20] Em princípio, este processo não deve incentivar a concorrência entre entidades abertas e fechadas e, sim, reduzir barreiras de acesso ao educar e tratar questões de aspectos comportamentais e de baixo nível de conhecimento financeiro dos indivíduos.
[21] Ver North (1990).

Os diferentes contextos ajudam a compreender o comportamento dos investidores institucionais de um mesmo tipo. Dessa forma, ao longo das próximas subseções, analisaremos cada uma das quatro dimensões, de forma a conhecermos os incentivos gerados por cada contexto.

Orientação do sistema financeiro

O objetivo da avaliação do ambiente sob o aspecto do sistema financeiro é compreender a sua influência sobre o processo de decisão na alocação de ativos por investidores institucionais. Ao tratar do contexto do sistema financeiro, os investidores institucionais estão submetidos à regulação nos limites do país em que atuam. Podemos classificar quatro categorias de sistemas financeiros a partir da fonte relevante de capital de um país.[22] A primeira consiste em sistemas baseados no mercado de capitais (*market based*) como provedor dos recursos para financiamento. A segunda está associada a sistemas com papel predominante dos bancos (também denominado *bank-centred*). A terceira categoria diz respeito a situações em que poucas famílias controlam a maior parte do capital no país (*family-centred*). Por fim, na quarta categoria, estão os casos de economias emergentes, cuja orientação para o financiamento ainda não está clara, em que ora o sistema é *market based*, ora é *bank-centred*, a depender de características específicas do próprio país.

A primeira categoria (*market based*) é observada em economias mais maduras. Os fundos de pensão públicos e privados e *endowments* de universidade e fundações[23] são os grandes financiadores de capital e cumprem dever fiduciário na gestão dos recursos. Os bancos, por sua vez, na medida em que administram investimentos de indivíduos, também devem cumprir os compromissos assumidos com seus clientes. Outra característica é que os investidores institucionais praticam intensamente o ativismo[24] nas empresas que investem, em geral se opondo a propostas que compreendam objetivos que não o de maximizar o valor da companhia. Em outras palavras, são ativos nas assembleias de acionistas, participando, muitas vezes, diretamente nos acordos de acionistas e na composição dos conselhos deliberativo e fiscal. O que determina o impacto do ativismo é a posição acionária do investidor na companhia. Neste contexto financeiro, os investidores possuem incentivos para um maior monitoramento e controle pela forte participação acionária nas companhias.

A segunda categoria (*bank-centred*) também é observada em economias mais maduras. Entretanto, seu sistema não possui um mercado de capitais forte, a exemplo de países como EUA e Reino Unido. Ao contrário, os bancos exercem forte papel no capital das

---

[22] Segundo Johnson *et al.* (2010).
[23] Um *endowment* é um fundo patrimonial formado por doações com o objetivo de perpetuar o funcionamento de uma determinada organização para certo propósito. Nos EUA, estas organizações são seculares. Por exemplo, o *endowment* da universidade de Yale foi criado em 1701 e administra atualmente cerca de US$ 27 bilhões. O da Universidade de Harvard, fundado em 1974, administra cerca de US$ 37 bilhões, ambos patrimônios na data base de 2017. Assim, seus rendimentos são utilizados para conservação, expansão e promoção das atividades da organização, contudo, sem consumir o principal do capital. Já as fundações são estabelecidas com uma quantidade de recursos determinada com propósito individual ou de uma família, ou mesmo de muitos doadores. Seu horizonte pode ser a perpetuidade como em *endowments*, mas em fundações pode ser finito. No Brasil, a Lei nº 13.800 (2019) regula a criação de fundos patrimoniais e estabelece o marco regulatório para captação dos recursos privados que constituirão os chamados fundos patrimoniais.
[24] A definição de ativismo é o engajamento do investidor em exercer influência na governança corporativa da companhia como forma de garantir a maximização do valor ao acionista, ver Monks e Minow (1991) e Pound (1992).

companhias e respectiva influência em sua governança corporativa. Nestes sistemas, os bancos são os investidores de longo prazo e os fundos de pensão possuem participação reduzida frente aos bancos[25]. Investidores institucionais que não bancos são mais seletivos e adotam posição passiva, mantendo sua carteira por longos períodos. Assim, independentemente do horizonte de longo prazo para o investimento, não possuem incentivos a mudanças, a não ser que haja pressão por parte dos bancos. Como exemplo, pode-se citar o caso do California Public Employee's Retirement System (CalPERS) – fundo de pensão dos funcionários públicos do estado da Califórnia, nos EUA – que não teve sucesso no seu ativismo sobre os investimentos de empresas no Japão, exercido por 15 anos, dado o contexto do país de *bank-centred*.[26]

Já na terceira categoria (*family-centred*), apesar do capital fluir através dos bancos e do mercado, seu controle é familiar. São exemplos de países com sistemas financeiros categorizados como *family-centred* a Suécia, a França e a Itália. Há sistemas em que mais de dois terços das empresas são controlados por um único acionista, como observado em países do sudeste asiático.[27] Na França, cerca de um terço das companhias listadas em bolsa são controladas pelos fundadores, outro um terço por herdeiros dos fundadores e o restante possui controle disperso. Nestes países, as famílias controladoras não sofrem influência dos demais acionistas, dado que cerca de dois terços das ações estão com o mesmo grupo familiar. Os minoritários, portanto, possuem reduzido ou nenhum poder de voto. Consequentemente, as famílias exercem uma pressão que impacta nas preferências dos investidores institucionais e não o contrário. Assim, os investidores institucionais podem preferir investir de forma passiva, para evitar riscos de perdas com outros negócios relacionados com as companhias em que investem. Cabe destacar, entretanto, que a crescente necessidade de maior transparência, exigida por mudanças nos padrões de contabilidade mundialmente aceitos, bem como a entrada de novos investidores institucionais através da privatização nesses países podem conduzir a uma migração para um sistema financeiro baseado em mercado. Nesse contexto, a participação de investidores institucionais pode aumentar através do capital estrangeiro, oriundo de fundos de pensão e de outros investidores com horizonte de longo prazo.

Com relação à quarta categoria de contexto do sistema financeiro do país, temos o caso dos mercados emergentes, nos quais predominam a estrutura de propriedade e o uso de mecanismos informais de governança.[28] No entanto, a categoria destes mercados, no que tange à origem dos recursos em seus sistemas financeiros, ainda não está claramente definida. Seus sistemas ora são centrados no mercado de capitais, ora em bancos, ou em famílias controladoras, como observamos no início desta subseção.[29] Dado que esta é a categoria em que se inclui o Brasil, vamos aprofundar o conhecimento dos aspectos desse grupo, de forma a que possamos compreender como o sistema financeiro impacta as decisões de investimentos das entidades de previdência no país.

O ambiente de fraca proteção legal, os altos custos de transação, o mercado financeiro pouco desenvolvido e a escassez de recursos são algumas das características típicas das

---

[25] Por exemplo, enquanto nos EUA mais da metade de todo o mercado de ações está disperso entre investidores institucionais não bancos, na Alemanha eles representam menos que 11%.
[26] Ver Capon (2001).
[27] Gomez-Mejia *et al.* (2003).
[28] Young *et al.* (2008).
[29] Johnson *et al.* (2010).

economias emergentes.[30] Sob tal cenário, cabe questionar as razões pelas quais as instituições falham nesses mercados. Basicamente, podem ser destacados três motivos principais:

(1) existem lacunas de informação para produtores, empregadores e investidores acessarem bens e serviços necessários à produção e aos investimentos. Por exemplo: a cobertura de analistas de mercado sobre a situação das empresas é reduzida, o que acaba gerando ausência de informação necessária à tomada de decisão, ou sua insuficiência, entre executivos de empresas e intermediários financeiros;

(2) reguladores podem sobrepor a política sobre a eficiência de mercado. Por exemplo: muitos mercados emergentes restringem a possibilidade de demissão de funcionários por empresas, mesmo quando existe risco de reduzir a lucratividade do acionista. Regras como essa, embora tragam estabilidade a uma parte da sociedade, podem tornar as empresas dessas economias menos dinâmicas e competitivas em comparação com as de países de economias desenvolvidas;

(3) sistemas judiciários ineficientes não colaboram para a confiança e cumprimento de contratos.[31] O longo prazo para solução dos conflitos e o alto custo em disputas legais implicam maior risco para os credores.

Dessa forma, decisões economicamente ineficientes podem persistir nesses mercados, em função da pouca transparência e da falta de controles corporativos adequados.[32] Tais lacunas trazem maiores custos às transações, na medida em que as firmas necessitam proteger seus ativos do risco de expropriações com contratos mais restritivos, além de outros mecanismos de controle. Esta situação, portanto, reduz a eficiência no uso de recursos em mercados emergentes.[33]

Os problemas mencionados têm como consequência mercados financeiros pouco desenvolvidos, pela falta de recursos para investimentos e pelo alto prêmio de risco exigido pelos intermediários financeiros.[34] Os altos custos de transação, a assimetria de informação e o elevado risco sistêmico – isto é, algo que não se pode diversificar – são característicos desses contextos, dificultando a captação de recursos por meio de dívida. Em conjunto, estes fatores impõem ao mercado altas taxas de juros e prazos reduzidos para financiamento, que dificultam os investimentos em projetos de longo prazo de maturação. Nesse sentido, o governo acaba, na prática, subsidiando recursos de longo prazo para apoiar o desenvolvimento de determinadas indústrias ou de novos setores da economia.[35]

No entanto, ao contrário do que se poderia esperar, estudos empíricos não dão suporte ao argumento de que o desempenho de empresas em países com lacunas institucionais é inferior ao de países com instituições desenvolvidas. Uma possível explicação para esta contradição é que o mercado de oportunidades em países com lacunas institucionais pode compensar os altos custos de transação e de produção. Isto ocorre na medida em que sejam geradas vantagens competitivas maiores do que as dos países com instituições mais desenvolvidas. Por exemplo, enquanto nas economias desenvolvidas as instituições facilitam novos entrantes, em economias emergentes há lacunas institucionais que podem gerar

---

[30] Ver North (1990), Peng (2003) e Stone *et al.* (1992).
[31] Khanna e Palepu (1997).
[32] Khanna e Palepu (2000).
[33] Chan *et al.* (2008).
[34] La Porta *et al.* (1998).
[35] Musacchio e Lazzarini (2015).

maiores barreiras de entrada. Estas barreiras, portanto, representam vantagens às firmas que se posicionam pioneiramente em seu mercado.[36]

Além do ambiente de baixa proteção legal e altos custos de transação das economias emergentes, existem outros problemas, como a inflação e o uso de instrumentos de dívida de curto prazo.[37] Nesse cenário, é comum observar uma maior intervenção do governo como provedor de financiamento às empresas.[38] No Brasil, a oferta de crédito de longo prazo tem sido feita, majoritariamente, através de financiamentos direcionados e liderada por três grandes bancos públicos federais: o Banco Nacional de Desenvolvimento Econômico e Social (BNDES), a Caixa Econômica Federal (CEF) e o Banco do Brasil (BB).

O crédito para investimentos nas empresas tem sido historicamente realizado, na maior parte, pelo BNDES, através de operações diretas e de repasses. Por sua vez, o financiamento para habitação tem como principal instituição a CEF, com créditos, em sua maioria, concedidos através do Sistema Financeiro da Habitação (SFH). Já o BB se destacou historicamente no crédito rural, através do Sistema Nacional de Crédito Rural (SNCR).[39] Cabe destacar que, além de o BNDES exercer o papel principal na oferta de capital de longo prazo, este capital era, tradicionalmente, oferecido com taxas inferiores às de mercado, gerando distorções no mercado de crédito, com consequências sobre o desenvolvimento do mercado de capitais no país.[40]

A participação do governo no mercado de capitais é ainda mais abrangente ao observar suas conexões com fundos de pensão de patrocínio de empresas estatais, processo afetado pelas privatizações realizadas após 1990.[41] Este mesmo tipo de posição do governo no sistema financeiro é observado em economias emergentes da Ásia e em outros países da América Latina.[42]

O problema é que as decisões de investimento no contexto das economias emergentes são impactadas pela maior aversão a risco, desestimulando o investimento privado em ativos não indexados à inflação.[43] O governo, para fazer frente ao baixo investimento na economia, condiciona o país à maior emissão de títulos com altas taxas de juros para atrair demanda por seus papéis e, com isso, financiar a dívida pública.[44] Na decisão de investimentos por fundos de pensão no Brasil, essa combinação de fatores não somente eleva a aversão a risco, como reduz a capacidade de diversificação de investimentos e o horizonte de longo prazo. Além disso, incentiva uma gestão de investimentos passiva a *benchmarks* de mercado.[45]

Desta forma, é possível argumentar que o contexto do sistema financeiro brasileiro se fundamenta na orientação financeira a partir do governo, de forma direta e, indireta, através de bancos oficiais. Esta condição determina uma menor participação do investidor

---

[36] Chan *et al.* (2008).
[37] Goldsmith (2006); Perotti e von Thadden (2006) e Roe (2006).
[38] Musacchio e Lazzarini (2015).
[39] Lundberg (2014).
[40] Vale destacar, contudo, que tais distorções passaram a ser atacadas com a criação, em 2018, de nova taxa de juros para os financiamentos da instituição, a Taxa de Longo Prazo (TLP), que em 2023 se igualará à taxa de juros real dos títulos de 5 anos, mediante um processo de aproximações graduais à realidade de mercado.
[41] Lazzarini (2011).
[42] Ver Djankov e Murrell (2002).
[43] Babilis e Fitzgerald (2005) e Davis (2005).
[44] Babilis e Fitzgerald (2005).
[45] Baima (1998).

institucional em capital de risco. Sendo assim, com orientação de retorno dos investimentos concentrada em *benchmarks*, ou índices de referência de mercado e, reduzida ou nenhuma, em retorno absoluto.[46] Assim, particularmente para o caso das entidades de previdência, é preciso compreender como sua regulamentação também influencia as decisões de investimento desses agentes. Para tal, apresentamos a seguir a segunda dimensão do ambiente institucional para investimentos de recursos previdenciários.

Regulamentação específica

Em relação ao aspecto da regulamentação, os investidores institucionais são classificados a partir da forma como são organizados e fiscalizados.[47] Em geral, diferentes tipos de investidores institucionais sofrem pressões regulatórias e normativas distintas. A regulamentação exerce influência, inclusive, nas preferências de participação no mercado de ativos, dependendo de características específicas da organização, como tamanho, potencial de crescimento e inovação do setor que atua e produto que oferece.[48] Sob esse contexto, operadores de previdência enquanto investidores se submetem a normativos e demais órgãos fiscalizadores do sistema financeiro do país.

A Figura 3.6 apresenta a organização do Sistema Financeiro Nacional (SFN) do Brasil e a posição dos operadores de previdência complementar. Destacam-se abaixo do SFN, no primeiro nível, os órgãos normativos do governo, como o Conselho Monetário Nacional (CMN), o Conselho Nacional de Seguros Privados (CNSP) e o Conselho Nacional de Previdência Complementar (CNPC). No segundo nível, os órgãos supervisores: o Banco Central do Brasil (BACEN), a Comissão de Valores Mobiliários (CVM), a Superintendência Nacional de Seguros Privados (SUSEP) e a já mencionada PREVIC. No terceiro nível, estão os operadores dos respectivos sistemas.

Conforme exposto na figura, as entidades de previdência complementar estão diretamente subordinadas a dois órgãos distintos, sendo um de regulamentação, e outro de supervisão. Sendo, respectivamente órgãos, reguladores e supervisores, o CNPC e a PREVIC para as entidades fechadas e, o CNSP e a SUSEP às entidades abertas e sociedades seguradoras.[49] Em decorrência da aplicação dos recursos garantidores dos planos de benefícios, as EAPC/Sociedades Seguradoras e as EFPC também devem observar regras dispostas pelo CMN e BACEN e sua fiscalização. E ainda, pela CVM no caso das EFPC com autorização desta autarquia para gestão de fundos exclusivos de investimentos dos planos de benefícios sob a sua gestão. Os operadores de investimentos da previdência aberta e fechada, seus respectivos órgãos fiscalizadores e normativos, são destacados em cinza claro na Figura 3.6. Nota-se, portanto, que o sistema de previdência complementar no país é altamente regulado, com funcionamento previsto em leis, resoluções e decretos.

---

[46] Retorno absoluto em decorrência de atributos do próprio ativo, de características específicas do setor e da capacidade de criação de valor por seus agentes. Fatores estes que, por fim, impactam na rentabilidade obtida. Para se aprofundar, ver Swensen (2000).
[47] Ver Johnson *et al.* (2010).
[48] Ver Bushee (2001); Del Guercio (1996) e Hoskisson *et al.* (2002).
[49] Importante destacar a ideia de criação da "superagência" para colocar a previdência aberta e a fechada sob a mesma fiscalização (fusão entre SUSEP e PREVIC), como tem sido anunciada pelo Ministro da Economia, Paulo Guedes. Em que pese haver propósitos distintos entre os operadores através da previdência complementar e, portanto, com políticas diferenciadas, esta fusão teria como objetivo reduzir custos e eliminar a sobreposição de funções.

Figura 3.6
Operadores de recursos previdenciários no Sistema Financeiro Nacional e seus órgãos Reguladores e Supervisores

Reguladores

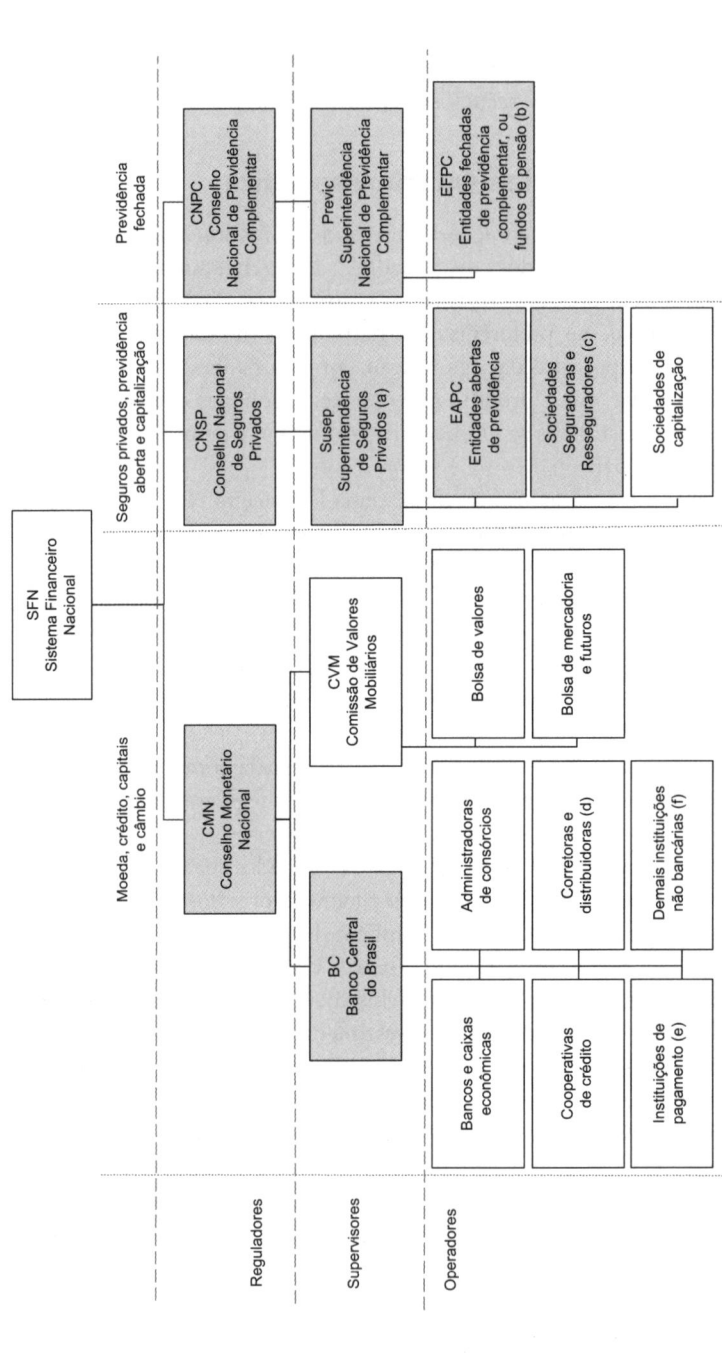

- SFN — Sistema Financeiro Nacional
- CMN — Conselho Monetário Nacional (Moeda, crédito, capitais e câmbio)
- CNSP — Conselho Nacional de Seguros Privados (Seguros privados, previdência aberta e capitalização)
- CNPC — Conselho Nacional de Previdência Complementar (Previdência fechada)

Supervisores

- BC — Banco Central do Brasil
- CVM — Comissão de Valores Mobiliários
- Susep — Superintendência de Seguros Privados (a)
- Previc — Superintendência Nacional de Previdência Complementar

Operadores

- Bancos e caixas econômicas
- Administradoras de consórcios
- Bolsa de valores
- EAPC — Entidades abertas de previdência
- EFPC — Entidades fechadas de previdência complementar, ou fundos de pensão (b)
- Cooperativas de crédito
- Corretoras e distribuidoras (d)
- Bolsa de mercadoria e futuros
- Sociedades Seguradoras e Resseguradores (c)
- Instituições de pagamento (e)
- Demais instituições não bancárias (f)
- Sociedades de capitalização

Notas: Operadores de previdência privada e órgãos reguladores e supervisores nos quadrados em cinza. (a) Seus operadores são regulados e fiscalizados pelo BCB, conforme diretrizes dispostas pelos CMN; (b) as EFPC são reguladas e fiscalizadas pelo BCB, conforme diretrizes para investimentos dispostos pelo CMN e, se atividade de gestão própria de fundos de investimentos exclusivos, também são regulados e fiscalizados pela CVM; (c) podem ser operadores de planos de previdência, as Sociedades Seguradoras que operam, exclusivamente, ramo de vida; (d) dependendo das atividades, também são fiscalizadas pela CVM; (e) as Instituições de Pagamento não compõem o SFN, mas são reguladas e fiscalizadas pelo BCB, conforme diretrizes do CMN e; (f) entre demais instituições não bancárias, embora os Regimes Próprios de Previdência não façam parte do SFN e estejam sob o regime de repartição, são regulados e fiscalizados pelo BCB na aplicação de recursos, conforme diretrizes do CMN. Embora não representados na Figura, os RPPS se submetem às diretrizes do CMN através da Resolução nº 3.922 (2010) para gestão de recursos.

Fonte: Elaboração dos autores a partir de dados do Banco Central, recuperado em 23/04/2019: https://www.bcb.gov.br/estabilidadefinanceira/sfn.

No caso das entidades de previdência, o ambiente regulatório é intrínseco à sua atividade.[50] Do ponto de vista do horizonte de investimentos, os gestores de recursos previdenciários não são pressionados para resultados de curto prazo. No caso dos fundos de pensão, usualmente, a remuneração de seus agentes é obtida com base em salários.[51] Além disso, o pagamento de benefícios aos participantes dessas organizações é no longo prazo.

Em geral, participações reduzidas no mercado de capitais por investidores institucionais enfrentam menor pressão regulatória. Já para os fundos mútuos de investimentos (veículos de investimento que guardam alguma analogia com a forma de atuação das EAPC e Sociedades Seguradoras), a pressão normativa sobre as decisões de investimentos é comparativamente mais elevada, em função da maior necessidade de liquidez, visibilidade e frequência na avaliação de seu desempenho, como é o caso das entidades abertas.[52]

No Brasil, as diretrizes para investimentos sob a gestão das EFPC são dadas pela Resolução CMN nº 4.661 (2018), já das EAPC e Sociedades Seguradoras, através da Resolução CMN nº 4.444 (2015). Estes normativos fornecem um exemplo útil para ilustração dos possíveis impactos de regulamentações específicas sobre as decisões de alocação de recursos por seus investidores institucionais. Eles vedam, por exemplo, o investimento direto em imóveis por fundos de pensão. Ocorre que, até a publicação da nova norma, em 29 de maio de 2018, os fundos de pensão podiam investir em imóveis diretamente, obtendo rentabilidade a partir da valorização do imóvel e do seu aluguel, sem se desfazer do bem. A lógica de investimento era a mesma dos demais investidores institucionais com horizonte de longo prazo. Dada a iliquidez como atributo do *real estate*, a manutenção do ativo em carteira se justificava como forma de diversificação, dada a baixa correlação com ativos financeiros, ao mesmo tempo que funcionava como um título de longo prazo (na medida em que pagava juros periódicos, porém, sem data certa para vencer), mas com a vantagem de ser um ativo real.[53]

No entanto, a disposição atual impacta na impossibilidade de se manter a estratégia por fundos de pensão, mesmo que eficaz em termos de segurança e retorno. Todavia, com a nova norma para os fundos de pensão, o mesmo investimento pode ser realizado por um gestor terceirizado, através de fundos de investimento imobiliário. Nesse caso, o investimento é representado pela cota do fundo, passando de ativo imobiliário, para um ativo financeiro com respectivos custos que passa a ser sobre o valor do patrimônio como taxa de administração no fundo de investimento.[54] O ponto é que este novo contexto, ao vedar a aquisição de ativos e determinar o "desligamento" ou a transferência para um veículo de fundo de investimento, traz à luz a questão sobre como a mudança na regra impacta a tomada de decisão dos investidores previdenciários na busca do melhor retorno adequado ao risco de longo prazo.

Outro exemplo de regulamentação é a definição das entidades de previdência como investidores profissionais,[55] o que as qualifica para a realização de investimentos de risco, a exemplo dos fundos de investimentos em participações (FIP), também conhecidos como *private equity*.[56] Isto é, a entidade de previdência compreende os atributos de alto risco do

---

[50] Para se aprofundar, ver Ryan e Schneider (2002).
[51] Hoskisson *et al.* (2002).
[52] Johnson *et al.* (2010).
[53] Sobre a lógica de investimentos em *real estate* por investidores institucionais, ver Swensen (2000).
[54] A Instrução CVM nº 558 (2015) dispõe sobre a administração de carteiras e demais exigências.
[55] A Instrução CVM nº 554 (2014) dispõe sobre classificação dos investidores qualificados a investimentos de maior risco.
[56] A Instrução CVM nº 578 (2016) dispõe sobre os investimentos em *private equity* no país.

ativo e de sua iliquidez, bem como do risco pela assimetria de informações entre gestor e investidor na estruturação do FIP, até o desinvestimento dos ativos no fundo. Entretanto, se não compreendidos os atributos do ativo e a qualificação do investidor, mesmo que haja sua previsão em regulamentações específicas, o investidor pode ser questionado e desenvolver aversão ao ativo, pelo risco de responsabilização do investimento malsucedido. Esse fato pode ocorrer quando há fiscalização sem o conhecimento específico e formação em investimentos.[57]

Outra forma de impacto da regulamentação está relacionada com a concentração de gestores externos de investimento. A Lei nº 12.618/2012 instituiu as fundações para atender o funcionalismo público federal dos poderes Executivo, Legislativo e Judiciário; e determinou a realização de licitação para escolha dos gestores, além de limitações na concorrência quando houver partes relacionadas com outra gestora que já administra recursos das EFPC.[58] Essa regra contribui para a redução do conflito de interesses, porém é restrita a determinado tipo de entidade de previdência.

Por sua vez, as questões sociais, ambientais e de governança (Environment, Social and Governance – ESG) também têm sido compreendidas nos limites legais. No Brasil, a Resolução CMN nº 4.661/2018 determina a análise destas questões no processo de investimento. O engajamento na *due diligence* e na avaliação das questões ESG pelos investidores têm contribuído para entender os novos riscos associados aos investimentos e identificar oportunidades que não eram observadas até então. No entanto, esta regra é prevista para a previdência fechada e ainda não disposta aos operadores da previdência aberta. Por outro lado, a Resolução CMN nº 4.444/2015 observa a possibilidade de limites ampliados de determinados segmentos de ativos de maior risco a participantes de planos abertos e identificados como investidores qualificados.[59] Estes aspectos de regulação da previdência fechada e da previdência aberta serão aprofundados, respectivamente, nos Capítulos 4 e 5.

De acordo com relatório da Organização das Nações Unidas (ONU), há evidências de que as questões ESG podem impactar o valor para os acionistas, tanto no curto quanto no longo prazo[60], com a valorização dos ativos decorrendo de fatores denominados como extrafinanceiros. Nessa direção encontram-se iniciativas voltadas para a transparência nas empresas, a exemplo do Carbon Disclosure Project (CDP) criado em 2006 para a promoção da transparência de empresas listadas em bolsa sobre questões de mudanças climáticas. Esta iniciativa estendeu suas ações e estabeleceu, em 2011, o projeto específico para o CDP Water Disclosure Project.

Segundo disposição da ONU, o desenvolvimento sustentável virá da construção de cooperação e solidariedade na distribuição equitativa do produto social e na reformulação do sistema político. Por seu turno, as entidades de previdência são atores relevantes nas economias e não estão isentos da responsabilidade associada aos seus investimentos sobre o meio ambiente e o bem-estar das populações. Nesse sentido, a ONU assumiu a responsabilidade em promover o engajamento dos investidores institucionais com as questões ESG no

---

[57] Outro exemplo de impacto da regulamentação é o fato de os fundos de multimercado não estarem limitados aos investidores qualificados. Esta disposição permitiu a ampliação do limite para investimento no ativo por fundos de pensão.
[58] Da aplicação dos recursos por parte das fundações para atender o funcionalismo público federal e outras providências, ver Lei nº 12.618 (2012).
[59] Conforme Instrução CVM 554 (2014).
[60] Disponível em: https://www.unpri.org.

processo de tomada de decisão. Os Principles for Responsible Investment (PRI) representam o engajamento dos investidores institucionais para investir em negócios sustentáveis. Estes princípios compreendem:

(1) a inclusão das questões de ESG nas análises de investimento e nos processos de tomada de decisão;
(2) enquanto proprietário de ativos, a incorporação dos temas de ESG nas políticas e práticas de alocação de recursos;
(3) a busca pela transparência adequada nas empresas em que investem quanto às questões de ESG;
(4) a promoção da aceitação e a implementação dos princípios no conjunto de investidores institucionais;
(5) o trabalho com os demais investidores para reforçar a eficiência de todos na implementação dos princípios; e
(6) a divulgação das atividades e progressos em relação à implementação dos princípios.

As questões ESG já faziam parte das diretrizes para investimentos por fundos de pensão no Brasil. Tanto as adesões ao CDP e ao PRI por parte das EFPC do país[61] quanto a participação da Associação Brasileira das Entidades Fechadas de Previdência Complementar (ABRAPP) no Conselho do Índice de Sustentabilidade Empresarial (ISE) da B3 têm sido formas de disseminar o engajamento com o risco de sustentabilidade.

Características da organização

Na subseção anterior, analisamos como os limites legais impactam a capacidade de investimento dos investidores institucionais. Dado que entre as entidades de previdência existem características específicas, mesmo entre as que são da mesma modalidade (aberta ou fechada), é importante compreender como elas influenciam a decisão de investimento previdenciário. Para isso, é oportuno entendermos primeiro a razão da existência dessas organizações de profissionais especializados na gestão de investimentos.

Em essência, a razão da existência de investidores institucionais é a separação entre a propriedade e o controle da riqueza financeira. Estudos do Committee on the Global Financial System (CGFS)[62] observam que a expectativa do mercado financeiro em relação a estes agentes apresenta três aspectos preponderantes: a obtenção de retorno ajustado a risco superior à média de mercado; a possibilidade de proporcionar maior liquidez; e a capacidade de melhorar o controle e gerenciamento de risco dos investimentos. Do contrário, não haveria motivos que justificassem os custos de transação com a transferência das decisões de investimentos a estas organizações.

Longe de serem homogêneos e de apresentarem o mesmo comportamento na decisão de investimentos, os investidores institucionais são bastante diferenciados – por exemplo, sob o aspecto do horizonte de tempo para a obtenção do retorno esperado de seus ativos[63],

---

[61] Seis EFPC signatárias do CDP: http://www.cdpla.net/pt-br/parcerias/apoiadores-institucionais; e 12 do PRI: https://www.unpri.org, consulta em 04/02/2019.
[62] CGFS (2003).
[63] Derrien *et al.* (2014) e Gompers e Metrick (2001).

onde seu comportamento é determinado pela maturidade das obrigações da organização no cumprimento de seu propósito.[64] De maneira geral, a definição dos diferentes tipos de investidores institucionais decorre da origem do capital dessas organizações.[65] Os proprietários desse capital, por sua vez, não possuem as mesmas preferências para a determinação do resultado.[66]

A organização de um investidor institucional pode ser de forma independente ou parte de um conglomerado – como, por exemplo, fundos mútuos geridos por uma subsidiária de um banco. Nem sempre investidores institucionais podem ser definidos como aqueles que investem os recursos de propriedade de outros. Esta exceção se fundamenta no papel dos fundos soberanos que servem à economia de um país. Há, ainda, a forma híbrida de investidores institucionais, como os fundos de *private equity*, quando há coinvestimento realizado por sócios da gestora e investimento de investidores institucionais, de forma similar aos fundos de pensão.[67]

A partir do fundamento de que há diferentes tipos de investidores, com suas respectivas preferências, o capital de origem desses investidores é o fator que determina os diferentes interesses na organização. É possível definirmos o capital investido numa empresa em três grandes dimensões[68]: (i) o tipo de interesse, que pode ser financeiro ou estratégico; (ii) o nível de comprometimento ou liquidez do capital investido; e (iii) a forma de controle, na forma de dívida ou de participação acionária.

Os investidores institucionais podem ser divididos em três categorias, a partir das diferenças que decorrem do volume de ativos, do propósito e dos objetivos traçados para os investimentos.[69]

A primeira categoria é representada pelos fundos mútuos, ou veículos coletivos de investimentos, que têm como objetivo a obtenção de maior retorno, pela possibilidade de diversificação e diminuição dos custos em função da concentração de recursos – através da transferência de recursos por investidores individuais – que lhes confere escala. Estes veículos são atrativos aos olhos dos investidores por proporcionarem a coleta de informações de forma mais eficiente e em melhores condições de negociação (por exemplo, de taxas e comissões). Seus investidores são pessoas físicas (parte do varejo) ou pessoas jurídicas (atacado). O objetivo desses investidores é o retorno líquido sobre os recursos aportados em função do risco que concordaram em incorrer. Este é o veículo primário do mercado financeiro e de capitais para investimentos pelos indivíduos.

A segunda categoria é a das companhias seguradoras, onde aqui incluímos as EAPC, para o caso do Brasil. Esta categoria tem como objetivo oferecer ao mercado produtos como, por exemplo, anuidades na garantia de propósitos específicos de seus clientes, inclusive, previdenciários. A determinação do prêmio/benefício a ser pago por uma apólice de seguro com cobertura por sobrevivência, ou plano de previdência, tem como base o retorno da carteira de ativos sob a gestão da seguradora e de elementos do próprio seguro. A principal diferença de uma seguradora/EAPC para outros investidores institucionais decorre de sua estrutura de obrigações, ou de seu passivo. Observa-se na gestão dessas organizações o

---

[64] Johnson *et al.* (2010).
[65] Para se aprofundar, ver Aguilera e Jackson (2003).
[66] Ver Hoskisson *et al.* (2002), Pedersen e Thomsen (1997) e Ryan e Schneider (2002).
[67] Sobre o capital de origem, ver Çelik e Isaksson (2013).
[68] Das três dimensões do capital investido em empresas, ver Aguilera e Jackson (2003).
[69] Trabalho do BIS (CGFS, 2003).

caráter atuarial, que está relacionado com a possibilidade de morte e sobrevivência de um indivíduo que contrata o seguro ou um plano de previdência aberta. Em outras palavras, há uma avaliação da probabilidade de expectativa de vida de um indivíduo. Porém, como não se sabe o término da vida do ser humano, avalia-se para uma população, em determinado período de tempo, o risco de morte desse conjunto. Este risco é estimado através de modelos probabilísticos, a partir dos quais é construída a Tábua de Mortalidade, que é a função de sobrevivência ou probabilidade de sobreviver até uma idade "x". Esse caráter atuarial explica a alocação estratégica de ativos entre renda fixa e renda variável ao longo do tempo e estimula a gestão interna de investimentos nestas organizações. Como resultado, as companhias do grupo da seguradora ou da EAPC também acabam por oferecer produtos de gestão de ativos e passivos a fundos de pensão.

Em ambas as categorias supracitadas, a rentabilidade oferecida através de seus produtos de investimentos tem como propósito a maximização do retorno aos acionistas das organizações destes investidores institucionais como qualquer empresa que gera lucro.

Por fim, a terceira categoria compreende os fundos de pensão que, além do dever fiduciário de gestão de reservas previdenciárias a grupos específicos de trabalhadores, têm a determinação legal para que sua governança seja compartilhada entre representantes dos empregados e do empregador, através da participação como membros em Conselhos Deliberativo e Fiscal e Diretoria Executiva – o que não ocorre numa EAPC ou sociedade seguradora. Ou seja, as decisões não são compartilhadas com seus participantes. Além do dever fiduciário na gestão de planos específicos a trabalhadores, a dinâmica de sua governança representa fator-chave na condução do propósito de fundos de pensão como investidores institucionais. Assim, para estes agentes institucionais, a rentabilidade obtida através de ativos de mercado tem como propósito a capitalização de recursos para viabilizar o pagamento das aposentadorias e demais benefícios e não meramente a maximização do retorno ao acionista.[70]

Práticas de governança

Nesta subseção, analisamos o quarto e último contexto do ambiente dos investidores institucionais: as práticas de governança dessas entidades. Antes de mais nada, cabe destacar que a governança é uma instituição que existe desde a criação das organizações. Ela visa a busca de um propósito em comum e provê a estrutura na qual instituições e países são conduzidos. Os fundamentos econômicos do sistema de corporações, da revolução da gestão e da separação de propriedade e controle contextualizam o desenvolvimento da governança corporativa. Em particular, a teoria da agência representa uma das bases teóricas para a análise das questões de conflito de interesses entre o principal e o agente nas organizações[71], sendo útil para nossos propósitos.

Para tratarmos da separação entre controle e propriedade nas organizações[72] a partir da teoria da agência, é oportuno compreender as características dos contratos no âmbito da

---

[70] Nos Capítulos 4 e 5 abordaremos com maiores detalhes as principais diferenças entre os investidores institucionais na previdência fechada e na aberta, respectivamente.
[71] Para se aprofundar sobre a origem da governança corporativa e sobre as questões hegemonia da gestão, ver Clarke (2004).
[72] Berle e Means (1932) escreveram o livro clássico sobre a organização interna de uma corporação na sociedade moderna. Os autores já lançavam luz à questão do conflito de interesses entre os proprietários da firma e os seus diretores e gerentes na execução dos objetivos da empresa.

firma.[73] A relação de contrato surge no momento em que detentores de recursos financeiros (principais) investem numa firma e necessitam de executivos especializados (agentes) para gerarem o retorno necessário ao capital investido, sendo estes os tomadores das decisões em nome dos que alocaram os recursos[74]. Daí decorre o surgimento de contratos incompletos e a dificuldade de prever *ex-ante* futuras contingências.[75]

Segundo a teoria de agência, portanto, os investidores (principais) são, por natureza, os tomadores de risco da firma, de forma que o direito de propriedade do capital não deveria ser confundido com a propriedade da firma, ou o controle da forma como ela se organiza e funciona. O conflito de agência surge quando os agentes contratados não buscam os interesses dos que detêm o direito dos recursos e sobre os quais recaem os riscos do negócio.

A partir do contexto teórico anterior, nos aproximamos de três aspectos relacionados com entidades de previdência no Brasil, como agentes na gestão de recursos previdenciários. Tais aspectos representam lacunas ao alinhamento de interesses no propósito da complementação esperada de aposentadoria de seus participantes/segurados. O primeiro aspecto reside no conflito de agência, na medida em que a entidade contrata gestores para alocação dos recursos e demais serviços. O segundo aspecto se refere à dificuldade de se utilizar mecanismos de mercado para o alinhamento dos interesses com diferentes objetivos de lucro. Por fim, o terceiro diz respeito ao efetivo monitoramento diante de contratos incompletos *ex-ante*, uma vez que não se sabe o benefício a ser recebido. Os três tópicos a seguir abordam cada um desses fatores com mais detalhes.

Conflito de agência

Em geral, o desempenho dos investimentos sob a gestão de entidades de previdência não é perfeitamente observado, tendo em vista que muitas vezes a atividade de gestão é terceirizada e a rentabilidade obtida é líquida dos custos incorridos no contrato. Neste caso, portanto, quando as entidades delegam ao mercado a gestão de ativos, incorre-se no conflito de agência.[76]

Na relação agente-principal, a entidade de previdência, ou a seguradora de plano de previdência, representa o agente da relação, na medida em que administra os recursos de seus participantes/segurados (principais). No caso das entidades que delegam a gestão de recursos a gestores externos, aquela passa a ser o principal da relação, enquanto o terceiro contratado passa a ser o agente.

A configuração supracitada tende a elevar os custos de transação[77] e, consequentemente, a criação de valor pode ser prejudicada, caso não sejam utilizados mecanismos adequados para monitoramento e controle da questão do duplo conflito de agência. Este fator é potencializado quando não são comparadas as taxas de administração e de desempenho com o mercado, ou com a gestão interna, no caso dos fundos de pensão e/ou administradoras de investimentos ligadas ao grupo econômico da entidade de previdência.

---

[73] Jensen e Meckling (1976) definem o conceito de custos de agência e mostram sua relação com a questão de separação entre propriedade e controle.
[74] A especialização e cooperação direcionam ao funcionamento de organizações que facilitarão a cooperação, ver Alchian e Demsetz (1972).
[75] A teoria de contratos apresenta o paradigma da insuficiência em prever relevantes fenômenos econômicos, como o risco moral e imperfeições de mercado, ver Hart e Holmström (1987).
[76] Lakonishok *et al.* (1992) e Tonks (2006) apresentam evidências dos custos do duplo conflito de agência.
[77] Ver Lumpkin (2003).

Inexistência de forças externas de mercado

Nas instituições em que não se visa o lucro, os conselheiros e diretores não são definidos por acionistas ou sócios, como em uma corporação, pois não possuem a figura de proprietários que tenham por objetivo a maximização dos resultados.[78] Este é o caso dos fundos de pensão, motivo pelo qual torna-se relevante a análise de quem possui o direito sobre os resultados obtidos em entidades de previdência e quais são os incentivos para alinhamento de interesses nestas organizações.

Ao se discutir o tema da governança corporativa em organizações sem fins lucrativos, observa-se que há poucos estudos que tratam do tema. Cumpre mencionar que a pesquisa sobre governança corporativa passou a ser mais intensa a partir da década de 1980, quando foram observados problemas de governança em grandes empresas de capital aberto, especialmente, nos EUA e no Reino Unido. Por esta razão, o foco das pesquisas em governança foi direcionado para corporações listadas em bolsa e com dispersão de capital, situação na qual há espaço para agentes oportunistas e onde o desempenho está correlacionado com diversas variáveis independentes.[79]

Nesses casos, existe um conjunto de cinco mecanismos que define a governança e garante o cumprimento dos interesses do principal: (i) o capital, seja dívida ou participação acionária, para exercício de controle; (ii) a existência de gestores internos ou externos para agregar expertise; (iii) a compensação dos executivos, membros dos conselhos, como incentivo ao alinhamento de interesses; (iv) a estratégia competitiva e o foco da empresa para sustentabilidade do negócio; e (v) a estrutura de funcionamento da organização.[80] Estes mecanismos de governança são relevantes no processo de delegação de direitos de decisão e são objeto da relação entre principal e agente.

Entretanto, há estudos que afirmam que a estratégia de governança em organizações sem fins lucrativos ocorre de maneira diferente e precisa ser tratada de modo adequado.[81] Nessas situações, as forças de controle da organização para solução das questões de conflito entre decisão de gestores e os objetivos ótimos da organização se diferenciam pela inexistência de forças de mercado. Isto é, enquanto no caso de empresas listadas em bolsa o mercado age como mecanismo de governança – na medida em que impacta em seu desempenho, refletido no valor de mercado[82] – nas organizações sem fins lucrativos o mecanismo do mercado de capitais não existe.[83]

A constatação anterior aumenta a relevância dos conselhos de administração nas organizações sem fins lucrativos. Em tese, seus membros agem em função da proteção da organização ao invés de incentivos financeiros de curto prazo. No entanto, mesmo sem o incentivo financeiro, os gestores dessas organizações podem buscar seu próprio bem-estar, à custa da organização.[84] No limite, a ausência de incentivos de mercado permitiria a busca

---

[78] Para se aprofundar, ver Fama e Jensen (1983).
[79] Glaeser (2002) faz um estudo exploratório sobre a questão de se encontrar mecanismos adequados em organizações sem fins lucrativos para alinhamento de interesses.
[80] Shleifer e Vishny (1997).
[81] Ben-Ner e Van Hoomissen (2006).
[82] Outra situação é que, diante da ineficiência de gestores, a empresa pode ficar exposta a uma aquisição hostil de mercado. Desta forma, o mecanismo de governança do mercado leva seus executivos a buscarem o desempenho ótimo para não serem alvo de aquisição. Os gestores desses tipos de organização têm incentivos do mercado para buscar o melhor desempenho e atrair um maior número de investidores.
[83] Machado Filho *et al.* (2006).
[84] O'Neill e Fletcher (1998).

de benefícios não pecuniários, em detrimento do desempenho ótimo da organização.[85] Este é o caso dos fundos de pensão.

De toda forma, deve-se ponderar que existem grandes desafios para a sustentabilidade e a competitividade das organizações, mesmo quando o lucro é o objetivo primordial. De fato, as características dos mercados emergentes, como a pouca transparência das informações, a fraca proteção legal aos investidores e a relevância das instituições financeiras, podem não contribuir para a melhor governança e competitividade nas organizações em geral.[86] Nesse contexto, as forças de mercado podem não ser suficientes para garantir a competitividade entre aqueles que administram os recursos previdenciários, incluindo as entidades abertas e as seguradoras.

Monitoramento sob contratos incompletos

Nas organizações em que há a separação das decisões entre quem executa e quem controla, este último tenta implantar uma estrutura que visa o alinhamento dos executivos aos interesses dos acionistas. A estrutura de decisão é a forma como representantes dos que detêm o risco da organização controlam as ações de seus agentes. Num paralelo com entidades de previdência, a estrutura contratual de sua organização separa as áreas de decisão de aprovação e monitoramento, das áreas de decisão de iniciação e implementação. Entretanto, para ser exercido o direito de propriedade numa relação contratual, é preciso que estejam especificados claramente o objetivo, o desempenho esperado e os critérios de avaliação.[87]

Em entidades de previdência, há diferentes objetivos contratuais estabelecidos entre patrocinadores/instituidores e participantes/segurados. Estes objetivos dependem do tipo de plano de benefício ou seguro com cobertura de sobrevivência. No caso de entidades abertas ou seguradoras, em função do risco recair sobre a entidade/seguradora na fase do recebimento do benefício, as regras contratuais dispõem de parâmetros de cálculo que mitigam este risco ao máximo possível, em favor das instituições, podendo não ser compreendidas pelo indivíduo[88]. Esta parte será aprofundada no Capítulo 5, quando trataremos da previdência complementar aberta.

No caso dos fundos de pensão, em planos BD o benefício é contratado no momento da adesão e guarda relação com algum valor previamente determinado. Nos planos CD, o que é contratado ou determinado é o valor da contribuição, ficando indefinido o valor que se receberá no momento da aposentadoria. Por sua vez, em planos CV ou mistos, o regulamento estabelece o valor da contribuição para a fase de acumulação, como no plano CD. Assim, no momento da aposentadoria, o valor do benefício guarda relação com a contribuição feita e sua capitalização até aquele momento, se for esta a regra contratada. Em outras palavras, não há uma combinação *ex-ante* do que o participante receberá nos planos CD ou CV no momento da contratação. Assim, nesses planos, o direito de propriedade é "enfraquecido", na medida em que não se tem contratado o valor do benefício futuro.

---

[85] Fama e Jensen (1983).
[86] Para se aprofundar sobre competitividade e decisões em mercados emergentes pela pouca transparência e fraca proteção legal ao investidor, ver Khanna e Palepu (1997, 2000). A característica *bank-centred* e o comportamento do sistema financeiro são abordados na primeira subseção desta parte sobre o contexto do ambiente para investimentos previdenciários.
[87] Fama e Jensen (1983).
[88] Inclusive, a rentabilidade dos investimentos excedente sobre a taxa de juros combinada, a depender do contrato, pode não ser recebida pelo participante. Ocorre que nestas organizações os mecanismos de controle são limitados à decisão de permanecer ou resgatar os recursos do plano.

Nos planos CD, tanto os riscos como os ganhos financeiros não são compartilhados com a patrocinadora. Esta condição não favorece a estruturação ótima de governança por parte dos patrocinadores para monitoramento dos contratos que eles mesmos criaram.[89] Nesses planos, as contribuições são capitalizadas a taxas livres de risco e indexadas à inflação, de forma a estruturar uma carteira que, ao longo do tempo, seja adequada ao seu passivo, imunizando-a. O foco é o investimento e o orçamento de risco para a construção do portfólio para se pagar benefícios no futuro. O problema neste caso reside na possibilidade de uma gestão passiva dos recursos, referenciada a um *benchmark*, mesmo tendo o horizonte de longo prazo para o investimento. Como consequência, no momento da aposentadoria, pode-se obter um valor de benefício muito aquém do esperado ou do que poderia ser obtido com outro arranjo.

Entretanto, é oportuno averiguar em que medida as condições de planos BD seriam contratos completos e ofereceriam menor risco ao serem comparados com as condições contratuais de planos CD. No caso de planos BD, os benefícios decorrem de custeios e respectivas contribuições, que dependem da concretização de premissas assumidas a uma taxa livre de risco. Todavia, além de se estimar uma taxa de juros como expectativa de mercado para remuneração dos ativos, nos planos BD também é necessário estimar a expectativa de vida dos participantes para o tempo de contribuição e de pagamento dos benefícios. Esta estimativa tem como base o uso de uma tábua de mortalidade. Ou seja, são parâmetros que dependem de estudos atuariais e econômicos para confirmação da sua aderência e consequente cálculo dos benefícios e da meta atuarial de retorno dos ativos a perseguir.

Dessa forma, nos planos BD, o foco pode não estar na gestão de investimentos de forma semelhante aos planos CD, mas sim nas premissas a serem consideradas para se estimar o custeio necessário ao benefício.[90] Isto é, nesses planos, além da *expertise* na administração de ativos do mercado financeiro e de capitais, deve-se possuir a capacidade para seleção, monitoramento e controle dos gestores terceirizados de investimentos, na busca de sua meta atuarial.

Em resumo, embora em termos econômico-financeiros o contrato do plano BD seja claramente definido – os participantes desse tipo de plano conhecem os termos e a fórmula de como é estimado o custeio para o pagamento do benefício no futuro e como os termos do contrato serão honrados – não há como garantir que no futuro serão confirmadas as condições para as estimativas e projeções, mesmo havendo regulamentação restrita, com atribuições claramente definidas em estatutos. Em última instância, a decisão de se contribuir no presente para alcançar o objetivo do benefício da complementação no longo prazo tem como risco intrínseco a dificuldade de predizer o que de fato acontecerá no futuro. Em função disso, adotam-se premissas, cálculos e projeções utilizados de forma a se aproximar do que de fato acontecerá.[91]

Assim, compreender como os contratos de planos de benefícios são desenhados significa conhecer os incentivos acerca de como se dará o processo de decisão de investimentos. Porém, é fundamental não somente conhecer, mas também avaliar como podem ser preenchidas as lacunas, ou construir uma governança capaz de conduzir aos propósitos estabelecidos para a gestão dos recursos previdenciários.

---

[89] Segundo Dias (2005).
[90] Questão apresentada por Ambachtsheer (2016) com relação aos riscos contratuais de planos BD e CD.
[91] Kahnemann e Tversky (1979).

Entidades de previdência como investidores institucionais

A década de 1990 foi marcada por sucessivas crises financeiras, como a do México, em 1994-1995 e da Ásia em 1997, além da russa de 1998. Apesar desse cenário, no período subsequente houve rápida expansão do mercado global, culminando na crise do *subprime* entre os anos de 2008 e 2009.[92] Países desenvolvidos, que persistiram na expansão de certo modelo financeiro, não se precaveram com a adoção de regras que respondessem adequadamente aos desafios associados a uma crise decorrente de um estado de euforia do mercado.[93]

Na mesma década de 1990, a internet mudou a forma como os mercados e diversas questões da vida cotidiana funcionam no mundo[94]. Novas tecnologias disruptivas vêm surgindo de forma cada vez mais rápida, trazendo questões relevantes aos governos, investidores e sociedade em geral. Por exemplo, como os sistemas político e financeiro dos países têm se preparado face ao advento da inteligência artificial e das redes *peer-to-peer* de *blockchain*? E quanto às criptomoedas, o bitcoin e o ambiente virtual de negociação inicial dessas moedas (Inicial Coin Offering – ICO)?[95] Como essas inovações afetam o sistema monetário dos países?[96] Estes são desafios que, certamente, impactam o comportamento das entidades de previdência como investidores institucionais e a forma como elas se relacionam e prestam contas a seus participantes/segurados.[97]

Nesse contexto, a realidade já é bastante desafiadora e precisa ser enfrentada pelos investidores. Em especial, salientamos aqui o desafio maiúsculo associado à tendência negativa das taxas de juros de mercado. O Gráfico 3.7 apresenta a evolução da taxa nominal de juros ao ano de países da zona do Euro e EUA de 2001 a 2017.

Nota-se uma tendência decrescente para as taxas de juros, o que significa a redução da possibilidade de retornos reais através de ativos livres de risco (ou de baixo risco). Esse cenário afeta investidores ao redor do mundo, dificultando sua capacidade de obter retorno nos mesmos níveis observados no passado. No Brasil não é diferente. O Gráfico 3.8 apresenta a evolução da taxa real de juros ao ano no país de 1995 a 2018, medida pela taxa Selic e deflacionada pelo IPCA. Notamos a mesma tendência de declínio, ainda que no contexto próprio associado às particularidades da economia brasileira.

Em outras palavras, os juros reais em ativos livres de risco, ou de baixo risco, parecem não ser mais suficientes para atingir a rentabilidade esperada com a capitalização das contribuições arrecadadas. Entretanto, mesmo nesse contexto negativo, existem entidades de previdência que conseguem obter rentabilidade superior a *benchmarks* de mercado, como o Certificado de Depósito Interbancário (CDI). Isso posto, nas próximas subseções, procuraremos entender melhor a gestão de investimentos previdenciários, através de uma abordagem teórica.[98]

---

[92] Laeven (2013).
[93] Disyatat e Borio (2011), Lane (2013) e Partnoy (2014).
[94] A "Internet das Coisas" (Internet of Things – IoT) foi denominada em 1999. A IoT trata da expansão dos serviços de internet de forma a acomodar uma série de objetos do mundo atual para um mundo mais sinérgico no futuro e de forma inteligente, ver Singh *et al.* (2014).
[95] Momtaz (2018).
[96] Para se aprofundar sobre como o desafio tecnológico nos coloca diante de maiores mudanças, ver Harari (2018).
[97] Mesa-lago (2005).
[98] OCDE (2015).

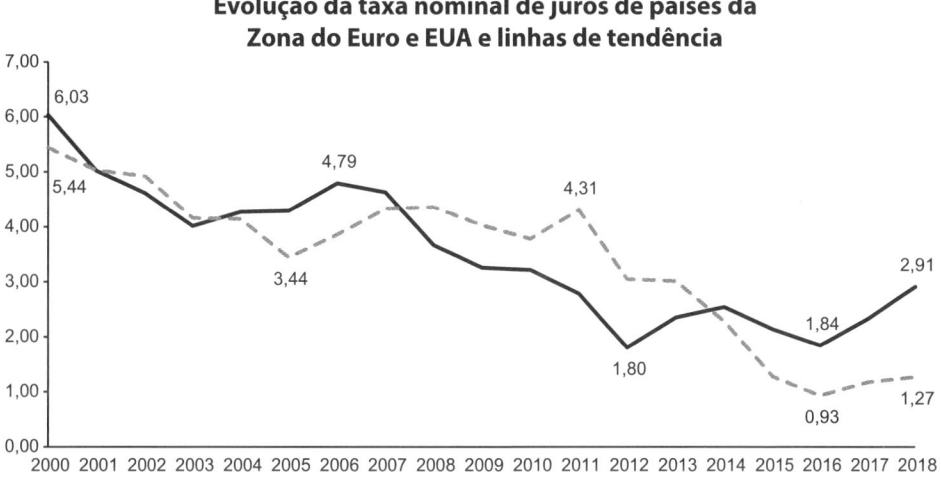

Gráfico 3.7
Evolução da taxa nominal de juros de países da Zona do Euro e EUA e linhas de tendência

——— Estados Unidos   – – – Zona do Euro

Nota: Os dados correspondem às taxas de juros de títulos de longo prazo dos governos (10 anos). Referente à Zona do Euro, os dados anteriores a 2001 compreendem a UE11 (Bélgica, Alemanha, Irlanda, Espanha, França, Itália, Luxemburgo, Países Baixos, Áustria, Portugal e Finlândia). Os dados de 2001 a 2006 se referem à UE-12 (UE-11 mais a Grécia) e, partir de janeiro de 2007, à EU13 (EU12 mais a Eslovênia).
Fonte: Elaborado pelos autores a partir do Relatório Estatístico da OCDE. Recupreado em 20/04/19: https://stats.oecd.org/index.aspx?queryid=86#.

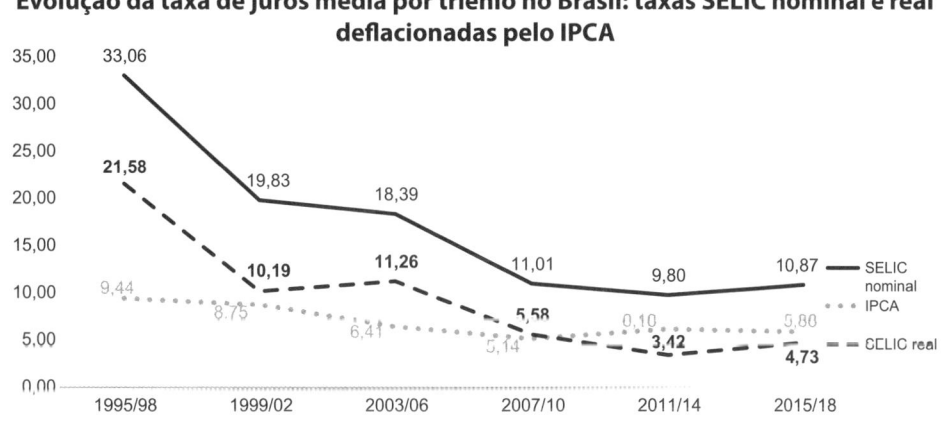

Gráfico 3.8
Evolução da taxa de juros média por triênio no Brasil: taxas SELIC nominal e real deflacionadas pelo IPCA

Fonte: Elaborado pelos autores a partir dos dados da SELIC e do IPCA

Ponto ótimo do sistema de decisão

Toda organização, seja ela com ou sem fins lucrativos, é resultado da combinação de fatores para seu funcionamento. Nestes fatores, existem custos de transação associados à atividade das organizações nos mercados e caracterizados pela relação entre seus agentes.[99] Tais custos fazem parte da preocupação estratégica das organizações, na medida em que podem ser reduzidos, trazendo maior eficiência.

---

[99] Coase (1937).

Ocorre que aspectos comportamentais associados aos custos de transação, como a racionalidade limitada[100] e o oportunismo,[101] devem ser considerados nas organizações e, consequentemente, gerar a estruturação de contratos que proporcione uma maior estabilidade.[102] O comportamento individual dos agentes dependerá da natureza desses contratos ou da forma de funcionamento da organização.[103]

Conforme já mencionado, na discussão da estrutura da organização para a solução do problema de agência, costuma ser utilizado como exemplo típico o das grandes organizações de capital aberto e de propriedade difusa. O fato, entretanto, é que não apenas as empresas de capital aberto apresentam separação entre propriedade e controle. É comum em grandes associações de profissionais, fundos mútuos e até em organizações sem fins lucrativos uma estrutura contratual mais complexa, que segrega as decisões de controle e de gestão. Na medida em que a organização se especializa em áreas, há o processo de delegação de função, mantendo-se a responsabilidade pelo controle segregada. Assim, nos casos em que o principal não está preparado para a gestão das atividades da empresa, surge a necessidade de se criar uma estrutura de controle, representada pelo conselho. Esta estrutura é a forma como representantes dos que detêm o risco do negócio controlam as ações dos demais agentes.[104]

Entretanto, conforme argumentado anteriormente, existem custos associados à estruturação de um arcabouço adequado para tomada de decisão. A Figura 3.7 apresenta a relação teórica entre o fluxo de caixa livre da organização e os custos do sistema de decisão. Note-se que existe um ponto ótimo para agregação de valor a partir da maior complexidade do sistema. A partir desse ponto, a adição de maiores custos não adiciona valor aos benefícios esperados. Ao contrário, os custos começam a reduzir o fluxo de caixa livre. Vale destacar, portanto, a necessidade de adequação do sistema de controle das decisões, para que seja efetivamente alcançada a redução dos custos de agência.

O fundamental, neste caso, é compreender a diferença entre o "principal", que possui o direito de receber (*residual claimants*[105]), e os agentes, que proverão condições, em troca de pagamento especificado em contrato, para prover de forma satisfatória os interesses dos *residual claimants*. Inclusive, pelo bom desempenho, também pode ter sido contratado com este agente o direito de participação nos lucros da organização. Nesse caso, estes também passam a ser *residual claimants*.

Todavia, a depender do tipo de organização, os *residual claimants* atuam na governança da companhia, com diferentes restrições. Por exemplo, acionistas ordinários de grandes empresas de capital aberto acabam interferindo pouco ou sendo menos restritivos às decisões de seus executivos. Por outro lado, empresas fechadas e menores, geralmente, possuem *residual claimants* mais próximos e restritivos às ações dos agentes nas decisões da companhia. Ou seja, são relações contratuais complexas e que envolvem diferentes níveis de interesses na organização.

---

[100] O termo "racionalidade limitada" é um conceito econômico alcunhado por Simon (1955), ao definir que as pessoas são racionais em uma parte ao tomar decisões e irracionais na parte restante. Simon afirma que os agentes são limitados racionalmente na formulação e solução de tanto de problemas complexos como no recebimento, armazenamento, recuperação e transmissão de informações.
[101] O conceito de oportunismo está relacionado com o comportamento de agente motivado pela maximização do interesse econômico próprio em detrimento do prejuízo que ocasiona à parte relacionada, ver Baiman e Lewis (1989).
[102] Williamson (2005).
[103] Jensen e Meckling (1976).
[104] Fama e Jensen (1983).
[105] Os *residual claimants* são também identificados como os *residual risk beares*, o que pode ser traduzido como os que tomam o risco pelo direito de receber o caixa líquido da companhia.

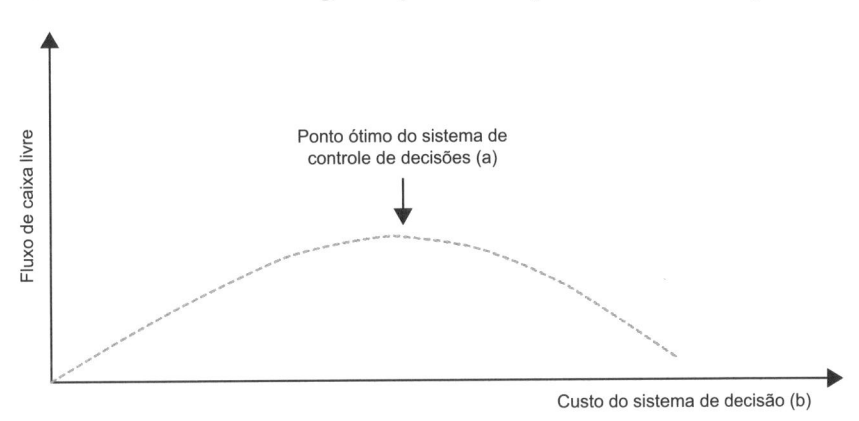

Figura 3.7
Fluxo de caixa livre da organização em relação aos custos de agência

[Gráfico: eixo Y "Fluxo de caixa livre", eixo X "Custo do sistema de decisão (b)", curva em forma de sino com indicação "Ponto ótimo do sistema de controle de decisões (a)"]

Notas: (a) Estrutura de separação das decisões de controle e de gestão que possbilita a melhor relação custos versus benefícios à organização; (b) Custos determinados pela complexidade do sistema de decisões escolhido.
Fonte: Elaborada pelos autores a partir do artigo de Fama e Jensen (1983).

Para compreendermos o ponto ótimo da relação entre custos de transação e resultados na gestão de investimentos previdenciários, é preciso entender a estrutura da organização que separa as diferentes decisões na mesma. Embora sejam constituídas como organizações privadas, há distinção em sua estrutura jurídica que pode impactar de forma diferenciada sua governança nas decisões de investimentos previdenciários[106], como veremos a seguir.

Conflitos no sistema de decisão

Esta subseção tem por objetivo complementar a análise realizada até agora, buscando compreender como surgem os conflitos de agência na decisão de investimentos em entidades de previdência com organizações jurídicas distintas. Assim, abordaremos os fundos de pensão à luz da teoria que trata da separação entre controle e propriedade em organizações sem fins lucrativos. Já para as EAPC/Seguradoras, analisaremos a teoria que trata da governança em fundos mútuos de investimentos.

Organizações sem fins lucrativos

Em geral, nas organizações sem fins lucrativos, as atividades são financiadas por doações e pelo fluxo de caixa gerado por estes mesmos recursos, como a rentabilidade obtida pela alocação em ativos de mercado. Os contratos não asseguram aos doadores a proteção contra

---

[106] Tanto a forma de fundação como sociedade civil para constituição das EFPC são organizações privadas (conforme art. 44 do Código Civil, porém, sem se submeter às disposições gerais do Código Civil e de Processo Civil, mas à Lei Complementar nº 109/2001 e nº 108/2001, quando o patrocinador for público, como já aprendemos) e não possuem objetivo de lucro. Enquanto na primeira instituição ocorre a constituição de um patrimônio para determinado fim em benefício de um grupo de pessoas, na segunda ocorre em forma institucional distinta do estado, de ações coletivas voluntárias em torno de interesses comuns. Assim como as entidades fechadas são organizações privadas, independentemente do perfil do patrocinador ou instituidor, as entidades abertas também o são, porém, sua forma de sociedade anônima, bem como de sociedade seguradora, está relacionada com o objetivo de lucro ao acionista através do produto de proteção previdenciária. Ver Silva (2012).

expropriações do fluxo de caixa líquido das atividades financiadas. Nestas organizações, não há direitos de alienação do fluxo de caixa líquido, inexistindo *residual claimants* (aqueles que reclamariam parte do lucro da empresa em função do bom desempenho de seus agentes). Assim, é necessário que haja um sistema para separar as decisões relativas à gestão, das decisões associadas ao controle, de forma que as doações sejam utilizadas para atingir o propósito da organização e não sejam facilmente utilizadas para outros fins.

Em fundos de pensão, em tese, também não haveria resultado a ser compartilhado com seus agentes, dado que o retorno dos investimentos faz parte do cálculo que define o custeio do plano. Sob essa condição, portanto, não haveria problemas de agência entre os que contribuem ao plano e os agentes. Por outro lado, a ausência de pagamento de um valor residual pelo bom desempenho dos agentes pode gerar incentivos para expropriação de valor de outras formas. Esse problema é similar em empresas onde decisões importantes são tomadas por gestores que não possuem participação no capital da companhia.

Em função do aspecto citado, nos fundos de pensão existe determinação legal para separação entre os que executam a gestão (a Diretoria Executiva) e os que aprovam e monitoram as atividades da gestão (o Conselho Deliberativo, além do Conselho Fiscal), bem como outros órgãos de controle responsáveis por avaliar e monitorar os investimentos. Assim, as decisões de investimento decorrem de uma política previamente aprovada pelo Conselho Deliberativo. Não somente isso: há previsão legal para haver, entre os membros que deliberam nos conselhos, representantes dos participantes e do patrocinador, ou instituidor do plano, se for o caso. Esse mecanismo de governança funciona como forte incentivo ao alinhamento de interesses, dado que o resultado, bom ou ruim, recairá sobre os planos de benefícios dos quais eles participam e/ou contribuem.

Entretanto, pelo fato de não haver *residual claimants*, não há incentivos para a combinação de decisão de agentes internos com a de membros externos, que poderiam contribuir com *expertise* específica para a organização. Ao contrário: as decisões dos agentes internos são imunes às forças externas de mercado, como a troca de gestores por problemas de desempenho.[107] Em alguns casos, mesmo quando possuem conselhos formados por agentes internos e externos, estes últimos são escolhidos pelos próprios agentes internos, não garantindo a proteção contra conluio.

Nesse sentido, é importante avaliar quais são os incentivos de uma organização ao não permitir *residual claimants* dentre os agentes da própria organização. Ou seja, agentes que participam do resultado da organização pelo bom desempenho. Uma justificativa recai no maior custo para a organização. Porém, o benefício pode ser superior ao custo, ao atrair profissionais independentes e com *expertise* específica para o melhor desempenho da organização. Este é um tema de pesquisa que é interessante investigar no Brasil.

Fundos mútuos de investimentos

Na organização de fundos de investimentos, a característica do mutualismo permite que o cliente possa investir de forma coletiva em ativos de mercado e receber retorno proporcional ao valor que investiu. Nesse caso, são partilhados os ganhos e perdas das decisões de investimento no patrimônio do fundo. No entanto, o que não é comum de ser observado em outras organizações, é que os *residual claimants* em fundos mútuos de investimentos são

---

[107] Para se aprofundar sobre mecanismos de controle em organizações sem fins lucrativos, ver Machado Filho *et al.* (2006).

os próprios clientes ou investidores, que funcionam como acionistas difusos em grandes corporações não financeiras, não participando do processo de decisão.

A decisão de controle dos *residual claimants* dos fundos mútuos é limitada ao resgate de suas cotas, o que não deixa de ser uma forma parcial de "*takeover*" ou término do contrato de gestão dos ativos. Assim, dada a forma difusa de decisão de controle por parte dos clientes através do resgate do fundo, seus conselheiros são menos relevantes no processo de controle do que nos conselhos de corporações não financeiras abertas. Seu papel é destinado a questões menos complexas e somente para monitorar problemas de agência, para evitar maior volume de resgates, oferecendo baixa proteção contra fraudes ou decisões em desacordo com a estratégia do fundo por agentes internos.[108]

Ocorre que nas entidades abertas e sociedades seguradoras, nem os participantes/segurados, nem as empresas averbadoras/instituidoras, se o plano for coletivo, participam de seu processo de decisão. Nelas, os planos/seguros são estruturados através de Fundo de Investimentos Especialmente Constituído (FIE)[109], os clientes são os participantes/segurados dos planos/seguros, representando os *residual claimants*. Eles exercem controle na medida em que podem resgatar ou carregar os recursos de seu plano para outra entidade[110], a qualquer momento na fase de diferimento. Não há separação entre quem aprova o investimento e quem executa. Ou seja, as decisões de gestão estão dentro da política de investimentos, aceita pelo cliente com base em seu perfil de risco,[111] disposta no regulamento do fundo e sujeita a disposições legais específicas.[112]

Cabe destacar que existe a figura do administrador do fundo e do custodiante, que são relevantes no monitoramento e controle das ações do gestor e funcionamento do fundo, porém não exercem controle nas decisões estratégicas para investimentos pelo gestor. Outra característica relevante, que será detalhada no Capítulo 5, é que os maiores FIEs do Brasil são administrados por organizações que pertencem ao mesmo grupo financeiro. Esse fator eleva os ativos sob a gestão dos fundos e reduz o alinhamento de interesses na melhor rentabilidade ao fundo. No caso, as altas taxas de administração, combinadas com elevado patrimônio, geram receita crescente e recorrente, estimulando a manutenção de gestão passiva e evitando exposição ao risco pela instituição na busca de outras estratégias de alocação de ativos.[113]

Gestão dos investimentos

As taxas de retorno de ativos sob a gestão de investidores institucionais representam o desempenho dessas organizações e estão intimamente ligadas a seus respectivos propósitos. Conforme vimos, no caso das entidades de previdência, a maximização do retorno líquido

---

[108] Fama e Jensen (1983) apresentam a teoria que explica a pouca relevância do conselho de administração em organizações administradoras de fundos mútuos de investimentos. No Brasil, a Instrução CVM nº 555/2014 sobre a constituição, a administração, o funcionamento e a divulgação de informações dos fundos de investimento e a Instrução CVM nº 558/2015 dispõem sobre o exercício profissional de administração de carteiras de valores mobiliários.
[109] Ver Resolução CNSP nº 348/2017 e Resolução CNSP nº 349/2017.
[110] Adicionalmente, como nos fundos mútuos é profunda a separação entre os que tomam as decisões dos investimentos e os cotistas, o papel de conselho de administração neste tipo de organização é menos complexo e acaba sendo restrito, para evitar resgates. Ver Fama e Jensen (1983).
[111] Sobre a verificação de perfil de risco, ver Instrução CVM nº 539/2013.
[112] A estrutura legal de fundos de investimentos observa a Instrução CVM nº 555/2014 e, especificamente no caso dos FIEs, a Instrução CVM nº 459/2007.
[113] Ver evidências observadas por Campani e Brito (2018). Maior detalhamento é apresentado no Capítulo 5.

de longo prazo da carteira de investimento, tem por objetivo proporcionar um fluxo financeiro que cumpra com o pagamento dos benefícios conforme a política de investimentos elaborada para a carteira de ativos.[114] Com esse objetivo, concluímos este capítulo com três aspectos que entendemos serem básicos no sucesso da entidade.

Princípio da pessoa prudente

Como primeiro aspecto, destacamos que na busca pelo desempenho esperado, os gestores devem observar o princípio da pessoa prudente (da definição em inglês para *prudent person rule*). Esse princípio consiste em um compêndio de responsabilidades que guardam relação com o cumprimento de seu dever de fidúcia. Em outras palavras, busca-se a prudência na diligência da administração dos recursos previdenciários e na gestão de seus ativos, com lealdade para com a organização e seus membros.

Especificamente no que diz respeito aos investimentos, cabe destacar: o princípio da diversificação de ativos, adequada ao passivo; e os riscos de precaução excessiva[115] por parte dos gestores, o que pode limitar a efetividade na gestão de investimentos.[116] Assim, com base na gestão prudente e baseada em riscos, é possível fazer uso da diversificação dos ativos na busca do retorno esperado pelo menor nível de risco estimado. Do contrário, numa visão em que se induza evitar riscos, pode-se incorrer em outro, talvez maior, de uma gestão que apenas reage a fatos presentes, sem explorar o potencial de retorno no horizonte de longo prazo.

Cabe destacar que, durante a fase de acumulação, as entidades de previdência adicionam valor ao obter retorno sobre os recursos arrecadados e investidos no mercado de capitais.[117] A forma como perseguirão esta alocação pode ser através de equipe interna, de delegação de parte dos investimentos ao gestor externo, ou até da terceirização completa, no caso dos fundos de pensão. Entende-se que o mesmo ocorre com as entidades abertas e sociedades seguradoras, na medida em que executam a gestão através de empresas ligadas, terceirizam parte das atividades quando os FIEs de suas ligadas adquirem cotas de outros FIEs de mercado, ou terceirizam totalmente ao mercado.

Influência do comportamento

Como segundo aspecto, em que pesem as considerações anteriores, é importante destacar que existem barreiras para a avaliação de oportunidades de investimentos no longo prazo, que podem limitar a capacidade das entidades em obter um melhor desempenho na gestão de seus ativos. A abordagem da teoria das finanças comportamentais contribui para a compreensão desse aspecto, ao avaliar o mercado financeiro sob dois enfoques.[118]

Uma das barreiras se refere à psicologia cognitiva, associada a como as pessoas pensam. Essa perspectiva teórica afirma que há erros cometidos sistematicamente pelas pessoas em seu modo de raciocinar. Os motivos decorrem, dentre outros, do excesso de confiança e

---

[114] Ver Ambachtsheer (2016).
[115] Ocorre que a precaução excessiva pode ser também determinada por uma fiscalização baseada em regras e não em riscos. Na primeira situação, o risco deve ser evitado. Na segunda, os riscos devem ser identificados e compreendidos os atributos de impacto e probabilidade de sua ocorrência.
[116] Para se aprofundar sobre *prudent person rule* e evitar cultura de precaução excessiva, ver Galer (2002).
[117] Para se aprofundar sobre a adição de valor por fundos de pensão como investidores institucionais, ver Blake (2006); Tonks (2006); Baima (1998); Brown *et al.* (1997) e Lakonishok, Shleifer e Vishny (1992).
[118] Rutterford *et al.* (2006).

da colocação de maior peso em fatos e experiências recentes.[119] Consequentemente, são geradas distorções nas preferências, ao se analisar as diferentes oportunidades de alocação de recursos.

Outra barreira está associada aos limites para arbitragem, ou da racionalidade limitada para a tomada da melhor de decisão econômica por um agente. Sob essa abordagem, a teoria de finanças comportamentais utiliza modelos em que os agentes não são totalmente racionais, seja por conta de suas preferências, por concepções próprias equivocadas, ou mesmo pela complexidade das informações necessárias à decisão. No caso dos operadores de previdência, essa compreensão possibilita a construção de estruturas adequadas à efetividade do processo de decisão dos investimentos e do controle dos riscos associados às suas escolhas.

Sob tais argumentos, as finanças modernas devem alinhar interesses e incentivos a partir da psicologia humana. Neste contexto, é oportuno que as entidades de previdência avaliem as oportunidades de aprimoramento em sua gestão ao se considerar a natureza da racionalidade em suas decisões, sob a leitura destes novos paradigmas nas organizações.[120]

Eficiência na gestão de investimento

Por fim, reconhecer a necessidade de se escolher um sistema de governança que busque a eficiência na gestão. O motivo: os efeitos da escolha de uma boa governança são positivos sobre o desempenho dos investimentos e, portanto, a garantia na concessão de benefícios.[121] Mesmo assim, um resultado inferior frente ao retorno esperado pode acontecer, contudo, sua recorrência no longo prazo é que afetará o equilíbrio do plano e sua liquidez.

É certo que algum investimento pode não ter o resultado esperado. O ponto, entretanto, é que a gestão eficiente promove a redução do risco global da carteira e, consequentemente, um melhor resultado para o plano ao longo do tempo. Portanto, além dos fatores do processo de gestão e de controle do investimento, que levaram a uma decisão alocativa que não teve o resultado esperado, é preciso compreender se este risco estava dimensionado e seria capaz de ser absorvido, sem impactar o equilíbrio e liquidez do plano.

Mesmo com a literatura apontando a importância da eficiência na adoção de uma governança adequada e com respectiva disposição de princípios e guias para essa diretriz, é possível que nem todos adotem as melhores práticas, ou que elas não sejam efetivas. Dado que resultados favoráveis no passado não são garantia dos resultados futuros, a vigilância deve ser constante, de forma a se extrair as melhores práticas possíveis para a atuação dos fundos de pensão.

A conclusão é que, se compreendidas as características e os limites da boa gestão de recursos previdenciários no interesse dos participantes/segurados, estes indivíduos, no momento da sua aposentadoria, poderão ter pela frente um futuro melhor do que se verificaria na ausência do tipo de cuidados abordados neste capítulo.

---

[119] Kahnemann e Tversky (1979).
[120] Shiller (2013).
[121] Stewart e Yermo (2008).

4

PREVIDÊNCIA COMPLEMENTAR FECHADA

INTRODUÇÃO

Em algum momento, o trabalhador que contribui para a sua aposentadoria, provavelmente, já se perguntou como a reforma da previdência alterará as regras para a obtenção do seu próprio benefício. Nas eleições de 2018, nenhum dos principais candidatos à Presidência da República deixou de contemplar este tema. O candidato vencedor, Jair Bolsonaro, encaminhou ao Congresso, em fevereiro de 2019, a Proposta de Emenda Constitucional (PEC) de reforma da previdência. O objetivo é o de garantir uma previdência sustentável, tendo em vista a maior longevidade, além de corrigir as distorções entre o regime dos servidores públicos e dos trabalhadores do setor privado.

Ainda sobre esse tema, tem-se a intenção de adotar, pelo menos parcialmente, o regime de capitalização. Porém, a população carece de informação acerca deste regime, o que acaba gerando insegurança e equívocos por parte do mercado e da percepção pública. A este respeito, surgem perguntas como: quais os operadores do sistema de capitalização? Como são fiscalizados? Onde serão investidas as contribuições realizadas? Como saber se a pessoa receberá o benefício esperado? Quem controla as decisões de investimentos?

As entidades de previdência complementar são as organizações que operam planos de benefícios sob o regime de capitalização. Diferentemente das entidades abertas, as entidades fechadas (ou fundos de pensão) são criadas, exclusivamente, para operar planos destinados a grupos específicos de trabalhadores. Este capítulo tem o objetivo de apresentar a forma de operação do sistema de capitalização da previdência complementar fechada (a previdência aberta será abordada no Capítulo 5). Para tal, ele é composto por esta introdução e mais três seções.

Na primeira seção, compreenderemos como funcionam os fundos de pensão, incluindo sua regulamentação e a análise do mercado brasileiro. Na segunda, exploramos como se dá o processo de investimentos, quem são os responsáveis e quais são as diretrizes para investir no mercado financeiro. Por fim, a última seção desenvolve a abordagem teórica acerca das práticas para uma boa governança dos investimentos.

FUNCIONAMENTO DA PREVIDÊNCIA COMPLEMENTAR FECHADA

A previdência complementar fechada é operada pelas Entidades Fechadas de Previdência Complementar (EFPC), também denominadas de "fundos de pensão". Como apresentamos no Capítulo 3, os fundos de pensão são organizações de direito privado, sem fins lucrativos e que mantêm planos coletivos de previdência. São acessíveis somente por grupos de trabalhadores de empresas específicas ou órgãos de classe (de profissionais ou setoriais) que estabelecem contrato com os fundos de pensão para operação de seus planos de benefícios, ou constituem as suas próprias entidades.[1]

Dado que o propósito dos fundos de pensão é o pagamento de benefícios, seu objetivo na capitalização das reservas se dá no interesse único de seus participantes, patrocinadores e instituidores. Ou seja, o resultado da capitalização dos recursos tem por objetivo compor o patrimônio do plano de benefícios para pagamento das aposentadorias correntes e futuras.

O retorno dos investimentos pertence ao plano, de forma que um resultado favorável ou desfavorável da carteira de investimentos recai sobre o patrocinador e os participantes. Este é um forte mecanismo de governança para alinhamento de interesses, na medida em que o risco é compartilhado: no caso de superávit, há distribuição do resultado; e no caso de déficit, há o equacionamento entre patrocinador e participantes.[2]

Para esclarecer em mais detalhes o funcionamento das EFPC, esta seção está estruturada em quatro subseções. Na primeira, fornecemos uma visão geral dos fundos de pensão, passando pela forma de constituição e a regulamentação associada. Na segunda subseção, abordamos como se dá a estrutura de governança e gestão utilizada pelos fundos de pensão do país. Em seguida, tratamos do modelo de supervisão adotado. Por fim, a última subseção apresenta dados desse mercado no país.

Constituição, regulamentação e fiscalização

A criação de uma EFPC depende da iniciativa do patrocinador (ou do instituidor, no caso de criação por órgãos de classe) e sua aprovação é responsabilidade do órgão supervisor – a Superintendência Nacional de Previdência Complementar (PREVIC). O estatuto da entidade é o documento que estabelece seu funcionamento e governança, enquanto as regras para a contribuição e o funcionamento do plano de benefícios estão dispostas no regulamento do plano.

Os direitos e obrigações relativas à gestão do plano de benefícios pela EFPC dependem da celebração de um convênio de adesão entre o patrocinador (ou instituidor) e o fundo de pensão. Por sua vez, o participante inscreve-se voluntariamente no plano oferecido pelo empregador ou pelo órgão de classe/setorial, por meio de uma proposta de inscrição que firma os direitos e obrigações junto ao plano.[3] A Figura 4.1 mostra, em resumo, como se dá o processo da criação do fundo de pensão e as formalizações impostas em legislação para a gestão dos recursos dos planos de benefícios.

Cabe destacar que a LC nº 109/2001 disciplina a separação da pessoa jurídica da entidade fechada de previdência complementar dos planos que administra, oferecendo a possibilidade de existir mais de um plano para uma mesma organização, porém com independência patrimonial. Ademais, admite a possibilidade de múltiplos patrocinadores na mesma entidade, mantendo a independência entre planos. Por sua vez, no tocante à gestão de investimentos, a LC nº 109/2001 não limita os diretores responsáveis por investimentos quanto à exclusividade de prestação de serviços à EFPC, enquanto a LC nº 108/2001 determina que o diretor da entidade de patrocinador público não acumule funções, por exemplo, com a patrocinadora.

---

[1] Vale destacar as vocações distintas da previdência aberta e fechada: as abertas são mais focadas no curto prazo, enquanto as fechadas possuem direcionamento para o caráter previdenciário. Isto explica as distintas *durations* dos passivos que repercutem nas políticas de investimentos dos planos.
[2] Ver Resolução CNPC nº 30/2018.
[3] No momento em que se inscreve, o participante deve receber o certificado de inscrição e uma cópia do estatuto da EFPC e do regulamento do plano.

A Figura 4.2 apresenta as principais regulamentações para o funcionamento dos fundos de pensão no Brasil.

Em que pesem as considerações normativas, cabe mencionar que, longe de serem homogêneos, os fundos de pensão se diferenciam em vários aspectos, que acabam por definir seu porte e complexidade. O Quadro 4.1 apresenta as características que os fundos de pensão podem assumir em um mesmo ambiente institucional, expondo desde os limites para funcionamento da entidade, que definem seu desenho organizacional, até a forma em que executam a gestão de ativos.

Figura 4.1
Formalização do fundo de pensão e principais contratos

Estatuto do Fundo de Pensão
- A criação é iniciativa do patrocinador ou do instituidor
- A aprovação é atribuição do regulador e do fiscalizador.
- Estabelece as diretrizes gerais de gestão da EFPC

Convênio de Adesão ao Fundo de Pensão
- Contrato celebrado entre a EFPC e a patrocinadora ou instituidor, em que são formalizados os direitos e deveres destas partes em relação ao plano de benefícios.

Regulamento do Plano de Benefícios
- Documento com as regras do plano de benefícios, tipo, direitos e obrigações do patrocinador ou instituidor do plano.
- Estabelece também os direitos e obrigações dos participantes e dos assistidos.
- A aprovação é atribuição do Regulador e do Fiscalizador.

Inscrição ao Plano de Benefícios
- Proposta de inscrição e dos certificados de participantes constam em regulamento do plano.

Política de investimentos
- Documento que consta as diretrizes para investimentos por plano de benefício
- No mínimo, com a disposição de informações conforme legislação específica
- Aprovado pelo Conselho Deliberativo da EFPC

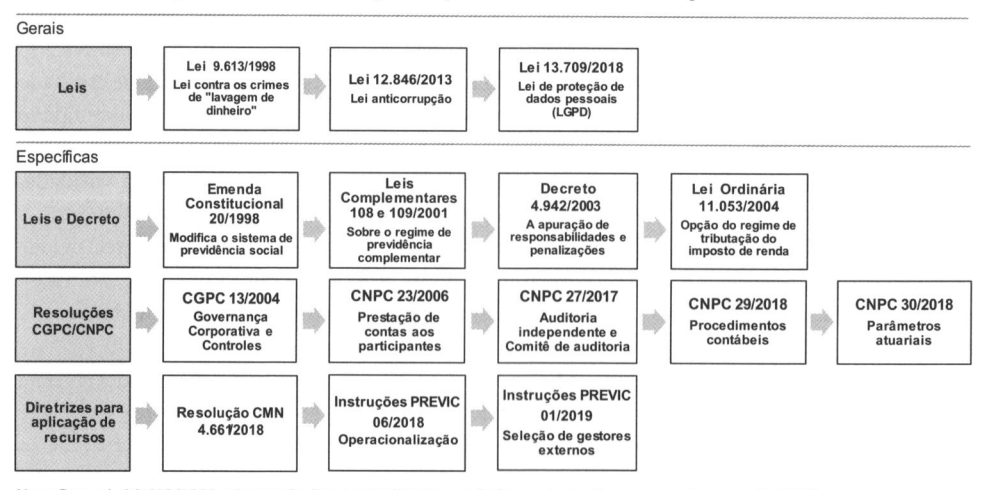

Fonte: Adaptada pelos autores a partir da Figua 8 de Nese (2017).

Figura 4.2
Principais normativos que impactam os fundos de pensão no Brasil

Gerais

Leis	Lei 9.613/1998 Lei contra os crimes de "lavagem de dinheiro"	Lei 12.846/2013 Lei anticorrupção	Lei 13.709/2018 Lei de proteção de dados pessoais (LGPD)		

Específicas

Leis e Decreto	Emenda Constitucional 20/1998 Modifica o sistema de previdência social	Leis Complementares 108 e 109/2001 Sobre o regime de previdência complementar	Decreto 4.942/2003 A apuração de responsabilidades e penalizações	Lei Ordinária 11.053/2004 Opção do regime de tributação do imposto de renda	
Resoluções CGPC/CNPC	CGPC 13/2004 Governança Corporativa e Controles	CNPC 23/2006 Prestação de contas aos participantes	CNPC 27/2017 Auditoria independente e Comitê de auditoria	CNPC 29/2018 Procedimentos contábeis	CNPC 30/2018 Parâmetros atuariais
Diretrizes para aplicação de recursos	Resolução CMN 4.661/2018	Instruções PREVIC 06/2018 Operacionalização	Instruções PREVIC 01/2019 Seleção de gestores externos		

Nota: Para a Lei 9.613/1998, a Instrução Previc nº 18/2014 estabelece orientações e procedimentos às EFPC.
Fonte: Elaborada pelos autores.

Quadro 4.1 A heterogeneidade da indústria de fundos de pensão no Brasil

Da organização	Aspectos
Desenho organizacional	EFPC com estrutura própria de gestão e independente do patrocinador; ou com funções totalmente terceirizadas a Bancos através do produto de multipatrocínio; ou ainda, um formato híbrido com a terceirização parcial de suas atividades, como a gestão do passivo previdenciário através de consultorias especializadas.
Acesso aos planos pelos participantes	Administra plano; ou conjunto de planos acessíveis ao universo de participantes (EFPC comum); ou a diferentes grupos de participantes, com independência patrimonial entre os grupos (EFPC multiplano).
Vinculação a patrocinador; ou instituidor	EFPC singular, vinculada somente a um patrocinador; ou instituidor; multipatrocinada, se vinculada a mais de um patrocinador; ou instituidor.
Tipos de patrocinadores	Se público ou privado; setor de atuação econômica; capital de controle doméstico ou do exterior.
Tipos de planos de benefícios	Gestão de plano(s) BD, e/ou CD, e/ou CV.
Porte	Quantidade de participantes entre ativos; assistidos e dependentes relacionados; volume de ativos sob a gestão de cada plano e proporção em relação total de EFPC do sistema.
Da governança	
Conselhos Deliberativo e Fiscal	Se há paridade entre membros eleitos e indicados ou não; se a totalidade de membros é formada por pessoas certificadas para atuação em EFPC ou a maioria; se há membros independentes ou não; se são remunerados ou não etc.
Comitê de auditoria	Se deve constituir, ou não, dado o porte e complexidade da entidade e, obrigatoriamente, se enquadradada como Entidades Sistemicamente Importantes (ESI), conforme disposição PREVIC.
Diretoria de investimentos	Se o administrador estatutário tecnicamente qualificado (AETQ) presta serviços, exclusivamente, à EFPC, ou não; se a decisão de investimentos ocorre em colegiado, ou não; existência de experiência prévia do AETQ em investimentos, ou não.
Comitê de investimentos	Existência ou não do comitê de investimentos; na existência, se é formado por profissionais de mercado ou não; se são remunerados ou não.
Comunicação com "stakeholders"	Da disponibilização de documentos e relatórios da EFPC, o mínimo previsto em legislação, ou acima; se informações em sítio eletrônico são abertas a público em geral, ou restrita através de login e senha aos stakeholders.
Do passivo	
Duração do passivo	Quanto menor a duração, maior o volume de pagamento de benefícios e necessidade de liquidez ao plano; quanto maior, maior a acumulação de contribuições e maior o horizonte para alocação em risco.
Situação de solvência do plano	A situação pode ser de equilíbrio, déficit ou superávit.
Dos investimentos	
Composição da carteira de ativos	Diversificada nas diferentes classes de ativos, ou não; há especialista para cada classe de ativo, ou não.
Gestão dos investimentos	Gestão de ativos através de carteira própria, administrada, totalmente terceirizada, ou parcialmente terceirizada.
Controle de riscos	Existência do profissional responsável por controle segregado do AETQ, ou existência de comitê, ou a responsabilidade pelo controle de riscos é centralizada pelo AETQ. Obrigatoriamente deve ser previsto pelas ESI.
Determinação legal	
Supervisão	Supervisão prudencial e proporcionalidade regulatória a depender do enquadramento como ESI pela PREVIC.

Fonte: Adaptado pelos autores a partir de Tabela 1 de Nese (2017).

Dentre os diversos aspectos apresentados no quadro – alguns deles abordados em maiores detalhes na próxima subseção – merecem destaque os tipos de plano de benefícios. Conforme apresentado no Capítulo 3, no processo de formação de reserva sob a gestão de fundos de pensão, seus participantes contribuem com uma determinada quantia da renda até o momento de sua aposentadoria.[4] O benefício de complementação a ser recebido pode ser diferente, dependendo do tipo de plano: benefício definido (BD), contribuição definida (CD) ou contribuição variável (CV). Vale lembrar que existe outro modelo de capitalização nocional, apresentado no Capítulo 1. Esse modelo equivale à capitalização escritural (*notional accounts*, ou seja, contas nocionais ou virtuais). Nesse caso, o Estado reconhece o crédito dos valores depositados a favor do segurado, remunera-os a taxas de juros definidas e entrega o benefício de aposentadoria ao final do prazo determinado na legislação. Aparentemente, cria uma poupança social privada, mas na verdade ela é estatizada. Não é este o caso que está sendo discutido neste capítulo, que é o regime de capitalização com formação de reservas através de investimentos em ativos de mercado.

Em todos os três tipos de planos previstos pela regulação adotada no país, os direitos econômicos do retorno dos investimentos pertencem ao plano de benefícios. Porém, o mesmo não ocorre com relação aos riscos de investimentos decorrentes de retorno inferior ao esperado, ou mesmo no caso de retorno negativo. Nos planos BD e CV, o risco residual é tanto da empresa que oferece o benefício ao funcionário quanto do empregado, com regras dispostas em legislação específica.[5] Já em planos CD puros, o risco recai somente sobre o empregado[6], uma vez que o participante, além da possibilidade de não obter o retorno esperado dos investimentos, não possui o direito, ou objetivo de benefício, claramente definido em regulamento do plano de benefícios. O risco recai somente sobre o empregado, desde que o plano CD seja puro. Porém, os planos CD podem ter risco atuarial em coberturas de invalidez e morte. Quando os planos são do tipo CV, o risco é o mesmo que em planos CD na fase contributiva.[7]

É importante destacar que, em termos de complexidade e porte da EFPC, uma regulamentação específica relaciona as Entidades Sistemicamente Importantes (ESI) para fins de supervisão prudencial e proporcionalidade regulatória. Conforme veremos na última subseção desta parte, das 298 EFPC existentes no mercado brasileiro na data base de dez/2018, 17 estão classificadas como ESI, conforme portaria da PREVIC de 2017[8]. Para

---

[4] Podendo ser mantida também a contribuição a partir do início do usufruto da renda, exclusivamente, em planos CV e BD que estejam equacionando déficits ou outra forma de contribuição que não seja a normal. Há que se destacar que em planos patrocinados, o patrocinador também contribui, geralmente de forma paritária. Em alguns casos, o patrocinador é o único a pagar as contribuições, nos chamados planos não contributivos (por parte dos participantes) e exclusivos para patrocinadores privados.

[5] As regras para equacionamento de déficit atuarial de planos de benefício são dispostas pela Resolução CNPC nº 30/2018.

[6] O plano CD puro é aquele que não possui o benefício de risco da modalidade BD. Nesse tipo de plano, a cobertura para aposentadoria tem como base a acumulação em saldo de conta do participante, não em conta de reserva.

[7] Para se aprofundar, ver Resolução CGPC nº 16 (2005).

[8] A Instrução PREVIC nº 5/2017 estabelece os critérios para enquadramento das EFPC como ESI, com destaque para a exigência de que a soma das provisões matemáticas (PM) de seus planos exceda a 1% do total das PM de todas as EFPC. Também são enquadradas como ESI as EFPC públicas, criadas com base no artigo 40, §§ 14 e 15 da Constituição Federal, em que a soma das PMs de seus planos de benefícios supere em 5% do total das EFPC que compõem este segmento. Periodicamente, a PREVIC atualiza em Portaria as ESI com as informações consolidadas das EFPC relativas ao mês de dezembro do exercício anterior.

as ESI, há disposições legais que determinam às ESI, a estrutura mínima e necessária para cumprimento do propósito da EFPC. Como exemplo, a Resolução CNPC nº 27 (2017) que determina a constituição do Comitê de Auditoria às EFPC definidas pela Previc com base em critérios objetivos, em função de seu porte e relevância. No caso, as ESI. Existe também outra, a Instrução PREVIC nº 06 (2018) que dispõe sobre a operacionalização de procedimentos previstos na Resolução CMN 4.661/2018, das diretrizes de aplicação dos recursos pelas EFPC e que determina a segregação da gestão de recursos da gestão de riscos e dá outras providências.

No entanto, apesar destas mesmas regras não serem exigidas das demais, ainda permanecem disposições legais que dependem da avaliação da EFPC para seu cumprimento, considerando sua complexidade e porte. Nesse sentido, pode haver características da entidade que seriam suficientes para praticar a mesma regra exigida para as ESI. Diante da lacuna de critérios objetivos e dispostos em legislação, para a classificação das demais, as características apresentadas no Quadro 4.1 podem servir de ferramenta para avaliação da prática adequada a seu propósito de forma eficiente, ou explicar o modelo escolhido.

Assim, as EFPC têm condições de analisar como estas características poderiam impactar sua viabilidade e observar sua conformidade legal, segundo avaliação e evidências da própria entidade. Caso suas características representem algum risco ao cumprimento de seu propósito, a EFPC precisa criar processos que definam as responsabilidades de seus gestores internos e externos e desenvolver controles de riscos adequados a seu porte e complexidade. Do contrário, ela deve evidenciar os critérios de sua análise, avaliação e deliberação pelas alçadas competentes, comprovando que estão sendo mantidas as condições necessárias para a viabilidade da organização e o cumprimento de seus objetivos.[9]

Porém, independentemente desta avaliação por parte de cada EFPC, vejamos mais alguns aspectos importantes sobre a governança e a gestão das EFPC.

Estrutura de governança e gestão

Nos fundos de pensão, os fatores de sucesso de sua governança corporativa não são diferentes de uma empresa. Em ambas as organizações, as decisões tomadas por seus agentes devem estar alinhadas com os interesses de representantes da companhia sobre os quais recaem os direitos e riscos (os principais na organização, nos termos da teoria da agência, analisada no Capítulo 3). Isto é, na medida em que as decisões em uma empresa são transferidas a executivos do mercado, devem ser criadas estruturas contratuais para que estes mantenham o foco na maximização dos resultados aos proprietários ou acionistas da companhia.

As estruturas contratuais das organizações separam as áreas de decisão de aprovação e monitoramento das áreas de decisão de iniciação e implementação, representando sua governança corporativa. O Quadro 4.2 apresenta a segregação por processo e responsáveis, ou agentes, que tomam as decisões em nome dos principais da organização.

---

[9] A exemplo da Resolução do CMN nº 4.444 (2015), que estabelece diretrizes tendo em vista o porte e complexidade das entidades, há a Resolução CNPC nº 27/2017, que dispõe sobre a auditoria independente e o comitê de auditoria, que prevê estas mesmas considerações para as EFPC.

Quadro 4.2 Separação dos tipos de decisão, seus responsáveis e áreas em uma empresa

	Tipos de decisão			
	Controle		Gestão	
Responsáveis (Agentes)	Conselho de Administração		Diretoria Executiva	
Áreas (de decisão)	Aprovação de propostas	Monitoramento da execução e ajustes	Implantação da estratégia	Iniciação de propostas

Fonte: Adaptação dos autores a partir da Quadro 2 de Nese (2017).

Em se tratando de fundos de pensão, há legislação específica que dispõe sobre a estrutura mínima para sua governança e habilitação de seus agentes. A Resolução do Conselho Geral de Previdência Complementar (CGPC) nº 13/2004 é a norma que determina os princípios, regras e práticas de governança, gestão e controles internos, adequados ao porte, complexidade e riscos inerentes aos planos de benefícios operados pelas EFPC, de modo a assegurar o pleno cumprimento de seus objetivos.[10] Dentre outros aspectos, a resolução recomenda a adoção de código de ética e conduta, bem como destaca como imprescindível a qualificação e especialização de seus dirigentes, técnicos e provedores de serviços contratados.

A Figura 4.3 destaca a estrutura mínima de governança e os tipos de gestão de uma EFPC, conforme a legislação. No triângulo superior relativo à governança (representado em linhas pontilhadas), os retângulos em cinza escuro são estruturas mínimas obrigatórias, enquanto em cinza claro estão os responsáveis legais ou comitês. Por sua vez, no triângulo inferior, relativo à gestão, são apresentadas as possíveis formas de funcionamento do sistema das decisões de gestão.

Na área externa da figura (retângulos com fundo branco), do lado direito estão os *principais*, àqueles a quem pertencem os direitos decorrentes dos planos de benefícios e sobre os quais recaem os riscos das decisões dos agentes contratados – como já abordamos no Capítulo 3 –; são os participantes e os patrocinadores.[11] Do lado esquerdo da Figura, estão representados os diferentes *stakeholders*, como órgãos reguladores, fiscalizadores. Por fim, os agentes contratados para a governança e gestão dos planos são os membros do Conselho Deliberativo e os Diretores Executivos. O foco desta subseção é aprofundar os três aspectos da estrutura da organização e identificar diferentes partes interessadas. São eles a governança, a gestão e seus *stakeholders*.

Governança

No que tange às estruturas mínimas obrigatórias, o conselho deliberativo de uma EFPC é o responsável por definir a política geral de administração da entidade e de seus planos de benefícios. O conselho fiscal é o órgão de controle interno da entidade e a diretoria executiva

---

[10] Encontra-se em avaliação a consulta pública 05/2018 de Instrução PREVIC para cumprimento da Resolução CGPC nº 13/2004.
[11] Patrocinadores no caso de planos com caraterística de BD, pois assumem o risco atuarial do plano.

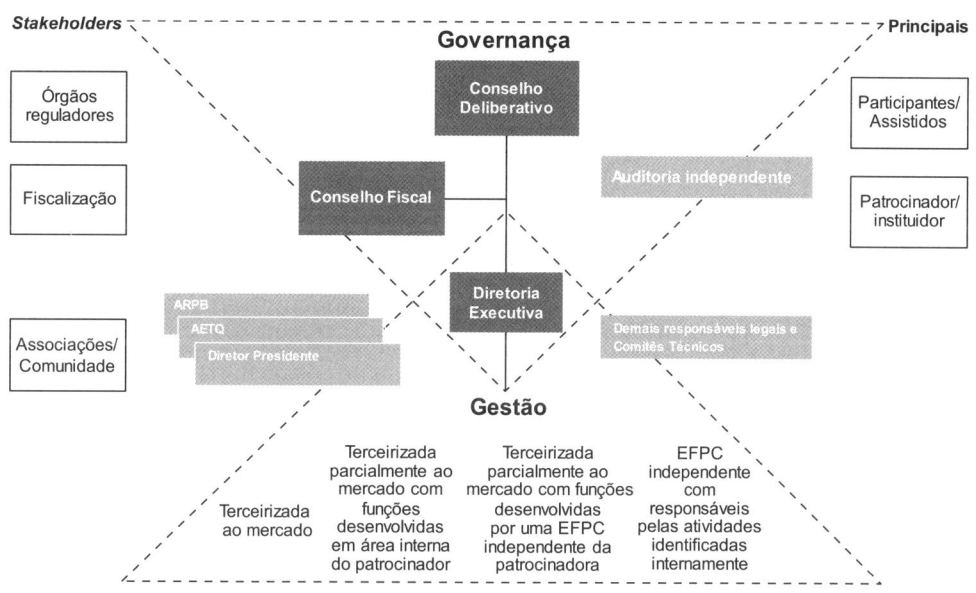

Figura 4.3
Estrutura de governança e tipos de gestão em fundos de pensão no Brasil

Stakeholders / **Principais**

Governança:
- Conselho Deliberativo
- Conselho Fiscal
- Auditoria independente
- Diretoria Executiva
- Demais responsáveis legais e Comitês Técnicos

Stakeholders:
- Órgãos reguladores
- Fiscalização
- Associações/Comunidade

Principais:
- Participantes/Assistidos
- Patrocinador/instituidor

Gestão:
- ARPB
- AETQ
- Diretor Presidente

Tipos de gestão:
- Terceirizada ao mercado
- Terceirizada parcialmente ao mercado com funções desenvolvidas em área interna do patrocinador
- Terceirizada parcialmente ao mercado com funções desenvolvidas por uma EFPC independente da patrocinadora
- EFPC independente com responsáveis pelas atividades identificadas internamente

Notas: Compreende a Diretoria Executiva, os administradores estatutários: Diretor Presidente; AETQ - Administrador Estatutário Tecnicamente Qualificado; ARPB – Administrador Responsável pelos Planos de Benefícios. Demais responsáveis legais: Diretor responsável pela Contabilidade e Atuário. A depender da complexidade e porte da EFPC é obrigatório às ESI: O Comitê de Auditoria e responsável por risco de investimentos ou Comitê de Riscos de Investimentos. O comitê de investimentos, embora não previsto em legislação, é observado em parte das EFPC.

Fonte: Elaboração dos autores.

é a unidade responsável pela administração. Como forma de dar transparência do funcionamento dos órgãos estatutários da entidade, recomenda-se a elaboração de um regimento interno para o órgão de governança da EFPC. Neste documento, devem constar o maior detalhamento das atribuições, a periodicidade das reuniões, o controle dos registros em ata para acompanhamento e ajustes e, por fim, a identificação dos responsáveis pelas decisões em suas atribuições e devido fundamento.[12]

O estatuto deve prever a composição e atribuições dos conselhos deliberativo e fiscal, sendo que, no mínimo, um terço deve ser formado por membros dos participantes e assistidos. No caso de patrocinadores de entidades públicas e empresas de economia mista, vinculados à LC nº 108/2001, há disposição legal para a paridade na composição dos conselhos deliberativo e fiscal. Por sua vez, no caso da diretoria executiva, em caráter excepcional, é permitida a ocupação de até trinta por cento dos cargos por membros sem formação de nível superior, sendo assegurado pelo menos um membro.[13]

A Resolução CNPC nº 19/2015 estabelece os processos de certificação, habilitação e qualificação para a posse no cargo de membro da diretoria executiva, do conselho fiscal

---

[12] É importante destacar a decisão em colegiado, em que o voto deve ser fundamentado em argumentos que possam ser evidenciados. Vale lembrar que o voto de "abstenção", apesar de ser uma forma de se posicionar frente à decisão, deve ser devidamente avaliado, com respectivas justificativas que não eliminam a responsabilidade do agente pela decisão tomada pelo colegiado.

[13] Em relação à composição dos conselhos deliberativo e fiscal, ver LC nº 108/2001 e LC nº 109/2001.

e do conselho deliberativo, bem como o conteúdo mínimo para certificação.[14] Ela inclui ainda a definição daqueles que participam do processo de análise, de assessoramento e de decisão sobre os investimentos. A Instrução PREVIC nº 28/2016 operacionaliza o processo e destaca que o exercício das funções do cargo depende da prévia obtenção do Atestado de Habilitação, expedido por ela.

A posição do Administrador Estatutário Tecnicamente Qualificado (AETQ) dentre os membros da diretoria executiva, embora prevista na LC nº 109/2001, somente foi regulamentada com a Resolução CMN nº 3.792/2001. Já a Resolução CMN nº 4.275/2013 estabeleceu o AETQ como o responsável pela gestão, alocação, supervisão, controle de risco e acompanhamento dos recursos garantidores dos planos, bem como pela prestação de informações sobre a alocação em ativos a partir desses recursos.

Apesar da LC nº 109/2001 não prever a existência do Administrador Responsável pelos Planos de Benefícios (ARPB), esta posição foi criada pela Resolução CGPC nº 18/2006, em função da necessidade de nomeação, dentre os membros da diretoria executiva, do responsável pela adoção e aplicação das hipóteses biométricas, demográficas, econômicas e financeiras do plano, sem prejuízo da responsabilidade do patrocinador ou do instituidor.

Por fim, a Resolução CNPC nº 27/2017 dispõe sobre a auditoria independente e o comitê de auditoria, enquanto a Resolução CMN nº 4.661/2018 determina a instituição do profissional responsável por riscos de investimentos ou comitê e demais diretrizes para governança específica dos ativos sob a gestão das EFPC. A existência do comitê de auditoria e do profissional ou comitê responsável por controle de riscos de investimentos é obrigatória para as ESI. Nas demais, essa regra funciona a depender do porte e complexidade, que aprofundaremos mais à frente.

Gestão

Os fundos de pensão executam a gestão de planos sob seis condições distintas, apresentadas a seguir, podendo ser combinadas ou não.[15] As três primeiras correspondem a condições denominadas como "predeterminadas" (não dependem de escolha do fundo de pensão), enquanto as três últimas se referem a condições ou características de governança escolhidas pelos mesmos, chamadas de "determinadas".

(1) disposição de diferentes tipos de planos de benefícios: BD, CD ou CV. Apesar de não serem observados novos planos BD, esse tipo de benefício ainda representa parcela relevante no sistema;
(2) tipo de patrocínio: público (por exemplo, empresa de economia mista, administração direta do governo, privado, ou instituído por associação de caráter profissional, seja classista ou setorial);
(3) conjunto de participantes com características distintas em função do setor econômico de atuação do patrocinador ou instituidor. Exemplo: empregados do sistema financeiro, do setor de *commodities*, indústria química, máquinas e equipamentos, entre outros;

---

[14] A Instrução PREVIC nº 19/2015 dispõe sobre o conteúdo mínimo para certificação em 8 áreas de conhecimento: previdência social; administração e governança das EFPC; atuária; auditoria; contabilidade; investimentos; fiscalização e jurídico. As instituições certificadoras devem ser reconhecidas pela PREVIC.
[15] Lei Complementar nº 108/2001; Lei Complementar nº 109/2001; Resolução CGPC nº 13/2004.

(4) atendimento aos critérios da legislação, a escolha dos membros dos órgãos de governança da entidade, de seus executivos e contratos com terceiros nas diferentes áreas do conhecimento, inclusive, investimento;
(5) transparência e agilidade na divulgação de fatos relevantes, desde que observado o exigido em legislação;
(6) estrutura operacional, referente aos tipos de estrutura de gestão adotadas pelas EFPC, conforme descrito em mais detalhes a seguir.

Didaticamente, a estrutura de gestão adotada por fundos de pensão pode ser agrupada em quatro tipos básicos, apresentados na Figura 4.3. O primeiro se dá pela gestão totalmente terceirizada em favor de bancos – através do produto de multipatrocínio, ou seja, executam a gestão de um mesmo plano para mais de uma patrocinadora[16] – ou de empresas especializadas na gestão de passivos, por meio de multiplanos.[17] O segundo tipo de gestão ocorre quando há atividades terceirizadas ao mercado, como a gestão do passivo, mescladas com atividades executadas internamente em área específica da patrocinadora (por exemplo, recursos humanos ou benefícios). Por sua vez, a terceira forma somente se diferencia da segunda quando há uma organização com profissionais contratados independentemente do quadro da patrocinadora. Finalmente, no quarto tipo de gestão, há uma associação com uma EFPC com quadro próprio e independente do patrocinador.

Cabe destacar que a existência da gestão terceirizada de investimentos, através de fundos de investimentos, não descaracteriza a estrutura de EFPC com responsáveis legais dedicados, exclusivamente, à entidade. Segundo a Resolução CGPC nº 13/2004, dada a previsão legal para governança da EFPC, o modelo escolhido para funcionamento da gestão deve observar a melhor relação custo/benefício para os planos e a ausência de conflito de interesses.

Stakeholders[18]

Ao longo desta seção, já foram apresentados alguns dos *stakeholders* que compõem a estrutura que envolve fundos de pensão. Dentre eles, estão os órgãos de regulação e supervisão (CNPC e PREVIC) e a figura do patrocinador/instituidor e dos próprios participantes do plano (ativos e assistidos). Existem, entretanto, uma série de outros agentes que influenciam de alguma forma as EFPC, seus dirigentes e participantes. Dentre eles, podemos destacar: a Associação Brasileira das Entidades Fechadas de Previdência Complementar (ABRAPP); o Sindicato Nacional das Entidades Fechadas de Previdência Complementar (SINDAPP); e a Associação Nacional dos Participantes de Fundos de Pensão (ANAPAR)

Também exercem influência sobre as EFPC, a Associação Nacional dos Contabilistas das Entidades de Previdência (ANCEP), o Instituto Nacional de Atuária (IBA) e o Instituto de Certificação Institucional e dos Profissionais de Seguridade Social (ICSS). Ademais, o Decreto nº 7.123/2010 trata da Câmara de Recursos da Previdência Complementar (CRPC), que atua na apreciação e julgamento de recursos interpostos contra decisões da Diretoria Colegiada da PREVIC, em decorrência de autos de infração.

---

[16] Destacamos que este produto não se trata de um plano de previdência coletivo que um banco ou seguradora oferece através de sua Entidade Aberta de Previdência Complementar (EAPC), tratada no Capítulo 5.
[17] Entendemos que a complexidade de uma EFPC, portanto, vai além dos parâmetros dispostos nas instruções da PREVIC. Ver instrução PREVIC nº 05/2017.
[18] Para o termo em inglês *Stakeholders* utilizamos o conceito definido por Freeman (2004) que está relacionado com qualquer grupo ou indivíduo que é ou possa ser afetado pela realização dos objetivos da organização, e ainda, do mesmo teórico (2004), como aqueles grupos relevantes para a sobrevivência e sucesso da corporação.

Modelo de supervisão

Se no passado o modelo de supervisão era baseado em regras, onde o risco deveria ser evitado, a atual metodologia adotada pela PREVIC é a de Supervisão Baseada em Riscos (SBR), na qual o risco é compreendido em termos de probabilidade e impacto de sua ocorrência. Esta metodologia tem sido utilizada pelos órgãos de supervisão de fundos de pensão em países-membros da OCDE[19] e foi estabelecida com base nos Princípios de Supervisão para a Previdência Privada da International Organization of Pension Supervisors (IOPS).

O objetivo da metodologia SBR é analisar os riscos que gerarão maior impacto sobre os participantes e sobre a sustentabilidade do sistema.[20] Os pilares para a SBR são a exigência de capital baseada em riscos, para garantia de solvência, e da gestão de riscos no aspecto de governança e transparência da exposição, envolvendo ampla divulgação. O escopo e a intensidade da fiscalização variam de acordo com o risco que o plano de benefícios administrado pelo fundo de pensão oferece, conforme indicado por esta metodologia.

A Figura 4.4 apresenta o modelo SBR através de uma matriz de probabilidade e impacto de riscos. O mapeamento dos riscos da EFPC é realizado a partir da identificação dos diferentes riscos sobre a capacidade de pagamento dos benefícios, da mensuração do impacto de cada um daqueles – baixo, médio, alto ou muito alto – e da probabilidade de ocorrência. Com a identificação e mensuração, os riscos são dispostos em quatro quadrantes, que direcionará a PREVIC para uma das três formas de atuação (da mais simples para a mais complexa): (i) educação e fornecimento de diretrizes a conselheiros e dirigentes da EFPC; (ii) orientações e recomendações quanto às ações que precisam ser tomadas pela entidade, quando das visitas da equipe da fiscalização; e (iii) determinação de ações ou punição aos responsáveis, em função de falhas recorrentes contra os interesses dos participantes e assistidos.

Desta forma, o modelo de supervisão atua de forma prudencial, na medida em que tem como base os riscos incorridos pelo plano sob a gestão da entidade e a qualidade de seus controles internos para prevenção desses riscos. Nessa linha, um exemplo de instrumento utilizado pela fiscalização junto às EFPC é o Termo de Ajustamento de Conduta (TAC).

O TAC é utilizado na administração pública e visa ao ajuste de conduta inicialmente contrária ao interesse público e/ou a normas e legislação vigentes. Sua aplicação é possível quando há oportunidade de corrigir a irregularidade frente ao disposto em legislação e não há perda financeira imposta ao plano. É importante ressaltar que sempre deve ser dada a devida transparência do TAC aos participantes e assistidos, bem como aos patrocinadores/instituidores do plano de benefícios em questão.

Neste contexto, a fiscalização tem como objetivo elevar os padrões de governança e de controle de riscos das EFPC, de forma que os dirigentes do fundo de pensão compreendam e cumpram seu dever de fidúcia. A Resolução CMN nº 4.661/2018, ao definir o profissional responsável por riscos de investimentos ou comitê de riscos, a depender do porte e complexidade da entidade, está em linha com este objetivo. Por sua vez, a Resolução

---

[19] A forma anterior de supervisão, a Supervisão Baseada em Regras (tradicional), vem sendo gradativamente substituída pela Supervisão Baseada em Riscos (SBR), mas ainda há muitos resquícios da antiga cultura na PREVIC. Na supervisão tradicional, a abordagem é reativa, prescritiva, de conformidade, uniformidade e induz a evitar riscos; possui maior relação esforço/resultado; e uma visão mais pontual e intermitente. Enquanto isso, na SBR a abordagem da supervisão é proativa, prudencial, tem escopo ampliado, induz à gestão de riscos, possui menor relação esforço/resultado, visão sistêmica e pontual e ocorre de forma contínua. A abordagem tradicional e a SBR estão disponíveis em apresentação da PREVIC de 2014: https://slideplayer.com.br/slide/3019495/, acesso em 03/12/2018.
[20] Para o aprofundamento dos conhecimentos sobre a metodologia, ver Ashcroft (2010).

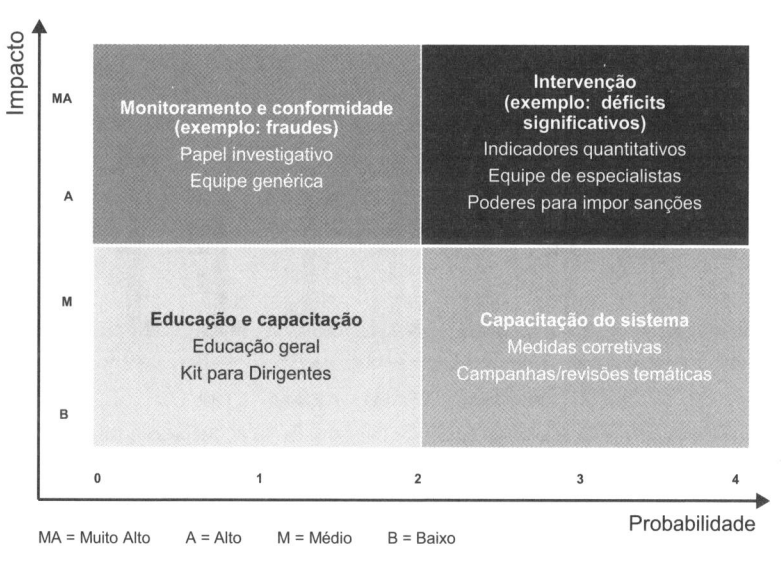

Figura 4.4
Quadrantes de atuação da fiscalização com base na Supervisão Baseada em Riscos

Monitoramento e conformidade (exemplo: fraudes) Papel investigativo Equipe genérica	**Intervenção** (exemplo: déficits significativos) Indicadores quantitativos Equipe de especialistas Poderes para impor sanções
Educação e capacitação Educação geral Kit para Dirigentes	**Capacitação do sistema** Medidas corretivas Campanhas/revisões temáticas

MA = Muito Alto   A = Alto   M = Médio   B = Baixo

Fonte: Adaptada pelos autores a partir da Figura 1 do Guia Previc de Melhores Práticas em Fundos de Pensão (2010) e Banco Mundial (2010).

CNPC nº 27/2017, ao criar o comitê de auditoria e ao estabelecer novas diretrizes à auditoria independente, amplia as condições para conformidade do fundo de pensão à mitigação de riscos não necessários aos planos.

Análise do mercado brasileiro

Apresentadas as principais características dos fundos de pensão e do contexto institucional no qual se inserem, é oportuno nos debruçarmos sobre alguns números desse mercado no Brasil. O Gráfico 4.1 apresenta a evolução da quantidade de fundos de pensão no sistema de previdência complementar por tipo de patrocínio, de 2006 a 2017. Os dados mostram uma redução no número total de EFPC no período, o que confirma a aversão dos patrocinadores aos riscos da capitalização de recursos. Por outro lado, observamos um leve crescimento das EFPC instituídas[21], fortalecendo o argumento de maior crescimento através de planos acessíveis a profissionais associados a entidades de classe ou setores da indústria. Vale ressaltar que, especificamente para a instituição de planos setoriais, a PREVIC inovou ao dispor de regulamentação, em 2016, que trata de instruções contratuais específicas a esses planos, conferindo dinâmica adequada ao licenciamento de EFPC e aumento de adesões.[22]

---

[21] Parte da queda do número de EFPC é explicada pela extinção de algumas delas, em função da transferência de planos para outras EFPC de multiplanos. Entretanto, a quantidade de planos patrocinados por empresas cresceu muito pouco. Enquanto em 2006 o total de planos era de 1.035, após pouco mais de 10 anos esse número passou para 1.141 planos. Ou seja, apenas 0,89% de taxa composta anual de crescimento. Já os planos instituídos tiveram uma taxa composta anual de crescimento de 7,8%, passando de 35 planos, em 2007, para 67 planos, em 2017. Ainda assim, são valores absolutos tímidos.

[22] Sobre a instituição e disposição de planos de benefícios setoriais, ver Instrução PREVIC nº 29/2016.

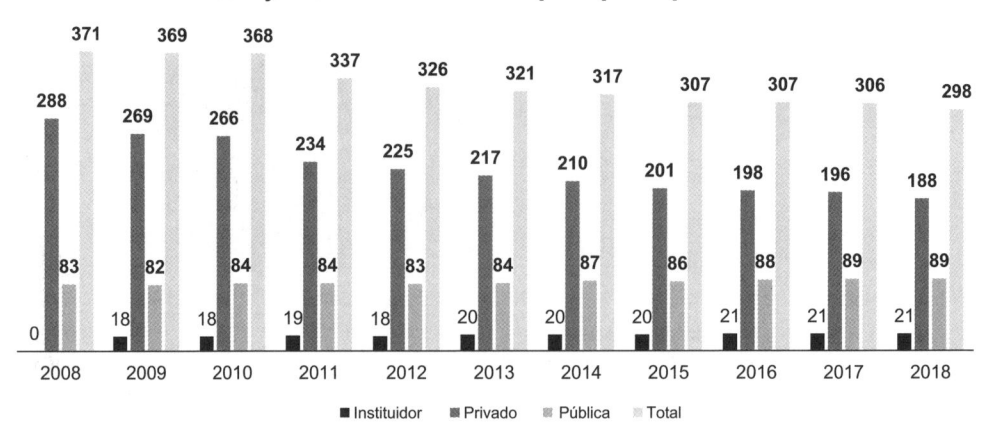

Gráfico 4.1
Evolução do número de EFPC por tipo de patrocínio

Ano	Instituidor	Privado	Pública	Total
2008	0	288	83	371
2009	18	269	82	369
2010	18	266	84	368
2011	19	234	84	337
2012	18	225	83	326
2013	20	217	84	321
2014	20	210	87	317
2015	20	201	86	307
2016	21	198	88	307
2017	21	196	89	306
2018	21	188	89	298

Fonte: Elaborado pelos autores a partir de Informes Estatísticos Trimestrais da PREVIC. Recuperado em 22/04/2019: http://www.previc.gov.br/central-de-conteudos/publicacoes/informe-estatistico.

Os dados do Gráfico 4.1 também apresentam a evolução do número de entidades patrocinadas pelo setor público. Nota-se que ao longo do período os dados apresentaram relativa estabilidade, oscilando no intervalo de 79 a 89 entidades. Neste ponto, cabe destacar a instituição do regime de previdência complementar dos servidores públicos federais. Para os servidores da União, foram criadas três entidades fechadas de previdência complementar.[23] A exemplo da União e estados como São Paulo, que já aprovaram em lei a criação de suas entidades, os demais entes da federação serão estimulados a oferecer este benefício a seus servidores. A mesma regra para o teto do Regime Geral de Previdência Social (RGPS) cabe a todos os servidores públicos. Ou seja, acima do teto, a renda adicional poderá provir somente da previdência complementar.[24] No que se refere aos tipos de plano de benefício, nota-se no mercado brasileiro que 61% dos planos ainda mantêm a característica de BD e CV (751 planos, de um total de 1.108).

Cabe destacar, entretanto, que em termos de crescimento, os planos CV e CD têm se destacado mais do que os planos BD. Este movimento pode ser explicado, principalmente, pela opção dos participantes em migrar dos planos BD para planos CV ou CD, incentivados pelos patrocinadores. O objetivo desta migração, tanto no Brasil quanto nos demais países, vai ao encontro do processo de redução do risco aos empregadores e de incentivo para constituição de novos planos coletivos de previdência. Além disso, os planos BD existentes no país são considerados maduros, pagando mais benefícios do que recebem em contribuições, sendo que a maior parte está em extinção e fechada ao ingresso de novos participantes.

Ainda no que se refere ao mercado brasileiro de previdência complementar fechada, é oportuno analisarmos o papel desempenhado pelas ESI, de forma a elucidar sua relevância,

---

[23] Como abordamos no Capítulo 2, a Lei nº 12.618/2012 instituiu o RPC e autorizou a criação de três entidades de previdência complementar para os servidores públicos federais: a Fundação de Previdência Complementar do Servidor Público Federal do Poder Executivo (Funpresp-Exe); a Fundação de Previdência Complementar do Servidor Público Federal do Poder Legislativo (Funpresp-Leg) e a Fundação de Previdência Complementar do Servidor Público Federal do Poder Judiciário (Funpresp-Jud).
[24] Sobre a instituição de planos de previdência complementar aos servidores da União, ver Lei nº 12.618/2012. Em relação à implantação do regime de previdência complementar aos servidores públicos, ver Emenda Constitucional nº 41/2003. Sobre a criação da EFPC em São Paulo, ver Lei nº 14.653/2011.

bem como explorar algumas de suas características. Conforme mencionado anteriormente, de acordo com classificação da PREVIC, o Brasil possui 17 ESI. Tais entidades detêm 61% do ativo total do sistema. Do total de ativos sobre a gestão das ESI, 24% são de EFPC de patrocínio privado, enquanto 73% apresentam patrocínio público federal e apenas 2% estadual (Gráfico 4.2). Destaca-se que, enquanto as duas de patrocínio público datam de 1971 (Fundação Copel) e 2011 (SP-Prevcom), a PREVI, que é de patrocínio público federal, foi criada em de 1904 e possui o maior volume de ativos de todo o sistema de previdência complementar no país, com mais de R$ 204 bilhões, estando entre os 100 maiores fundos de pensão do mundo em termos de ativo sob a gestão.[25]

Em relação ao total de participantes inscritos em planos de previdência sob a gestão das EFPC do sistema e os relacionados com as ESI, o Gráfico 4.3 mostra que de um total de 2,7 milhões de participantes ativos, 551 mil são de planos sob a gestão de ESI. Ademais, existem cerca de 848 mil assistidos (sendo quase a metade com as ESI) e mais 3,9 milhões de dependentes dos participantes ativos e de seus assistidos (1,1 milhão apenas nas ESI).

Gráfico 4.2
Ativos sob a gestão das ESI por tipo de patrocínio (R$ bilhões e % ESI) – 2018

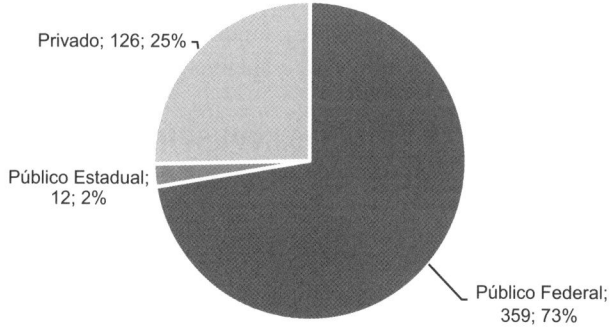

- Privado; 126; 25%
- Público Estadual; 12; 2%
- Público Federal; 359; 73%

Fonte: Adaptado pelos autores a partir do Consolidado Estatístico da ABRAPP (2018) para dados das Entidades Sistematicamente Importantes (ESI) identificadas em Portaria Previc nº 916/2018.

Gráfico 4.3
Total de participantes em planos sob a gestão das EFPC e das ESI – dez/2018

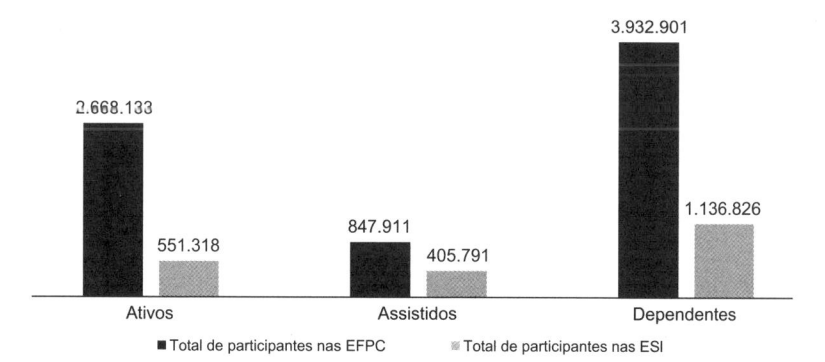

	Ativos	Assistidos	Dependentes
Total de participantes nas EFPC	2.668.133	847.911	3.932.901
Total de participantes nas ESI	551.318	405.791	1.136.826

Fonte: Adaptado pelos autores a partir do Consolidado Estatístico da ABRAPP (2018) para dados das Entidades Sistematicamente Importantes (ESI) identificadas em Portaria Previc nº 916/2018.

---

[25] Conforme ranking desenvolvido pela Willis Towers Watson (2018).

De toda forma, há mais de 7,4 milhões de pessoas relacionadas com planos de previdência complementar fechada e um espaço amplo para fomento desse tipo de previdência a partir de novos inscritos, seja por planos patrocinados ou instituídos.

A partir dos dados anteriores, observamos a concentração nas ESI, principalmente na proporção dos assistidos que representam quase metade do sistema. Conforme o Consolidado Estatístico da ABRAPP de 2018 do total de ativos em planos BD do sistema, 70% estão concentrados em planos sob gestão das ESI, demonstrando sua relevância em termos de impacto (dado o risco atuarial) e da abrangência no conjunto observado de participantes.

A Tabela 4.1 apresenta a relação das ESI, por tipo de patrocínio e setor econômico de atuação do patrocinador. Adicionalmente, apresenta a proporção de investimentos no sistema de previdência complementar fechado e percentual de participantes ativos, assistidos e seus dependentes por ESI em relação ao total das EFPC.

Merece especial destaque o fato de que 65% das ESI possuem conexões com o governo pelo tipo de patrocínio e 24% têm relações com instituições financeiras pelo setor econômico do patrocinador. Tendo em vista que esta característica pode influenciar as decisões de investimentos, tal aspecto se torna particularmente relevante para o monitoramento e controle adequado de riscos[26], reforçando a necessidade de governança e de *compliance* diferenciadas. No caso dos fundos de pensão de patrocínio público, a Resolução CGPAR nº 9 (2016)[27] determina a auditoria interna da empresa estatal sobre o fundo de pensão patrocinado, o que inclui, dentre outras atividades, a relacionada com o desempenho de retorno dos investimentos.[28]

DIRETRIZES PARA OS INVESTIMENTOS DOS FUNDOS DE PENSÃO

Os recursos garantidores dos planos de benefícios e de gestão administrativa são investidos segundo as diretrizes de riscos e limites máximos estabelecidos pelo CMN. As diretrizes para gestão de ativos por fundos de pensão têm como propósito a garantia da segurança a seus participantes através da rentabilidade, solvência e liquidez dos planos sob a gestão do fundo de pensão.

Para discutir tais aspectos, esta seção está estruturada em três subseções. A primeira trata da responsabilidade na gestão e o controle de riscos associados aos investimentos, incluindo a política e o perfil de investimentos adotados em cada tipo de plano. Na segunda, abordamos os desafios para obtenção de um retorno adequado aos investimentos. Por fim, a terceira seção expõe um conjunto de dados que elucidam as características dos investimentos na indústria de fundos de pensão brasileira.

Responsabilidade na gestão e o controle de riscos

A composição das carteiras de ativos dos planos deve observar os limites e segmentos dispostos na Resolução CMN nº 4.661/2018. Dentre as diretrizes dispostas pela resolução, destacam-se:

---

[26] Estudo acadêmico confirmou a influência de conexões com o governo e de provedores de serviços relacionado com o setor de atuação do patrocinador e trata da forma de mitigar este risco. Ver Nese (2017). Seus resultados serão apresentados no Capítulo 6.
[27] Governança Corporativa e de Administração de Participações Societárias da União (CGPAR).
[28] Há determinação específica relacionada com a auditoria independente e a criação do Comitê de Auditoria, considerando o porte e relevância da EFPC. Ver Resolução CNPC nº 27 (2018).

Tabela 4.1 ESI e características do patrocinador, investimentos sob a gestão e tipo de participantes (R$ milhões e % total) – dez/2018

ESI	Tipo de patrocínio	Setor econômico	Investimentos R$	% Total EFPC	Ativos Quantidade	%	Dependentes Quantidade	%	Assistidos Quantidade	%
Funcesp	Privado	Energia	29.232	3%	16.082	1%	48.404	1%	33.070	4%
Fundação Itaú Unibanco	Privado	Financeiro	26.926	3%	34.981	1%	2.562	0%	19.742	2%
Banesprev	Privado	Financeiro	17.547	2%	3.325	0%	24.956	1%	25.741	3%
Valia	Privado	Mineração	23.011	3%	74.929	3%	298.489	8%	23.143	3%
Sistel	Privado	Telefonia	18.457	2%	1.673	0%	24.956	1%	23.508	3%
Fundação Atlântico	Privado	Telefonia	10.718	1%	11.992	0%	14	0%	8.394	1%
Fundação Copel	Público Estadual	Energia	10.392	1%	10.992	0%	9.014	0%	8.394	1%
SP-Prevcom	Público Estadual	Servidores do estado	1.091	0%	23.575	1%	10.555	0%	301	0%
Forluz	Público Federal	Energia	15.866	2%	6.796	0%	30.503	1%	15.107	2%
Real Grandeza	Público Federal	Energia	15.815	2%	3.543	0%	18.195	0%	9.210	1%
Funpresp-Exe	Público Federal	Executivo e Legislativo	1.364	0%	58.276	2%	–	0%	27	0%
Fapes	Público Federal	Financeiro	12.557	1%	2.910	0%	7.509	0%	2.156	0%
Previ	Público Federal	Financeiro	201.950	23%	89.669	3%	246.307	6%	104.787	12%
Funcef	Público Federal	Financeiro	29.332	3%	34.981	1%	2.562	0%	19.742	2%
Funpresp-Jud	Público Federal	Judiciário	345	0%	10.312	0%	1.348	0%	–	0%
Petros	Público Federal	Óleo e Gás	74.546	9%	71.476	3%	305.442	8%	74.498	9%
Postalis	Público Federal	Serviços	7.672	1%	95.806	4%	106.010	3%	37.971	4%
Total de 17 ESI			496.822	57%	551.318	21%	1.136.826	29%	405.791	48%
Total demais EFPC			368.369	43%	2.116.815	79%	2.796.075	71%	442.120	52%
Total das EFPC			865.191	100%	2.668.133	100%	3.932.901	100%	847.911	100%

Fonte: Adaptada pelos autores a partir de Consolidado Estatístico da ABRAPP (2018) para dados das Entidades Sistematicamente Importantes (ESI) identificadas em Portaria Previc nº 916/2018.

- a abrangência da responsabilidade no processo de investimento: são responsáveis pelo investimento realizado desde aqueles que participaram do processo de avaliação até os que deliberaram pelo investimento. Portanto, a responsabilidade de cada parte é identificada de acordo com a respectiva atribuição no processo de investimento. Além do $AETQ$, são responsáveis os membros de conselhos da EFPC; os procuradores com poderes de gestão; os membros do comitê de investimentos e os demais profissionais que participam do processo de análise, de assessoramento e de decisão sobre investimentos;
- a avaliação e monitoramento do risco em carteira própria ou administrada: detalhamento de cada fase de investimento e do monitoramento e controle na carteira própria ou administrada frente a cada um dos riscos de investimentos, inclusive com considerações acerca das questões socioambientais e de governança;
- a seleção e acompanhamento de gestores externos de investimentos: trata do processo de seleção de gestores de ativos e da clareza de monitoramento e controle na administração dos ativos;
- a mitigação de conflito de interesses: suficiência da segregação de funções do gestor, administrador e custodiante de fundos de investimentos; avaliação da capacitação técnica dos contratados; e informações da existência de ativos financeiros da patrocinadora ou de suas ligadas na carteira;
- a harmonização com normas do sistema financeiro: o alinhamento a regras de negociação de títulos no sistema para maior segurança e nos mesmos termos utilizados por investidores institucionais fiscalizados pelo BACEN e CVM;
- a consideração dos perfis de investimento: os planos de benefícios com opção de perfis devem observar os mesmos limites impostos na norma aos demais planos;
- as vedações: a investimentos em imóveis e em fundos de investimentos em participações, com extensão de investimento no exterior.

A Resolução CMN nº 4.661/2018, juntamente com a Resolução CGPC nº 07/2003, determina o uso de uma política de investimentos como diretriz para alocação de ativos. A efetividade da gestão dos investimentos dependerá do estabelecimento dessa política, que apresenta a estratégia de longo prazo para alocação dos ativos de cada plano. A Figura 4.5 apresenta os seis segmentos de ativos, com respectivos limites máximos por plano, que podem ser determinados e devem estar dispostos na política de investimento.

Figura 4.5
Os segmentos de alocação de ativos e limites máximos por fundos de pensão

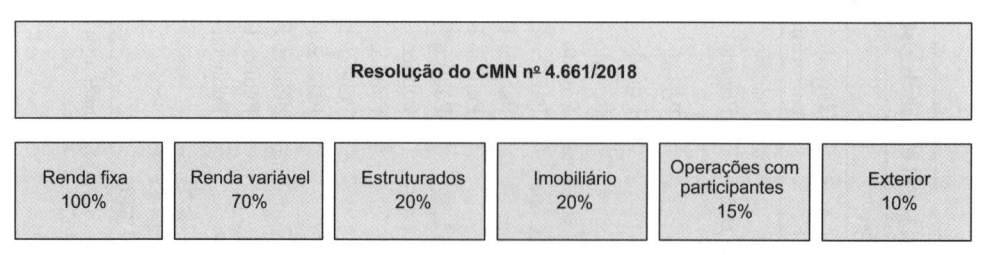

Resolução do CMN nº 4.661/2018

| Renda fixa 100% | Renda variável 70% | Estruturados 20% | Imobiliário 20% | Operações com participantes 15% | Exterior 10% |

Fonte: Elaborada pelos Autores a partir do disposto na Resolução CMN 4.661/2018. Entre outras disposições, esta norma vedou a aquisição de imóveis diretamente pelas EFPC aos planos de benefício. Somente através de fundos de investimentos imobiliários é possível esta aquisição.

Cabe salientar que, dentre os aspectos quantitativos, a nova norma representa simplificação dos limites para enquadramento e respectivo controle, onde se destacam quatro aspectos principais: 1) alocação por segmento (excluindo o segmento de imóveis e harmonizando a norma para aplicação em ativos financeiros); 2) alocação por ativo, definindo o conceito de ativo final; 3) alocação por emissor e; 4) concentração por emissor, a partir da soma dos recursos administrados pela EFPC.

Além disso, revisou limites e aperfeiçoou o enquadramento dos ativos em seus respectivos limites. Por exemplo, renda fixa: investimentos em debêntures emitidas por sociedade por ações de capital fechado, nos termos do art. 2º da Lei nº 12.431, desde que haja garantia de instituição financeira; e investimentos em certificados de cédulas de crédito bancário (CCCB) lastreadas em cédulas de crédito bancário (CCB) emitidas por sociedades por ações de capital fechado e sociedades limitadas desde que haja garantia do CCB por instituição financeira. Na renda variável (RV) houve reorganização dos limites máximos dos ativos do segmento, como, por exemplo, ativos negociados em segmento especial: 70%; não negociados em segmento especial: 50%; Brazilian Depositary Receipts (BDR): 10%; outros ativos de renda variável: 3%. Transferências dos BDR II e III do segmento de estruturados para renda variável, dado que a companhia emissora das ações no exterior, que lastreiam os programas de BDR patrocinado nível II e III, está sujeita ao registro de emissor estrangeiro perante a CVM. Embora o mercado de acesso (Bovespa Mais, Bovespa Mais Nível 2) faça parte do segmento especial de negociação da B3, foi direcionado da renda variável para o segmento estruturado em função do estágio de maturidade da companhia e riscos inerentes.

Houve revisão dos limites dos ativos financeiros do segmento de estruturados, embora tenha mantido o limite de alocação de 20% dos recursos garantidores de cada plano de benefícios, com redução do risco no segmento para 15%, especificamente aos FIP, que antes poderiam chegar a 20% do segmento. Criaram-se maiores restrições aos FIPs, como a necessidade de que o gestor mantenha investimentos de no mínimo 3% no mesmo FIP investido pela EFPC. Entende-se o objetivo de alinhamento de interesses do gestor com os cotistas do fundo, na medida em que correr risco proporcional com a sua participação, porém limitando a participação de gestores de menor porte na carteira dos fundos de pensão e elevando a concentração no que já são de maior porte. Houve transferência dos Fundos de Investimentos Imobiliários do segmento estruturado para o novo segmento imobiliário. Expandiu-se o limite para fundo de investimento multimercado (FIM) e fundo de investimentos em cota de FIM (FIC-FIM) de 10 para 15%.

Do investimento no exterior, houve incorporação de normas de alterações recentes, confirmando os incentivos para a diversificação, inclusive geográfica. Por sua vez, a Tabela 4.2 apresenta os limites de alocação de investimentos por plano sob a gestão da EFPC e em relação do total de recursos por ela administrados, conforme a Resolução CMN nº 4.661/2018.

Cabe destacar que não há limite mínimo para investimentos em nenhum dos segmentos de ativos e que a operacionalização das diretrizes está disposta na Instrução PREVIC nº 6/2018, que, dentre outros procedimentos, determina que na política de investimentos de cada plano conste, no mínimo:

I. *a previsão de alocação de recursos e os limites por segmento de aplicação;*
II. *a meta de rentabilidade por plano e segmento de aplicação;*
III. *a rentabilidade auferida por plano e segmento de aplicação nos 5 (cinco) exercícios anteriores a que a política de investimento se refere, de forma acumulada e por exercício;*

Tabela 4.2 Os limites de alocação de investimentos e de concentração por emissor – Resolução CMN nº 4.661/2018

Segmento de aplicação e concentração	Artigo	Inciso	Alínea	Modalidade de investimento	Em relação aos recursos garantidores de cada plano de benefício			Em relação à soma dos recursos administrados pela EFPC	
					Por segmento	No conjunto do segmento	Por Emissor	Concentração por Emissor (Ações de empresas e Patrimônio Líquido) (a)	Concentração por Investimento (emissão e série) (a)
							Art. 27	Art. 28	
Renda fixa		I	a	títulos da dívida pública mobiliária federal interna	100%	100%	100%	–	–
		I	b	ETF Renda Fixa lastreado em títulos da dívida pública mobiliária federal interna	100%		10%	–	–
		II	a	ativos financeiros de renda fixa com obrigação ou coobrigação de instituições financeiras bancárias Instituição financeira bancária autorizada a funcionar pelo Banco Central do Brasil	80%	80%	20%	25% (a)	25% (a)
		II	b	ativos financeiros de renda fixa de emissão de sociedade por ações de capital aberto, incluídas as companhias securitizadoras	80%		10%	25% (a)	25% (a)
		II	c	ETF Renda Fixa (Crédito privado (CP) ou CP + Título Público)	80%		10%	25% (a)	–
	21		a	títulos das dívidas públicas estaduais e municipais;	20%		10%	–	–
			b	obrigações de organismos multilaterais emitidas no País;	20%		10%	–	–
			c	ativos financeiros de renda fixa com obrigação ou coobrigação de instituições financeiras não bancárias e de cooperativas de crédito, bancárias ou não bancárias, autorizadas a funcionar pelo Banco Central do Brasil;	20%		10%	–	25% (a)
		III	d	debêntures emitidas por sociedade por ações de capital fechado nos termos do art. 2º da Lei nº 12.431, de 24 de junho de 2011;	20%		10%	15%	25% (a)
			e	FIDC e FICFIDC, cédulas de crédito bancário (CCB), certificados de cédulas de crédito bancário (CCCB); e	20%		10%	25%	25% (a)
			f	cédulas de produto rural (CPR), certificados de direitos creditórios do agronegócio (CDCA), certificados de recebíveis do agronegócio (CRA) e warrant agropecuário (WA).	20%		10%	–	25% (a)
Renda variável	22	I		ações, bônus, recibos, certificados de depósito + ETF de sociedade de capital aberto admitidas à negociação em segmento especial que assegure práticas diferenciadas de governança.	70%	70%	10%	25%	–
		II		ações, bônus, recibos, certificados de depósito + ETF de sociedade de capital aberto não relacionada em segmento especial;	50%		10%	25%	–
		III		Brazilian Depositary Receipts – BDR classificados como nível II e III	10%		10%	–	–
		IV		Ouro Físico	3%		10%	–	–

continua

Tabela 4.2 Os limites de alocação de investimentos e de concentração por emissor – Resolução CMN nº 4.661/2018 (continuação)

Segmento de aplicação e concentração	Artigo	Inciso	Alínea	Modalidade de investmento	Em relação aos recursos garantidores de cada plano de benefício			Em relação à soma dos recursos administrados pela EFPC	
					Por segmento	No conjunto do segmento	Por Emissor	Concentração por Emissor (Ações de empresas e Patrimônio Líquido) (a)	Concentração por Investimento (emissão e série) (a)
							Art. 27	Art. 28	
Estruturados	23	I	-	FIP	15%	20%	10%	-	25% (a)
		II		FIM e FIC-FIM destinados a investidores qualificados (se FIM que utilize o sufixo "Investimento no Exterior" são classificados no segmento exterior; FIM não classificado exterior e no segmento estruturado terão os ativos consolidados para fins de limites e não serão tratados como ativo final)	15%		10%	25%	-
		III		FI classificados como "Ações – Mercado de Acesso"	15%		10%	25%	-
		IV		COE	10%		10%	-	-
Imobiliários	24	I	-	FII e FICFII Caso o FII possua em sua carteira exclusivamente imóveis concluídos e com certidão de habite-se, o limite será de até 100%)	20%	20%	10%	25%	25% (a)
		II		certificados de recebíveis imobiliários (CRI);	20%		10%	25%	-
		III		cédulas de crédito imobiliário (CCI).	20%		10%	25% (b)	-
		-		estoque de imóveis e terrenos (se pertencentes à carteira própria será considerado para o cômputo do limite disposto do art. 24 em relação aos recursos de cada plano).	-		-	-	-
Operações com participantes	25	I	-	empréstimos aos seus participantes e assistidos	15%	15%	-	-	-
		II		financiamentos aos seus participantes e assistidos	15%		-	-	-
Exterior	26	I	-	FI e FICFI classificados como "Renda Fixa – Dívida Externa"	10%	10%	10%	100%	-
		II		cotas de fundos de índice do exterior admitidas à negociação em bolsa de valores do Brasil	10%		10%	25%	-
		III		cotas de fundos de investimento constituídos no Brasil sob a forma de condomínio aberto com o sufixo "Investimento no Exterior", nos termos da regulamentação estabelecida pela Comissão de Valores Mobiliários, que investam, no mínimo, 67% (sessenta e sete por cento) do seu patrimônio líquido em cotas de fundos de investimento constituídos no exterior	10%		10%	100%	-
				fundo de investimento constituído no exterior de que trata o inciso III do art. 26	-	-	-	-	15%
		IV		cotas de fundos de investimento constituídos no Brasil sob a forma de condomínio aberto com o sufixo "Investimento no Exterior", nos termos da regulamentação estabelecida pela Comissão de Valores Mobiliários	10%		10%	25%	-
		V		Brazilian Depositary Receipts – BDR classificado como nível I e cotas dos fundos da classe "Ações – BDR Nível I"	10%		10%	100%	-
		VI		ativos financeiros no exterior pertencentes às carteiras dos fundos constituídos no Brasil, nos termos da regulamentação estabelecida pela Comissão de Valores Mobiliários, que não estejam previstos nos incisos anteriores	10%		10%	25%	-

continua

Tabela 4.2 Os limites de alocação de investimentos e de concentração por emissor – Resolução CMN nº 4.661/2018 (continuação)

Segmento de aplicação e concentração	Artigo	Inciso	Alínea	Modalidade de investimento	Em relação aos recursos garantidores de cada plano de benefício			Em relação à soma dos recursos administrados pela EFPC	
					Por segmento	No conjunto do segmento	Por Emissor	Concentração por Emissor (Ações de empresas e Patrimônio Líquido) (a)	Concentração por Investimento (emissão e série) (a)
					Art. 27			Art. 28	Art. 28
Alocação por emissor	27	I	–	Tesouro Nacional			100%		
		II	–	Instituição financeira bancária autorizada a funcionar pelo Banco Central do Brasil			20%		
		III	–	Demais emissores			10%		
Concentração por emissor	28	I	–	capital total e do capital votante, incluindo os bônus de subscrição e os recibos de subscrição, de uma mesma sociedade por ações de capital aberto admitida ou não à negociação em bolsa de valores				25%	–
		II(b)	a	instituição financeira bancária, não bancárias e de cooperativas de crédito				25%	–
			b	FIDC ou FICFIDC				25%	25% (a)
			c	ETF, Renda Fixa e Renda Variável				25%	–
			d	fundo de investimento ou fundo de investimento em cotas de fundo de investimento classificado no segmento estruturado				25%	–
			e(c)	FII e FICFII				25%	25% (a)
			f	fundos de investimento constituídos no Brasil de que tratam os incisos II, IV e VI do art. 26; e				25%	–
			g	demais emissores, ressalvado o disposto nos incisos III e IV do caput;				25%	–
		III	–	patrimônio separado constituído nas emissões de certificado de recebíveis com a adoção de regime fiduciário				25%	25% (a)
		IV	a	fundo de investimento constituído no exterior de que trata o inciso III do art. 26				15%	–
			b	do emissor listado na alínea "d" do inciso III do art. 21				15%	–

(a) Aplicável quando Título de Valor Mobiliário for emitido com série.
(b) não se aplica a FICFI e FICFIP que invista no mínimo 90% de seu patrimônio líquido em cotas de outros FIP, desde que suas aplicações observem os limites do art. 28.
(c) não se aplica a FII que possua em sua carteira, exclusivamente, imóveis que constavam originalmente da sua carteira de investimentos.
Fonte: Adaptada pelos autores da Tabela da Previc: Limites Consolidados da Res. CMN nº 4.661/18, consulta em 02/10/2018: www.previc.gov.br.

IV. *a taxa mínima atuarial ou os índices de referência, observado o regulamento de cada plano de benefícios;*
V. *os objetivos para utilização de derivativos;*
VI. *as diretrizes para observância de princípios de responsabilidade ambiental, social e de governança, preferencialmente de forma diferenciada por setores da atividade econômica;*
VII. *as informações ou a indicação de documento em que conste procedimentos e critérios relativos a:*
   a. *apreçamento dos ativos financeiros com metodologia ou as fontes de referência adotadas;*
   b. *avaliação dos riscos de investimento, incluídos os riscos de crédito, de mercado, de liquidez, operacional, legal, sistêmico e outros inerentes às operações;*
   c. *seleção, acompanhamento e avaliação de prestadores de serviços relacionados com a administração de carteiras de valores mobiliários e de fundo de investimento;*
   d. *observância dos limites e requisitos da Resolução nº 4.661, de 2018, do Conselho Monetário Nacional;*
   e. *operações realizadas em ativos financeiros ligados a patrocinador e a fornecedores, clientes e demais empresas ligadas ao grupo econômico da patrocinadora, conforme § 4º da Resolução nº 4.661, de 2018, do Conselho Monetário Nacional, observado o sigilo da informação;*
   f. *avaliação, gerenciamento e acompanhamento do risco e do retorno esperado dos investimentos em carteira própria;*
   g. *separação de responsabilidades e objetivos associados aos mandatos de todos os agentes que participem do processo de análise, avaliação, gerenciamento, assessoramento e decisão sobre a aplicação dos recursos dos planos da entidade, inclusive com a definição das alçadas de decisão de cada instância;*
   h. *mitigação de potenciais conflitos de interesse de seus prestadores de serviços e das pessoas que participam do processo decisório.*
      i. *§ 1º O requisito estabelecido no inciso I a V deve ser, preferencialmente, individualizado por perfil de investimento, quando houver.*
      ii. *§ 2º A EFPC deve designar na política de investimentos o administrador estatutário tecnicamente qualificado (AETQ).*

É oportuno mencionar que podem existir planos que adotam estratégias de perfil de risco escolhidas pelos próprios participantes e assistidos. Esta possibilidade é oferecida em planos com perfis de investimento, sendo considerada uma inovação em planos de benefício. Nesse caso, a legislação determina o mesmo procedimento apresentado no item I, por perfil de investimento. Qual seja, identificar na política de investimentos a alocação de recursos e os limites por segmento de ativo, além dos limites por modalidade de investimento ou ativo financeiro. É importante destacar que a possibilidade de serem oferecidos perfis de investimento pelas EFPC, além de ser prevista em normativo específico, é contemplada pela Instrução CVM nº 539/2013, que dispõe sobre o dever de verificação da adequação dos produtos, serviços e operações ao perfil do cliente.

Dado que se trata de investimentos com objetivo de aposentadoria, as sugestões de alocação precisam seguir estratégias que visem alcançar o retorno e as condições de risco e liquidez adequados para os planos dos participantes e assistidos. Assim, a EFPC deverá diligenciar para atualizar as informações relativas ao perfil de seus participantes e assistidos em intervalos não superiores a 36 meses, conforme disposto na legislação. A reavaliação periódica do perfil de investimento do participante e dos assistidos, ou processo de *suitability*, permite confirmar a adequação do risco ao objetivo do plano, considerando que o grau de tolerância ao risco se altera ao longo do tempo. Apesar do período citado, estabelecido para o "*suitability*", o monitoramento por prazo inferior pela EFPC pode ser o mais adequado.

Desafios para obtenção do retorno

O fluxo de pagamentos dos planos de benefícios, sejam eles do tipo BD, CD ou CV, é o parâmetro necessário para as projeções de alocação dos ativos ao longo do tempo. Quanto maior a duração do fluxo de benefícios, maior é o horizonte de tempo para alocação dos ativos e respectiva oportunidade de alocação em risco para a busca do retorno necessário. Entretanto, existem algumas peculiaridades que distinguem os planos BD e CD.

Nos planos BD, o fluxo de benefícios decorre de custeios e respectivas contribuições que consideram: uma taxa livre de risco oferecida pelo mercado, ou meta atuarial; uma curva de juros; e uma tábua de mortalidade. O foco destes planos são as premissas a serem consideradas para se estimar o custeio necessário ao benefício, sua solvência e liquidez. A alocação dos ativos deve proporcionar retorno que garanta o cumprimento determinado pela meta atuarial, descontado dos custos de administração relacionados com a gestão dos investimentos que compõem o patrimônio do plano.

Já em planos CD, são consideradas as contribuições capitalizadas numa carteira de obrigações escalonadas, a taxas de juros livres de risco. Desta forma, em planos CD são constituídas carteiras que devem ser adequadas ao seu passivo, de forma a imunizar o fluxo de pagamentos a partir de uma meta de retorno. Essa taxa de retorno é uma intenção, não precisando ser alcançada obrigatoriamente, uma vez que os benefícios estão sempre atrelados ao saldo da conta. Nessa modalidade, o foco é o investimento e tem-se um orçamento de risco para a construção do portfólio para se pagar os benefícios no futuro.

De toda forma, ambos os planos requerem estudos que fundamentem a capacidade de obtenção da rentabilidade esperada através de estudos de alocação estratégica de ativos. A alocação estratégica propriamente dita é a composição de uma carteira de investimentos, em certo momento no tempo, que representa a alocação ideal em condições normais do mercado, caso não haja motivos para crer que uma classe de ativos em particular deverá apresentar retorno maior que o "anteriormente esperado". Corresponde, assim, ao referencial dos investimentos a longo prazo em relação à alocação de ativos.

O ALM (Asset Liability Management) é uma das metodologias que tem por objetivo encontrar a melhor combinação de ativos com o passivo do plano de benefícios. A partir da definição do passivo do plano com suas hipóteses, usa-se o ALM para determinar a alocação em ativos que fará com que o plano proteja o cumprimento de suas obrigações ao longo do tempo. As diferentes premissas para elaboração do estudo de ALM são as responsáveis pela evolução das diferentes classes de ativos e a necessidade de liquidez de cada plano.

Dentre os exemplos de abordagens utilizadas no desenvolvimento de estudos de ALM, podemos citar o Cash Flow Matching; a otimização estocástica; e a Liability-Driven Investment (LDI). O ALM por Cash Flow Matching utiliza a estratégia de se comprar ativos para cobrir exatamente o fluxo dos passivos. Entretanto, o fluxo do passivo não é totalmente conhecido. Nesse caso, os investimentos necessários podem não existir para cumprir as obrigações do passivo. Já o ALM pelo modelo estocástico gera várias simulações das variáveis econômicas e do passivo. A partir dos resultados, é possível avaliar a relação risco e retorno dos diferentes cenários e as restrições decorrentes da necessidade de liquidez do plano e da diversificação possível dos investimentos. Por sua vez, na metodologia LDI os investimentos são orientados pelo passivo e vêm sendo muito utilizados em países como EUA e Europa, como forma de redução da volatilidade entre ativos e passivos.

O importante a notar é que o ALM permite à EFPC identificar os limites de alocação por plano de benefícios e por perfil de investimentos e, assim, estabelecer os objetivos de retorno e risco que a entidade pode perseguir para cada plano. Desta forma, denota-se que a obtenção do desempenho adequado requer maior dinamismo na gestão dos investimentos por fundos de pensão. No Brasil, a gestão passiva é a estratégia utilizada diante da oferta de títulos públicos indexados à inflação e taxa superior à meta atuarial. Entretanto, em cenário adverso (taxas de juros oferecidas por títulos públicos abaixo da meta atuarial, por exemplo) se requer maior *expertise* em investimentos e maior orçamento de risco. Com instrumentos como o ALM e com base nos fundamentos econômicos, a tendência é que sejam tomadas decisões de alocação de recursos que promovam o retorno e a liquidez adequados à carteira de investimentos do plano.

Características do retorno e dos investimentos no Brasil

Expostas as diretrizes que dão contorno à atuação dos fundos de pensão, esta subseção procura complementar a análise, fornecendo um conjunto de dados relativos às características dos investimentos realizados por tais entidades no Brasil. O Gráfico 4.4 apresenta a evolução da rentabilidade nominal calculada para o agregado dos fundos de pensão e índices de referência. Observa-se que o retorno obtido com os investimentos dos planos de benefícios é passivo ao CDI e, em alguns momentos, chega a ser inferior, como foi na crise de 2008. Naquele ano, o Ibovespa sofreu forte recuo e os planos passivos associados a esse índice tiveram perda importante nas respectivas carteiras.

Gráfico 4.4
Evolução do retorno nominal ao ano dos fundos de pensão e demais indicadores de mercado, (%)

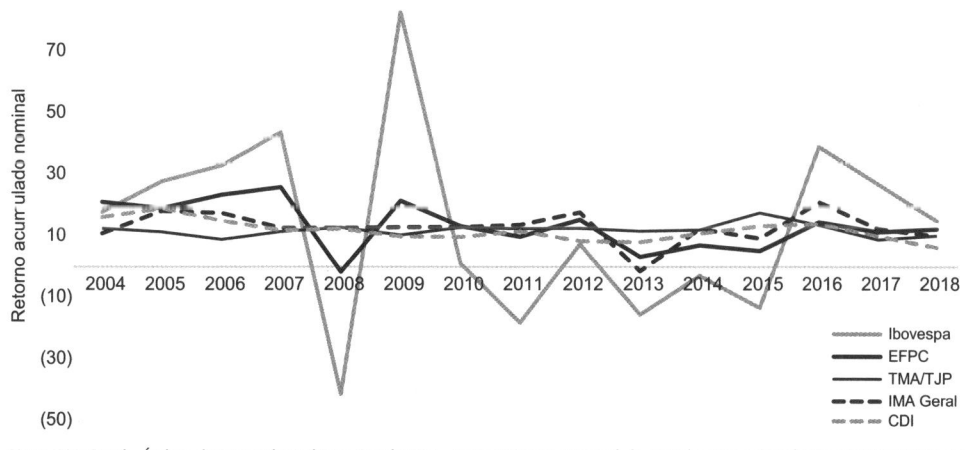

Nota: IMA Geral – Índice de Mercado Anbima Geral; TMA – Taxa Máxima Atuarial de acordo com a Resolução CNPC 9/2012 até 2014; TJP – Taxa de Juros Padrão, sendo INPC + limite superior de taxa de juros ao ano considerando 10 anos, conforme Portarias PREVIC de 2015 a 2018, respectivamente, 5,65%, 6,59%, 6,66% e 6,39%; CDI – Certificado de Depósito Interbancário; Ibovespa – Índice da Bolsa de Valores de São Paulo.

Fonte: Adaptado pelos autores a partir da Tabela VII do Consolidado Estatístico da ABRAPP de dez/2018.

Apesar do retorno das EFPC ter superado o CDI em vários períodos, em momento de alta de juros, as carteiras sofrem o impacto inverso de desvalorização dos seus papéis, concentrados em renda fixa, pela marcação a mercado. O retorno das EFPC também tem sido impactado pela forte volatilidade da rentabilidade da renda variável. Após a crise de 2008, ano em que as ações sofreram a maior queda com a crise do subprime americana, o mercado de ações do país ainda não conseguiu recuperar as perdas sofridas, perdendo até do CDI no período analisado.

A Tabela 4.3 apresenta a carteira consolidada das EFPC por tipo de aplicação. Podemos notar que ao longo dos últimos oito anos, em detrimento da possibilidade de maior diversificação nos demais segmentos de ativos, a concentração em renda fixa somente vem aumentando, passando de uma participação da ordem de 60%, em 2010, para 73%, em 2018. A falta de diversificação dos investimentos, portanto, explica o desempenho inferior das EFPC frente ao CDI. Este desempenho vem ao encontro da observação de que o retorno dos investimentos depende da alocação dos recursos arrecadados nas diferentes classes de ativos, do desempenho do mercado financeiro e da *expertise* de gestores na escolha dos ativos com riscos de baixa correlação ao longo do tempo.[29]

Já o Gráfico 4.5 apresenta a evolução da situação de equilíbrio atuarial no agregado dos planos com característica do tipo BD e dos ativos sob a gestão das EFPC. Os dados apresentam evidências do resultado obtido com a alocação estratégica disposta anteriormente. Conclui-se que, no agregado, a estratégia de alocação não apresenta diversificação o suficiente para se proteger diante de cenários adversos. Na verdade, observa-se a maior concentração em títulos de renda fixa e redução dos ativos de maior risco.

Gráfico 4.5
Evolução dos investimentos e da situação de solvência dos planos BD e do total de ativos nas EFPC (R$ bilhões, preços constantes)

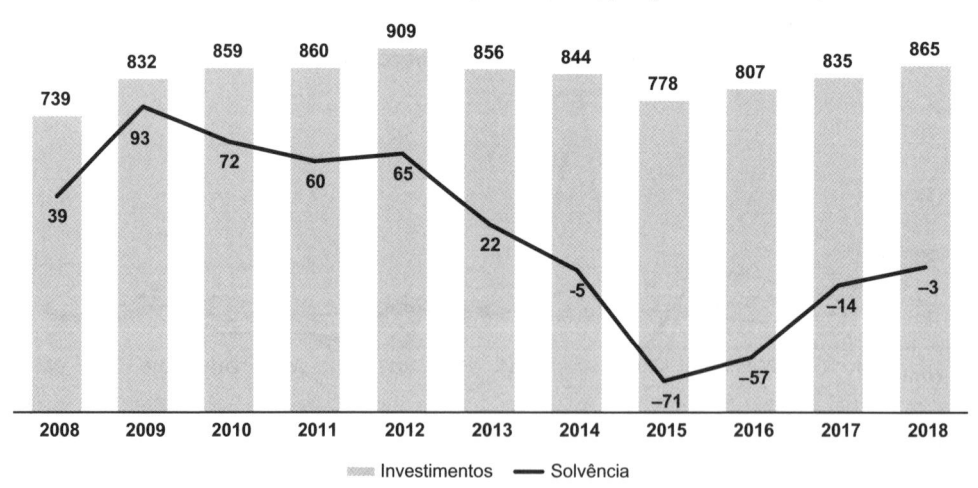

Ano	Investimentos	Solvência
2008	739	39
2009	832	93
2010	859	72
2011	860	60
2012	909	65
2013	856	22
2014	844	−5
2015	778	−71
2016	807	−57
2017	835	−14
2018	865	−3

Nota: Preços constantes deflacionados pelo IPCA de Dez/2018. Situação solvência medida pela diferença entre os resultados superavitários e os deficitários no agregado das EFPC.
Fonte: Elaboração dos autores a partir de dados sobre investimentos das EPFC de Consolidado Estatístico da ABRAPP.

---

[29] Para estudos sobre os *drivers* dos retornos em fundos de pensão, ver Allgayer et. al (2016).

Tabela 4.3 Carteira consolidada das EFPC por segmento de ativo (R$ milhões correntes; R$ milhões constantes; % PIB e % Alocação)

R$ milhões correntes

Discriminação	2010	2011	2012	2013	2014	2015	2016	2017	2018
Renda fixa	321.954	349.957	396.046	386.773	431.140	483.907	546.764	592.735	635.113
Renda variável	174.902	172.420	183.621	185.755	166.267	126.869	137.014	142.703	159.742
Estruturados	10.634	13.347	17.282	19.355	22.467	19.706	16.574	13.116	12.613
Imobiliário (a)	16.197	20.685	25.811	28.988	31.450	32.798	32.485	31.740	32.100
Operações com participantes	13.412	14.909	16.352	17.291	18.705	19.423	19.969	20.105	21.019
Outros (b)	1.317	2.411	2.613	2.165	1.901	2.213	2.289	4.405	4.604
Total	538.417	573.729	641.725	640.328	672.054	684.916	755.096	804.803	865.191
IPCA (dez 2010 = 100)	100,00	106,50	112,72	119,38	127,03	140,59	149,43	153,84	159,61

R$ milhões constantes — IPCA dez 2018 = 159,61

Discriminação	2010	2011	2012	2013	2014	2015	2016	2017	2018
Renda fixa	513.860	524.449	560.777	517.083	541.689	549.351	583.987	614.963	635.113
Renda variável	279.155	258.390	259.996	248.339	208.900	144.027	146.342	148.054	159.742
Estruturados	16.973	20.002	24.470	25.876	28.228	22.371	17.702	13.608	12.613
Imobiliário (a)	25.851	30.999	36.547	38.755	39.514	37.234	34.697	32.930	32.100
Operações com participantes	21.406	22.343	23.153	23.117	23.501	22.050	21.328	20.859	21.019
Outros (b)	2.102	3.613	3.700	2.894	2.388	2.512	2.445	4.570	4.604
Total	859.349	859.796	908.643	856.065	844.375	777.544	806.502	834.983	865.191

% PIB

Discriminação	2010	2011	2012	2013	2014	2015	2016	2017	2018
Renda fixa	8,3	8,0	8,2	7,3	7,5	8,1	8,7	9,0	9,3
Renda variável	4,5	3,9	3,8	3,5	2,9	2,1	2,2	2,2	2,3
Estruturados	0,3	0,3	0,3	0,4	0,4	0,3	0,3	0,2	0,2
Imobiliário (a)	0,4	0,5	0,5	0,5	0,5	0,5	0,5	0,5	0,5
Operações com participantes	0,3	0,3	0,3	0,3	0,3	0,3	0,3	0,3	0,3
Outros (b)	0,0	0,1	0,1	0,0	0,0	0,0	0,0	0,1	0,1
Total	13,9	13,1	13,3	12,0	11,6	11,4	12,0	12,3	12,7
PIB (R$ milhões)	3.885.847	4.376.382	4.814.760	5.331.619	5.778.953	5.995.787	6.267.205	6.553.843	6.827.586

Composição (%)

Discriminação	2010	2011	2012	2013	2014	2015	2016	2017	2018
Renda fixa	59,8	61,0	61,7	60,4	64,2	70,7	72,4	73,6	73,4
Renda variável	32,5	30,1	28,6	29,0	24,7	18,5	18,1	17,7	18,5
Estruturados	2,0	2,3	2,7	3,0	3,3	2,9	2,2	1,6	1,5
Imobiliário (a)	3,0	3,6	4,0	4,5	4,7	4,8	4,3	3,9	3,7
Operações com participantes	2,5	2,6	2,5	2,7	2,8	2,8	2,6	2,5	2,4
Outros (b)	0,2	0,4	0,4	0,3	0,3	0,3	0,3	0,5	0,5
Total	100,0	100,0	100,0	100,0	100,0	100,0	100,0	100,0	100,0

Nota: (a) A partir de 2018, o segmento de imóveis passou a ser denominado de imobiliário, incluindo os fundos de investimentos imobiliários e demais papéis com lastro em imóveis e o estoque de imóveis e terrenos que devem ser vendidos ou incorporados a fundo de investimentos imobiliários. Conforme disposto pela Res CMN 4.661/2018. (b) Inclui Cambial, Dívida Externa, Ações – Companhias Abertas – Exterior, Outros Realizáveis. Valores correntes deflacionados pelo IPCA de dez/2018.
Fonte: Adaptada pelos autores a partir do Consolidado Estatístico ABRAPP (vários anos).

A Tabela 4.4 apresenta o ranking dos 15 maiores planos por tipo de benefício em 2017. Observa-se que os três maiores planos BD estão concentrados em fundos de pensão públicos (PREVI, PETROS e FUNCEF), que representam, em conjunto, mais de R$ 270 bilhões em investimentos. Já em planos CD, os três maiores são de patrocinadores do setor privado (Fundação ITAÚ UNIBANCO, Visão PREV e Fundação IBM), que perfazem um total de R$ 20 bilhões em investimentos. Os planos CV, que tem o componente do risco de planos BD, mantêm a concentração em fundos de pensão de patrocínio público.

Já no caso dos maiores planos instituídos em termos de ativos sob a gestão, que lança luz a novas EFPC com gestão de mais de R$ 4 bilhões no agregado e que precisam ser compreendidas sua governança para gestão adequada dos investimentos, entende-se que este é o segmento com perspectiva de maior crescimento da previdência complementar fechada. Primeiro, por não possuir o risco a empregador e segundo, pela ampliação da inscrição ao plano por pertencer a determinado setor da indústria, ou a associação de classe. Estes são exemplos em que a organização sem fins lucrativos pode trazer ganho diferenciado ao participante do plano instituído.

Tabela 4.4 Ranking dos 15 maiores planos por tipo de benefício (R$ bilhões) – 2018

Benefício definido

	Nome do plano	EFPC	Investimentos
1	PB1	PREVI	185,7
2	REG/REPLAN	FUNCEF	50,0
3	PLANO PETROS SIST. PETROBRAS	PETROS	37,7
4	PLANO BD	REAL GRANDEZA	14,4
5	PBB	FAPES	12,4
6	PBS-A	SISTEL	11,6
7	PLANO BD	VALIA	11,2
8	PLANO PETROS SIST. PETROBRAS	PETROS	10,3
9	PSAP/ELETROPAULO	FUNCESP	9,1
10	PAC	FUNDAÇÃO ITAÚ UNIBANCO	7,9
11	PLANO V	BANESPREV	6,9
12	A	FORLUZ	6,0
13	PBB	CENTRUS	6,0
14	PLANO BANESPREV II	BANESPREV	5,9
15	PLANO UNIFICADO BD	FUNDAÇÃO COPEL	5,8

Contribuição definida

	Nome do plano	EFPC	Investimentos
1	PLANO ITAUBANCO CD	FUNDAÇÃO ITAÚ UNIBANCO	10,4
2	PLANO DE BENEFÍCIOS VISÃO	VISÃO PREV	5,1
3	IBM – CD	FUNDAÇÃO IBM	4,3
4	PLANO APOS. SANTANDERPREVI	SANTANDERPREVI	3,8
5	PLANO	ODEBRECHT PREVIDÊNCIA	3,2
6	PLANO CD GERDAU	GERDAU PREVIDÊNCIA	3,2
7	CEEEPREV	ELETROCEEE	2,9
8	EMBRAER PREV	EMBRAER PREV	2,9
9	VIVAPREV	FUNDAÇÃO VIVA DE PREVIDÊNCIA	2,8
10	01-B	PREVINORTE	2,8
11	PLANO PRECAVER	QUANTA – PREVIDÊNCIA	2,7
12	PAI-CD	FUNDAÇÃO ITAÚSA	2,6
13	PLANO DE APOSENTADORIA	UNILEVERPREV	2,4
14	PREVDOW	PREVDOW	2,0
15	CD ELETROBRÁS	ELETROS	1,9

continua

Tabela 4.4 Ranking dos 15 maiores planos por tipo de benefício (R$ bilhões) – 2018 (*continuação*)

Contribuição variável

	Nome do plano	EFPC	Investimentos
1	PLANO PETROS-2	PETROS	21,9
2	NOVO PLANO	FUNCEF	15,5
3	PREVI FUTURO	PREVI	14,7
4	B	FORLUZ	9,8
5	PLANO VALE MAIS	VALIA	8,9
6	PPCPFL	FUNCESP	5,1
7	TELEMARPREV	FUNDAÇÃO ATLÂNTICO	5,0
8	POSTALPREV	POSTALIS	4,7
9	PCV1	TELOS	4,7
10	TCSPREV	FUNDAÇÃO ATLÂNTICO	4,6
11	PLANO III	FUNDAÇÃO COPEL	4,5
12	PLANO	PREVI-GM	4,4
13	PLANO RFFSA	FUNDAÇÃO REFER	3,8
14	OS-II	SERPROS	3,4
15	PACV	INFRAPREV	3,3

Instituídos

	Ins	EFPC	Investimentos
1	VIVAPREV	FUNDAÇÃO VIVA DE PREVIDÊNCIA	2,8
2	PLANO PRECAVER	QUANTA – PREVIDÊNCIA	2,7
3	UNIMED-BH	MULTICOOP	0,8
4	SICOOB MULTI INSTITUÍDO	SICOOB PREVI	0,8
5	OABPREV-SP	OABPREV-SP	0,7
6	ANAPARPREV	PETROS	0,5
7	PBPA	OABPREV-PR	0,4
8	PLANJUS	JUSPREV	0,2
9	PBPA	OABPREV-MG	0,2
10	PBPA	OABPREV-SC	0,2
11	RJPREV	OABPREV-RJ	0,2
12	ACRICELPREV	MULTIBRA INSTITUIDOR	0,1
13	PREVCOOP	QUANTA – PREVIDÊNCIA	0,1
14	COOPERADO	MULTICOOP	0,1
15	TECNOPREV	BB PREVIDÊNCIA	0,1

Fonte: Adptação dos autores a partir do Consolidado Estatístico da ABRAPP.

A decomposição dos ativos por segmento em cada tipo de plano e a evolução ano a ano do total dos investimentos são apresentadas na Tabela 4.5. Como já observado anteriormente, em que pese o total dos investimentos nos planos BD ser superior ao dos demais planos, a taxa de crescimento dos planos CD e CV tem sido maior.

É importante observar que mesmo em planos CD, há pouca diversificação entre os seis segmentos de ativos. A Tabela 4.6 apresenta a evolução da proporção do segmento de ativos por plano de benefícios. Podemos notar que, mesmo em planos em que não há o risco atuarial, caso dos planos CD, não somente permanece a concentração em renda fixa, como ela é superior aos demais planos.[30] Em 2018, por exemplo, os planos CD tinham 91% dos investimentos concentrados em renda fixa. No mesmo ano, os planos BD e CD tiveram 66% e 82% de concentração no segmento, respectivamente.

---

[30] Lembrando que o risco atuarial nesses planos existe na parte atrelada a benefícios com cobertura de morte e invalidez.

tabela 4.5 Alocação da carteira consolidada por tipo de plano (R$ bilhões, preços correntes) e evolução do total de ativos (% ao ano)

Segmento	2010 BD	2010 CD	2010 CV	2011 BD	2011 CD	2011 CV	2012 BD	2012 CD	2012 CV	2013 BD	2013 CD	2013 CV	2014 BD	2014 CD	2014 CV	2015 BD	2015 CD	2015 CV	2016 BD	2016 CD	2016 CV	2017 BD	2017 CD	2017 CV	2018 BD	2018 CD	2018 CV
Renda fixa	221	34	58	231	39	65	261	49	79	246	51	81	264	57	101	287	66	119	314	78	141	331	92	156	350	102	170
Renda variável	157	6	11	154	5	12	162	7	15	164	6	15	146	5	15	110	4	13	118	4	15	117	7	19	129	8	22
Investimentos estruturados	9	0	1	12	0	1	14	0	3	15	0	3	17	1	4	15	1	4	13	0	3	10	1	3	9	1	3
Imóveis	15	0	1	19	0	2	23	0	2	26	0	2	28	0	3	29	0	3	29	0	3	28	0	3	28	0	3
Operações com participantes	11	1	2	12	1	3	12	1	3	13	1	4	13	1	5	13	1	5	13	1	6	13	1	6	13	1	7
Outros	1	0	0	1	1	0	1	1	0	1	0	0	1	0	0	1	0	0	2	0	1	3	0	1	4	0	1
Total	414	42	74	429	47	83	474	58	102	466	59	106	471	64	128	456	72	145	488	84	168	502	101	188	533	112	206
Evolução	4%	12%	12%	10%	23%	23%	-2%	2%	4%	1%	8%	21%	-3%	13%	13%	7%	17%	16%	3%	20%	12%	6%	11%	10%

Nota: São considerados somente os investimentos dos fundos previdenciais, portanto, excluem-se os investimentos em fundo administrativo do plano de gestão administrativa (PGA) e em fundo dos investimentos, constituído ao plano para garantir a cobertura de empréstimos e financiamentos a participantes e assistidos na ocorrência de morte, invalidez, inadimplência dentre outras.

Fonte: Adaptada pelos autores a partir de dados do Consolidado Estatístico da ABRAPP (2018).

Tabela 4.6 Evolução da participação do segmento de ativo por tipo de plano em relação ao total dos investimentos por tipo de plano

Segmento	2010 BD	2010 CD	2010 CV	2011 BD	2011 CD	2011 CV	2012 BD	2012 CD	2012 CV	2013 BD	2013 CD	2013 CV	2014 BD	2014 CD	2014 CV	2015 BD	2015 CD	2015 CV	2016 BD	2016 CD	2016 CV	2017 BD	2017 CD	2017 CV	2018 BD	2018 CD	2018 CV
Renda fixa	53%	83%	79%	54%	85%	79%	55%	85%	77%	53%	87%	76%	56%	89%	79%	63%	91%	82%	64%	93%	84%	66%	91%	83%	66%	91%	82%
Renda variável	38%	15%	15%	36%	12%	14%	34%	12%	14%	35%	11%	14%	31%	8%	11%	24%	6%	9%	24%	5%	9%	23%	6%	10%	24%	7%	11%
Investimentos estruturados	2%	0%	2%	3%	1%	2%	3%	1%	3%	3%	1%	3%	4%	1%	3%	3%	1%	3%	3%	1%	2%	2%	1%	2%	2%	1%	1%
Imóveis	4%	0%	2%	4%	1%	2%	5%	0%	2%	6%	1%	2%	6%	1%	2%	6%	1%	1%	6%	0%	2%	6%	0%	2%	5%	0%	2%
Operações com participantes	3%	1%	3%	3%	2%	3%	3%	1%	3%	3%	1%	3%	3%	1%	4%	3%	1%	4%	3%	1%	3%	3%	1%	3%	2%	1%	3%
Outros	0%	0%	0%	0%	1%	0%	0%	1%	0%	0%	0%	0%	0%	0%	0%	0%	0%	0%	0%	0%	0%	1%	0%	0%	1%	0%	0%
Total dos investimentos	100%	100%	100%	100%	100%	100%	100%	100%	100%	100%	100%	100%	100%	100%	100%	100%	100%	100%	100%	100%	100%	100%	100%	100%	100%	100%	100%

Fonte: Adaptada pelos autores a partir de dados do Consolidado Estatístico da ABRAPP (2018).

PRÁTICAS DE GOVERNANÇA EM FUNDOS DE PENSÃO

Uma boa governança é essencial para a obtenção do desempenho esperado, uma vez que somente ela poderá dar a clareza à missão da organização, assegurar a existência de recursos adequados para elaboração e implantação da estratégia e atrair e manter profissionais qualificados na organização para a busca do desempenho esperado.[31] Neste sentido, o objetivo desta seção é apresentar como as práticas de governança contribuem para o desempenho dos fundos de pensão. Diferentemente do que foi apresentado nas seções anteriores, em que os aspectos relativos à governança focaram na realidade do caso brasileiro, nesta seção abordaremos o tema do ponto de vista teórico, a partir de um apanhado da literatura associada ao tema.

A primeira subseção apresenta os princípios de governança em fundos de pensão, conforme definição da OCDE (2015). Em seguida, na segunda subseção, abordamos os casos de conexões dos fundos com o governo e instituições financeiras, explorando seus impactos em termos da geração de incentivos. Na terceira seção, mostramos alguns fatores-chave para a efetividade da governança, a partir dos trabalhos de Clark e Urwin (2008b) e da OCDE (2009). Na quarta, tratamos dos mecanismos de controles de risco em fundos de pensão. Por fim, na última seção, exploramos as oportunidades de melhorias e boas práticas de governança, aproveitando-se especialmente dos trabalhos de Clark e Urwin (2008a, 2008b).

Princípios

Dados os desafios para uma governança adequada em fundos de pensão, o direcionamento de uma base consistente de princípios deve permear a realidade dessas organizações. Nessa linha, os princípios da OCDE oferecem um referencial para a estrutura da organização e sua prestação de contas. São princípios adaptados às EFPC:[32]

(1) assegurar a base para um enquadramento efetivo da governança;
(2) proteger os direitos e o tratamento paritário entre os participantes;
(3) proporcionar incentivos sólidos através de todo seu processo de gestão e contribuir para o bom funcionamento do sistema de previdência complementar fechada;
(4) reconhecer os direitos dos seus *stakeholders* e estimular a cooperação ativa na viabilidade do pagamento de benefícios a seus participantes e da sustentabilidade de entidades financeiramente sólidas;
(5) assegurar a divulgação de informação a tempo e o tratamento de forma rigorosa de todas as questões relevantes relacionadas com a entidade, incluindo a situação de solvência, liquidez, rentabilidade e de gestão;
(6) garantir a orientação estratégica da entidade para o pagamento de benefício, o controle eficaz da equipe de gestão pelo conselho e a responsabilização de seus executivos e membros perante à entidade e seus participantes.

A partir dos princípios da OCDE, podemos identificar três aspectos como necessários à governança nos fundos de pensão. O primeiro refere-se à consistência com os termos e

---

[31] Ambachtsheer (2016).
[32] Para se aprofundar ver OCDE (2015). Excluindo aspectos que não cabem como referencial a uma organização jurídica sem fins lucrativos. Por exemplo, item (5) "estrutura societária", entre outros.

condições de garantia do plano de benefícios, que atendem interesses tanto dos beneficiários como dos patrocinadores. O segundo diz respeito à coerência de regras e procedimentos internos, de forma que a estrutura formal do processo de decisão e execução evolua numa única direção. Finalmente, o terceiro trata da compatibilidade referente ao alto padrão de comportamento, como probidade e profissionalismo requeridos para as funções.[33]

Estrutura de incentivos

Em que pesem os princípios anteriormente apresentados, existem lacunas que reduzem a efetividade da governança de investimentos em fundos de pensão.[34] São elas: (i) falhas no processo de seleção de membros de conselho; (ii) inadequada definição das funções deste (monitoramento e avaliação); e (iii) estruturas sem incentivos adequados de compensação para retenção ou reconhecimento dos profissionais da gestão de investimentos.

Especialmente no que diz respeito à estrutura de incentivos, salientamos aqui dois aspectos com influência potencial na governança dos investimentos. O primeiro está associado às conexões com o governo, através do tipo de patrocinador; e o segundo é relativo aos conflitos de interesse nos casos de conexões com instituições financeiras. Ambos serão objeto de uma análise pormenorizada no Capítulo 6.

Conexões com o governo

Em mercados emergentes, é necessária maior participação do Estado no desenvolvimento econômico e através de empresas públicas, para garantir a infraestrutura necessária ou os serviços básicos à sociedade.[35] Nesse contexto, os fundos de pensão são importantes atores como investidores e que demandam retorno ao risco assumido pelos recursos sob a gestão. Todavia, no caso de fundos de pensão patrocinados por empresas públicas, existe o risco potencial de conflito entre os interesses do fundo, de maior obtenção de retorno, e os interesses do governo.

Além disso, tanto no Brasil quanto no restante do mundo, após a crise financeira de 2008, foi ampliado o debate sobre a necessidade de maior regulação e intervenção por parte do governo.[36] Como reflexo, verifica-se que o governo continua fortemente presente e, nos mercados emergentes, a transição da propriedade do governo para o setor privado ainda é um processo em curso.[37]

Outro fato importante é que as empresas públicas que tiveram transferida a gestão dos benefícios de aposentadoria de seus empregados ao sistema privado continuam sendo grandes atores indiretos na economia. Isso ocorre através de seus fundos de pensão ao investir em setores ou empresas que foram foco de estratégia política do governo – como, por exemplo, no processo de privatização na década de 1990.[38] Diante deste cenário, os laços

---

[33] Clark (2004).
[34] A partir de pesquisa com executivos da organização de investidores institucionais reconduzida em 2014, após 20 anos, Ambachtsheer e McLaughlin (2015) fundamentam os motivos que enfraquecem a governança em fundos de pensão
[35] Gomez-Ibanez (2007).
[36] Lazzarini (2011).
[37] Gomez-Ibanez (2007).
[38] Lazzarini (2011).

com o governo[39] podem afetar a governança dos fundos de pensão[40] e estar associados a altos custos de transação, com impacto no desempenho do fundo.

Conexões com instituições financeiras

Outros trabalhos também apresentam desafios na governança interna de fundos de pensão quando são patrocinados por instituições financeiras.[41] Esta situação pode ocorrer quando a gestão dos investimentos da entidade é terceirizada para uma instituição financeira. A questão é que em instituições financeiras a gestão dos ativos de planos de benefícios não ocorre de forma segregada no interesse dos objetivos do plano de benefícios. Os problemas de incentivos são observados tanto em sistemas mandatórios (como é o caso de países na América Latina) quanto naqueles de tipo voluntário (observados em países da Europa). Dentre as razões estão o baixo nível educacional e o reduzido interesse dos participantes em saber como o fundo de pensão é gerido, o que não contribuiria para a redução dos custos de transação.[42]

Ademais, há estudos que observam que, dentre os fundos de pensão no papel de acionistas de empresas, somente os independentes de instituição financeira contribuem para a elevação do valor das empresas nas quais investem, através de seu monitoramento e ativismo.[43] Segundo estes estudos, os fundos independentes de instituições financeiras é que teriam condições de elevar o valor da firma investida, pois não possuem conflito de interesse para exercer ativismo na busca da maximização do valor da empresa para o acionista.

Por fim, cabe destacar que o conflito de agência, mencionado no Capítulo 3, é potencializado pela reduzida transparência e falta de efetivo controle.[44] Essa situação torna ineficiente o processo de avaliação, assim como a decisão da melhor estrutura para investimento. Porém, com a inovação tecnológica e a democratização do conhecimento e da informação através da internet, fundos de pensão podem obter do mercado, de forma rápida e transparente, os produtos que atendem suas necessidades. Nesse cenário, a aquisição de títulos públicos e sua manutenção em carteira não dependem de gestores externos do fundo de pensão, ou terceirizados do mercado.

Fatores para a efetividade

A solução das lacunas indicadas na subseção anterior virá do esforço combinado dos participantes, dos membros dos conselhos e dos gestores de fundos de pensão, além dos reguladores e órgãos de supervisão.[45] Em especial, a partir da relevância dos conselhos deliberativos para as funções de controle, monitoramento e execução da boa governança, há quatro fatores-chave na estrutura de fundos de pensão para sua efetividade:[46]

---

[39] Como apresentadas por Okhmatovskiy (2010).
[40] Mello (2003) apresenta agentes externos ao Governo Fernando Henrique Cardoso, que tinham posição contrária à interferência do governo nos fundos de pensão. No entanto, estes mesmos agentes, na transição para o Governo Luiz Inácio Lula da Silva, não mantiveram a mesma posição; ao contrário, buscaram cargos nas maiores entidades de previdência complementar do país.
[41] Stewart e Yermo (2008).
[42] Stewart e Yermo (2008).
[43] Giannetti e Laeven (2008).
[44] Lakonishok, Shleifer e Vishny (1992); Lumpkin (2003) e Tonks (2006).
[45] Ambachtsheer e McLaughlin (2015).
[46] Clark e Urwin (2008).

(a) uma adequada e efetiva governança do conselho depende de elementos como o entendimento do comportamento humano e de sua capacidade cognitiva;
(b) os membros de conselho devem agir em colegiado, representar a coletividade dos que participam dos planos de benefícios e atuar de forma comprometida e equilibrada com o conjunto de interesses justos;
(c) os conselhos necessitam do reconhecimento de que há diferentes tipos de tomada de decisão;
(d) o presidente do conselho tem papel fundamental para estabelecer a clara conexão entre as expectativas das partes interessadas, com a cultura da organização, seu planejamento estratégico e, por fim, a execução. Ele deve ser imbuído de forte comando e ter legitimidade na organização.

Dessa forma, a estrutura de governança deve assegurar a divisão adequada entre atribuições de execução e controle, assim como da prestação de contas e responsabilização.[47] Estudos diversos confirmam a necessidade de que os fundos de pensão devem ter controles, meios de comunicação e mecanismos de incentivo adequados que promovam um bom processo decisório, incluindo a disponibilidade de um tempo apropriado para a execução, com transparência e reavaliações regulares. Nesta linha, a estrutura de governança apresentada pela OCDE[48] observa oito critérios:

(a) identificação de responsabilidades, separando responsabilidades de execução e controle;
(b) instituição de um corpo de conselho para governar a organização;
(c) prestação de contas do conselho para com os participantes dos planos de benefícios, conselho fiscal e autoridades do governo;
(d) experiência e conhecimento necessários ao cumprimento do papel dos membros;
(e) delegação aos comitês e à equipe interna e/ou a provedores de serviços externos que atestem a expertise necessária à função e independência;
(f) auditoria independente para se reportar ao conselho ou às autoridades em caso de fatos negativos da organização;
(g) indicação de atuário responsável para planos de benefício definido, de forma que observe as ações necessárias ao cumprimento do regulamento dos planos;
(h) provisão de custódia que segregue a guarda dos ativos para sua manutenção segura.

Existem evidências de práticas de governança em fundos de pensão da Polônia, como a de membros independentes no conselho deliberativo, com sugestão de que a combinação entre membros *insiders* e *outsiders* na composição do conselho proporciona a efetiva governança, medida pelo desempenho dos investimentos superior aos demais que não possuem esta combinação. No entanto, os resultados são desfavoráveis quando o presidente do conselho é independente, havendo sugestão para que o presidente continue sendo um membro *insider* da patrocinadora, em função da sua qualificação profissional e habilidade no efetivo monitoramento.

---

[47] É importante destacar a Resolução CGPC nº 13/2004, que dentre as disposições sobre a governança trata da delegação formal de atribuições; da identificação, controle e monitoramento dos riscos, observando-se os princípios de conservadorismo e de prudência; da divulgação das políticas de investimentos, premissas e hipóteses atuariais, junto com os gastos de gestão com carteiras, custódia, consultorias, honorários e outras despesas relevantes que devem ser divulgadas; da confiabilidade dos sistemas de informações gerenciais; e estabelece que o conselho fiscal deve atuar como auditor interno, emitindo relatórios e levando ao conhecimento do conselho deliberativo suas análises, conclusões e recomendações.
[48] OCDE (2009).

O impacto positivo da atuação de membros independentes no conselho se dá, principalmente, pela motivação que trazem ao contribuir com informações de fora do ambiente da organização. Entretanto, em momentos de crise financeira, o desempenho dos fundos de pensão com conselheiros não independentes superou o dos fundos de pensão que possuíam os conselheiros independentes. O motivo reside no fato de que, apesar das vantagens de se trazer um profissional de fora da organização e independente do patrocinador, o conhecimento interno dos conselheiros não independentes sobre o funcionamento da organização se apresenta como uma vantagem mais relevante sobre o desempenho.[49]

A percepção é que o conhecimento dos conselheiros não independentes é especialmente relevante ao antecipar um movimento não racional do mercado e ao evitar a decisão de investimentos em "bolhas financeiras". Este fundamento é reforçado no contexto de uma economia emergente, pois à medida que o ambiente institucional pode influenciar na proteção dos direitos de propriedade, seus gestores devem estar preparados de forma adequada para a proteção da organização em seu propósito.[50] Assim, os resultados mostram que tanto a composição do conselho, como a motivação e o conhecimento dos seus membros são importantes para explicar o desempenho dos fundos de pensão.

Há estudos que também destacam que a contribuição de membros relacionados com a patrocinadora depende da perspectiva de incentivos na carreira do profissional. Sob este argumento, a sugestão é que os planos CD deveriam contar com mais membros independentes, que dariam mais motivos para o efetivo monitoramento do fundo de pensão.[51] No entanto, entendemos que a qualificação de membro participante do plano pode gerar maior compromisso com a sustentabilidade do plano no longo prazo. O motivo decorre do seu dever de fidúcia frente aos demais participantes e ao alinhamento dos interesses com o plano.

Já as evidências sobre a efetividade da governança em fundos de pensão da Austrália, que possuem estrutura legal de organização sem fins lucrativos, como no Brasil, sugerem que se elevam os custos com o aumento do número de membros do conselho e comitê. Além disso, a prática convencional de governança não beneficia planos em termos de redução de custos. Os resultados sugerem que sejam devidamente avaliadas as diferentes estruturas de governança, como a composição de membros independentes, a existência de comitês técnicos especializados e a contratação de gestores de investimentos, dentre outros aspectos. Observam que deve haver transparência que evidencie a contribuição desta estrutura, de forma a representar maior retorno aos investimentos de planos de benefícios, e não maiores custos. Esses estudos destacam ainda que a economia de escala contribui pouco na redução de custos e que, sob as evidências observadas, não há justificativa para uma fusão entre fundos de pensão.[52]

Mecanismos de controle de riscos

Com relação aos mecanismos de controles de riscos internos em fundos de pensão, as recomendações vão desde a abrangência dos níveis para monitoramento do que foi planejado, até as orientações para o sistema de informações, de processos e procedimentos e de gestão de risco e de conformidade. Tão importante quanto os controles internos em fundos de pensão, é a manutenção de canais de reporte adequados para a transmissão a tempo de

---

[49] Jackowicz e Kowalewski (2012) destacam o impacto de conselheiros profissionais qualificados em investimentos de fundos de pensão da Polônia.
[50] Monteiro e Zylbersztajn (2012).
[51] Besley e Prat (2003).
[52] Tan e Cam (2015).

informações relevantes e detalhadas aos seus participantes. Esse processo deve ser transparente e de fácil compreensão para todas as partes relevantes do plano de benefícios.[53]

Nesse sentido, a metodologia de Supervisão Baseada em Riscos (SBR), já mencionada anteriormente e cujo objetivo é analisar os riscos de maior impacto sobre os participantes e sobre a sustentabilidade do sistema, tem sido a forma de controle utilizada pelos órgãos de supervisão de fundos de pensão dos países, inclusive no Brasil.[54]

Por sua vez, a Professional Risk Managers' International Association (PRMIA)[55] destaca dois objetivos na gestão de riscos: a maximização do retorno ajustado ao risco sobre o capital investido; e a transformação da incerteza em risco identificado, avaliado e mensurado. Assim, afirmam que o processo de decisão em um negócio tem como base o potencial de recompensa que decorre do equilíbrio entre conhecimento, entendimento e apreciação do risco tomado em busca do retorno potencial. Para tanto, observam os seguintes aspectos para governança adequada no controle de riscos:

(1) competências-chave: possuir pessoal qualificado e com as competências necessárias ao exercício de suas funções;[56]
(2) recursos e processos: adequado nível de recursos para operação efetiva;
(3) educação contínua e desenvolvimento: encorajamento para atualização do conhecimento nas respectivas áreas;
(4) estrutura de compensação: os profissionais devem ser remunerados de acordo com os papéis que desempenham na estrutura e com responsabilidade assumida de risco;
(5) independência de partes-chave: reavaliação do alinhamento na organização e efetividade de sua governança;
(6) apetite de risco: oficialização dos limites de risco a partir de determinação do conselho administrativo das organizações de forma clara em todos os níveis.
(7) validação externa: avaliação periódica da estrutura de governança por organização independente e externa para assegurar sua consistência;
(8) prestação de contas de forma clara, nitidamente definida para cada nível da organização;
(9) abertura de informações e transparência, para que a consistência das decisões seja avaliada de acordo com os padrões e políticas estabelecidas;
(10) verdade, honestidade e imparcialidade dos indivíduos envolvidos na aplicação da boa governança e gestão de risco.

Oportunidades de melhoria e boas práticas

Não são poucos os desafios para a efetividade da boa governança em fundos de pensão.[57] Pesquisas sobre governança em fundos de países desenvolvidos e práticas de investimentos revelam as seguintes oportunidades para melhorias na governança de fundos de pensão:[58]

---

[53] OCDE (2009).
[54] Ashcroft (2010).
[55] PRMIA (2009).
[56] Aos membros de conselhos e diretoria executiva, competências devidamente certificadas nas áreas previdenciária; governança e gestão em EFPC; auditoria; atuária; de investimentos; contábil; fiscal e jurídica Conforme Resolução CNPC nº 19 (2015), devidamente certificados, habilitados e qualificados.
[57] Há que se observar a ausência de práticas de governança adequadas, principalmente, à gestão de planos CD. Ver Stewart e Yermo (2008).
[58] Ambachtsheer e McLaughlin (2015).

(1) o redesenho dos contratos dos fundos de pensão e sobre o que se espera do conselho de diretores;
(2) a criação de uma matriz que relacione as principais competências necessárias para seus conselheiros;
(3) a iniciativa de autoavaliação para identificar os pontos fracos e desenvolvê-los;
(4) a garantia da transparência de papéis entre conselheiros e executivos, de forma a reduzir lacunas de compreensão do que se espera de cada parte;
(5) a adoção de medidas de alto desempenho em todas as instâncias da organização, sendo necessários recursos humanos e técnicos que atendam a realidade da entidade;
(6) a ação de tornar mais simples o processo de conformidade legal com transparência e efetividade necessárias.

Por sua vez, Clark e Urwin (2008a, 2008b) apontam boas práticas a serem adotadas por fundos de pensão, a partir das quais os autores propõem três estruturas básicas que se traduzem em nível de efetividade da governança de investimentos em fundos de pensão: "Nível I" (menor efetividade); "Nível II" (intermediário); e "Nível III" (mais elevado).[59] Dentre as práticas/princípios estão:

(1) objetividade e clareza da missão e compromisso dos *stakeholders*;
(2) executivos de investimentos de alta competência para cumprimento de objetivos claramente definidos;
(3) efetivo orçamento para o processo de investimento, considerando o impacto e capacidades requeridas;
(4) competências requeridas do conselho e diretores, relacionadas com habilidade com números, capacidade para pensamento lógico, reflexão sobre risco e domínio de estatística;
(5) liderança evidente do conselho, no comitê de investimento e no nível executivo, com papel principal exercido pelo presidente do comitê de investimento;
(6) práticas de compensação alinhadas à missão da entidade;
(7) forte filosofia de investimento e de comando para alinhar os objetivos operacionais e com as decisões de investimento;
(8) definição de estrutura de investimentos e processos a partir de comparação institucional entre vantagens e desvantagens observadas;
(9) definição da estrutura para processo de investimentos a partir da referência de orçamento de risco alinhada aos objetivos e acurada forma de avaliação de alfa e beta;[60]
(10) utilização de sistemas para tomada de decisão em tempo real e não apenas em data programada;
(11) uso efetivo de gestores externos com base em mandatos claros e alinhados aos objetivos da estratégia, contratado por rigoroso critério de seleção;
(12) cultura organizacional que encoraje a mudança e os desafios na indústria de fundos de pensão.

O Quadro 4.3 dispõe os três níveis de governança em investimentos decorrentes da adoção ou não dos princípios citados. Para cada nível há a indicação dos princípios, de 1

---

[59] Clark e Urwin (2008a e 2008b).
[60] O alfa é uma medida de risco ajustado e que gera retorno superior ao índice de mercado. O beta é definido como sendo a medida de retorno do prêmio pelo risco de mercado. Ver Clark e Urwin (2008a).

a 12. Observam-se nos níveis I e II os mesmos princípios (números ímpares). A diferença do Nível I para o Nível II é que se inclui o comitê de investimentos. No Nível III, os doze princípios são aplicados e há a inclusão de diretoria exclusiva para investimentos, dedicada em tempo real à execução da política.

Quadro 4.3 Os tipos de governança em investimentos

		Níveis de governança		
		I	II	III
	Princípios de governança	1,3,5,7,9 e 11	1,3,5,7,9 e 11	1 a 12
Práticas de governança				
Alçada de decisão	Conselho de administração	x	x	x
	Comitê de Investimento		x	x
	Equipe de profissionais de investimentos			x
Processo da gestão de investimento	Análise em conjunto, estilo de comitê	x	x	x
	Reunião inclui assuntos diversos	x		
	Decisão conforme calendário base	x	x	
	Reunião específica para decisão de investimentos		x	
	Diretor de investimentos dedicado			x
	Equipe de profissionais de investimentos			x
	Comitê de Investimento			x
	Decisão com base na oportunidade do investimento			x
	Calendário reuniões			x

Fonte: Adaptado pelos autores a partir da Figura de Clark e Urwin (2008).

As mudanças globais nos mercados financeiros e o escrutínio do desempenho por diferentes *stakeholders* têm demandado a maior capacidade para inovação em como os fundos estão sendo geridos.[61] Portanto, a avaliação do processo de governança dos investimentos deve ser dinâmica, de modo que sejam garantidas as melhores práticas na busca do retorno esperado pelos participantes de planos de complementação de aposentadoria.

---

[61] Segundo Clark e Urwin (2008a), a agenda para boa governança faz parte dos fundos de pensão como investidores institucionais.

5

PREVIDÊNCIA COMPLEMENTAR ABERTA

INTRODUÇÃO

Há um dia em que o futuro vira passado. O segredo para não ser tarde é saber desde cedo que isso vai acontecer. Como diz a música de Paul McCartney, "*yesterday came suddenly*". E, já no futuro, alguém pode se perguntar: "o que fiz durante o tempo em que trabalhei para me preparar melhor para o futuro que parecia tão distante?". O ponto principal a guardar é este: um dia, o futuro chega. E não somente isso – ele pode ser mais longo que o previsto.

Entre os brasileiros atentos à incerteza do benefício público, há os que estão se precavendo formando suas reservas através da previdência privada. Prova disso é a forte expansão da previdência complementar aberta como opção para a aposentadoria e, até mesmo, como alternativa de investimento. De forma consistente, a previdência aberta vem crescendo a uma taxa média anual composta (nominal) de 22% nos últimos dez anos. Em 2018, acumulou o total de R$ 173 bilhões em reservas técnicas. Na proporção do PIB, mais que dobrou sua participação de 2008 em relação a 2018 – respectivamente, 3,5 e 11,6%.[1]

Este capítulo tem o objetivo de aprofundar o conhecimento da previdência complementar aberta, de seus produtos e dos aspectos que levam cada vez mais brasileiros a escolher este sistema frente a outras opções de formação de reserva. Na primeira seção, apresentaremos aspectos normativos da previdência complementar aberta, suas características básicas e os números desse mercado no Brasil. Na seção seguinte, exploraremos os tipos de benefícios e os planos de previdência atualmente comercializados nas respectivas famílias: Plano Gerador de Benefício Livre (PGBL) e Vida Gerador de Benefício Livre (VGBL). Por fim, a terceira e última seção aborda brevemente as principais diretrizes para os investimentos nos Fundos de Investimento Especialmente Constituídos (FIEs) e as possibilidades de diversificação em ativos do mercado.

Funcionamento da previdência complementar aberta

Assim como a previdência complementar fechada, a aberta é uma opção voluntária do indivíduo com o objetivo de formação de reservas para complementação da aposentadoria no

---

[1] Segundo dados do Sistema de Estatísticas da SUSEP. Disponível em: http://www2.susep.gov.br/menuestatistica/SES/principal.aspx.

futuro. Ambos os modelos oferecem planos que possuem uma primeira fase, composta pela arrecadação de contribuições e capitalização dos recursos, e outra fase posterior, de pagamento de benefícios por parte de uma instituição.

Como visto no Capítulo 3, a previdência aberta é operada pelas Entidades Abertas de Previdência Complementar (EAPCs) ou sociedades seguradoras. Diferentemente das entidades fechadas (fundos de pensão ou EFPCs), que são criadas, exclusivamente, para operar planos destinados a grupos específicos de trabalhadores, as EAPCs são acessíveis a qualquer cidadão que deseja se precaver financeiramente para a chegada da aposentadoria.

O objetivo desta seção é apresentar uma visão geral da previdência complementar aberta, a partir da análise de três subseções. Na primeira, contemplamos a forma de constituição das EAPCs e aspectos normativos. Na segunda subseção, complementamos a análise destacando algumas características gerais dos planos desse mercado, como o regime tributário aplicável. Por fim, na última seção, expomos os números dessa indústria no país e as perspectivas de crescimento deste segmento.

Constituição, regulamentação e fiscalização

Na previdência aberta, os contratos são estabelecidos com a EAPC, ou sociedade seguradora, que são autorizadas a operar pelo órgão supervisor do segmento – a Superintendência Nacional de Seguros Privados (SUSEP). Os planos são submetidos pelas entidades à análise e aprovação da SUSEP antes de serem comercializados no mercado. A comercialização ocorre através de agências bancárias; de corretores independentes; ou de plataformas eletrônicas para esse tipo de negociação, as chamadas *fintechs* e *insurtechs*.[2]

Os planos de previdência complementar aberta e de seguro de pessoas podem ser contratados tanto individualmente, por pessoas físicas, como de forma coletiva, por uma pessoa jurídica. A denominação da pessoa jurídica que contrata um plano de previdência complementar é "instituidora/averbadora", ou apenas "averbadora", caso a pessoa jurídica não participe do custeio do plano. Para plano de seguro de pessoas, a denominação é "estipulante". Na adesão, o indivíduo passa a ser participante do plano, contrata os tipos de cobertura (morte, invalidez ou sobrevivência) e indica, livremente, seus beneficiários.

Como veremos em mais detalhes na próxima seção, a partir das formas de cobertura são definidos os diferentes tipos de planos de previdência complementar aberta e de seguro de pessoas. Os planos oferecidos no mercado se baseiam em duas famílias: o Plano Gerador de Benefício Livre (PGBL) – criado em 1997, trata-se de um plano de previdência complementar – e o Vida Gerador de Benefício Livre (VGBL) – criado em 2001, representando um plano de seguro.

---

[2] As *fintechs* (*financial* mais *technology*) são empresas que utilizam a tecnologia de forma intensiva e inovadora, a fim de competirem no mercado financeiro tradicional de forma diferenciada. Têm origem em *startups* que buscam negócios escaláveis e inovadores. Depois de se provarem sustentáveis através de um modelo de negócio viável, essas empresas têm um certo valor de mercado. Ou seja, as *fintechs* oferecem uma plataforma de serviços altamente escalável, através de processos simples, de fácil acesso e de baixo custo para os usuários. O Conselho Monetário Nacional (CMN) do Banco Central aprovou as Resoluções CMN nº 4.656 e 4.657(2018) que regulamentam as operações das *fintechs*. Estas empresas também devem seguir padrões de segurança cibernética determinados na Resolução CMN nº 4.658 (2018). Já as *insurtechs* são empresas que decorrem das *fintechs*. Sua denominação tem origem no termo *insurance* (seguro) mais *technology* (tecnologia). Assim, as *insurtechs* são *fintechs* que concorrem, especificamente, no mercado segurador e que também estão em constante evolução para a alavancagem de negócios e a transformação da indústria de seguros.

O benefício corresponde ao pagamento de renda no futuro ao próprio participante, ou a seu beneficiário, no caso de plano de previdência aberta. Em plano de seguro de pessoas, o benefício denomina-se "capital segurado" e o participante, de "segurado". O capital segurado, da mesma forma que o benefício em plano de previdência, corresponde ao pagamento de renda no futuro ao próprio segurado, ou a seu beneficiário. Em ambos os produtos, o pagamento do benefício/capital segurado pode ser feito também de uma única vez.

Em planos coletivos, o participante deverá conhecer e concordar expressamente com o conjunto de cláusulas que constam no contrato entre a EAPC e a instituidora/averbadora ou estipulante, devendo cumpri-lo para ter direito aos benefícios. Este conjunto de cláusulas se denomina "*vesting*".

Como apresentamos no Capítulo 3, assim como as entidades fechadas, as EAPCs e sociedades seguradoras se submetem a normativos e demais órgãos fiscalizadores do sistema financeiro brasileiro. Nesse sentido, tais entidades estão sujeitas a regras dispostas pelo Conselho Monetário Nacional (CMN) e pelo Banco Central do Brasil (BACEN). Em especial, as entidades de previdência complementar aberta estão subordinadas a dois órgãos de regulamentação e supervisão distintos: o órgão normativo é o Conselho Nacional de Seguros Privados (CNSP), enquanto a entidade supervisora é a já mencionada SUSEP.

A Figura 5.1 apresenta a regulamentação da previdência complementar aberta no Brasil. Nota-se que somente em 1977 o país passou a ter um marco regulatório, através da Lei nº 6.435, para regulamentar o funcionamento de algumas entidades do setor estatal (o sistema de montepios e, por conseguinte, desenvolver a poupança previdenciária e o mercado de capitais no país. Em 2001, houve a aprovação da Lei Complementar nº 109/2001 que

Figura 5.1
Principais normativos da previdência complementar aberta

Lei 6.435/1977
- Marco regulatório para organização das entidades de previdência complementar revogado pela Lei Complementar 109/2001

Lei Complementar 109/2001
- Inova ao dispor as entidades de previdência aberta e fechada e respectivos conceitos dos planos de benefícios

Projeto de Emenda Constitucional 287/2016
- Instituição de planos de previdência complementar aos servidores dos demais entes da federação

Resolução CNSP 6/97
- Do estabelecimento dos planos de previdência aberta – Plano Gerador de Benefício Livre (PGBL) – Revogada por Resoluções posteriores – atual Resolução CNSP 349/17

Resolução CNSP 49/01
- Do estabelecimento de planos de seguros do ramo vida com cobertura por sobrevivência – Vida Gerador de Benefício Livre (VGBL) – Revogada por Resoluções posteriores – atual Resolução CNSP 348/17

	Das coberturas em planos de previdência aberta				Das coberturas em planos de seguros de pessoas				Das provisões técnicas	
Principais Resoluções CNSP e Circulares SUSEP Para funcionamento dos planos/seguros	CNSP 349/2017 Das regras e funcionamento para cobertura por sobrevivência	SUSEP 563/2017 Das regras e critérios complementares para funcionamento e da operação da cobertura por sobrevivência	CNSP 201/2008 e 362/18 Das coberturas por morte e invalidez		CNSP 348/2017 Das regras de funcionamento da cobertura por sobrevivência	SUSEP 564/2017 Das regras e critérios complementares para funcionamento para coberturas por sobrevivência	CNSP 117/2004 e 362/2018 Das coberturas de risco oferecidas		CNSP 321/2015 Das provisões técnicas	SUSEP 517/2015 Das regras complementares das provisões técnicas

Diretrizes para aplicação de recursos ➜ **Resolução CMN 4.444/2015**

Regras para os fundos de investimentos especialmente constituídos ➜ **Instruções CVM 459/07, 555/14 e 587/17**

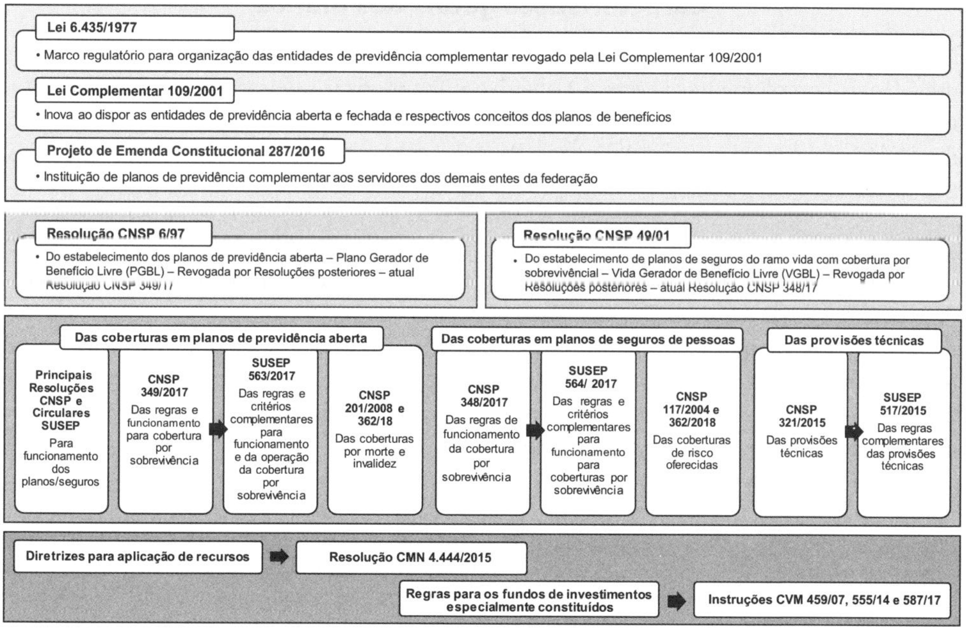

Fonte: Elaboração dos autores.

substituiu a Lei nº 6.435/1977 e trouxe atualizações para a previdência complementar ao abranger tanto o regime fechado quanto o aberto.

As regras de funcionamento e os critérios para operação da cobertura por sobrevivência oferecida em plano de seguro de pessoas e em planos de previdência complementar estão dispostas, respectivamente, nas Resoluções CNSP nºˢ 348/2017 e 349/2017. Já as regras e critérios complementares de funcionamento e de operação estão consolidadas nas Circulares SUSEP nºˢ 564/2017 e 563/2017.

Dentre os aspectos explorados por tais normativos encontram-se: os conceitos utilizados; os cálculos dos resultados financeiros decorrentes de excedentes ou déficits; as características da cobertura por sobrevivência; a previsão das modalidades de estruturação dos planos, ou seja, se contribuição variável (CV) ou benefício definido (BD)[3]; os parâmetros técnicos da taxa de juros – atualização de valores das tábuas biométricas; etc.

As reservas técnicas[4] dos planos de previdência aberta são investidas por meio de Fundos de Investimento Especialmente Constituídos (FIEs). As diretrizes para a aplicação dos recursos, das provisões e dos fundos das sociedades seguradoras e EAPCs são dispostas pela CMN, através da Resolução nº 4.444/2015. As regras tratam tanto dos ativos, limites e modalidades de investimento, quanto das métricas e definições para cômputo dos prazos dos FIEs.

Por sua vez, a CVM dispõe sobre a constituição, a administração, o funcionamento e a divulgação de informações dos FIEs através da Instrução CVM nº 459/2007 e alterações posteriores. Dentre as disposições, estão a de que o patrimônio dos FIEs não se comunica com o das EAPCs ou sociedades seguradoras que os criaram. As EAPCs serão constituídas como fundos de investimento (FI) ou fundos de investimento em cotas (FIC) de FI, sob a forma de condomínio aberto; e somente poderão ser cotistas os segurados, os participantes e a pessoa jurídica que tiverem instituído o plano ou o seguro coletivo para seus participantes.

Características gerais dos planos

Nos próximos tópicos, apresentamos algumas das principais características dos planos de previdência complementar aberta. O objetivo é familiarizar o leitor com alguns conceitos importantes associados ao tema. Dada a complexidade dos tipos de planos e benefícios, para fins didáticos, deixamos o detalhamento deste assunto em uma seção específica – no caso, a segunda deste capítulo.

Capitalização dos recursos

A primeira fase de acumulação, também conhecida como diferimento, ocorre na vida ativa do trabalhador que efetua contribuições ao plano. A fase de acumulação começa no momento em que o indivíduo adere ao plano e se encerra com o início do pagamento do benefício, quando começa a segunda fase. O encerramento desta depende da forma em que o indivíduo optou por receber o benefício.

---

[3] Planos na modalidade BD dentro da previdência complementar são o Plano com Remuneração Garantida e Performance (PRGP) e o Plano com Atualização Garantida e Performance (PAGP). Dentre os de seguro de pessoas está o Vida com Renda Imediata (VRI). Na próxima seção, os planos são apresentados com mais detalhes.

[4] As reservas técnicas são valores calculados pela seguradora, com base nos prêmios recebidos dos segurados para garantir os compromissos contratados com seus clientes. Elas são demonstradas no Balanço Patrimonial das seguradoras.

Dentre as diretrizes que disciplinam a aplicação das reservas técnicas e as provisões das seguradoras e EAPCs, está disposto na Resolução CMN nº 4.444/2015 que a aplicação dos recursos, durante o prazo de diferimento, deve ser em cotas de um Fundo de Investimento Especialmente Constituído (FIE), sob forma de condomínio aberto, dos quais as sociedades seguradoras e as entidades abertas de previdência complementar sejam os únicos cotistas.

Há que se destacar que a parcela das contribuições destinadas a custear as coberturas pelo risco de morte e invalidez é estruturada no regime financeiro de repartição. Neste regime, todos os prêmios pagos pelos segurados do plano, num determinado período, são para custear as indenizações e despesas de administração a serem pagas no mesmo período. Por este motivo, não há direito a resgate ou devolução dos prêmios pagos. Desta forma, os segurados ou beneficiários somente terão direito a alguma indenização em caso de sinistro.

FIEs no mercado de fundos de investimentos

No mercado de fundos de investimentos, a Associação Brasileira das Entidades dos Mercados Financeiro e de Capitais (ANBIMA) denomina os FIEs como fundos previdenciários e os classifica em 7 modalidades:[5]

(1) Renda Fixa: fundos que têm como objetivo buscar retorno por meio de investimentos em ativos de renda fixa (sendo aceitos títulos sintetizados por meio do uso de derivativos), admitindo-se estratégias que impliquem risco de juros e de índice de preços do mercado doméstico. Excluem-se estratégias que impliquem risco de moeda estrangeira ou de renda variável (ações etc.), não admitindo alavancagem.

(2) Balanceados até 15%: fundos que têm como objetivo buscar retorno no longo prazo por meio de investimento em diversas classes de ativos (renda fixa, ações, câmbio etc.). Estes fundos utilizam uma estratégia de investimento diversificada e deslocamentos táticos entre as classes de ativos ou estratégia explícita de rebalanceamento de curto prazo. Devem ter explicitado o mix de ativos (percentual de cada classe de ativo) com o qual devem ser comparados (*asset allocation benchmark*) ou o intervalo definido de alocação. Neste tipo, devem ser classificados os fundos que objetivam investir, no máximo, 15% do valor de sua carteira em ativos de renda variável. Sendo assim, não podem ser comparados a indicador de desempenho que reflita apenas uma classe de ativos (por exemplo: 100% CDI). Estes fundos não admitem alavancagem.

(3) Balanceados de 15 a 30%: similar ao caso 2, mas neste devem ser classificados os fundos que objetivam investir entre 15 (no mínimo) e 30% (no máximo) do valor de sua carteira em ativos de renda variável.

(4) Balanceados acima de 30%: similar aos casos 2 e 3, mas neste devem ser classificados os fundos que objetivam investir, no mínimo, 30% do valor de sua carteira em ativos de renda variável.

(5) Previdência Multimercados: fundos que têm como objetivo buscar retorno no longo prazo por meio de investimento em diversas classes de ativos (renda fixa, ações, câmbio etc.). Estes fundos não têm explicitado o mix de ativos com o qual devem ser cotejados, podendo, inclusive, ser comparados a parâmetro de desempenho que reflita apenas uma classe de ativos (por exemplo: 100% CDI). Estes fundos não admitem alavancagem.

---

[5] Estes tipos fazem parte de documento da ANBIMA para fins de classificação dos fundos exclusivos para recursos da previdência complementar aberta (ANBIMA, 2016).

(6) Previdência Data-Alvo: fundos que têm como objetivo buscar retorno num prazo referencial, ou data-alvo, por meio de investimento em diversas classes de ativos (renda fixa, ações, câmbio etc.) e estratégia de rebalanceamento periódico. Estes fundos têm compromisso de redução da exposição a risco em função do prazo a decorrer para a respectiva data-alvo. Não podem ser comparados a indicador de desempenho que reflita apenas uma classe de ativos (por exemplo: 100% CDI). Estes fundos não admitem alavancagem.

(7) Previdência Ações: fundos que devem possuir, no mínimo, 67% da carteira em ações à vista, bônus ou recibos de subscrição, certificados de depósito de ações, cotas de fundos de ações, cotas dos fundos de índice de ações e *Brazilian Depositary Receipts*, classificados como nível I, II e III. Neste tipo devem ser classificados os fundos que se destinam a somente receber aplicações de outros fundos de previdência aberta. Estes fundos não admitem alavancagem.

Conforme essa classificação de mercado, podemos observar que existem diferentes classes de fundos de investimentos com recursos dos planos de previdência aberta. Essas diferenças estão relacionadas com o risco dos investimentos, o que se traduz em diferentes rentabilidades. Quanto maior o risco, maior a possibilidade de retorno. Em outras palavras, vão desde um investimento mais conservador – como alocação de 100% da carteira em títulos de renda fixa do Tesouro Nacional, no qual existe maior previsibilidade de retorno dos ativos – até um de maior risco, a exemplo dos fundos que devem possuir, no mínimo, 67% de ações em sua carteira. Neste caso, a imprevisibilidade de retorno é alta, porém, há a possibilidade de ganho superior à renda fixa.

Observados os limites legais para aplicação dos recursos pelas EAPC e sociedades seguradoras,[6] as 7 categorias de fundos previdenciários disponíveis permitem a composição de diferentes opções de riscos a seus clientes. Assim, apesar de nem o PGBL, nem o VGBL oferecerem rentabilidade mínima durante a fase de acumulação a seus clientes, os FIEs onde estão investidos os recursos podem variar dos mais agressivos (no caso, até 49% em renda variável) aos mais conservadores (100% em título público federal). Sob essas condições, a política de investimento do FIE é o documento que evidencia os limites de alocação em risco. Desta forma, é possível confirmar a adequação do perfil de risco do cliente ao tipo de fundo do PGBL/VGBL.

Carregamento e custeio do plano

O carregamento é uma cobrança para custear despesas administrativas e de comercialização do plano pela EAPC ou sociedade seguradora. O percentual máximo de cobrança aplicado sobre as contribuições é de 5% (cobrança antecipada). Já sobre os valores de resgates programados, o percentual de cobrança é de 10% (cobrança postecipada). Se o regulamento do plano prever a cobrança de carregamento nas duas formas, antecipada e postecipada, a soma dos percentuais não poderá ultrapassar o limite máximo de 10%. Parte dessa cobrança pode ser repassada para remuneração do estipulante ou instituidora/averbadora do plano. Nesse caso, trata-se de despesas relacionadas com divulgação, propaganda, serviços de adesão, cobrança, repasse e prestação de informações.

---

[6] A última seção deste capítulo apresenta as principais regras dispostas para aplicação de recursos pelas EAPC e sociedades seguradoras, conforme Resolução do CMN 4.444/2015.

O valor ou taxa de carregamento pode ser cobrado na data do pagamento da contribuição ou no momento do resgate ou da portabilidade sobre seus valores. Ademais, deve estar prevista na proposta de inscrição, em Nota Técnica Atuarial (NTA) e no regulamento – se for plano coletivo, em seu contrato. Não poderá ser elevada e sua redução pode ocorrer a critério da EAPC ou da sociedade seguradora.

A NTA do plano, já mencionada, é o documento que contém os critérios de custeio por meio do pagamento de contribuições ao plano de previdência, ou prêmio ao plano de seguro de pessoas. Mensalmente, a EAPC ou sociedade seguradora constitui as provisões calculadas conforme previsto em NTA. Para o saldo da Provisão Matemática de Benefícios a Conceder (PMBAC), a NTA observa a atualização em função da valoração das cotas dos FIEs onde estão aplicados os recursos do plano, quando a remuneração do plano tiver como base a rentabilidade da carteira de investimentos. Havendo a previsão da reversão de resultados financeiros, eles devem ser incorporados e informados, separadamente. Se houver insuficiência, deverá ser coberta com recursos da EAPC, conforme legislação.

Taxa de administração do FIE

Trata-se de uma taxa cobrada dentro do FIE diretamente sobre seu patrimônio líquido. Não deve ser confundida com o carregamento, que tem por objetivo custear despesas das EAPCs ou sociedades seguradoras que fazem a administração dos planos, não do FIE. Os administradores dos FIEs são instituições devidamente autorizadas pela CVM, conforme Instrução CVM nº 558/2015. Normalmente, fazem parte do mesmo grupo econômico da EAPC ou sociedade seguradora.

Os recursos que compram as cotas dos FIEs já estão líquidos do carregamento e demais custeios associados a seguros de morte e invalidez, se for o caso. A taxa de administração do FIE é fixada em um percentual anual, incidente *pro rata* dia sobre os saldos médios diários do fundo. Ela representa a remuneração do administrador do fundo e é descontada da rentabilidade bruta. Normalmente, a rentabilidade divulgada é líquida da taxa de administração. Além da taxa de administração, há a taxa de custódia e outras taxas debitadas diretamente do patrimônio do fundo, reduzindo a sua rentabilidade.

Dado que a taxa de administração recai sobre o patrimônio do fundo, quanto maior o patrimônio, mais elevado será o valor cobrado do fundo, o que representa um custo explícito para o participante/segurado. Esta receita em montante significativo pode servir de incentivo à gestão passiva do fundo a um *benchmark* de mercado. Ou seja, reduz a possibilidade de maior retorno (a um risco compatível) através de gestão ativa e diversificação dos investimentos. Este é um custo implícito que pode ser ainda mais relevante no momento do participante/segurado se aposentar.[7]

Resgate e portabilidade

O resgate dos recursos do plano é permitido durante a fase de diferimento e após o período de carência previsto em regulamento, considerando os recursos indicados na PMBAC. Se o plano for, exclusivamente, de capitalização financeira, em caso de morte ou invalidez do participante, o resgate poderá ser pago no período de diferimento à vista, não se aplicando carência.

---

[7] A taxa de administração e a taxa de carregamento mencionada no tópico anterior são previstas em legislação específica. Ver Resolução CNSP nº 349/2017; Resolução CNSP nº 348/2017; Circular nº 563/2017; e Circular SUSEP nº 564/2017.

No que tange à portabilidade parcial[8], os recursos portados para planos do tipo PGBL e PGBL Programado e seus pares no seguro de pessoas observarão os mesmos percentuais para alocação nos FIEs a serem aplicados pela EAPC ou sociedade seguradora.[9] A entidade receptora não poderá cobrar carregamento, enquanto a entidade cedente pode, não sendo permitida a cobrança de despesas adicionais, a não ser tarifas bancárias para a portabilidade. Os recursos são movimentados diretamente entre as entidades de previdência. Cabe destacar que não é permitido o resgate de valores portados de entidades fechadas. Ademais, caso os recursos sejam portados a uma EFPC, não se aplicam períodos de carência.

Tanto o resgate quanto a portabilidade ficam suspensos enquanto não são quitadas as prestações do contrato de assistência financeira do participante. Esta assistência é um empréstimo concedido, durante o período de diferimento, ao titular do plano de benefícios de previdência complementar aberta ou de seguro de pessoas. Nesses casos, é estabelecido contrato específico com o participante e a EAPC ou sociedade seguradora são livres para adotar as mesmas taxas do mercado financeiro.

Regimes de tributação

Um dos principais atrativos dos fundos de previdência está relacionado com as vantagens tributárias que o mesmo dispõe vis-à-vis os demais fundos de investimento. A tributação para a previdência complementar, na forma da Lei nº 11.053/2004, possibilita menores alíquotas de IR para quem mantiver os recursos investidos nos planos por maior tempo. Esta legislação apresenta duas possibilidades de tributação, sendo facultado ao contratante de um plano escolher o que for mais adequado à sua necessidade, dado o objetivo do investimento. A Tabela 5.1 apresenta as duas tabelas dos regimes de tributação e respectivas alíquotas.

Tabela 5.1 Tabelas dos regimes de tributação

Regressiva		Progressiva	
Prazo de permanência de cada contribuição		Faixas de renda, base mensal	
até 2 anos	35%	até 1903,98	0,00%
2 a 4 anos	30%	de 1903,98 até 2826,65	7,50%
4 a 6 anos	25%	2826,66 até 3751,05	15,00%
6 a 8 anos	20%	3751,06 até 4664,68	22,50%
8 a 10 anos	15%	acima de 4664,68	27,50%
acima de 10 anos	10%		

Fonte: Elaboração dos autores a partir da Tabela utilizada para o cálculo anual do Imposto sobre a Renda da Pessoa Física no exercício de 2018, ano-calendário de 2017.

A primeira é a Tributação Regressiva Definitiva. A incidência de IR é definitiva e exclusiva na fonte, no resgate ou no recebimento do benefício. Ela é variável, começando com alíquota de 35% sobre o benefício, sendo gradativamente reduzida em cinco pontos percentuais a cada dois anos adicionais de permanência do recurso investido, até a alíquota de 10% para prazos superiores a 10 anos. Neste caso, portanto, quanto mais tempo os recursos ficarem investidos, menor é o imposto a ser pago pelo cliente. A contagem do prazo

---

[8] Caso a modalidade do plano seja BD, é vedada a portabilidade parcial. A portabilidade parcial que corresponde ao saldo da Provisão de Excedentes Financeiros portado, proporcionalmente, ao saldo da Provisão Matemática de Benefícios a Conceder do participante.
[9] Estes e outros planos serão comentados na próxima seção.

considera a data de cada contribuição de forma individual. Assim, é possível ter alíquotas diferentes dependendo do prazo de permanência da contribuição que se irá resgatar.

A segunda é a Tributação Progressiva Compensável. Neste regime, os resgates do plano têm a incidência de Imposto de Renda (IR) na fonte, feita com base na alíquota única de 15%, de forma antecipada, com posterior ajuste na declaração anual de IR da pessoa física. Na fase do recebimento do benefício, a incidência de IR é feita conforme a Tabela Progressiva do IR vigente à época do recebimento.

Análise do mercado brasileiro

A exposição anterior teve o intuito de fornecer uma visão geral da forma de funcionamento da previdência aberta no país. Na próxima seção, discorreremos em mais detalhes sobre os tipos de benefícios e planos desse sistema. Antes, contudo, é oportuno nos debruçarmos brevemente sobre alguns números desse mercado no Brasil. A análise dos dados de fundos de investimentos demonstra o destaque crescente da escolha de se investir através de produtos da previdência aberta.

O Gráfico 5.1 apresenta a evolução de ativos em fundos de investimentos por classificação segundo a ANBIMA. Notamos que nos últimos dez anos, o patrimônio líquido dos fundos da previdência aberta somente vem se elevando. É importante observar que os investimentos previdenciários dos planos abertos têm acompanhado o volume de recursos na renda fixa ao longo do tempo.[10] O gráfico mostra ainda a forma muito acentuada de crescimento dos fundos da previdência aberta quando comparada com fundos de maior risco, caso dos fundos de ações.

Gráfico 5.1
Evolução de ativos em fundos de investimentos por classe ANBIMA (R$ trilhões, preços constantes – dez/18)

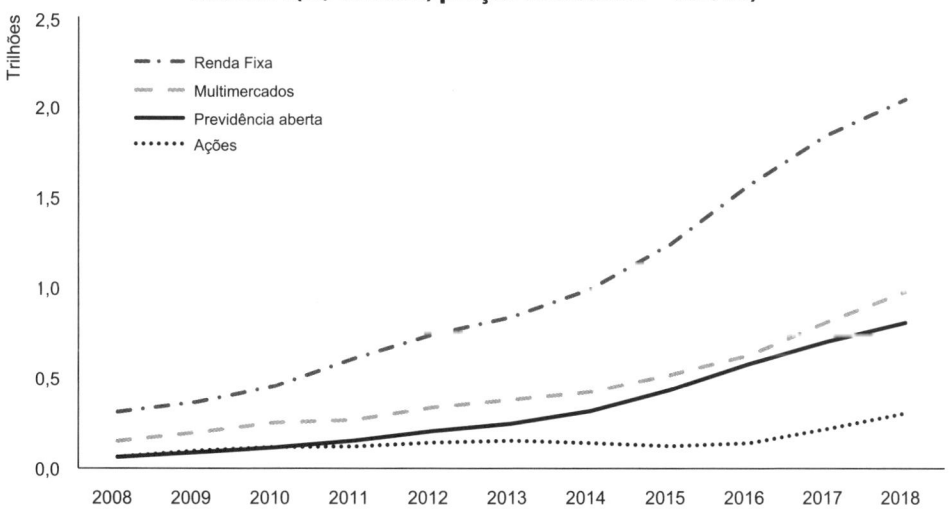

Nota: Em moeda constante do último dia do mês e deflacionado pelo IPCA.
Fonte: Elaboração dos autores a partir de dados do Consolidado Histórico de Fundos de Investimentos da ANBIMA. Disponível em site: anbima.com.br, consulta em 25/04/2019.

---

[10] No Capítulo 6, quando abordaremos o desempenho dos investimentos de planos abertos, apresentaremos a composição da carteira de ativos. Quando então, compreenderemos o perfil de risco dos fundos de previdência e que explicam sua rentabilidade.

Já a Tabela 5.2 apresenta a evolução das reservas técnicas de produtos de previdência aberta. Nota-se a forte evolução dos investimentos na previdência aberta e sua representatividade crescente em relação ao PIB. A partir dos dados, é possível estimar uma taxa média composta anual (nominal) de 22% de evolução nos últimos dez anos, que destacamos na introdução deste capítulo. Na proporção do PIB, praticamente quadruplicou a proporção de investimentos em produtos de planos de previdência aberta em relação PIB.

Tabela 5.2 Evolução das reservas técnicas de produtos de previdência aberta (R$ milhões a preços correntes e % PIB)

Ano	Acumulação	Variação anual	% do PIB
2008	110.264	–	3,5%
2009	145.030	31,5%	4,4%
2010	181.208	24,9%	4,7%
2011	225.016	24,2%	5,1%
2012	284.628	26,5%	5,9%
2013	323.255	13,6%	6,1%
2014	391.316	21,1%	6,8%
2015	483.256	23,5%	8,1%
2016	605.521	25,3%	9,7%
2017	718.155	18,6%	11,0%
2018	793.362	10,5%	11,6%

Nota: Os dados de acumulação são agrupados da previdência tradicional, o PGBL e VGBL. Apesar do VGBL ser um produto de seguro (de sobrevivência, por questões regulatórias e fiscais), ele é, de fato, um produto de acumulação (previdência) e semelhante ao PGBL.
Fonte: Elaboração dos autores a partir de dados da SUSEP, Recuperado em 14/03/19: http://www2.susep.gov.br/menuestatistica/SES/principal.aspx.

Quando segregamos os dois produtos PGBL e VGBL, podemos observar qual produto obteve a maior evolução. O Gráfico 5.2 apresenta a evolução dos investimentos em PGBL e VGBL. Podemos observar que o VGBL representa a maior parte dos investimentos previdenciários. Não somente isso, ao longo do período observado dos últimos dez anos, é o produto que tem adquirido maior destaque na previdência aberta. Enquanto em 2008 ele representava 64%, em 2018 já correspondia a 82% do sistema. O PGBL e o VGBL foram criados, respectivamente, nos anos 1997 e 2001, mas esse período inicial não foi suficiente para permitir uma maior acumulação de recursos em planos PGBL frente ao VGBL.

Gráfico 5.2
Evolução dos investimentos em PGBL e VGBL (R$ bilhões)

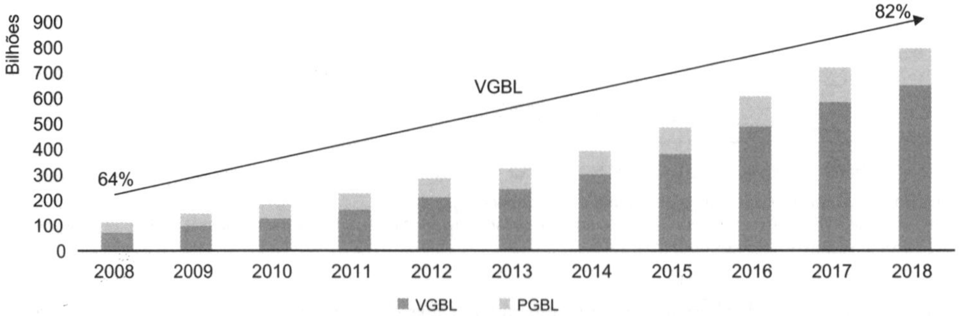

Fonte: Elaboração dos autores a partir de dados da SUSEP, Recuperado em 14/03/19: http://www2.susep.gov.br/menuestatistica/SES/principal.aspx.

De toda forma, a previdência aberta tem contribuído fortemente para o crescimento da reserva previdenciária no país. Ocorre que, com a estabilidade da moeda, oriunda das políticas macroeconômicas introduzidas pelo Plano Real, em 1994, a previdência aberta deixou de ser apenas um complemento da previdência social.

Nesse contexto, os fundos de previdência aberta têm apresentado um ritmo de crescimento superior, não somente frente aos planos que são patrocinados por empresas, mas também frente às demais formas de investimento. O Gráfico 5.3 apresenta a taxa de crescimento anual composta por tipo de fundo de investimento e para o total da indústria de fundos em três períodos distintos: de 1990 a 1998; de 1998 a 2001; e de 2001 a 2017.

Gráfico 5.3
**Taxa média de crescimento anual por tipo de fundo de investimento e no total –
1990 a 1997; 1997 a 2001 e 2001 a 2018**

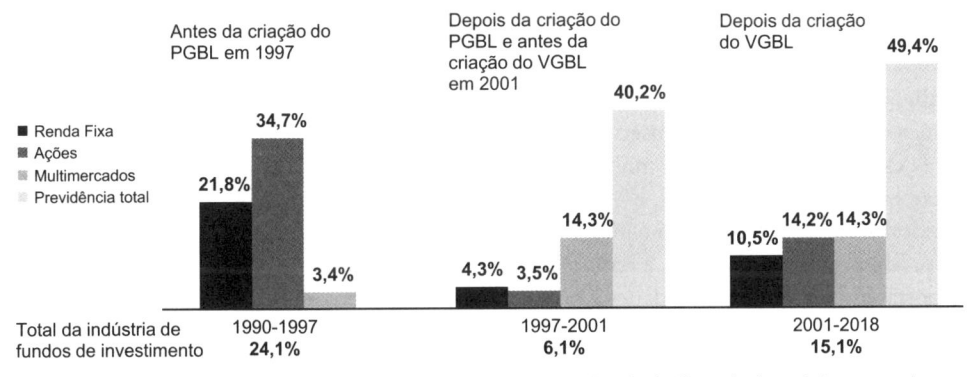

	Antes da criação do PGBL em 1997	Depois da criação do PGBL e antes da criação do VGBL em 2001	Depois da criação do VGBL
Renda Fixa	21,8%	14,3%	10,5%
Ações	34,7%	4,3%	14,2%
Multimercados	3,4%	3,5%	14,3%
Previdência total	—	40,2%	49,4%
Total da indústria de fundos de investimento	**1990-1997: 24,1%**	**1997-2001: 6,1%**	**2001-2018: 15,1%**

Nota: Taxa média anual composta, calculada a partir de dados de patrimônio líquido do último dia do período, em moeda constante deflacionado pelo IGP-DI. Para fundos multimercados, os dados do primeiro período são de 1995-1997, uma vez que não havia dados disponíveis antes desse período. Para fundos de previdência, o segundo período vai de 1998 a 2001.

Fonte: Elaboração dos autores a partir do Consolidado Histórico de Fundos de Investimentos da ANBIMA de set/2018.

O primeiro período de 1990 a 1997 foi escolhido por ter sido marcado com o início da estabilização da moeda no país, em decorrência do plano Real, até o ano da criação do PGBL em 1997. Portanto, nesse período não havia dados para a previdência complementar aberta. Observa-se um crescimento na indústria de fundos de 24,1%. Apesar da forte evolução da renda variável de 34,7%, o crescimento anual da renda fixa de 21,8% é a classe que explica a evolução no total da indústria de fundos de investimentos no país. Essa afirmação decorre do maior volume de ativos em fundos de renda fixa conforme observamos no Gráfico 5.1. O forte crescimento do segmento de ações no período de 1990 a 1997 é explicado pelo processo de privatização de empresas como Usiminas (1991), Companhia Siderúrgica Nacional (1993), Embraer (1994), Light (1996) e Vale do Rio Doce (1997). Esse período também foi marcado pela maior participação de capital internacional no país, com mudanças estruturais decorrentes do Governo Fernando Collor.

O segundo período vai de 1997 até 2001, quando ainda não existia a organização jurídica das entidades abertas e fechadas, nem a disposição dos planos e conceitos em formas distintas das entidades.[11] Aquele período foi escolhido, pelo ano de início do PGBL, em 1997

---

[11] Lei Complementar nº 109/2001 é norma específica que regula a constituição e o funcionamento das entidades fechadas de previdência complementar, bem como as abertas e a autorização das sociedades correntes que operam, exclusivamente, no ramo vida para oferecerem planos de previdência privada, como já aprofundado no Capítulo 3.

até o ano de a criação do VGBL em 2001. Já neste segundo período foi possível observar o forte crescimento dos investimentos de previdência na indústria de fundos em decorrência do PGBL. Cabe destacar que, mesmo controlando a segregação de fundos de investimentos com origem de recursos da previdência aberta para a nova classificação, houve crescimento de 6,1% na indústria de fundos como um todo e de 40,2% nos fundos de previdência. Dada a forte redução com que vinha a taxa de crescimento dos demais fundos, é possível que parte dos recursos naqueles tenham migrado para a nova forma de investimento através de planos previdenciários privados. Já no terceiro período, observa-se de forma consistente a continuidade do crescimento dos investimentos em previdência.

De 2001, ano em que foi sancionada a Lei Complementar nº 109/2001 e criado o plano VGBL, até o ano de 2018, a indústria como um todo cresceu 15,1% ao ano, enquanto no caso dos investimentos em fundos de previdência o crescimento foi ainda maior (49,4% ao ano). Esse crescimento supera ainda a evolução do patrimônio líquido em fundos de investimentos em renda fixa, ações e multimercado, que apresentaram taxas de crescimento de 10,7, 11,9 e 13,6% ao ano, respectivamente. Destacando que a maior parte dos recursos continua concentrada em renda fixa, seguido dos multimercados e de forma persistente nos últimos dez anos, conforme observado no Gráfico 5.1.

A expressiva evolução do montante sob a gestão de EAPCs e sociedades seguradoras sugere que os produtos PGBL e VGBL conquistaram credibilidade junto ao público consumidor. Dentre os motivos que justificam tal comportamento, pode-se citar a flexibilidade dos produtos. Como exemplo, a rentabilidade dos FIEs pode ser acompanhada diariamente e a portabilidade entre as entidades e entre os fundos ocorre com fluidez e sem a incidência de impostos. A qualquer momento, o cliente pode suspender seus aportes e alterar o valor ou a forma de suas contribuições. Adicionalmente, os produtos da previdência aberta possuem a flexibilidade de resgate ou portabilidade de recursos ao longo da jornada para a aposentadoria, com opções de renda e benefícios "de risco" como cobertura para morte e invalidez.

Além disso, os produtos oferecidos na previdência aberta se tornaram veículos de investimento adequados para outros objetivos de longo prazo que não somente para a aposentadoria. A título de exemplo, podemos citar os casos em que um responsável financeiro contrata um PGBL/VGBL em nome de um filho ou dependente financeiro visando acumular recursos para garantia da educação no futuro. Os planos empresariais de previdência aberta também conquistaram aceitação, pelas mesmas razões.

Tais dados reiteram o forte crescimento da previdência aberta. Tanto a possibilidade de acesso ao produto para complementação de aposentadoria para o futuro, quanto as vantagens tributárias como alternativa de investimento são observadas como razões importantes para este entendimento. Ademais, como já apresentado, há espaço para uma participação ainda maior da previdência aberta como proporção do PIB no Brasil, ao compararmos esta perspectiva com a evolução de outros países, principalmente diante do processo de reforma da previdência social no país.

Os bancos e seguradoras que atuam no mercado de previdência e de fundos de investimentos estão atentos a este espaço. Certamente, a capacidade de investimento em estratégias de marketing e de inovação de produtos é fator relevante para atração de novos clientes e escolha pelos produtos da organização. A competitividade entre as empresas, portanto, gera benefício social ao estimular maiores investimentos e a criação de novos produtos de previdência.

Benefícios e planos da previdência complementar aberta

A última seção forneceu os contornos gerais da previdência complementar aberta no Brasil. Todavia, para uma compreensão mais profunda do tema, é importante analisar em mais detalhes os tipos de benefícios e de planos oferecidos por esse sistema. Este é o propósito das próximas duas subseções. Como veremos, com base nas diferentes formas de benefícios/coberturas para os riscos de sobrevivência, invalidez e morte, a SUSEP com as EAPCs e entidades seguradoras desenvolveram os produtos/planos comercializados atualmente no sistema de previdência complementar aberta.

Tipos de benefícios e coberturas

O Quadro 5.1 apresenta os cinco tipos de benefícios em planos de previdência aberta, sendo dois de renda (por sobrevivência ou invalidez), um de pensão e dois de pecúlio (por morte ou invalidez).[12] Na contratação da cobertura, o participante deve definir o tipo de plano que deseja: morte, invalidez ou sobrevivência.

Os tipos de benefício envolvem um período de carência e de cobertura. No caso de morte ou invalidez do participante durante o período de carência, não há direito ao benefício. Por sua vez, o período de cobertura indica o intervalo de tempo em que o participante, ou seus beneficiários, terão o direito ao benefício.

Os planos de previdência complementar aberta e os planos de seguros de pessoas podem oferecer a cobertura por sobrevivência de forma isolada ou em conjunto com os demais tipos de benefício. Se for prevista a comunicabilidade entre coberturas por sobrevivência e de risco, o plano será denominado de "conjugado".

No que diz respeito aos fatores que impactam o valor dos benefícios, existem 3 variáveis especialmente importantes: o carregamento, a taxa de administração e o fator de cálculo do benefício. No que se refere às duas primeiras, já comentadas na primeira seção, cabe destacar que com o aumento da concorrência, até mesmo grandes bancos têm reduzido suas taxas ou mesmo eliminado algumas delas. Ocorre que estas taxas são receitas relevantes das EFPCs e seguradoras, além das administradoras dos FIEs. O problema é que acabam atenuando o valor do benefício a ser recebido pelo participante/segurado e trata-se de algo que pode não ser entendido no momento da contratação.

Outro aspecto que impacta o benefício é o seu fator de cálculo, que estima a reserva que deverá ser formada. Este parâmetro é apresentado na contratação do plano e o risco na fase do pagamento do benefício é da entidade/seguradora. O fator de cálculo do benefício reflete os cálculos atuariais do plano/seguro, os quais assumem premissas ou hipóteses para a ocorrência dos respectivos riscos contratados no produto. Os planos de sobrevivência são estruturados na modalidade de contribuição variável (CV) e o risco do benefício contratado ao fim da primeira fase recai sobre a EAPC ou seguradora.[13] Para tanto, a EAPC ou a seguradora estimam o volume de recursos que precisam arrecadar para garantir o pagamento dos benefícios no futuro. Esta estimativa corresponde à provisão matemática de benefícios a conceder.

---

[12] É importante destacar a diferença entre "renda mensal vitalícia" e a "pensão por morte". Enquanto a "renda mensal vitalícia" é usufruída pelo próprio participante e cessa com o evento de sua morte, a "pensão por morte" é o benefício recebido pelo beneficiário indicado, que começa após a morte do participante (titular).
[13] Embora sejam comercializados planos do tipo CV, é prevista em legislação a modalidade de benefício definido (BD). Nesse caso o risco é maior, pois são estabelecidos, previamente, na proposta de inscrição, o benefício a ser pago – sob forma de renda ou em uma única vez – e as respectivas contribuições. Ver Resoluções CNSP nº 348/17 e nº 349/17.

Quadro 5.1 Os tipos de benefícios que os planos de previdência aberta podem oferecer

Renda	I. Sobrevivência	Renda por sobrevivência: renda a ser paga ao participante que sobreviver ao prazo de diferimento contratado no plano. Os principais tipos de renda por sobrevivência são cinco:
		a) Renda Mensal Vitalícia: paga vitaliciamente ao participante a partir da data em que se conceder benefício e cessa com seu falecimento.
		b) Renda Mensal Temporária: paga temporariamente e cessa com o falecimento do participante ou fim da temporariedade que foi contratada.
		c) Renda Mensal Vitalícia com Prazo Mínimo Garantido: paga vitaliciamente ao participante a partir da data da concessão do benefício, sendo garantido ao(s) beneficiário(s) um prazo mínimo de recebimento, observando:
		  c.1) O prazo mínimo de garantia escolhido e indicado na proposta pelo participante e no momento da inscrição ao plano.
		  c.2) O prazo mínimo de garantia começa a contar na data do primeiro recebimento do benefício.
		  c.3) Se ocorrer a morte do participante no momento em que ele já estiver recebendo o benefício, o pagamento ao(s) beneficiário(s) será efetuado no prazo mínimo de garantia restante e conforme os percentuais estipulados para receberem o benefício.
		  c.4) Em havendo a morte do participante após o prazo mínimo de garantia, não haverá pagamento de benefícios aos beneficiários, nem qualquer outra forma de indenização.
		  c.5) Se ocorrer a morte de beneficiário que já estiver recebendo o benefício, o valor de sua renda respectiva será repartido entre os remanescentes até o fim do prazo mínimo. Se não houver remanescentes, a renda será paga aos sucessores legítimos até o fim do prazo mínimo.
		d) Renda Mensal Vitalícia Reversível ao Beneficiário Indicado: paga vitaliciamente a partir da concessão. No falecimento durante o recebimento da renda, esta será revertida ao beneficiário indicado. Se o beneficiário falecer antes do participante e no período em que este estiver recebendo o benefício, a revertibilidade do benefício estará extinta. E se o beneficiário falecer após ter sido iniciado o recebimento da renda, o benefício estará extinto.
		e) Renda Mensal Vitalícia Reversível ao Cônjuge com Continuidade aos Menores: paga vitaliciamente a partir da concessão. No falecimento durante o recebimento da renda, o percentual do valor estabelecido será revertido ao cônjuge vitaliciamente e, no falecimento deste, reversível aos filhos menores até a maioridade definida em regulamento que pode ser de 18, 21 ou 24 anos.

	II. Invalidez	Renda por invalidez: paga ao participante por motivo de invalidez total e permanente, durante o período de cobertura e após a carência do plano, conforme regulamento.
Pensão	III.	Pensão por morte: paga aos beneficiários, se ocorrida durante a cobertura e após a carência.
Pecúlio	IV.	Pecúlio por morte: paga de uma só vez e em dinheiro ao(s) beneficiário(s), se ocorrida durante a cobertura e após a carência.
	V.	Pecúlio por invalidez: paga de uma só vez e em dinheiro ao participante, se ocorrida durante a cobertura e após a carência.

Fonte: Elaboração dos autores a partir do Guia de Orientação e Defesa do Consumidor dos Mercados de Seguros, Previdência Complementar Aberta e Capitalização (2017).

Ou seja, além de se assumir no plano uma determinada taxa de juros no cálculo do benefício, são consideradas probabilidades, como a maior longevidade[14] e o risco de morte[15] e invalidez, entre outras específicas e dispostas em NTA. Por exemplo, o risco de sobreviver em período que ultrapasse o incialmente estimado pode levar a uma maior probabilidade de ser consumida a reserva formada durante o pagamento do benefício. Já o risco de invalidez faz com que, em caso de ocorrência, o participante do plano comece a receber o benefício no prazo em que, sem esse evento, estaria contribuindo ao plano.

Assim, quanto mais conservadoras forem as premissas adotadas, ou a probabilidade de ocorrência do resgate da reserva matemática – havendo previsão desse direito em regulamento, ou contratação da cobertura por sobrevivência que garante também o direito de resgate – seu valor será calculado atuarialmente e não pela soma das contribuições. O mesmo ocorre para o direito de portabilidade, no qual, durante o período de diferimento, o participante pode movimentar sua reserva para outros planos.

Dado que os planos atualmente comercializados na previdência aberta ainda estão em sua maior parte na fase de diferimento, é preciso que a cobrança de taxas e a estimativa dos fatores sejam adequadas, pois certamente contribuirão para a sustentabilidade da previdência complementar aberta, além da inovação dos próprios produtos e coberturas.

Tipos de planos

A partir das formas de cobertura é que são definidos os diferentes tipos de planos de seguro de pessoas e de previdência complementar aberta. Conforme exposto, os planos com cobertura de sobrevivência oferecidos no mercado são o VGBL, que por questões regulatórias e fiscais, trata-se de plano de seguro; e o PGBL, que é um plano de previdência complementar aberta. Ambos possuem a característica de que, após o período de acumulação (diferimento), proporcionam aos que investem nestes produtos diferentes formas de renda.

Apesar do VGBL e do PGBL serem produtos com o mesmo objetivo de cobertura, a diferença principal decorre do tratamento tributário dispensado por eles[16]. Esse tratamento distinto ocorre tanto na fase de diferimento, como na fase de pagamento de benefícios. O Quadro 5.2 apresenta um resumo das principais diferenças em planos PGBL e VGBL.

No plano PGBL, as contribuições acumuladas proporcionam postergação de IR ao participante. Este mecanismo decorre da dedução da base de cálculo do IR da parcela das contribuições ao plano de previdência do participante no ano. Porém, o valor das contribuições no ano que pode ser deduzido na declaração anual de IR é limitado a 12% de sua renda total tributável. Essa vantagem é possível ao participante, desde que utilize a declaração completa e também contribua ao RGPS ou RPPS[17]. No momento do recebimento

---

[14] Para lidar com equívocos em relação à expectativa de vida individual por meio de critérios simples, conheça o site da *Actuaries Longevity Ilustrator*: http://www.longevityillustrator.org, acesso em 27/02/2019.
[15] Para conhecer os fatores que correspondem às probabilidades dos riscos de morte de válidos, morte de inválidos, entrada em invalidez e morbidez, ver Taxas Biométricas disponíveis no site do Instituto Brasileiro de Atuária (IBA): http://www.atuarios.org.br/tabuas-biometricas, acesso em 27/02/2019.
[16] Estudos de Campani e Costa (2016, p. 2) concluem que "não obstante o fato de taxas de carregamento e de administração serem maiores em planos previdenciários, constatou-se que no longo prazo o plano PGBL ainda é bastante compensatório devido aos benefícios fiscais".
[17] É importante destacar que, desde 2013, a participação nos lucros e resultados (PLR) já não faz parte do total a ser tributado, por ser recolhida diretamente da fonte. Este fator reduziu a vantagem de postergação do IR ao participante que contava com o PLR na composição de sua renda.

do benefício, há a cobrança de IR sobre o valor do benefício. A alíquota incidente depende da forma como foi contratado o regime tributário no momento da adesão ao plano, que, como visto na seção anterior, pode ser progressivo ou regressivo. Durante o período do diferimento, o participante pode mudar uma única vez o regime tributário de progressivo a regressivo e não o contrário.[18]

Quadro 5.2 Principais diferenças em planos PGBL e VGBL

		PGBL	VGBL
Público-alvo		Os que utilizam declaração de IR completa	Aqueles que utilizam declaração de IR na forma simplicada ou são isentos de IR
		Os que realizam contribuições ao RGPS ou RPPS	Aqueles que não são contribuintes do RGPS ou RPPS
		Os que contribuem em até 12% de sua renda bruta anual ao plano	Aqueles que podem pagar valor de prêmios no ano superior a 12% de sua renda bruta anual
Benefício fiscal	Fase do diferimento	Podem deduzir o valor das contribuições em até 12% da renda bruta anual, se contribuintes do RGPS ou RPPS	
		Em caso de resgate, há incidência da alíquota do regime tributário definido, sobre todo o valor	Há incidência da alíquota do regime tributário definido, somente sobre o valor do rendimento obtido com o investimento do plano no momento do resgate
	Fase do recebimento do benefício	Incidência da alíquota do regime tribuário definido sobre o valor do benefício	Há incidência da alíquota do regime tribuário definido somente sobre o valor do rendimento obtido com o investimento do plano, no recebimento do benefício
	Rentabilidade dos investimentos do plano	Durante a fase do diferimento, não há come-cotas ou incidência de IR	Durante a fase do diferimento, não há come-cotas ou incidência de IR

Fonte: Elaboração dos autores.

Por sua vez, o plano VGBL inovou ao trazer a configuração de um seguro de vida para funcionar como um produto de renda complementar a seu segurado. No caso, trata-se de uma possível forma de solução a sua limitação do benefício fiscal frente ao do PGBL. Na fase de diferimento, os valores investidos no plano VGBL, por se tratarem de prêmios de seguro, não são dedutíveis da base de cálculo do IR. Independentemente do modelo de declaração, se simplificada ou completa, nesse caso não há benefício fiscal. Entretanto, no momento de pagamento do benefício, o IR incidirá somente sobre o rendimento dos prêmios vertidos ao plano. Ou seja, o produto resolveu o problema de bitributação daqueles que acumulavam valores em planos de previdência superiores ao limite de 12% da base de cálculo.[19] Considerando-se a tabela regressiva de IR, há incidência de alíquota reduzida de 10% sobre a rentabilidade dos valores resgatados, se o VGBL permanecer, no mínimo, 10

---

[18] Cabe pontuar que o prazo para contagem da acumulação das contribuições se reinicia com a mudança. Nesse quesito, o PGBL não se diferenciou dos planos tradicionais ao limitar em 12% da renda da participante o espaço para dedução. Ou seja, a parcela que contribuiu superior a esses 12% sofreria nova tributação no momento da aposentadoria.
[19] Ver Costa (2015).

anos no FIE. Se estivessem em outro tipo de fundo, a alíquota seria de 15%. Além disso, seus FIEs não sofrem o "come-cotas", que popularmente designa a forma antecipada de a Receita Federal tributar a renda.[20]

Há, ainda, outras vantagens além das tributárias dos planos abertos. Por exemplo, a liberdade de escolha dos beneficiários por parte do participante ou segurado, o que possibilita a vantagem de programação sucessória do contratante. Esta decorre do caráter securitário dos planos abertos. Conforme o artigo 794 do Código Civil, um plano de previdência privada tem natureza de seguro de vida e, portanto, não faz parte de herança. No caso, os beneficiários dos planos podem resgatar a totalidade das cotas dos FIEs correspondente ao benefício de seus planos ou receber em forma de renda, independentemente de inventário. Entretanto, tem havido jurisprudência no sentido de caracterizar o seguro de vida como aplicação financeira, em casos específicos onde os recursos do plano representam grande parte do patrimônio do contratante. Nesse caso, torna-se compulsória a integração dos valores na herança, cabendo, portanto, a partilha.[21]

Outra vantagem é que os investimentos em planos abertos não sofrem o Imposto de Transmissão Causa Mortis e Doações (ITCMD). Porém, como este imposto é estadual, a isenção tem sido discutida no âmbito dos estados quanto à interpretação da característica do plano de previdência – como seguro ou como investimento. Em São Paulo, por exemplo, em 20/02/2018, a 2ª Turma do Superior Tribunal de Justiça (STJ) julgou e manteve o entendimento do Tribunal de Justiça de São Paulo de que a transferência do saldo de contratos de previdência privada VGBL em virtude do falecimento do investidor, é isenta de pagamento do ITCMD.

O Quadro 5.3 apresenta as famílias PGBL e VGBL, cabendo observar que para cada plano da família PGBL, há um correspondente na família VGBL, ou um par, apenas mudando a nomenclatura "plano" para "vida", mas mantendo a principal diferença entre os dois modelos relacionada com o tratamento tributário. Nos PGBL e VGBL, não existe uma rentabilidade mínima garantida aos participantes ou segurados. Posteriormente, nos quatro pares de planos criados em 2002, houve a inovação de se garantir uma rentabilidade mínima aos participantes ou segurados, retornando ao que havia em planos anteriores ao PGBL e VGBL que não são mais comercializados.

Analisando os planos de 2002, no primeiro par, PRGP e VRGP, a rentabilidade mínima é formada por uma taxa de juros e um índice de atualização de valores. No segundo par, PAGP e VAGP, a diferença para o primeiro par é que há somente o uso de índice de atualização dos valores contratados. Já no terceiro par, PRSA e VRSA, há apenas o uso de uma taxa de juros como rentabilidade mínima. Nesses três pares, existe a obrigatoriedade de reversão de resultados financeiros de pelo menos 95% do valor apurado[22]. Por sua vez, no quarto par de planos, PRI e VRI, há a característica de se receber no plano um único aporte no período de diferimento e na fase de recebimento. Eles oferecem uma renda imediata ao participante ou segurado. São planos da modalidade BD, sendo facultativa a reversão dos resultados financeiros.

---

[20] O IR incide sobre todo o rendimento e segue uma tabela regressiva de acordo com prazo da aplicação. Fundos de curto prazo: (i) 22,5% em aplicações que permanecem por até 180 dias; (ii) 20,0% em aplicações que permanecem 181 dias ou mais. Fundos de longo prazo: (i) 22,5% em aplicações que permanecem por até 180 dias; (ii) 20,0% em aplicações que permanecem de 181 dias a 360 dias; (iii) 17,5% em aplicações que permanecem de 361 dias a 720 dias; e (iv) 15,0% em aplicações que permanecem por 721 dias ou mais.
[21] Ver Pimentel (2018).
[22] O resultado financeiro é a diferença entre o retorno obtido com as aplicações decorrentes das contribuições ou prêmios pagos e a rentabilidade mínima do plano contratado, na fase de diferimento.

Quadro 5.3 Famílias de produtos PGBL e VGBL e anos de criação

PGBL e família			VGBL e família		
Sigla/Nome	Descrição	Ano	Sigla/Nome	Descrição	Ano
PGBL	Plano Gerador de Benefício Livre	1997	VGBL	Vida Gerador de Benefício Livre	2001
PRGP	Plano com Remuneração Garantida e Performance	2002	VRGP	Vida com Remuneração Garantida e Performance	2002
PAGP	Plano com Atualização Garantida e Performance	2002	VAGP	Vida com Atualização Garantida e Performance	2002
PRSA	Plano com Remuneração Garantida e Performance sem Atualização	2002	VRSA	Vida com Remuneração Garantida e Performance sem Atualização	2002
PRI	Plano de Renda Imediata	2002	VRI	Vida de Renda Imediata	2002
PGBL Programado	Plano Gerador de Benefício Livre Programado	2017	Dotal Puro	Dotal Puro	2007
PDR	Plano com Desempenho Referenciado	2017	Dotal Misto	Dotal Misto	2007
			Dotal Misto com Perfomance	Dotal Misto com Performance	2007
			VGBL Programado	Vida Gerador de Benefício Livre Programado	2017
			VDR	Vida com Desempenho Referenciado	2017

Fonte: Elaboração dos autores.

Após cinco anos, em 2007, houve a criação de três seguros que combinam característica de seguro de vida e previdência.[23] Embora sem alteração profunda nos demais produtos da família VGBL, estes seguros se apresentam de forma diferenciada ao mercado ao garantir uma indenização pelo período de sobrevivência do segurado. O primeiro é o "Dotal Puro" e a indenização contempla somente a cobertura por sobrevivência. Ou seja, nesse seguro, durante a fase de diferimento é garantida uma remuneração por um índice de atualização de valores e uma taxa de juros. É uma forma de se investir para resgatar no futuro um valor com parâmetros de remuneração definidos em contrato. Se o segurado sobreviver ao período contratado, ele receberá sua indenização. Porém, em caso de morte, não há beneficiário e o montante ficará com a seguradora. Há opção do uso de uma tábua biométrica, ou inclusão do fator atuarial. No Dotal Puro, não há a possibilidade de reversão dos resultados financeiros e o rendimento que superar o índice que foi acordado na contratação fica com a seguradora.

Os outros dois seguros, o "Dotal Misto" e o "Dotal Misto com Performance", além de contemplarem as possibilidades do Dotal Puro, incluem o risco de morte durante a fase do diferimento. A diferença entre estes dois é que o "Dotal Misto com Performance" inclui a reversão parcial ou total do resultado financeiro.[24] Assim, além das vantagens dispostas nos demais produtos das famílias PGBL e VGBL, os seguros ditos "dotais" oferecem a possibilidade de o capital resgatado ser utilizado em projetos que não a aposentadoria (por

---

[23] Estes três seguros de pessoas levam em seu nome a palavra "dotal" que tem origem no latim *dotālis* que significa dado ou trazido em dote.
[24] Para se aprofundar na análise de cada plano, ver Costa (2015).

exemplo, compra de imóveis, custeio da universidade dos filhos etc.). Por estes motivos, eles possuem características adicionais que atendem o segmento de alta renda.

No processo de inovação de produtos, em 2017, houve a criação do par PGBL Programado e VGBL Programado. Nestes, há a possibilidade do participante ou segurado programar resgates, sem prejuízo da conversão da provisão em renda atuarial. O objetivo destes é de redução da exposição a riscos de investimentos do FIE respectivo, que recebe os recursos dos planos. Em ativos de renda variável, por exemplo, sua participação é reduzida ao longo do prazo do diferimento. A inovação vem da característica de um plano do tipo "Ciclo de Vida", em que não há a necessidade de se adotar um perfil de investimentos durante a fase da acumulação e capitalização das reservas, dada a possibilidade de resgates programados nesta fase.

Ainda em 2017, foi criado mais um par, o PDR e o VDR, Plano com Desempenho Referenciado e o Vida Desempenho Referenciado, respectivamente. Nestes planos, o participante ou o segurado pode ter a remuneração da provisão de rentabilidade FIE, com critério de desempenho mínimo atrelado a um percentual de um índice de renda fixa. Em outras palavras, o plano apresenta característica de ter um desempenho mínimo durante a fase do diferimento.

As características apresentadas de forma resumida nos últimos parágrafos são expostas nos tópicos a seguir de forma mais estruturada. Primeiro no que se refere à família de PGBL e, em seguida, para a família VGBL.

Família PGBL

O Quadro 5.4 mostra a sigla, o nome e a definição dos sete tipos de planos atualmente oferecidos na família PGBL. Cada um deles atende a diferentes tipos de necessidades.

Por sua vez, o Quadro 5.5 apresenta as características dos diferentes tipos de planos PGBL, as modalidades possíveis de serem contratadas e os aspectos que assumem no período de diferimento e no período do pagamento de benefício.

O Quadro 5.5 funciona como um mapa para serem identificados os objetivos do produto que mais se adequem aos objetivos e perfil do futuro participante/segurado. Sejam riscos diferenciados em função da modalidade, sejam aquelas relacionadas com a possibilidade de garantia de rentabilidade durante o período de acumulação, ou diferimento. Não somente características que são contempladas num produto e outras não, mas também a verificação de condições que em todos eles podem, ou não, ser contratadas.

Como já foi apresentado, na família PGBL a contratação pode ser na forma individual ou coletiva. Em planos de previdência aberta, a forma coletiva é destinada a pessoas jurídicas que querem propor o benefício a seus empregados. Em outras palavras, a grupo de pessoas vinculadas, diretamente ou indiretamente, e com vínculo formal e anterior à contratação do plano.

No que tange ao custeio da cobertura por sobrevivência, o valor das contribuições e sua periodicidade podem ser fixados previamente. Em planos PGBL e PGBL Programados, os recursos serão aplicados pela EAPC em FIEs, com os percentuais estabelecidos pelo participante na proposta de inscrição. Quando o plano for contratado na modalidade BD (integralmente constituído pela instituidora/averbadora) e não houver pagamento da contribuição, haverá o cancelamento da cobertura.

Os FIEs poderão ter resgates no período de diferimento nas seguintes situações: (a) planos PGBL e PGBL Programado, na portabilidade, para pagamento de imposto, na

Quadro 5.4 Os tipos de planos de previdência complementar aberta com cobertura por sobrevivência

I	PGBL	Plano Gerador de Benefício Livre
		Planos que, durante o período de diferimento, tenham a remuneração da provisão matemática de benefícios a conceder baseada na rentabilidade dos FIEs nos quais estão aplicados os respectivos recursos, sem garantia de remuneração mínima e de atualização de valores e sempre estruturados na modalidade de contribuição variável.
II	PGBL Programado	Plano Gerador de Benefício Livre Programado
		Planos que, durante o período de diferimento, possuem a remuneração da provisão matemática de benefícios a conceder baseada na rentabilidade dos FIEs nos quais todos os recursos estão aplicados, sem garantia de remuneração mínima e de atualização de valores e sempre estruturados na modalidade de contribuição variável. Além disso, são planos que ofereçam a possibilidade de contratação, durante o período de diferimento, de pagamentos financeiros programados, na forma definida no Regulamento e na Nota Técnica Atuarial.
III	PRGP	Plano com Remuneração Garantida e Performance
		Planos que garantem aos participantes, durante o período de diferimento, a remuneração com base em índice de atualização de valores e de taxa de juros, por meio da contratação, e a reversão, parcial ou total de resultados financeiros.
IV	PAGP	Plano com Atualização Garantida e Performance
		Planos que garantem aos participantes, durante o período de diferimento, apenas a atualização de valores, por meio da contratação de índice de preços, e a reversão, parcial ou total, de resultados financeiros.
V	PRSA	Plano com Remuneração Garantida e Performance sem Atualização
		Planos estruturados na modalidade de contribuição variável que garantam aos participantes, durante o período de diferimento, remuneração por meio da contratação de taxa de juros e a reversão, parcial ou total, de resultados financeiros.
VI	PRI	Plano de Renda Imediata
		Planos que, mediante contribuição única, garantam o pagamento do benefício sob a forma de renda imediata.
VII	PDR	Plano com Desempenho Referenciado
		Planos estruturados na modalidade de contribuição variável que, durante o período de diferimento, apresentem garantia mínima de desempenho, segundo critérios definidos no plano, e a reversão, parcial ou total, de resultados financeiros

Fonte: Elaboração dos autores a partir da Circular SUSEP 563/3017.

comunicabilidade (parte da contribuições direcionada ao pagamento de planos com cobertura de riscos de morte e invalidez contratados na forma conjugada), para parcela não paga de assistência financeira ao participante ou saldo devedor de seu contratos; (b) se planos com garantia de remuneração e/ou atualização monetária ou desempenho (PRGP, PRSA, PAGP e PDR) os mesmos eventos para PGBL e PGBL Programado, incluindo para pagamento de excedentes à EFPC; e (c) quando o participante não cumprir as cláusulas do *vesting* (conjunto de cláusulas constantes do contrato entre a EAPC e a instituidora/averbadora) e a instituidora/averbadora desejar alocar os recursos a outro plano.

Quadro 5.5 Características dos planos com cobertura por sobrevivência

Tipos	Modalidade		Capitalização		Períodos									
					Diferimento						Pagamento do benefício			
	BD	CV	Financeira	Atuarial	Pagamentos financeiros programados	Índice	Taxa de juros diferente de zero	Índice de renda fixa	Reversão resultados financeiros	Tábua biométrica (somente BD)	Índice	Taxa de juros (de 0% a 6% aa)	Reversão resultados financeiros	Tábua biométrica
PGBL		x	x								x	x	f	x
PGBL Programado		x			x						x	x	f	x
PRGP	x	x	x	x		x	x			x	x	x	f	x
PAGP	x	x	x	x		x	x		x	x	x	x	f	x
PRSA		x	x						x		x	x	f	x
PRI	x										x	x	f	x
PDR		x	x					x	x		x	x	f	x

Nota: Campos com "x", significa que o plano possui a característica disposta para a coluna respectiva e "f" facultativo, e em branco, não possui a característica.
Fonte: Adaptação dos autores a partir da atualização de quadro da SUSEP disponível em site: susep.gov.br/menu/informacoes-tecnicas-e-planos-padroes/previdencia-complementar-aberta. Consulta em 15/11/2018.

Família VGBL

O Quadro 5.6 mostra os tipos de planos de seguros de pessoas com cobertura por sobrevivência. Assim, é possível aprofundar o conhecimento das características da família de planos VGBL e como eles se diferenciam dos fundos de investimentos como opção da própria formação de reservas.

Quadro 5.6 Os tipos de planos de seguros de pessoas com cobertura por sobrevivência

I	VGBL	**Vida Gerador de Benefício Livre**
		Planos que, durante o período de diferimento, tenham a remuneração da provisão matemática de benefícios a conceder baseada na rentabilidade dos FIEs nos quais estão aplicados os respectivos recursos, sem garantia de remuneração mínima e de atualização de valores e sempre estruturados na modalidade de contribuição variável.
II	VGBL Programado	**Vida Gerador de Benefício Livre Programado**
		Planos que, durante o período de diferimento, possuem a remuneração da provisão matemática de benefícios a conceder baseada na rentabilidade dos FIEs nos quais todos os recursos estão aplicados, sem garantia de remuneração mínima e de atualização de valores e sempre estruturados na modalidade de contribuição variável, e que ofereçam a possibilidade de contratação, durante o período de diferimento, de pagamentos financeiros programados, na forma definida no Regulamento e na Nota Técnica Atuarial.
III	VRGP	**Vida com Remuneração Garantida e Performance**
		Planos que garantem aos segurados, durante o período de diferimento, a remuneração com base em índice de atualização de valores e de taxa de juros, por meio da contratação, e a reversão, parcial ou total, de resultados financeiros.
IV	VAGP	**Vida com Atualização Garantida e Performance**
		Planos que garantem aos segurados, durante o período de diferimento, apenas a atualização de valores, por meio da contratação de índice de preços, e a reversão, parcial ou total, de resultados financeiros.
V	VRSA	**Vida com Remuneração Garantida e Performance sem Atualização**
		Planos estruturados na modalidade de contribuição variável que garantam aos segurados, durante o período de diferimento, remuneração por meio da contratação de taxa de juros e a reversão, parcial ou total, de resultados financeiros.
VI	Dotal Puro	Plano estruturado na modalidade de benefício definido e no regime financeiro de capitalização. Seu objetivo é garantir, durante o período de diferimento, remuneração da provisão matemática de benefícios a conceder por meio da contratação de índice de atualização de valores, taxa de juros e, opcionalmente, tábua biométrica, sem reversão de resultados financeiros, sendo o capital segurado pago ao segurado sobrevivente ao término do período de diferimento.
VII	Dotal Misto	Plano estruturado na modalidade de benefício definido e no regime financeiro de capitalização. Seu objetivo é garantir, durante o período de diferimento, remuneração da provisão matemática de benefícios a conceder por meio da contratação de índice de atualização de valores, taxa de juros e, opcionalmente, tábua biométrica, sem reversão de resultados financeiros, sendo o capital segurado pago ao segurado sobrevivente ao término do período de diferimento, ou de sua morte ocorrida durante aquele período.

continua

Quadro 5.6 Os tipos de planos de seguros de pessoas com cobertura por sobrevivência (*continuação*)

VIII	Dotal Misto com Perfomance	Plano estruturado na modalidade de benefício definido e no regime financeiro de capitalização. Seu objetivo é garantir, durante o período de diferimento, remuneração da provisão matemática de benefícios a conceder por meio da contratação de índice de atualização de valores, taxa de juros e, opcionalmente, tábua biométrica, com reversão parcial ou total de resultados financeiros, sendo o capital segurado pago ao segurado sobrevivente ao término do período de diferimento, ou de sua morte ocorrida durante aquele período.
IX	VRI	**Vida de Renda Imediata** Planos que, mediante contribuição única, garantam o pagamento do benefício sob a forma de renda imediata.
X	VDR	**Vida com Desempenho Referenciado** Planos estruturados na modalidade de contribuição variável que, durante o período de diferimento, apresentem garantia mínima de desempenho, segundo critérios definidos no plano, e a reversão, parcial ou total, de resultados financeiros.

Fonte: Elaboração dos autores a partir da Circular SUSEP 564/3017.

Já o Quadro 5.7 apresenta uma visão ampla das principais características dos planos da família VGBL. Da mesma forma que o Quadro 5.5, este quadro funciona como um mapa que contribui ao identificar num mesmo local as vantagens e risco dos produtos da família da VGBL e, dessa forma, compreender quais são aqueles adequados ao objetivo do futuro participante/segurado. Através desse quadro, é possível reconhecer que há características que funcionam como vantagens, porém, que tenham seus respectivos custos e que precisam ser observados no momento da contratação, para avaliação.

Na família VGBL, a contratação pode ser de forma individual ou coletiva. Independentemente da forma de contratação, se o contratante for investidor qualificado nos termos da Instrução CVM nº 554/2014, a proposta de inscrição deve ser acompanhada de declaração do proponente desta qualificação.

Da mesma forma que em planos de previdência aberta, o regulamento do plano e sua NTA são os instrumentos que preveem a forma de custeio através de pagamento de prêmios pelos segurados e/ou estipulante-instituidor. O valor das contribuições e sua periodicidade podem ser fixados previamente. Em planos VGBL e VGBL Programados, os recursos serão aplicados pela sociedade seguradora, quando for o caso, em FIEs com os percentuais estabelecidos pelo participante na proposta de contratação.

É de responsabilidade da sociedade seguradora, perante os segurados, a delegação do recolhimento dos prêmios à estipulante, sendo vedado o recolhimento, a título de prêmio, de qualquer valor que exceda o destinado ao custeio. Em outras palavras, a seguradora cobrará dos participantes/segurados do plano coletivo. Porém, quando o plano for contratado na modalidade BD e, integralmente, constituído pelo estipulante-instituidor, e não houver pagamento prêmio, haverá o cancelamento da cobertura. Por outro lado, o próprio estipulante-instituidor de plano pode efetuar aportes destinados à concessão de capital segurado.

Os FIEs poderão ter resgates no período de diferimento nas seguintes situações, da mesma forma que seus pares da família PGBL e situação: (a) se planos VGBL e VGBL Programado, na portabilidade, no pagamento do imposto, comunicabilidade (parte das contribuições direcionada ao pagamento de planos com cobertura de riscos de morte e invalidez contratados na forma conjugada); parcela não paga de assistência financeira ao participante

Quadro 5.7 Características dos planos de previdência complementar com cobertura por sobrevivência

Tipos	Modalidade		Capitalização		Períodos									
					Diferimento						Pagamento do benefício			
	BD	CV	Financeira	Atuarial	Pagamentos financeiros programados	Índice	Taxa de juros diferente de zero	Índice de renda fixa	Reversão resultados financeiros	Tábua biométrica (somente BD)	Índice	Taxa de juros (de 0% a 6% aa)	Reversão resultados financeiros	Tábua biométrica
VGBL		x	x								x	x	f	x
VGBL Programado					x						x	x	f	x
VRGP	x	x	x	x		x	x		x	x	x	x	f	x
VAGP	x	x	x	x		x			x	x	x	x	f	x
VRSA		x	x				x		x		x	x	f	x
Dotal Puro	x		x			x	x			x	x	x	f	x
Dotal Misto	x		x			x	x			x	x	x	f	x
Dotal Misto com Perfomance	x		x			x	x		x	x	x	x	f	x
VRI	x										x	x	f	x
VDR		x	x					x			x	x	f	x

Nota: Campos com "x", significa que o plano possui a característica disposta para a coluna respectiva e "f" facultativo, e em branco, não possui a característica.
Fonte: Adaptação dos autores a partir da atualização de quadro da SUSEP disponível em site: susep.gov.br/menu/informacoes-ao-mercado/informacoes-tecnicas-e-planos-padroes/previdencia-complementar-aberta. Consulta em 15/11/2018.

ou saldo devedor de seus contratos; (b) se planos com garantia de remuneração e/ou atualização monetária ou desempenho (VRGP, VRSA, VAGP e VDR) os mesmos eventos para VGBL e VGBL Programado, incluindo, para pagamento de excedentes à EFPC; e (c) quando o participante não cumprir as cláusulas do *vesting* (conjunto de cláusulas constantes do contrato entre a EAPC e a instituidora/averbadora) e a instituidora/averbadora desejar alocar os recursos a outro plano.

Diretrizes para investimentos de entidades abertas

Como apresentamos no quadro resumo sobre as principais regulamentações para funcionamento da previdência complementar aberta, as diretrizes de investimentos para as EAPCs e sociedades seguradoras estão dispostas na Resolução CMN nº 4.444/2015. Nas próximas subseções, abordaremos em maiores detalhes tais diretrizes e mostraremos as modalidades de ativos e os limites associados, bem como discutiremos as possibilidades de diversificação dos investimentos.

Aplicação dos recursos

Na aplicação dos recursos dos planos de previdência aberta e de seguros de pessoas, as EAPCs e as sociedades seguradoras devem atentar a quatro diretrizes:

(1) observar os princípios de segurança, rentabilidade, solvência, liquidez, diversificação, adequação à natureza de suas obrigações e transparência;
(2) exercer suas atividades com boa-fé, lealdade e diligência;
(3) zelar por elevados padrões éticos;
(4) adotar práticas que visem garantir o cumprimento de suas obrigações, considerando, inclusive, a política de investimentos estabelecida, observadas as modalidades, segmentos, limites e demais critérios e requisitos estabelecidos em regulamento.

Os títulos e valores mobiliários devem ter liquidação financeira e precisam ser passíveis de aceitação como garantidores dos recursos dos planos, não podendo ser ativos de emissão da própria EAPC ou sociedade de seguro. Devem ainda ser registrados em sistemas, objeto de custódia ou de depósito centralizado.

As disponibilidades devem ser depositadas em instituições financeiras autorizadas a funcionar pelo BACEN. É vedada a aquisição de cotas de fundos em modalidades regulamentadas pela CVM que possibilitem a realização de operações que possam resultar em patrimônio líquido negativo.

As EAPCs e as sociedades seguradoras deverão aplicar os recursos das reservas técnicas, das provisões e dos fundos dos planos sob sua gestão, conforme cada um dos segmentos e limites máximos por modalidade, expostos a seguir:

(1) renda fixa: até 100%;
(2) renda variável: até 70%;
(3) imóveis (fundo de investimentos em imóveis): até 20%;
(4) investimentos sujeitos à variação cambial: até 10%;
(5) outros: até 20%.

Se os recursos forem de planos destinados, exclusivamente, a participantes qualificados, na forma definida pelo CNSP[25], os limites máximos por modalidade serão os seguintes:

---

[25] Conforme regulação disposta através da Instrução CVM nº 554/2014.

(1) renda fixa: até 100%;
(2) renda variável: até 100%;
(3) imóveis (fundo de investimentos em imóveis): até 40%;
(4) investimentos sujeitos à variação cambial: até 10%;
(5) outros: até 40%.

Por sua vez, em cada modalidade, devem ser observados os limites e ativos admitidos, conforme disposto no artigo 13 da Resolução CMN nº 4.444/2015. A seguir apresentamos os limites de alocação e concentração por emissor, bem como os limites de alocação por investimento.

(1) Alocação por emissor
 (i) até 100%, se União;
 (ii) até 49%, se fundo de investimento;
 (iii) até 25%, se instituição financeira;
 (iv) até 15%, se companhia aberta (não instituição financeira);
 (v) até 10% se emissor for organização financeira internacional; companhia securitizadora; FIDC; FIC; FII; SPE;
 (vi) até 5% se emissor não incluído nos itens de I a V.
(2) Concentração por emissor
 (i) até 25%: Fundo de Investimentos em Direitos Creditórios – FIDC; Fundo de Investimentos em Cotas – FIC; Fundo de Investimentos Imobiliários FII; Fundo de Investimentos em Participação – FIP;
 (ii) até 25%: do patrimônio separado constituído pela totalidade dos créditos submetidos ao regime fiduciário que lastreiam a emissão de um mesmo certificado de recebíveis;
 (iii) até 20%: do capital total de uma mesma companhia aberta; do capital votante de uma mesma companhia aberta; e do patrimônio líquido de uma mesma instituição financeira.
(3) Alocação por investimento
 (i) Deve ser observado o limite máximo de 25% de uma mesma classe ou série de títulos ou valores mobiliários, exceto: títulos da dívida pública mobiliária federal; créditos securitizados pela Secretaria do Tesouro Nacional; ações, bônus de subscrição de ações e recibos de subscrição de ações; debêntures de infraestrutura, conforme disposto no art. 8º da Resolução CMN nº 4.444/2015;
 (ii) Somente será permitida a alocação de no máximo 5% de um mesmo Certificado de Operações Estruturadas – COE com Valor Nominal em Risco.[26]

Possibilidades de diversificação

Nota-se que as diretrizes dispostas para alocação dos recursos de planos de previdência aberta e seguro de pessoas para cobertura de sobrevivência permitem a diversificação de investimentos em diferentes classes de ativos. Além disso, quando comparada à antiga Resolução CMN nº 3.308/2005, as possibilidades de alocação em risco foram ampliadas com a Resolução CMN nº 4.444/2015.

---

[26] O COE (Certificado de Operações Estruturadas) é um título emitido por bancos, cuja rentabilidade está atrelada à variação de algum outro ativo. Se o ativo tiver a rentabilidade esperada, o COE remunerará o investidor no parâmetro determinado no certificado. Do contrário, ele receberá com base em outra medida, de forma que, ainda assim, lhe seja garantido o principal e/ou uma remuneração da renda fixa, por exemplo. Por outro lado, pode ser que seja contratada a modalidade, por uma rentabilidade diferenciada, em que o investidor possa correr o risco de perder o principal.

É importante observar que as atuais diretrizes das EAPCs e sociedades seguradoras se assemelham às dispostas para as EFPCs. Entretanto, desde 2009 estas possibilidades já eram realidade para os fundos de pensão. Como exemplo, pode-se citar: (i) a possibilidade de investir até 10% do patrimônio líquido dos FIEs em ativos no exterior; e (ii) a elevação do percentual permitido para aplicação em renda variável para 70%.

Outro avanço importante da norma de 2015 para as EAPCs e sociedades seguradoras foi a criação do Participante Qualificado. Esta identificação permite limites mais flexíveis para aplicar em determinas classes de ativos de maior risco (por exemplo, até 100% em renda variável).

Desde 2015, portanto, os gestores dos FIEs possuem instrumentos importantes para buscar, por meio da diversificação de ativos, carteiras mais eficientes em termos de risco e retorno aos recursos aplicados. Nos últimos anos, esta possibilidade permitiu a abertura de novos fundos de previdência ampliando de forma significativa a grade de ofertas. O Gráfico 5.4 apresenta a evolução do número de fundos das classes ANBIMA de renda fixa, ações e previdência.

Gráfico 5.4
Evolução do número de fundos das classes ANBIMA – Renda Fixa, Ações e Previdência

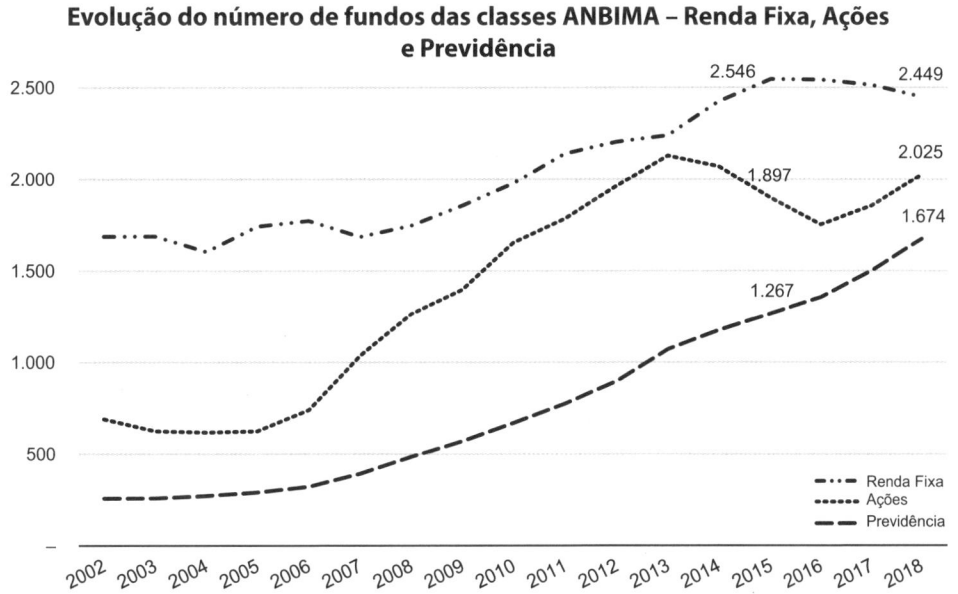

Fonte: Elaborado pelos autores a partir de dados estatísticos da ANBIMA, disponível em site: http://www.anbima.com.br/pt_br/informar/estatisticas/fundos-de-investimento/fi-consolidado-historico.htm.

Ao comparar a evolução do número de fundos novos criados entre 2002 e 2018, podemos notar o forte crescimento dos FIEs comparado às demais classes ANBIMA. De fato, observa-se que o total de fundos de renda fixa apresentou redução de 97 fundos, enquanto os de ações aumentaram em 128 e os FIEs cresceram em 407 novos fundos. Isso sugere que os consumidores têm sido capazes de diversificar seus investimentos e, em meio a diversas opções, de escolher um instrumento de previdência adequado ao seu perfil.

O acompanhamento das taxas de administração e a avaliação do desempenho dos FIEs são aspectos relevantes para o crescimento da previdência complementar aberta e a escolha das respectivas instituições que comercializam seus produtos. Todavia, deixaremos esta análise para o Capítulo 6, onde serão apresentadas evidências destes resultados, além dos desafios para a previdência complementar aberta no Brasil.

6

DESEMPENHO DOS INVESTIMENTOS PREVIDENCIÁRIOS NO BRASIL

INTRODUÇÃO

"Certa vez uma criança arrebatou o melhor de mim. Eu viajava e me encontrava diante de uma encruzilhada. Vi então um menino e lhe perguntei qual seria o caminho para a cidade. Ele respondeu: 'Este é o caminho curto e longo e este, o longo e curto.' Tomei o curto e longo e logo deparei com obstáculos intransponíveis de jardins e pomares. Ao retornar, reclamei: 'Meu filho, você não me disse que era o caminho curto?' O menino então respondeu: 'Porém lhe disse que era longo!'"

Essa citação é da obra *Alma Imoral*, de Nilton Bonder, uma poderosa narrativa metafísica sobre os embates entre corpo e alma que contrapõe as visões bíblicas às da psicologia evolutiva acerca do tema. Deparar-se com encruzilhadas e ter de decidir entre "o longo caminho curto" e o "curto caminho longo" cabe, aqui, como uma alegoria sobre a previdência. As soluções do "caminho curto" podem ser mais simples, porém, seus custos são mais elevados e "longos". A preparação para uma velhice digna no futuro encontra vários outros entroncamentos ao longo do tempo. Discernir os caminhos e optar pelo "longo caminho curto" não é tão óbvio assim.

A reforma da previdência é uma dessas encruzilhadas e a possibilidade de se contemplar um sistema de capitalização mais abrangente lança luz sobre outra questão ainda menos óbvia que precisa ser aprofundada: a capacidade do mercado de ativos de oferecer os retornos esperados sobre as contribuições acumuladas ao longo do tempo. A questão é que o retorno do capital, por sua própria natureza, é volátil e imprevisível, sendo que quanto mais recursos são acumulados, maiores as chances de serem observados resultados extremos, tanto de ganhos como de perdas.[1] Nesse "longo caminho curto", a previdência complementar fechada tem fincado raízes profundas. Como já apresentamos no Capítulo 1, a complementação de aposentadorias, ou poupança individual, por meio de recursos investidos no mercado por operadores de previdência, tem sido observada em diversos países desde meados do século XIX. Ela tem origem na economia industrial, tomou forma com os planos de aposentadorias oferecidos por empregadores a seus empregados e tem avançado na medida em que associações de classes e setores da economia se organizam para instituir planos de previdência a seus profissionais e trabalhadores, como abordamos no Capítulo 4. Qualquer indivíduo pode formar sua reserva para o futuro através de plano para aposentadoria oferecido por

---

[1] Para se aprofundar, ver Piketty (2014).

outros veículos de previdência, que não somente os planos fechados e operados por fundos de pensão. Estes veículos de previdência complementar são planos de previdência e seguros de pessoas, comercializados por seguradores e entidades abertas de previdência complementar e acessível por qualquer indivíduo, o que detalhamos no Capítulo 5.

Este capítulo tem por objetivo apresentar estudos realizados no Brasil sobre o desempenho dos investimentos da previdência complementar no país. A relevância da rentabilidade dos recursos previdenciários recebe maior destaque, na medida em que o regime de previdência complementar pode ser a solução para a aposentadoria no futuro, pela necessidade de reforma da previdência sob regime de repartição como detalhamos nos dois primeiros capítulos deste livro. Para tanto, ele está organizado em quatro partes, incluindo esta seção. Na segunda, apresentaremos a pesquisa desenvolvida no Brasil, que tem por objetivo responder a questão: Se há associação entre governança e características internas dos fundos de pensão, com retorno dos investimentos. Desta forma, apresentamos desafios que precisam ser compreendidos para o melhor retorno dos investimentos sob a gestão dos fundos de pensão aos planos de benefícios. Na terceira parte, trataremos dos estudos desenvolvidos no país sobre o resultado dos investimentos em planos PGBL e VGBL e tentaremos compreender as razões para o desempenho dos fundos de investimentos especialmente constituídos. Assim, pretende-se contribuir para o melhor entendimento da previdência aberta e a decisão mais adequada e diligente para formação de reserva através deste veículo de previdência. Por fim, na quarta e última parte apresentamos a conclusão deste capítulo e concluímos o livro.

GOVERNANÇA E CONEXÕES EM FUNDOS DE PENSÃO: EVIDÊNCIAS SOBRE RENTABILIDADE

Como vimos no Capítulo 4, os fundos de pensão, ou Entidades Fechadas de Previdência Complementar (EFPCs), não são instituições homogêneas entre si. Elas podem apresentar diferentes estruturas de governança, tipos de patrocínio (público ou privado), ou formas de gestão (terceirizada ou não), entre outras. De forma análoga, tais instituições podem apresentar variações quanto ao desempenho dos ativos, havendo aquelas que atingem o objetivo de retorno ao longo do tempo, enquanto outras fracassam neste propósito. O problema é que a persistência de um desempenho desfavorável coloca em questão a viabilidade dos fundos de pensão na gestão de reservas, sendo necessária a investigação dos fatores que determinam um resultado abaixo do esperado.

Haja vista o exposto, esta parte visa estudar aspectos da organização dos fundos de pensão que estariam associados a diferentes níveis de desempenho dos investimentos.[2] Em especial, procura-se responder a duas questões, sendo uma central e outra derivada desta. A primeira é se existe associação entre o retorno dos investimentos e o uso de melhores práticas de governança e de características específicas dos fundos de pensão. Por sua vez, caso exista associação, a segunda questão explora quais seriam os respectivos impactos (positivo ou negativo) sobre a rentabilidade dos ativos.

O senso comum esperaria que boas práticas de governança proporcionem o alinhamento de interesses ao objetivo de retorno dos planos. Porém, tal expectativa pode ser influenciada por dois aspectos, que justificam a análise proposta: (i) há vários fundos de pensão patrocinados por

---

[2] Parte relevante desta parte 1 do Capítulo 6 se baseia em Nese (2017) que apresentou resultados sustentando a tese de que há condições na organização interna de fundos de pensão que conferem maior capacidade na obtenção do retorno esperado dos ativos. O leitor interessado pode encontrar maiores detalhes na referência citada.

governos, de maneira que é possível que ocorra redução da rentabilidade dos ativos em função do risco de interferência política; e (ii) observa-se crescente terceirização da gestão de ativos dos fundos, o que suscita potenciais conflitos de interesse. Consequentemente, é oportuno avaliar se haveria de fato a melhor relação custo-benefício ao plano nesses casos.[3]

Para cumprir com a tarefa supracitada, esta primeira parte do capítulo apresenta um estudo empírico, com base em análise estatística de dados dos fundos de pensão brasileiros. Em relação a esse aspecto, é importante destacarmos três pontos: (i) o ineditismo de estudos empíricos nessa temática; (ii) o papel que representam para a viabilidade da reforma da previdência no país; e (iii) a necessidade de preencher as lacunas de transparência e proteção legal ao investidor, no ambiente de países emergentes.

Desafios da rentabilidade em fundos de pensão

Conforme analisado no Capítulo 3, um grande desafio para obtenção do retorno esperado em fundos de pensão[4] reside no problema de agência, que ocorre em qualquer organização quando o principal deseja controlar decisões que diferem dos interesses de outros agentes da empresa, sendo este um grande desafio em fundos de pensão na obtenção do retorno esperado.[5] A investigação dos determinantes da governança nessas entidades passa pela compreensão das condições e transições institucionais no ambiente do qual fazem parte – no caso brasileiro, o de uma economia emergente.

Teóricos institucionais destacam como característica das economias emergentes o precário ambiente de proteção legal ao investidor, os altos custos de transação, o parco desenvolvimento do mercado financeiro e a escassez de recursos.[6] Nesses mercados, decisões economicamente ineficientes podem persistir em função da pouca transparência, da fraca proteção legal ao investidor e dos reduzidos controles corporativos.[7] Estas características são tratadas como lacunas que prejudicam o bom desempenho da economia, por trazerem maiores custos às transações, haja vista a necessidade de criação de contratos mais restritivos e outros mecanismos de controle, com impacto sobre a eficiência no uso dos recursos.[8]

---

[3] Segundo dados do Consolidado Estatístico da ABRAPP (2018) do total de investimentos sob a gestão das 17 Entidades Sistematicamente Importantes (ESI), observa-se que 75% são do tipo de patrocínio público e 58% são de patrocinadores do setor financeiro. A relação das ESI é disposta anualmente através de Portaria PREVIC, com parâmentros dos exercício anterior. Estas características lançam luz ao desempenho do retorno dos seus investimentos frente ao das demais EFPC do sistema. O aspecto do tipo de patrocínio é potencializado na medida em que se observam fatos recentes e que envolvem fundos de pensão com conexões com o governo pelo patrocinador, a exemplo das investigações da Comissão Parlamentar de Inquérito (CPI) dos fundos de pensão de 2015/2016 (Câmara dos Deputados, 2016). Já a relevância das EFPC com conexões com o setor financeiro é ainda maior, quando notamos que a gestão de 65% total dos investimentos das EFPC é terceirada a instituições financeiras. Além disso, há a perspectiva de maior terceirização pela venda de imóveis ou a incorporação destes através de fundos de investimentos imobiliários em decorrência da nova Resolução CMN nº 4661 (2018).
[4] Conforme discutido no Capítulo 3, ao tratar de conflitos de agência, a literatura acaba por focar em grandes corporações. Entretanto, a separação entre as decisões de controle e as decisões de gestão também ocorre em outros tipos de organizações, onde há necessidade de se compreender como são utilizados os mecanismos de governança mais adequados para mitigar os conflitos de agência. Para mais detalhes, ver Fama e Jensen (1983).
[5] Conforme discutido no Capítulo 3, ao tratar de conflitos de agência, a literatura acaba por focar em grandes corporações. Entretanto, a separação entre as decisões de controle e as decisões de gestão também ocorre em outros tipos de organizações, onde há necessidade de se compreender como são utilizados os mecanismos de governança mais adequados para mitigar os conflitos de agência. Para se aprofundar, ver Fama e Jensen (1983).
[6] Para se aprofundar sobre o ambiente institucional em economia emergente, ver North (1990), Peng (2003) e Stone *et al.* (1992).
[7] Para mais informações, ver Khanna e Palepu (2000).
[8] Para saber mais, ver Chan, Isobe e Makino (2008).

Em que pesem as considerações anteriores, é possível constatar que os fundos de pensão de economias emergentes conseguem obter retorno superior ao mercado, de forma consistente. Este é o caso do Brasil. O Gráfico 6.1 apresenta a evolução da rentabilidade nominal acumulada dos fundos de pensão no país e demais indicadores de mercado, em % de dez/2004 a dez/18. Nota-se que o desempenho estimado das EFPCs foi melhor do que o observado em indicadores de mercado, como o CDI, e parâmetros de retorno esperado dos fundos, como a Taxa Máxima Atuarial (TMA) e a Taxa de Juros Padrão (TJP).[9]

Gráfico 6.1
Evolução do retorno acumulado nominal dos fundos de pensão e demais indicadores de mercado, (%) 2004 a 2018

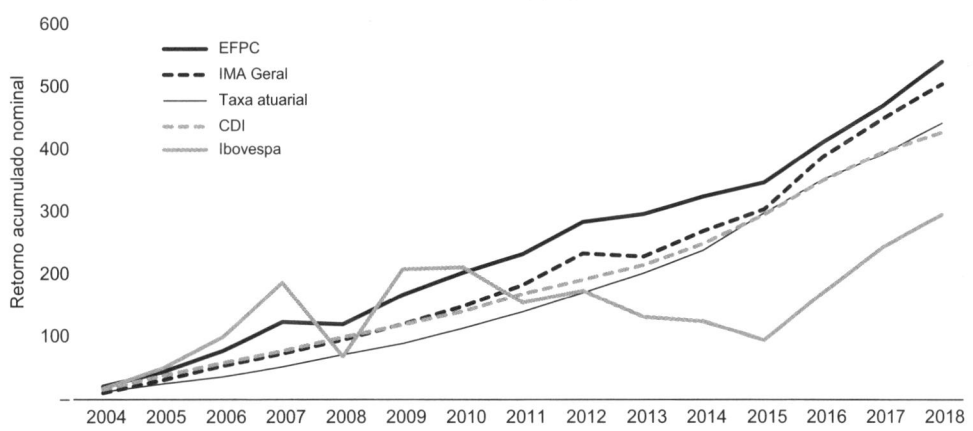

Nota: EFPC – rentabilidade da carteira consolidada das EFPC; Taxa atuarial – Taxa Máxima Atuarial de acordo com a Resolução CNPC 9/2012 até 2014, e pela TJP – Taxa de Juros Padrão, sendo INPC + limite superior de taxa de juros ao parâmetro ao ano considerando 10 anos, conforme Portarias PREVIC de 2015 a 2018; IMA Geral – Índice de Mercado Anbima Geral; CDI – Certificado de Depósito Interbancário; Ibovespa – Índice da Bolsa de Valores de São Paulo.

Fonte: Adaptado pelos autores a partir do Consolidado Estatístico da ABRAPP de Dez/2018

É bem verdade que houve períodos em que a rentabilidade dos fundos de pensão ficou próxima dos indicadores de mercado – no caso, o índice da carteira teórica dos títulos públicos federais, medido pelo IMA, principalmente, a partir de 2015. Porém, o retorno foi superior ao CDI, que quase acompanhou a medida estimada para a meta atuarial das EFPC (TMA/TJP). No período de 2004 a 2018, o retorno acumulado dos ativos sob a gestão das EFPCs foi superior aos três indicadores de mercado e da própria meta atuarial.

Cabe destacar, entretanto, que os dados apresentados se referem ao retorno acumulado desde 2004. Caso o ano de partida desta análise fosse outro, os resultados seriam diferentes. O Gráfico 6.2 realiza este exercício, apresentando os mesmos indicadores, mas contemplando o período de 2008 a 2018. Isto é, após a crise do subprime.

---

[9] No Gráfico 6.1, o indicador IMA é o IMA-Geral, índice da Associação Brasileira das Entidades dos Mercados Financeiro e de Capitais (ANBIMA), que corresponde à carteira teórica de títulos públicos a valor de mercado; o CDI é o Certificado de Depósito Interbancário emitido por instituições financeiras, que lastreia as operações entre os bancos ou o mercado interbancário; e o Ibovespa é o índice do mercado de ações, obtido pelo resultado de uma carteira teórica de ativos, elaborada de acordo com os critérios da B3 (formada pela união da BM&FBovespa e Cetip, em mar/2017). Por sua vez, no que tange ao TMA/TJP, até dez/2014 este corresponde ao TMA, conforme Resolução CNPC nº 9/2012. Depois desse período as regras foram alteradas para a TJP, conforme Instrução PREVIC nº 19/2015.

Gráfico 6.2
Evolução do retorno acumulado nominal dos fundos de pensão e demais indicadores de mercado, (%) – após a crise do *subprime* dos EUA

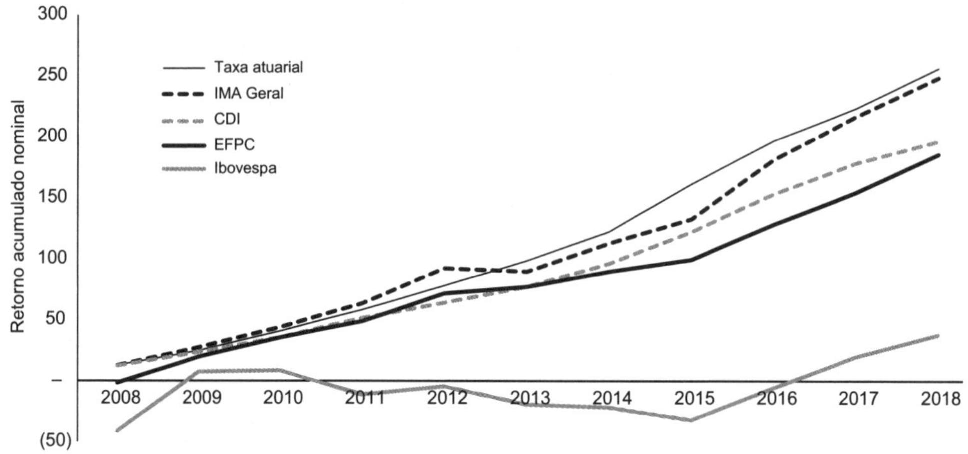

Nota: Taxa atuarial – Taxa Máxima Atuarial de acordo com a Resolução CNPC 9/2012 até 2014, e pela TJP – Taxa de Juros Padrão, sendo INPC + limite superior de taxa de juros ao parâmetro ao ano considerando 10 anos, conforme Portarias PREVIC de 2015 a 2018; IMA Geral – Índice de Mercado Anbima Geral; CDI – Certificado de Depósito Interbancário; EFPC – rentabilidade da carteira consolidada das EFPC: e Ibovespa – Índice da Bolsa de Valores de São Paulo.

Fonte: Adaptado pelos autores a partir do Consolidado Estatístico da ABRAPP de Dez/2018.

Assim, sem considerarmos o retorno acumulado antes de 2008, as EFPCs não teriam mantido rentabilidade superior à meta atuarial dos planos. Ao contrário, pode haver planos de benefícios que ainda não tenham se recuperado do mau desempenho da renda variável em 2008. Todavia, nem mesmo as rentabilidades acumuladas em renda fixa, medidas pela carteira teórica do IMA Geral, foram suficientes para uma melhor *performance* dos fundos de pensão no período. Ou seja, em uma década, há planos de benefícios que podem não ter recuperado as perdas sofridas em 2008. Nesse caso, a persistência do desempenho abaixo do esperado coloca o plano sob o risco de insolvência, que é resolvida através de equacionamento de déficit, conforme disposição legal.[10]

O Gráfico 6.3 apresenta a evolução da carteira consolidada das EFPCs por segmento de alocação de ativos. Nota-se que, em média, tais entidades apresentam grande proporção de ativos alocados em renda fixa.

Essa análise conduz à percepção de que é necessária uma compreensão mais profunda das tendências de taxa de juros e de inflação para adoção de estratégias de investimentos com horizonte de longo prazo. A gestão de recursos requer *expertise* e habilidade para identificar oportunidades de ativos que ofereçam o retorno esperado com o menor nível de risco possível. Ou seja, trata-se de buscar uma carteira ótima, localizada na linha de fronteira eficiente das diferentes combinações de ativos no mercado. Nesse sentido, a administração de ativos bem-sucedida é aquela que se mostra consistente com os princípios de gestão de portfólio testados ao longo do tempo e que sustentam suas decisões de investimentos.

---

[10] De acordo com as diretrizes da Resolução CNPC nº 30 (2018).

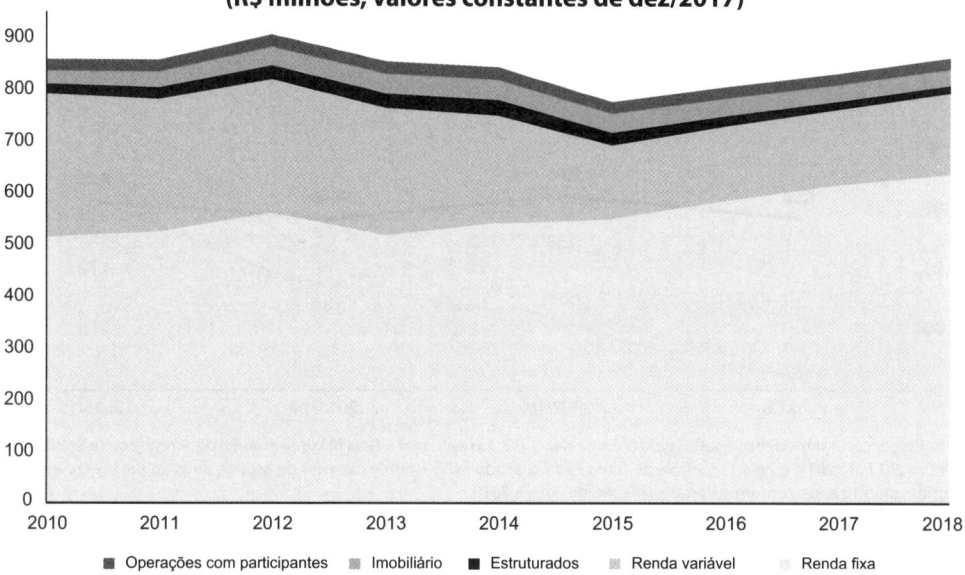

Gráfico 6.3
Evolução da carteira consolidada das EFPC por segmento de alocação
(R$ milhões, valores constantes de dez/2017)

■ Operações com participantes   ■ Imobiliário   ■ Estruturados   ■ Renda variável   ■ Renda fixa

Nota: A partir de 2018, o segmento de imóveis passou a ser denominado de "imobiliário", incluiu os fundos de investimentos imobiliários, demais papéis com lastro em imóveis e o estoque de imóveis e terrenos. Os investimentos em ativos: cambial, dívida externa, ações de companhias abertas no exterior, derivativos e outros realizáveis, não estão contemplados no gráfico, sendo em 2010 e 2018, respectivamente, o total de R$ 2,1 bilhões em R$ 4,6 bilhões. Preços constantes deflacionados pelo IPCA de Dez/2018.

Fonte: Adaptado pelos autores a partir do Consolidado Estatístico ABRAPP (vários anos).

A diversificação na alocação dos ativos é um desses princípios e funciona como ferramenta essencial na construção do portfólio de investimentos. Ela se torna ainda mais relevante ao observarmos dados da taxa de juros. Como visto no Capítulo 3[11], ao longo dos últimos 20 anos houve redução nos retornos reais brasileiros. Em outras palavras, tem sido cada vez menor a rentabilidade oferecida através de ativos livres de risco, ou de baixo risco comparável, que são os oferecidos pelos títulos públicos federais.[12] Este problema se torna claro quando observamos que, desde o período de 2007/2010, a taxa real de juros, de 5,6% ao ano no período, já estava abaixo da meta de retorno das EFPCs (Gráfico 6.4). Certamente, este é um fator que impõe desafios para o retorno dos investimentos dos fundos de pensão.

Cabe destacar, entretanto, que a *performance* dessas entidades é heterogênea, existindo casos de fundos que conseguem cumprir com sua meta de retorno. O desempenho positivo de parte dos fundos de pensão passa pelo entendimento de suas práticas de governança, as quais propiciam o controle de riscos e a diligência necessária no processo de decisão de investimento. Mais do que isso, requer a análise das características específicas relacionadas com o patrocinador que, conforme já mencionado, podem representar a existência de conexões com objetivos distintos aos do fundo de pensão.

---

[11] Mais especificamente no Gráfico 3.8, que apresenta a evolução da taxa de juros no Brasil através da Selic nominal e real deflacionada pelo IPCA.
[12] Como exposto no Gráfico 3.7 do Capítulo 3, que apresentou a evolução da taxa nominal de juros ao ano de países da zona do Euro e Estados Unidos de 2001 a 2017, a tendência internacional da taxa de juros não é diferente, afetando investidores ao redor do mundo e dificultando sua capacidade de obter retorno em níveis similares aos observados no passado.

Gráfico 6.4
Evolução da taxa real de juros no Brasil e meta de retorno real das EFPC, em média anual (%) por período

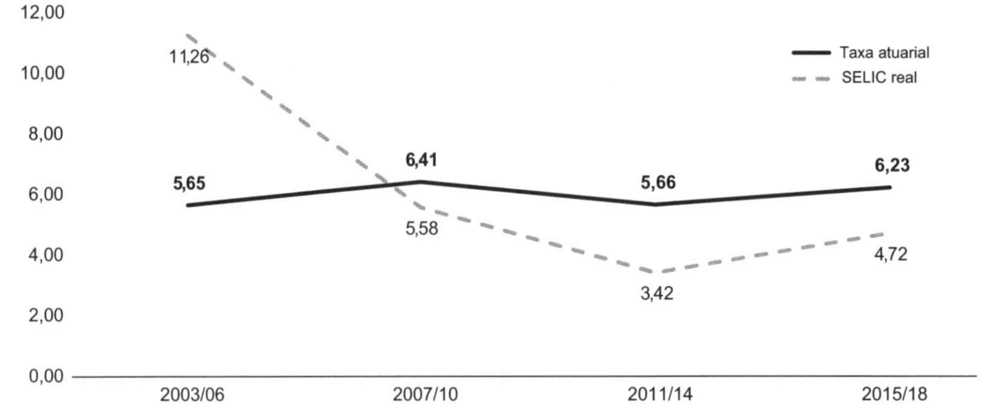

- Taxa atuarial
- SELIC real

Período	Taxa atuarial	SELIC real
2003/06	5,65	11,26
2007/10	6,41	5,58
2011/14	5,66	3,42
2015/18	6,23	4,72

Nota: Preços constantes deflacionados pelo IPCA de dez/2018. Taxa atuarial – Taxa Máxima Atuarial de acordo com a Resolução CNPC 9/2012 até 2014, e pela TJP – Taxa de Juros Padrão, sendo INPC + limite superior de taxa de juros ao parâmetro ao ano considerando 10 anos, conforme Portarias PREVIC de 2015 a 2018.

Fonte: Elaborado pelos autores a partir dos dados da SELIC e da TMA/TJP, através do Consolidado Estatístico da ABRAPP.

Neste contexto, cada uma das subseções a seguir abordam três hipóteses objeto de avaliação neste livro. A primeira hipótese está associada ao uso de melhores práticas de governança pelos fundos de pensão no Brasil. A segunda e a terceira estão relacionadas com conexões pelo tipo de patrocinador – o governo e instituições financeiras, respectivamente. Antes de enunciar cada hipótese, introduziremos os argumentos que remetem a fatos concretos em fundos de pensão no Brasil, com a devida fundamentação em literatura do país e do exterior.

Práticas de governança (hipótese 1)

Por mais que sejam debatidas e publicadas novas diretrizes legais, os temas que envolvem a governança interna em fundos de pensão continuam sendo tópicos relevantes para discussão. Dentre os motivos, podemos citar os impactos sobre o sistema de decisão das organizações, decorrentes da adoção de novas tecnologias.[13] O fato é que as dimensões que podem trazer fragilidade aos mecanismos de monitoramento e controle das decisões em qualquer empresa devem ser continuamente repensadas.

No entanto, esta situação se agrava em fundos de pensão, na medida em que os problemas tendem a gerar consequências no longo prazo. Como apresentado no Capítulo 4, há mecanismos adotados por fundos de pensão que contribuem para o alinhamento de interesses ao longo do tempo. Como exemplo, pode-se citar a prática de decisões colegiadas em um comitê de investimentos. Espera-se que este tipo de mecanismo possibilite o maior escrutínio das propostas e confirmação do alinhamento do investimento com o propósito de retorno da entidade. Outro exemplo está na figura do diretor de investimentos, sobre o qual reside a expectativa de que se trate de um profissional com as aptidões necessárias à

---

[13] Além desses fatores, obviamente, tem-se a questão da maior longevidade, que requer atualização das hipóteses demográfica e cenários macroeconômicos para taxas de juros e inflação, que pudemos abordar nos três primeiros capítulos deste livro.

compreensão do cenário macroeconômico e do mercado de capitais, além do conhecimento e experiência necessários ao entendimento dos riscos e adequação à política de investimentos da EFPC.

O conflito de interesses surge quando o agente (executivos e conselheiros, no caso dos fundos de pensão) não desempenha suas funções no interesse do principal (participantes do plano). Isso pode acontecer em função de fatores como: risco moral (intenção de fraudar a organização em seu propósito); seleção adversa (na falta das condições necessárias para a tomada decisão); sistema de informação sem transparência e agilidade necessárias; ou mesmo falta do conhecimento específico para avaliar determinada decisão.

Em geral, uma das medidas de controle deste conflito de interesses reside no desempenho dos investimentos, na medida em que os participantes poderiam avaliar a performance dos administradores do fundo. Todavia, tal desempenho não é perfeitamente observável. Ou seja, o processo de transparência das decisões e os custos decorrentes não são suficientes para o monitoramento e controle por parte dos participantes. Além disso, neste tipo de estrutura incorre-se em um duplo conflito de agência, ou seja, a situação em que os fundos de pensão passam a ser o cliente da relação e o gestor externo, o agente, quando os administradores de fundos de pensão delegam ao mercado a gestão dos ativos.[14]

Em organizações sem fins lucrativos, como os fundos de pensão, os membros do conselho e os executivos não são definidos por acionistas ou sócios, como ocorre em uma corporação. Ademais, não possuem os mesmos esquemas de incentivos pecuniários com base em desempenho. Apesar da criação de arranjos que visem mitigar incentivos inadequados nos fundos de pensão, estudos sobre governança nessas entidades de países desenvolvidos revelam que existem oportunidades de melhoria.[15]

Mesmo para o ambiente brasileiro, marcado pelas características de uma economia emergente, sustenta-se que a boa governança provê condições que propiciam o alinhamento de interesses em benefício dos participantes dos planos sob a gestão dos fundos de pensão, de forma a superar as lacunas do ambiente institucional no qual está inserido. Práticas como a exigência de experiência profissional prévia em investimentos do dirigente responsável pela implementação da estratégia da gestão dos recursos;[16] e a existência de diretoria de investimentos exclusiva, assessorada por comitê de investimentos, propiciam o alinhamento de interesses e as condições para avaliação dos riscos e dos fundamentos nas decisões de investimento dos planos.[17]

Entretanto, mesmo havendo uma estrutura institucional com regras claras e processos para monitoramento e controle, o desempenho não será alcançado se as práticas de governança não forem efetivas. Ao se avaliar a organização dos fundos de pensão brasileiros, observam-se características que podem não favorecer o uso de mecanismos de alinhamento como os de uma corporação. Diante do exposto, apresentamos a primeira hipótese que iremos então avaliar:

"Hipótese 1: no Brasil, há relação positiva entre o uso de melhores práticas de governança em fundos de pensão e o retorno dos investimentos"

---

[14] Os principais em fundos de pensão são os participantes dos planos de benefícios e os patrocinadores que oferecem o plano a seus funcionários e também efetuam contribuições. Entretanto, dadas as diferentes estruturas de fundos de pensão, dos limites para investimento e a necessidade de gestão terceirizada de recursos, as informações podem não ser claras e tampouco entendidas as justificativas para o melhor ou o pior desempenho. Para se aprofundar, ver Lakonishok *et al.* (1992).
[15] Ver Ambachtsheer e McLaughlin (2015).
[16] Ver Ambachtsheer e McLaughlin (2015).
[17] Ver Clark e Urwin (2008).

Conexões com o governo (hipótese 2)

Como apresentado no Capítulo 4, os ativos sob a gestão das Entidades Sistemicamente Importantes (ESIs) representam 57% dos ativos da previdência complementar fechada, segundo dados de 2018. Por sua vez, do total de ESIs, 65% possuem o setor público como patrocinador. Esses números expõem a relevância das conexões com o governo no total do mercado, justificando uma análise mais profunda da sua influência sobre as decisões de investimento. Em outras palavras, existe a possibilidade de haver incentivos conflituosos no fundo de pensão, não contribuindo para o bom desempenho do plano de benefícios.

Em mercados emergentes, o governo continua fortemente presente e a transição da propriedade do governo para o setor privado ainda é um processo em andamento.[18] Nesse contexto, os fundos de pensão são importantes atores como investidores, demandando retorno ao risco assumido pelos recursos sob sua gestão. Entretanto, questões políticas envolvidas em suas decisões de investimentos podem não ter como prioridade o melhor desempenho dos planos de benefícios. Estudos apontam que os laços com o governo, em condições de alto envolvimento ou de integração política, afetaram a governança dos fundos de pensão no Brasil. Como consequência, geraram altos custos de transação que reduziram o retorno dos investimentos.[19]

A literatura oferece alguns exemplos ilustrativos do exposto anteriormente: a participação de fundos de pensão de patrocínio do governo no processo de privatização da década de 1990 – naquele momento, houve decisão de investimentos em setores ou empresas que eram foco da estratégia política do governo[20] –; evidências de intervenção do governo brasileiro na gestão dos fundos através da escolha de seus diretores[21]; ou ainda casos de fusões e aquisições realizadas por fundos, conquistando posições relevantes em empresas, de forma a manter, indiretamente, o controle do governo sobre a companhia em seu setor de atuação.[22]

Cabe destacar que existe o argumento de que uma empresa com participação do governo é privilegiada sob a perspectiva de *embeddedness* – termo que se refere à imersão da organização em um sistema de laços com o governo, que permitiria a ela transações econômicas vantajosas. Em contrapartida, existe a interferência do governo na governança corporativa da organização, elevando seus custos de transação. No caso dos fundos de pensão, a interferência política pode incluir o risco de se manter a ineficiência operacional em empresas investidas, o que se refletirá em redução do retorno líquido do ativo sob a sua gestão. Em mercados emergentes, esta situação de ineficiência operacional de estatais é potencializada pela lacuna de informações, gerando incapacidade de se avaliar seu desempenho econômico e, portanto, tornando restrito o monitoramento de controladores externos de uma empresa.[23]

Os fatos e argumentos teóricos apresentados nos remete à hipótese de que as conexões com o governo conduzem à redução do retorno dos investimentos, em decorrência das questões políticas nas decisões de investimentos dos fundos de pensão. Tal interferência

---

[18] Gomez-Ibanez (2007) afirma que, nas economias emergentes, ainda se faz necessária a maior participação do Estado no desenvolvimento do mercado através de empresas públicas, para garantir a infraestrutura necessária ou de serviços básicos à sociedade.
[19] Evidências de laços com o governo e seu impacto nas empresas são apresentadas por Okhmatovskiy (2010).
[20] Sobre evidências de laços com o governo na decisão de investimentos de fundos de pensão, ver Lazzarini (2012).
[21] Sobre as interferências do governo nos fundos de pensão no Brasil, ver Mello (2003).
[22] Sobre exemplos de participações indiretas do governo, ver Lazzarini (2011).
[23] O autor Okhmatovskiy (2010) contribui ao explicar a perspectiva de *embeddedness* quanto às vantagens e limitações associadas a laços com o governo (principalmente, relacionada com os custos sobre a governança nas empresas em que o governo possui participação em seu capital).

conduz à possibilidade de que a criação de valor na gestão de recursos não seja priorizada, em função da sobreposição de outros objetivos, como o desenvolvimento de determinado setor da indústria ou questões ligadas à estratégia do governo. Ademais, sob tal contexto, há o risco de ineficiência operacional, elevando custos e reduzindo o retorno líquido dos ativos sob gestão de fundos de pensão. Desta forma, apresentamos a seguir a segunda hipótese a ser testada nesta parte do capítulo.

"*Hipótese 2: no Brasil, o retorno de investimentos em fundos de pensão é impactado, negativamente, quando houver conexões com o governo pelo tipo de patrocínio*"

Conexões com instituições financeiras (hipótese 3)

Finalmente, apresentamos nesta subseção a última hipótese, relacionada com conexões com instituições financeiras. A escolha desta característica decorre da tendência de maior terceirização da gestão de ativos por parte dos fundos de pensão. Em dezembro de 2007, o total de ativos sob gestão terceirizada através de fundos de investimentos era de 56%. Dez anos depois, esse percentual se elevou para 64%. Ademais, observa-se que cerca de 60% do total de investimentos estão sob gestão de fundos de pensão patrocinados por instituições financeiras.

O setor econômico de atuação do patrocinador do fundo de pensão se torna um aspecto relevante sobre o retorno dos investimentos do fundo, quando há contratos com prestadores de serviços que participam do mesmo setor. Nos casos de fundos de pensão, o conflito de interesses[24] surge na medida em que a conexão com determinada gestora de ativos (*asset*), ligada ao patrocinador, elimina a competição entre gestores, reduzindo a capacidade de diversificação da estratégia de investimentos e o poder de negociação de custos da prestação de serviços, como as taxas de administração.[25] O problema se agrava quando há lacunas em *expertise* e experiência na gestão de investimentos das EFPCs, prejudicando a imparcialidade nos julgamentos, face à influência da indústria de serviços financeiros e consultores.[26] Além disso, há evidências de que o ativismo exercido por fundo de pensão sobre empresas investidas pode ser atenuado quando não for independente de instituição financeira.[27]

Outros fatores que ampliam o conflito de interesses nas conexões com instituições financeiras são: quando o retorno em excesso gerado pelo fundo de pensão não pertence nem aos patrocinadores, nem aos executivos dos fundos de pensão, de forma que há reduzidos incentivos para maximizar o retorno das carteiras de ativos para os próprios planos[28] –; quando há o já mencionado duplo conflito de agência na terceirização da gestão, reduzindo a capacidade de controle e monitoramento por parte dos participantes dos planos de benefícios; e quando não são comparadas as taxas de administração e de desempenho com o mercado ou com a gestão interna do fundo de pensão, por exemplo.[29]

---

[24] Ver Stewart e Yermo (2008).
[25] Ver Mesa-lago (2005).
[26] Com relação aos vieses que impedem de avaliar o conflito de interesses, ver Clark (2004).
[27] O ativismo decorre do uso de mecanismos de controle por parte de investidores com participação em controle das companhias. Entretanto, no caso do investidor de fundos de pensão, há evidências de atenuação do uso desses mecanismos quando ele possui conexão com instituição financeira em função do patrocínio. No caso, a empresa investida pode ter operações com o banco patrocinador do fundo de pensão, que acaba tendo incentivo diferenciado que não o melhor retorno ao plano. Para se aprofundar, ver Giannetti e Laeven (2008).
[28] Ou seja, podem não haver incentivos de participação nos resultados por melhor desempenho, como ocorre numa empresa. Ver Dias (2005).
[29] Lakonishok *et al.* (1992) afirmam que o desempenho de investimentos administrados de fundos de pensão não é perfeitamente observado e quando delegam ao mercado a gestão de ativos, incorre-se no duplo conflito de agência, ver Tonks (2006).

Em resumo, os principais argumentos para redução do desempenho dos investimentos no caso de conexões com instituições financeiras são: (i) o aumento nos conflitos de interesses, priorizando e favorecendo o retorno dos gestores de mercado relacionados com o setor de atuação do patrocinador ao invés do fundo de pensão; (ii) a elevação dos custos administrativos, impactando negativamente o retorno líquido dos investimentos, em detrimento da criação de valor ao plano de benefícios; e (iii) a redução da capacidade de monitoramento pelos participantes. Diante do exposto, apresentamos a seguir a terceira hipótese. Logo na sequência, a Figura 6.1 resume as hipóteses da pesquisa e sua fundamentação teórica.

"Hipótese 3: no Brasil, o retorno dos investimentos dos fundos de pensão é impactado, negativamente, quando o patrocinador é instituição financeira e a gestão dos ativos é terceirizada"

Figura 6.1
Resumo das hipóteses e da fundamentação teórica

H1: Melhor prática de governança Superação de lacunas Khanna e Palepu (1997); Clark e Urwin (2008)	+	
H2: Conexões com o governo Envolvimento político Okhmatovskiy (2010); Lazzarini (2012)	−	Retorno dos investimentos
H3: Conexões com instituições financeiras Duplo conflito de agência na terceirização da gestão de investimentos Lakonishok *et al.* (1992); Yermo (2008)	−	

Fonte: Adaptada pelos autores a partir da Figura 11 da Tese de Nese (2017).

Medição da associação de governança e conexões em fundos de pensão

Antes de testar as hipóteses apresentadas na última seção, foi necessário resolver a seguinte questão: é o retorno dos investimentos que possui implicações sobre a governança do fundo de pensão, ou é a governança (a partir de um fator não observado) que impacta o desempenho do fundo? Este é o problema de endogeneidade, ou de causalidade reversa, que envolve estudos no campo das finanças corporativas.

Assim, o desafio da abordagem empírica para o teste das hipóteses apresentadas foi a obtenção de resultados sem negligenciar a limitação de estudos empíricos. Primeiramente, o estudo buscou tratar o efeito da endogeneidade entre o retorno dos investimentos e a governança para, em seguida, obter resultados robustos sobre a associação entre (i) as práticas de governança e conexões em fundos de pensão com (ii) o retorno dos investimentos.

Esta seção é composta por duas subseções. Na primeira, abordamos sucintamente as fontes de dados utilizadas, as medidas estimadas do estudo e as variáveis operacionalizadas. Em seguida, na segunda subseção, apresentamos os resultados.[30]

---

[30] Parte relevante desta seção e da próxima deste capítulo se baseiam em Nese (2017), onde são aprofundados os detalhes da metodologia.

Fontes de dados e medidas estimadas

Para realização do estudo foram utilizados dados anuais da Associação Brasileira das Entidades Fechadas de Previdência Complementar (ABRAPP) relativos aos 263 fundos de pensão associados, compreendendo o período de 2004 a 2015. Em termos de quantidade de fundos de pensão e ativos sob a gestão em 31 de dezembro de 2015, a base coletada representava cerca de 86% dos 307 fundos de pensão do sistema de Previdência Complementar Fechada. Em termos de investimentos, os dados utilizados representaram, aproximadamente, 98% do total de R$ 720 milhões de ativos sob a gestão das EFPCs em 2015.

Os dados da ABRAPP compreendem os relatórios e demonstrações contábeis transmitidos eletronicamente pelas entidades associadas. De forma a complementar a base inicial, os demais dados necessários para a abordagem empírica, não disponíveis na base da associação, foram coletados diretamente dos estatutos, relatórios anuais e demais informações disponíveis através do endereço eletrônico de cada fundo de pensão. Este foi o caso da coleta de dados relativos à existência, ou não, da prática de governança de instalação de um comitê de investimentos nos fundos.

O Quadro 6.1 descreve os dados coletados dos 263 fundos de pensão que serviram de fonte para a operacionalização das variáveis do estudo.

Quadro 6.1 Descrição dos dados dos fundos de pensão para construção das variáveis

Dados	Número de observações
Retorno dos investimentos	Ganho líquido contábil dos investimentos
Renda fixa	Proporção alocada em renda fixa em relação ao total de ativos
Renda variável	Proporção alocada em renda variável em relação ao total de ativos
Investimentos estruturados	Proporção alocada em investimentos estruturados em relação ao total de ativos
Investimentos no exterior	Proporção alocada em investimentos no exterior
Imóveis	Proporção alocada em imóveis em relação ao total de ativos
Oper. com participantes	Proporção de operações com participantes em relação ao total de ativos
Fundos de investimentos	Proporção dos ativos em fundos de investimentos em relação ao total
Total de ativos	Saldo contábil para ativos garantidores dos planos de benefícios
Patrocínio público	"1" se gestão planos de patrocinador do tipo público
Planos CD ou CV	Proporção de ativos de planos CD ou CV em relação ao total de ativos
Setor econômico	"1" a "14" para os setores econômicos dos patrocinadores com recursos dominantes
Situação atuarial	Existência de saldo em contas contábeis, déficit com "0" se superávit "1"
Capital de domínio	"1" para capital de domínio do patrocinador do exterior, "0" se doméstico
Despesas administrativas	Saldo contábil para despesas administrativas
Ano de criação	Ano de criação do fundo de pensão
Perfil	Perfil de risco para supervisão da PREVIC de 1 a 3 do maior para o menor
Comitê de Investimento	"1" com assessoria de comitê de investimentos, "0" do contrário

Nota: A amostra inicial compreende dados dos 263 fundos de pensão associados da ABRAPP do período de 2004 a 2015. Com exceção das informações sobre ano de criação do fundo de pensão, diretor certificado e com experiência em investimentos, diretor de investimentos exclusivo à entidade e comitê de investimentos que foram coletados através de endereço eletrônico das entidades, todos os demais dados foram operacionalizados e fornecidos pela ABRAPP para uso exclusivo desta pesquisa e sem individualização de informações. Os dados quantitativos foram obtidos através de demonstrações contábeis auditadas. Dados de perfil de risco pela complexidade do fundo de pensão foram observados através da Instrução PREVIC nº 20 de 2015 e considerados para os anos anteriores desse estudo. Setores de 1 a 14 conforme classificação observada pela ABRAPP.
Fonte: Adaptado pelos autores a partir da Tabela 4 de Nese (2017).

Quadro 6.2 Descrição das medidas estimadas para desempenho dos fundos de pensão e de indicadores de mercado

Dados	Descrição
Alfa	Excesso de retorno ajustado relativo ao retorno da carteira teórica de renda fixa, obtido pelo CAPM
Retorno ajustado	Retorno anual do fundo de pensão ajustado pela taxa de juros livre de risco
Taxa de juros livre de risco	IPCA+ 6% até 2014. Em 2015, taxa de juros conforme Portaria PREVIC 197/2015 para 10 anos
Beta sobre a carteira de RF	Sensibilidade do retorno anual do fundo de pensão sobre a carteira teórica de renda fixa
Beta sobre a carteira de RV	Sensibilidade do retorno anual do fundo de pensão sobre a carteira teórica de renda variável
Retorno IMA – Geral	Retorno da carteira teórica dos títulos públicos e que exclui os indexados pelo IGP-M (RF)
Retorno Ibovespa	Retorno da carteira teórica das ações que compõem o índice em cada período (RV)

Nota: Alfa estimado através do modelo CAPM (*Capital Asset Pricing Model*), dados coletados para IPCA e Ibovespa, através dos sítios eletrônicos do Portal do Brasil e B3, respectivamente. Para o IMA-Geral, através da variação mensal da respectiva carteira teórica da ANBIMA e operacionalizado o dado para esta pesquisa ao ano. O retorno anual do fundo de pensão e operacionalização do dado são descritos na Tabela 6.1.
Fonte: Adaptado pelos autores a partir da Tabela 6 de Nese (2017).

Cabe destacar que os dados de retorno dos ativos por fundo de pensão e ano de criação foram utilizados para estimativa do "alfa" do modelo – isto é, o excesso de retorno relativo ao retorno de uma carteira teórica, obtida através da regressão CAPM.[31]

As medidas estimadas para desempenho dos fundos de pensão e dos indicadores de mercado estão expostas no Quadro 6.2. Além do já citado alfa, foram estimados uma taxa de juros livre de risco, o retorno ajustado pela referida taxa, o beta da carteira de renda fixa e de renda variável, bem como o retorno do IMA e do Ibovespa.

Por fim, o Quadro 6.3 apresenta a descrição das variáveis operacionalizadas para a abordagem empírica e teste das hipóteses. A primeira hipótese do estudo, de que o uso de melhores práticas de governança está associado, positivamente, com o retorno dos investimentos, é confirmada caso seja obtido um sinal positivo e com nível de significância de até 10% para o coeficiente da variável associada à prática de comitê de investimentos. Já um sinal negativo e significante, ao menos a 10%, para a variável patrocinador do tipo público, confirma a segunda hipótese de que as conexões com o governo pelo tipo de patrocínio impactam negativamente o retorno dos investimentos. De forma análoga, um coeficiente negativo e significante, ao menos a 10%, para a variável proporção de gestão terceirizada de ativos, quando o patrocinador for instituição financeira, confirma a terceira e última hipótese, ou seja, de que há relação negativa entre o retorno dos investimentos, a existência de contratos de terceirização da gestão dos investimentos e o patrocinador do fundo de pensão for instituição financeira.

É oportuno destacar que embora, estatisticamente, o resultado de apenas 10% seja marginal, colocamos este sinal como possível indício para confirmação das hipóteses. Acreditamos que estudos posteriores com bases mais longas e transparência nos dados possam fornecer maior suporte à pesquisa. Isso posto, a seguir apresentamos os resultados obtidos a partir da metodologia escolhida.[32]

---

[31] O CAPM (*Capital Asset Pricing Model*) foi desenvolvido por Sharpe (1964). O modelo é utilizado para determinar a taxa de retorno teórica de um ativo em relação a uma carteira de mercado diversificada.
[32] Para as justificativas para escolha do experimento e um maior aprofundamento no detalhamento dos resultados, ver Nese (2017).

Quadro 6.3 Descrição das variáveis operacionalizadas para a abordagem empírica

Variáveis	Descrição
Desempenho dos investimentos	
Alfa de Jensen	Excesso de retorno anual do fundo de pensão relativo ao retorno da carteira teórica de renda fixa
Práticas de governança	
Comitê de Investimento	"1" na existência, "0" do contrário
Tamanho do Conselho Deliberativo	Quantidade de membros
Existência de Conselheiro Independente	"1" na existência, "0" do contrário
Conselheiros nomeados pelo Governo	"1" na existência, "0" do contrário
Diretores nomeados pelo Governo	"1" na existência, "0" do contrário
Chairman é conselheiro externo e não membro do governo	"1" na existência, "0" do contrário
Diretor de investimentos é profissional de investimentos e independente do patrocinador	"1" na existência, "0" do contrário
Características no nível dos fundos de pensão	
Patrocínio público	"1" se possuir sob a gestão planos de patrocinador do tipo público
Patrocinador do setor financeiro e ativos com gestão terceirizada	Variável contínua entre 0 e 1 para patrocinador do setor financeiro vezes a proporção de ativos com gestão externa
Controles	
Total de ativos sob a gestão	Função logarítmica normal do total de ativos sob a gestão do fundo de pensão.
Total das despesas administrativas	Função logarítmica normal do total de despesas administrativas do fundo de pensão.
Ano de criação do fundo de pensão	Variável descritiva do ano de criação do fundo de pensão
Situação de equilíbrio do consolidado dos planos	Dummy que assume o valor "1" se o consolidado dos planos apresentar equilíbrio ou superávit e "0, se déficit.
Capital de controle do patrocinador dominante	Dummy de valor "1" se capital de controle do patrocinador for do exterior e "0, se doméstico.
Patrocinador for instituição financeira	Dummy de valor "1" para setor econômico do patrocinador se for financeiro, "0" caso contrário
Instrumentos	
Perfil de risco para supervisão PREVIC	De 1 a 3 do maior para o menor risco de complexidade, conforme Instrução PREVIC nº 20 de 2015
Resolução do CMN nº 3792 de 2009	Variável contínua de 0 e 1 que evolui de forma escalonada de 0,20 a partir de 2011

Nota: À época da abordagem empírica, não havia dados disponíveis para todas as variáveis de interesse de forma a garantir a robustez dos resultados das práticas de governança possíveis em fundos de pensão. Assim, para atingir o objetivo da pesquisa, a escolha da variável da prática de comitê de investimentos se deu pela robustez de dados observáveis e sua relevância para monitoramento e controle conforme revisão de literatura.
Fonte: Adaptado pelos autores a partir da Tabela 8 de Nese (2017).

Resultados do estudo

Com base nos dados e variáveis apresentados na subseção anterior, a metodologia utilizada envolveu a aplicação de equação em segundo estágio através de painel dinâmico pelo método dos momentos generalizados, em inglês corresponde a *Generalized Method of Moments*

(GMM), após tratamento da questão da endogeneidade em primeiro estágio entre práticas de governança e desempenho.[33]

Conforme mencionado anteriormente, a endogeneidade é uma questão frequente em estudos empíricos no campo de finanças corporativas que buscam explicar a causa e efeito das decisões tomadas pelos agentes.[34] No caso da pesquisa ora apresentada, apesar de a fundamentação teórica mostrar que há práticas de governança que implicam maior desempenho, há teorias que postulam não poder afirmar se a causalidade é realmente reversa. Em outras palavras, se governança causa o bom desempenho, ou se o bom desempenho é que causa a boa governança. Sem endereçar a questão da endogeneidade, portanto, os resultados para serem aceitas as hipóteses do estudo, ou rejeitá-las, estariam enviesados e não contribuiriam para a investigação da pesquisa. Assim, o tratamento escolhido observa a influência de características específicas do fundo de pensão sobre a variável endógena do modelo – as melhores práticas de governança. Em especial, foram utilizados dois instrumentos para tratar esta questão.[35]

O primeiro instrumento diz respeito à classificação por meio da indicação da complexidade e riscos inerentes aos planos de benefícios e porte da entidade. Entende-se que esta regra poderia impactar em maior monitoramento e controle das decisões de investimentos, o que, por sua vez, incentivaria o uso de comitê de investimentos. Contudo, por si somente não determinam a estratégia na gestão dos ativos, consequência, o melhor desempenho dos investimentos. E o segundo, a determinação de certificação em investimentos dos profissionais que atuam no processo de investimentos. Entende-se que esta norma impacta na prática de governança na determinação de haver diretor certificado em investimentos e até estimular o uso de comitê de investimentos, porém, sem impactar o retorno, na medida em que não determina as estratégias possíveis de alocação de recursos.[36]

A Tabela 6.1 apresenta o efeito da prática de governança de comitê de investimentos e de conexões dos fundos de pensão sobre o desempenho dos ativos. Os resultados das especificações foram obtidos para os 41 fundos de pensão da amostra final no período de 2011 a 2015, no qual foi possível observar dados de governança determinados para investigação desta pesquisa e de acordo com a fundamentação apresentada nesta parte.

A partir dos testes, a primeira hipótese, com significância estatística ao menos a 10%, é confirmada e responde à primeira questão antes colocada, ou seja, de que há associação de melhores práticas de governança com o desempenho dos investimentos dos fundos de pensão no Brasil. Estes resultados corroboram as pesquisas realizadas com os fundos de pensão da Polônia e da Suíça.[37]

A segunda hipótese também é confirmada com significância estatística, ao menos a 10%, ao se observar a associação negativa de fundos de pensão com tipo de patrocinador público e o retorno dos investimentos. As evidências estão em linha com as observadas em organizações da Rússia com participação do governo em seu capital.[38]

---

[33] Para testar a validade dos estimadores do modelo principal, a estatística de teste utilizada é a de Hansen de sobreidentificação. O teste de sobreidentificação observado em segundo estágio indica a validade do modelo ou que os instrumentos são válidos (H0) para observação das variáveis de interesse. Ver Hansen (1982).
[34] Wintoki, Linck e Netter (2012).
[35] Os instrumentos apresentados são variáveis instrumentais (VIs) utilizadas no modelo. Para se aprofundar na argumentação teórica para a escolha das VIs, ver Nese (2017).
[36] Cabe mencionar que para operacionalização das variáveis instrumentais foram observadas as disposições legais vigentes à época (Instrução PREVIC nº 20/2015 e Resolução CMN nº 3.792/2009).
[37] Ver as pesquisas de Jackowicz e Kowalewski (2012) sobre os fundos de pensão da Polônia; e de Ammann e Ehmann (2014) sobre os fundos de pensão da Suíça.
[38] Okhmatovskiy (2010).

Tabela 6.1 O efeito de prática de governança e de conexões dos fundos de pensão sobre desempenho dos investimentos: 2011 a 2015

Variáveis		Desempenho dos investimentos
Explicativas	Assessoria de Comitê de investimentos	0,0973*
		(0,0506)
	Patrocinador público	-0,0164*
		(0,00902)
	Patrocinador financeiro e gestão terceirizada de ativos	-0,0951***
		(0,0336)
Controles	Total de ativos	Y
	Total de despesas adm.	Y
	Situação atuarial dos planos	Y
	Ano de criação	Y
	Capital de domínio do patrocinador	Y
	Patrocinador financeiro	Y
Observações		216
Teste de sobreidentificação dos instrumentos: p-value		
Hansen J: p-value		[0,3239]

Nota: Os estimadores são obtidos através de dados em painel dinâmico com instrumentos por GMM. A variável dependente é o alfa de Jensen. O teste de sobreidentificação observado em 2º estágio (H0: os instrumentos são válidos) indica a validade do modelo. Este teste é mais adequado que R2 utilizado em mínimos quadrados ordinários – MQO (Ramalho & Smith, 2006). Em cada uma das especificações são observados os resultados para associação das características no nível dos fundos de pensão. Os erros padrão robusto são apresentados entre parênteses, p-value entre colchetes para instrumentos. Variáveis explicativas e de controle são defasadas (t-1), de acordo com a fundamentação teórica apresentada em Nese (2017) Metodologia e base de dados. As notações *** p<0,01; ** p<0,05; * p<0.1 indicam os respectivos níveis da significância estatística. Para o estudo, o resultado é estatisticamente siginificante, ao menos a 10%, ou p-value <0,10.
Fonte: Adaptada pelos autores a partir da Tabela 11 de Nese (2017).

Com relação à terceira hipótese, os testes evidenciam forte significância estatística a 1% para a associação negativa com o desempenho dos investimentos, quando o fundo de pensão possuir gestão terceirizada dos ativos e seu patrocinador for do setor financeiro. Estes resultados estão aderentes aos testes em fundos de pensão dos Estados Unidos relacionados com a terceirização da gestão dos investimentos e, pela questão de duplo conflito, com fundos de pensão da Suécia, onde a tomada de decisões de investimentos não ocorre de forma independente do patrocinador financeiro.[39] O Quadro 6.4 apresenta um resumo dos resultados observados na investigação empírica.

Quadro 6.4 Resumo das evidências sobre associações com retorno dos investimentos: 2011 a 2015

Hipóteses	Resultado	Determinantes/ especificações	Evidências de impacto sobre retorno dos investimentos
Hipótese 1	Confirmada	Melhor prática de governança	Há evidência de associação positiva, com significância estatística, ao menos, a 10%.
Hipótese 2	Confirmada	Conexões com o governo	Há evidência de associação negativa, com significância estatística, ao menos, a 10%.
Hipótese 3	Confirmada	Conexões com instituição financeira	Há evidência de associação negativa, com forte significância estatística a 1%.

Fonte: Adaptado pelos autores a partir da pesquisa de Nese (2017).

---

[39] Testes de Lakonishok *et al.* (1992) para fundos de pensão dos Estados Unidos e de Giannetti e Laeven (2008) para fundos de pensão da Suécia.

Conclusões para obtenção de melhores resultados

Esta parte do capítulo procurou estudar aspectos da organização dos fundos de pensão, que estariam associados a diferentes níveis de desempenho dos investimentos. Em especial, por meio de análise empírica, observou-se que há associação de melhores práticas de governança com o desempenho dos investimentos dos fundos de pensão no Brasil (hipótese 1 do estudo) e que em contextos de conexões dos fundos de pensão pelo patrocinador (seja com o governo seja com instituições financeiras) podem ser criados potenciais conflitos de interesse prejudiciais ao melhor retorno da carteira de ativos dos fundos (hipóteses 2 e 3).

O uso de melhores práticas de governança pode auxiliar na superação das lacunas existentes em economias emergentes, elevando o retorno dos investimentos sob a gestão de fundos de pensão. Como exemplo de prática, destacamos aquelas voltadas ao maior escrutínio das análises de propostas de investimentos, como a adoção de comitê de investimentos. Os resultados sugerem que este instrumento oferece oportunidade para um melhor monitoramento e controle dos ativos, permitindo condições mais adequadas para a tomada de decisão, ajustes na gestão dos investimentos ao longo do tempo e maior preparo dos profissionais envolvidos.

Cabe destacar que as mesmas funções podem ser desenvolvidas por área segregada da gestão e dedicada ao controle de riscos de investimentos, desde que possua a mesma qualificação em investimentos necessária à gestão. Neste caso, eventual contraponto associado à elevação de custos com a nova área e profissionais qualificados seria um "curto caminho longo", nos termos apresentados na introdução deste capítulo. Em especial no contexto das conexões mencionadas no artigo, sugerimos que a escolha seja pelo "longo caminho curto", evitando-se os riscos de se observar, exclusivamente, o orçamento da entidade, sem considerar o melhor retorno dos investimentos ao longo do tempo.

No caso das conexões com o governo, notamos que há o risco de que as decisões de alocação de ativos sejam voltadas para o atendimento de estratégias de políticas públicas, como o desenvolvimento de determinado setor da indústria; o estabelecimento de política de preços em empresa investida com vistas ao controle do comportamento de indicadores macroeconômicos (por exemplo, a inflação); ou a manutenção de postos de trabalho, em detrimento de novas formas de trabalho, e acarretando maiores custos sobre a empresa investida, entre outros. Estes são alguns exemplos em que, mesmo não resultando em perdas, as decisões podem não representar a melhor relação risco-retorno para o fundo.

Por sua vez, no caso de conexões com instituições financeiras, as evidências sugerem que a relação custo-benefício é desfavorável ao patrimônio garantidor dos planos de benefícios. Tome-se como exemplo o caso de ativos mantidos a vencimento[40]. Como os ativos não são negociados no mercado, basicamente o efeito de uma eventual terceirização da carteira é reduzir o patrimônio do fundo, em função da taxa de administração que deve ser paga pelo serviço.

Quais seriam, então, as razões (ou incentivos) para a transferência de títulos de uma carteira própria para fundos sob gestão de instituição financeira? Considerando-se as conexões com a instituição financeira, elas seriam, basicamente, duas: (i) aumentar a receita da instituição financeira, sem a contrapartida de retorno diferenciado da gestão interna do fundo de pensão e sem, portanto, o respectivo custo de equipe para gestão dos recursos; e (ii) aumentar a confiança do mercado, devido ao maior volume sob a gestão da instituição

---

[40] O volume de ativos de renda fixa é expressivo. Dados estatísticos da ABRAPP de 2018 demonstram que 73% dos ativos estão concentrados em renda fixa e quase a totalidade destes em títulos públicos.

financeira gestora e, consequentemente, ampliando sua capacidade de atração de outros investidores.

Dessa forma, em ambos os tipos de conexão, o estudo evidencia a existência de interesses distintos em fundos de pensão e sugere que os mesmos não estão sendo devidamente identificados e tratados. Mais do que isso, tais conflitos de interesses podem ser potencializados pelo ambiente de pouca transparência e de fraca proteção legal. Como consequência, as implicações sociais negativas podem ser ainda maiores no longo prazo, sendo necessário o desenvolvimento de práticas de governança que não somente reajam à evolução dos processos, mas que se antecipem a situações de conflitos de interesse. Este fator é particularmente importante em um contexto de elevação dos ativos sob a gestão dos fundos de pensão e dos riscos para estimativa de reservas, decorrentes da maior longevidade, exposta no Capítulo 1.

Os aspectos analisados neste capítulo conduzem à percepção de que são necessários avanços do ponto de vista regulatório. Nesse sentido, espera-se maior transparência nos dados, equidade das informações, agilidade e consistência para as punições, efetividade dos trabalhos de acompanhamento das entidades, fazendo uso da tecnologia para identificação de desvios e a adoção de medidas corretivas, antes de impactarem a capacidade de solvência e liquidez dos planos.[41] Em resumo, a sugestão é que a regulação evolua de forma a ter condições de alcançar as diferentes formas de conflito. Do contrário, será reduzida a capacidade dos fundos de pensão de obter a rentabilidade necessária ao cumprimento de seu propósito.[42]

Por fim, a expectativa é que o estudo apresentado neste capítulo estimule a realização de novas pesquisas, que investiguem aspectos como os aprimoramentos possíveis na fiscalização, outras práticas de governança e a instituição de códigos de autorregulação. Ademais, espera-se que possam ser desenvolvidas novas frentes de estudo voltadas para a identificação de outras características que possam resultar em incentivos contrários ao bom desempenho dos fundos de pensão, bem como a melhor forma de endereçá-los.

REVISÃO DE LITERATURA SOBRE RETORNO DOS INVESTIMENTOS NA PREVIDÊNCIA ABERTA

"Arrependimento" e "culpa" são palavras que evocam comparação em relação a alguma norma. Contudo, uma norma pode ser relevante para uma pessoa e não o ser para outra. Imagine o contexto em que dois indivíduos decidiram guardar a cada mês, durante 20 anos, parte dos seus salários para a formação de reserva futura para o momento de aposentadoria.

O primeiro indivíduo não compreendia o mercado financeiro e de capitais, muito menos o mercado de previdência privada. Como ele não contava com um plano de previdência patrocinado pelo seu empregador, nem instituído, tinha receio de aplicar seu dinheiro num

---

[41] Ainda nessa linha, a expectativa é que os órgãos reguladores sejam capazes de permitir uma maior harmonização com normas da CVM, diligência na gestão de ativos e capacidade de obtenção de retorno dentro de limites adequados de risco. A Resolução CMN nº 4.661/2018 e a Resolução CNPC nº 27/2017 ao determinarem às ESIs, respectivamente, o comitê de riscos de investimentos e o comitê de auditoria, inovam em prática de governança que permite maior escrutínio das propostas de investimentos e monitoramento. O código de autorregulação em governança de investimentos (ABRAPP SINDAPP ICSS, 2016) é outro avanço que observa a prática de comitê de investimento como um dos aspecto para avaliação à obtenção do selo de adesão ao código.

[42] Em consonância com a Resolução CMN nº 4.661/2018, a PREVIC tem regulamentado instruções relacionadas com a maior transparência das informações e de estrutura de governança que protejam o cumprimento do propósito das EFPCs.

investimento que ele não saberia ao certo quanto iria render no mês seguinte e, muito menos, num PGBL e VGBL, pois não dispunha de tempo, nem paciência para alguém lhe explicar. Decidiu, portanto, guardar seu dinheiro numa poupança. Manteve a decisão de poupar durante 20 anos, com depósitos mensais. Porém, no momento em que iria se aposentar, os depósitos que fez mais o rendimento ficaram distantes da renda pretendida para o tempo que havia pensado.

O segundo indivíduo entendia as características do mercado financeiro e de capitais, as oportunidades, os retornos e os riscos envolvidos. Também era conhecedor dos planos de previdência aberta e, assim como o primeiro, ainda não contava com as condições para usufruir da previdência fechada. Sempre ocupado, escolheu rapidamente investir num fundo da previdência com perfil de risco arrojado através de um seguro de pessoas com cobertura por sobrevivência, oferecido pelo gerente do seu banco. Manteve a confiança na gestão do fundo com aportes mensais durante 20 anos. Porém, no momento em que decidiu parar de trabalhar e se aposentar, constatou que a renda que havia contratado estava longe de ser a esperada. Na época da contratação, não optou pela tributação adequada aos recursos que havia acumulado no fundo e não acompanhou seu desempenho a tempo de tomar decisão por outro operador e obter o retorno desejado. No final, ambos os indivíduos tiveram resultados parecidos a partir de suas decisões.[43]

Os dois poderiam ter tomado a decisão de investir em um contexto ideal para ter a renda pretendida. Porém, enquanto para o primeiro era normal não se decidir por um investimento com algum risco, é compreensível que depois ele sentisse arrependimento por não ter arriscado outra aplicação que lhe desse maior retorno. Já o segundo, que resolveu rapidamente investir num fundo de investimento com perfil arrojado, pode ser que se sinta culpado por não ter sido razoável ao incorrer em risco, sem analisar previamente o investimento e por não acompanhar o desempenho do gestor para os respectivos ajustes. No caso, ele fracassou na decisão ao não avaliar outros aspectos determinantes para o valor da renda que teria. Alguns podem até pensar que o segundo teve azar. Ocorre que o "arrependimento" favorece decisões avessas ao risco. Já a experiência de fracasso tende a fazer com que os indivíduos sejam inibidos para assumir riscos na busca de um objetivo maior. Emoções como culpa ou arrependimento para um mesmo resultado funcionam como vieses à consciência e ao pensamento analítico na tomada de decisões.

A formação individual de reservas para aposentadoria sob o regime de capitalização representa uma decisão na busca do objetivo desejado. E precisa ser analisada e avaliada a opção mais adequada. Essa decisão significa sair da zona de conforto e assumir o risco de se aplicar num ativo que pode, ou não, lhe render o desejado. Sem contar com a "sorte" ou com o "azar", é preciso que os riscos envolvidos sejam compreendidos. Do contrário, a pessoa não terá um resultado diferente daquele que todos receberiam num investimento sem risco. Ou mesmo, até abaixo do retorno esperado por um investimento passivo ao risco de mercado. No momento em que, tal como atualmente, a população sabe que haverá mudanças na previdência pública e que precisará escolher como capitalizará sua reserva para o futuro, é importante entender as diferentes oportunidades para investir e tomar decisões de forma consciente. As decisões que tomará para a capitalização de reservas para o futuro terão reflexo no longo prazo e serão materializadas no momento em que obtiver o valor de complementação da aposentadoria.

---

[43] Contexto adaptado de Kahnemann (2013).

Papel da previdência aberta na indústria de fundos de investimentos

Conforme observado no Capítulo 5, as reservas técnicas de produtos de previdência aberta vêm crescendo fortemente. No período de 2008 a 2018, a taxa média de crescimento anual ultrapassa os 22%.[44] Na proporção do PIB no mesmo período, as provisões representavam 3,5% em 2008 e já representam mais que três vezes em 2018, com participação de 11,6%.[45] Certamente, são recursos arrecadados e investidos na indústria de fundos que têm recebido forte atenção pela relevância que vêm conquistando. No contexto da reforma da previdência social, o cenário de maior crescimento das reservas tem sido resultado da ação dos reguladores e também da força de vendas dos operadores do sistema, que muitas vezes direcionam as decisões dos investidores para fundos de previdência.

O Gráfico 6.5 apresenta a evolução do patrimônio dos Fundos de Investimentos por Classe ANBIMA e em percentual sobre o total em Renda Fixa e Previdência. Podemos observar que dos R$ 4,6 trilhões de patrimônio líquido da indústria, os fundos classificados como de previdência já representam 17,5% do total da indústria de fundos de investimentos no país. Os fundos de previdência, em conjunto com os fundos de renda fixa e multimercados – segundo maior classe em relação ao total da indústria de fundos, mas que permanece praticamente na mesma proporção de 23,6 e 21,1%, respectivamente em 2008 e 2018 –, representam 82,7% do patrimônio líquido do total de fundos de investimento. Em 2011, o patrimônio dos fundos de previdência ultrapassou o patrimônio dos fundos de ações e desde então vem crescendo. Há 10 anos, não representava sequer 10% da indústria. Em 2018, das instituições associadas à Associação Brasileira das Entidades dos Mercados Financeiro e de Capitais (ANBIMA), o patrimônio em fundos de previdência já ultrapassou R$ 805 bilhões.

Gráfico 6.5
Evolução do patrimônio líquido dos fundos de investimento por classe ANBIMA (R$ bilhões) e participação da renda fixa e previdência no total dos fundos (%)

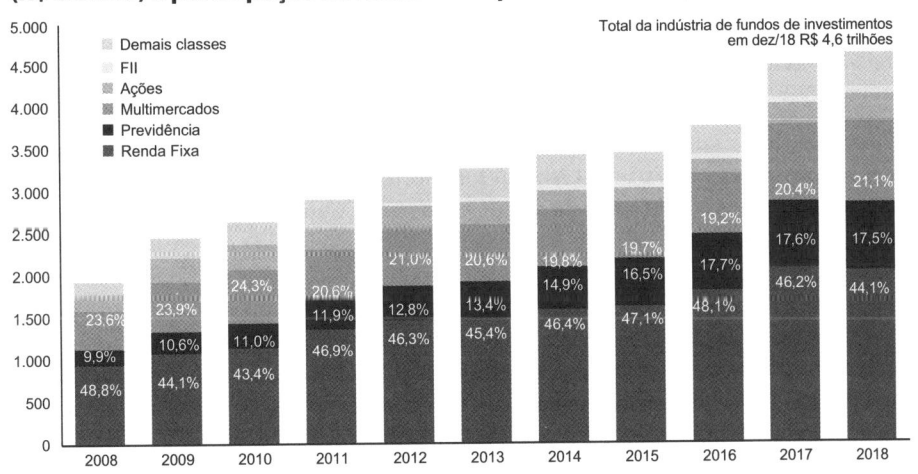

Nota: em "Demais classes" fazem parte Cambial; ETF; FIDC; FIP e Off-shore.
Fonte: Elaboração dos autores a partir do Consolidado Histórico de Fundo de Investimento da ANBIMA. Recuperado em 11/03/2019: http://www.anbima.com.br/pt_br/informar/estatisticas/fundos-de-investimento/fundos-de-investimento.htm.

---

[44] Considerando o valor em Provisão Matemática de Benefícios a Conceder em VGBL e PGBL. Dados disponíveis em: http://www2.susep.gov.br/menuestatistica/SES/principal.aspx, acesso em 14/03/19.
[45] Conforme apresentado na Tabela 5.2 no Capítulo 5, que apresenta a evolução das reservas técnicas da previdência aberta na proporção do PIB (%) de 2008 a 2018.

Mesmo nos anos de 2013, 2014 e 2015, quando a indústria de fundos de investimentos pouco cresceu, os fundos de previdência continuaram aumentando as reservas, saindo de 12,8%, ao fim de 2012, para 16,5% do total, em 2015. Cabe lembrar que mesmo em classes com maior participação por patrimônio da indústria, como a renda fixa e os multimercados, houve queda na captação líquida.

O Gráfico 6.6 apresenta a evolução do patrimônio líquido dos fundos de previdência e a variação do CDI Real (%) entre 2008 e 2018. Apesar das perdas eventuais em alguns momentos em situações de rápida reversão da taxa de juros, o que tende a afastar por um tempo os investidores pelas respectivas reduções em função da marcação a mercado dos ativos, a captação líquida dos fundos de previdência persistiu em evolução favorável.

Gráfico 6.6
Evolução do Patrimônio Líquido (R$ bilhões constantes) dos Fundos de Previdência e CDI Real (%)

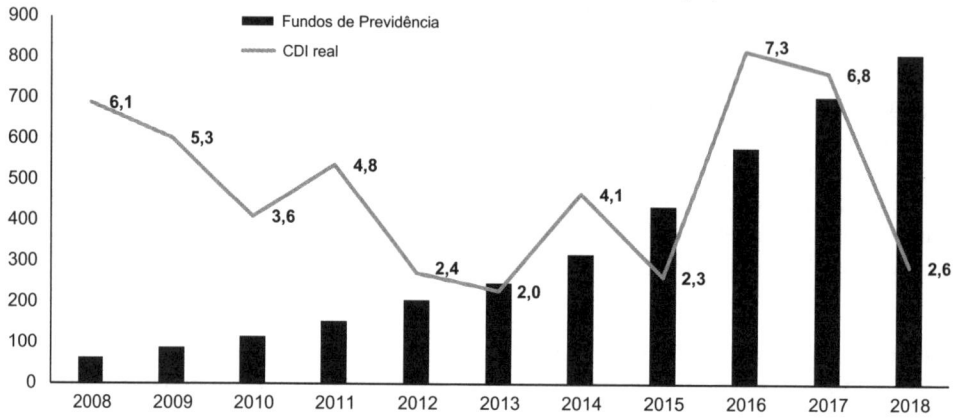

Nota: Preços constantes deflacionados pelo IPCA de Dez/2018. CDI deflacionado pelo IPCA.
Fonte: Elaboração dos autores, dos fundos a partir do Consolidado Histórico de Fundo de Investimento da ANBIMA. Disponível em site: http://www.anbima.com.br/pt_br/informar/estatisticas/fundos-de-investimento/fundos-de-investimento.htm#, acesso em 11/03/2019.

Notamos, através do Gráfico 6.5, que no ano de 2015 a indústria de fundos pouco cresceu em relação ao ano de 2014. O motivo foi a forte queda na rentabilidade dos títulos da renda fixa negociados a mercado pela alta de juros naquele ano. Porém, apesar das perdas na indústria, os fundos de previdência mantiveram a captação líquida e o crescimento naquele ano e nos seguintes de forma consistente, como podemos observar no Gráfico 6.6. No ano de 2015, também houve a publicação das novas diretrizes para aplicação de recursos da previdência complementar aberta através da Resolução CMN nº 4.444, que trouxe inovações importantes. Até então, os recursos dos participantes podiam ser alocados em renda variável em no máximo até 49%; com a nova norma, o limite máximo passou para 70%. Dessa parcela, por exemplo, 10% podem ser destinados a investimentos no exterior. Esta flexibilização da norma possibilitou alocação em outras economias, regiões, tipos de negócios, moedas e classes de ativos. Porém, como veremos mais à frente, os operadores da previdência aberta ainda mantêm a concentração de recursos em papéis atrelados à Selic, em detrimento do propósito de longo prazo de reservas previdenciárias e da possibilidade de maior retorno para o menor nível de risco, através da estratégia de diversificação dos investimentos.[46] Esse

---

[46] Para se aprofundar, ver Markowitz (1952).

fato que motivou a revisão de estudos realizados no Brasil e que explica o desempenho da previdência complementar aberta.

Certamente, as vantagens tributárias têm sido importantes para manter um forte crescimento do segmento. Adicionalmente, a evolução da norma contribuiu para atrair novos investimentos, ao capturar investidores de alta renda, na medida em que dispôs de limites diferenciados para alocação em maior risco através de fundos dirigidos a participantes qualificados. Esses participantes são identificados pelas mesmas regras dispostas a investidores qualificados pela Instrução CVM nº 555/2014.

A Tabela 6.2 apresenta a evolução da Provisão Matemática de Benefícios a Conceder (PMBAC) em VGBL e PGBL e o crescimento em relação ao ano anterior. Notamos que em 2016, um ano após a emissão da Resolução CMN nº 4.444/2015, comparado aos anos anteriores, houve forte crescimento das provisões em VGBL entre 2015 e 2016 (20% real). Esse desempenho se destaca também em relação ao PGBL, que na maior parte dos anos cresce a um dígito. Conclui-se que há novos investidores, que provavelmente perceberam vantagens relevantes em fundos previdenciários, principalmente, quando observamos que a indústria de fundos não acompanhou tal evolução.

Tabela 6.2 Evolução da Provisão Matemática de Benefícios a Conceder em VGBL, PGBL (R$ bilhões constantes e variação % anual)

Ano	VGBL	% Crescimento anual VGBL	PGBL	% Crescimento anual PGBL	Total
2008	125		69		194
2009	163	31%	82	18%	245
2010	200	22%	90	9%	289
2011	240	20%	98	9%	337
2012	297	24%	106	9%	403
2013	324	9%	108	1%	432
2014	377	16%	114	6%	492
2015	431	14%	118	3%	549
2016	519	20%	128	8%	647
2017	604	17%	141	10%	745
2018	648	7%	145	3%	793

Nota: Preços constantes deflacionados pelo IPCA de Dez/2018.
Fonte: Elaboração dos autores a partir de dados da SUSEP, disponíveis em site: http://www2.susep.gov.br/menuestatistica/SES/principal.aspx, acesso em 14/03/19.

Investidores dos fundos previdenciários têm a oportunidade de investir com a isenção do tributo de "come-cotas" semestral, que se observa em fundos de investimento de renda fixa. No caso, o IR é cobrado dos investidores de fundos de previdência apenas no momento do resgate ou do recebimento da renda. Além disso, a alíquota de IR por ocasião do resgate para prazos mais longos é substancialmente inferior à dos demais fundos de investimento, podendo chegar a apenas 10% sobre a rentabilidade para planos VGBL, ou sobre todo o montante para planos PGBL.[47] Já nos demais fundos da indústria, a alíquota mínima de cobrança é 15%.

---

[47] Se opção pela tabela regressiva de tributação e a depender se for resgate, ou renda financeira, ou renda atuarial, podendo ser pelo prazo da entrada da contribuição PEPS (primeira que entra, primeira que sai) ou prazo médio ponderado. As duas opções de tributação de IR em planos de previdência estão detalhadas no Capítulo 5, Tabela 5.1.

A Tabela 6.3 apresenta as diferentes tributações em fundos de investimentos. Podemos observar que, em qualquer prazo acima de 720 dias, a alíquota mínima cobrada é a mesma, de 15%.

Tabela 6.3 Cobrança de IR nos fundos de investimentos de renda fixa em função do prazo de permanência dos recursos

Cobrança semestral do IR, "come-cotas"	
Prazo de permanência	Alíquota
Até 180 dias	22,5%
De 181 a 360 dias	20,0%
De 361 a 720 dias	17,5%
Acima de 720 dias	15,0%

Notas: Trata-se de fundos de investimentos de renda fixa com títulos de longo prazo. A cobrança de IR ocorre duas vezes por ano, no último dia útil dos meses de maio e novembro, sobre o rendimento dos seis meses precedentes. O longo prazo considera papéis com vencimento acima de 365 dias.
Fonte: Elaboração dos autores a partir da Lei 11.053/2004.

Nesse contexto, os fundos de previdência exercem um papel relevante na indústria de fundos no Brasil, dadas as vantagens do produto que proporcionam perspectiva de maior crescimento. Há de se ressaltar que os fundos de previdência estão inseridos num sistema importante de transparência e que permite a divulgação da cota diariamente. Em outros mercados, há situações em que a cota é divulgada com um *lag* de tempo muito grande. Diferentemente de outros sistemas, como o dos fundos *Money Market* nos EUA, a transparência das informações e as carteiras marcadas a mercado desde 2002 dos fundos de investimentos brasileiros proporcionam uma segurança importante para as aplicações realizadas no Brasil.[48]

Certamente, a questão da transparência e segurança são diferenciais importantes para os investidores, especialmente os investidores qualificados que possuem incentivos para investir fora do país. Para estes, a possibilidade de diversificação em ativos de maior risco, com limites aplicados de alocação em fundos de previdência e sob condições tributárias bastante favoráveis, representa grandes atrativos para maiores investimentos e crescimento da indústria de fundos como um todo.

Oportunidades para o maior crescimento dos fundos previdenciários

Não tendo um patrocinador ou instituidor de um plano para aposentadoria, os indivíduos têm à sua disposição uma série de produtos inovadores na previdência aberta comercializados por EAPC e Seguradoras. Bancos ligados a tais entidades são importantes canais de vendas, nos quais há forte abordagem junto aos clientes para investimento em planos de previdência. As *fintechs* e *insurtechs* também são canais cada vez mais importantes na distribuição desses produtos e com menores custos, na medida em que são independentes

---

[48] A marcação a mercado consiste no registro dos ativos em carteiras de investimento e no cálculo de cotas de clubes e fundos de investimento, com base no preço dos negócios realizados no mercado. Em 2002, o Banco Central do Brasil editou as circulares que determinaram este ajuste até o fim de 2002. Porém, como forma de impedir o resgate de recursos por investidores que poderiam prever perda no valor real dos fundos, o ajuste foi antecipado para maio daquele ano. Na época, a crise de confiança na indústria de fundos, somada à conjuntura política do momento, causou um resgate de 15% do patrimônio líquido do setor, ver Ferreira (2015).

de grandes instituições financeiras. Como apresentamos no Capítulo 5, os argumentos para aquisição de planos de previdência incluem vantagens relevantes para a decisão do investimento. As próximas duas subseções exploram tais aspectos em mais detalhes.

Por que mais indivíduos escolhem planos de previdência aberta para investir?

É certo que há investidores disciplinados e conhecedores do mercado de capitais para formar sua própria reserva. São aqueles que possuem as condições necessárias para planejar seu futuro financeiro, que podem decidir quando parar de trabalhar e viver com a renda desejada. Entretanto, essa afirmação ignora o risco de longevidade. O indivíduo, para se proteger desse risco, não pode depender da administração da própria carteira.

É certo que estes investidores, com capacidade para formar a própria reserva, devem ter como filosofia de investimentos a diversificação em ativos que proporcione o menor nível de risco para o retorno desejado e ter a disciplina como fator-chave, para efetuar os aportes regulares e o rebalanceamento da carteira sempre que necessário, tendo em vista o horizonte de longo prazo. Portanto, eles são capazes de identificar, analisar e avaliar os riscos de investimento, bem como estimar a expectativa de retorno. Além disso, possuem as condições, uma vez investidos os recursos, de monitorar e controlar os investimentos. Por outro lado, dado que a reserva é para o momento em que não mais estiverem trabalhando ou, trabalhando numa carga horária reduzida,[49] eles devem estimar tanto o período em que farão os investimentos, bem como os anos de sua longevidade. Com base nisso, devem decidir pela alocação que lhes proporcione a rentabilidade estimada ao longo do tempo, a liquidez para a renda pretendida e o controle para reinvestimentos e resgates. Esse investidor, sendo precavido, considerará o risco de não poder efetuar os investimentos no período estimado, seja pela perda do emprego, ou mesmo em função de eventos como a invalidez e a morte. No primeiro caso, ele necessitará dos recursos antes do período que estimou para efetuar os resgates.

Entretanto, a falta de conhecimento ou disponibilidade para entender o que é um plano de previdência, se PGBL ou VGBL, faz com que muitos decidam adquirir o produto sem saber quais são suas características e condições para se ter a complementação esperada. A previdência complementar aberta, seu funcionamento e as características dos diferentes produtos foram tratados no Capítulo 5. De fato, o mesmo produto pode atender outros objetivos, tais como liquidar a dívida de um imóvel ou planejar a reserva para custear a faculdade dos filhos, entre outras situações que afastam a utilização dos recursos da sua finalidade original. O fato é que, por uma ou outra razão, é possível que muitos se deparem, tarde demais, com a realidade de um benefício inferior ao esperado.

Desta forma, ao avaliar um fundo de previdência, é importante compreender quais são as características do respectivo plano ou seguro. A concorrência na indústria de fundos e os diferentes produtos oferecem oportunidades para diversos tipos de investimento. Já a negociação de melhores condições para o cálculo do benefício futuro depende do entendimento das características dos produtos.

Investir em um fundo de previdência ou participar de um plano de previdência

Um plano de previdência ou seguro de pessoas inclui o investimento em um fundo previdenciário. Embora o participante/segurado possa até decidir entre um perfil de risco

---

[49] Há muitas pessoas que planejam reduzir a carga de trabalho (não se aposentando, mas trabalhando menos), com a previdência ajudando a complementar o salário.

conservador até um mais arriscado, a depender do limite para investimento em renda variável, a EAPC ou sociedade seguradora é quem investe os recursos em um fundo de investimentos especialmente constituído por ela e que é vinculado, respectivamente, ao plano ou seguro. Além disso, um fundo de previdência, como classificado na indústria de fundos,[50] não pode ser comparado a um fundo de investimento tradicional. Enquanto um fundo de investimento se preocupa apenas com a estratégia do investimento para a obtenção do retorno esperado e respectivas despesas como taxas de administração e custódia,[51] um fundo de previdência, além da preocupação de um fundo de investimento tradicional, inclui o cumprimento de diretrizes para investimentos dispostas pelo Conselho Monetário Nacional e pelo Conselho Nacional de Seguros Privados,[52] bem como as regras sobre resgates, portabilidades de planos/seguros[53] e sobre previsão do pagamento do resgate a beneficiário em caso de morte, independentemente de inventário, desde que tenha optado pelo resgate, entre outros. Estes aspectos conferem maior segurança pelo direcionamento da estratégia de investimentos adequado ao perfil de risco do plano/seguro, bem como adequação às características de cobertura do plano/seguro contratado.

Portanto, ao participar de um plano de previdência ou um seguro de pessoas, o participante/segurado investe indiretamente num fundo de previdência. Como explicamos no Capítulo 5, o plano de previdência ou seguro de pessoas, por sua vez, considera parâmetros que não se limitam ao risco e retorno dos investimentos. Dentre eles, o uso de tábua biométrica, da determinação de taxa de juros atuarial e da opção de reversão de juros na fase de aposentadoria, entre outros. Estes parâmetros definem as características dos planos/seguros, que são comercializados através das EAPC e Seguradoras, que atendem a diferentes necessidades e propósitos de seus participantes/segurados.

Assim, diante das diferentes características dos diversos tipos de planos de previdência e do espaço para inovação dos produtos, o cenário é de maior crescimento da previdência aberta e sua popularização, o que pode ser significativamente acelerado com a reforma da previdência.

Decerto, o avanço na educação financeira no país pode permitir a escolha consciente dos indivíduos frente a diferentes opções de administração de seus recursos financeiros e desenvolver a cultura do planejamento e da prevenção frente às precariedades da vida, como apresentamos no Capítulo 1. Nesse contexto, o indivíduo compreenderá as motivações para deixar de consumir parte de sua renda para usufruir os benefícios disso no momento em que não mais estiver no mercado de trabalho (ou mesmo, desejar trabalhar menos). Uma

---

[50] Ver ANBIMA (2016).
[51] Dentre os diversos tipos de fundos, muitos deles são regidos pelas regras da Instrução CVM nº 555, como, por exemplo, os fundos de renda fixa, de ações e multimercado. Outros possuem regras específicas. São como os estruturados, que devem cumprir regras das Instruções, por exemplo, Instruções CVM nºs 578 (2016), 579 (2016) entre outras, de acordo com o tipo de fundo. Os fundos de investimentos especialmente constituídos possuem legislação específica regida pela Instrução nºs CVM 459 (2007), 555 (2014) e 558(2015).
[52] Ver Resolução CNSP nº 349/2017; Resolução CNSP nº 348/2017; Resolução CMN nº 4.444/2015.
[53] A portabilidade confere a decisão de controle do participante/segurado de terminar o relacionamento com EAPC/Seguradora e transferir os recursos para outra, por exemplo, por não observar o desempenho esperado no respectivo fundo previdenciário. Como observamos no Capítulo 3 e assim como ocorre na decisão de resgate, trata-se do mecanismo de governança que o participante/segurado pode exercer para alinhamento de interesses nos objetivos do fundo. Ou seja, funciona como incentivo para a EAPC/Seguradora buscar o melhor desempenho para o plano de previdência. O exercício do resgate ou da portabilidade depende das cláusulas contratuais que o participante/segurado precisa cumprir para dispor dos recursos. Estes condicionantes são denominados de *vesting*. Para se aprofundar, ver Capítulo 5 e artigo 5º, item XXXVIII das Resoluções CNSP nº 349 e nº 348/2017.

vida tranquila e longeva na fase de aposentadoria requererá uma renda suficiente para, por exemplo, permitir cuidados com a saúde, que historicamente vem apresentando custos que crescem acima da inflação. Este é um dos desafios para não depender somente do sistema público ou da família.

Como aprofundamos no Capítulo 5, os planos de previdência possuem características que, se bem entendidas pelos indivíduos, ampliarão a capacidade de negociação, estimularão a concorrência no mercado de fundos e aumentarão ainda mais as reservas de previdência. Citaremos ao menos sete dessas características, que podem funcionar como vantagens no momento da escolha do plano:

(1) A dispensa da retenção do IR na fonte e do pagamento sobre os rendimentos em fundos de previdência.[54]

(2) Os diferentes tipos de coberturas para recebimento do benefício de renda, que podem ser contratados, ou não, como cobertura por invalidez. E, no caso de morte, como já apresentamos no início desta seção, sem que a reserva tenha que entrar em inventário do participante.[55]

(3) A opção de produtos com respectivas coberturas dentro de cada família:[56]
  (i) plano de previdência (família PGBL): benefício fiscal de se abater as contribuições para cálculo do IR, se declaração completa, até o limite de 12% da renda recebida no ano; ou
  (ii) seguro por sobrevivência (família VGBL): para os que não farão uso da declaração completa ou contam com uma alíquota menor de IR sobre o rendimento frente a outros investimentos ou ainda para aqueles que não contribuem para o INSS (ou regime próprio).[57]

(4) A opção de dois regimes tributários a serem cobrados na fase de recebimento do benefício.[58]

(5) O histórico de retorno do investimento: possibilidade de escolha do fundo de previdência adequado ao perfil de risco e com histórico de melhor retorno, comparado ao *benchmark* do fundo e à indústria de fundos. Ampliação das possibilidades de investimentos para o participante qualificado nos moldes da Instrução CVM nº 554/2014, como já destacado na seção anterior.[59]

---

[54] Conforme artigo 5º da Lei nº 11.053/2004.

[55] A característica de não entrar em inventário vem acompanhada da isenção do Imposto de Transmissão Causa Mortis e Doações (ITCMD). Entretanto, esta vantagem é discutível, porque trata-se de um imposto estadual e pode haver jurisprudência que determine sua cobrança. Mesmo na questão de o benefício não entrar em inventário, tem sido observada jurisprudência com outro entendimento, a depender, por exemplo, da proporção da reserva previdência sobre o patrimônio total do participante/segurado, como apresentado no Capítulo 5.

[56] As diferentes categorias oferecidas dentro de cada família são explicadas no Capítulo 5.

[57] No Ajuste de Declaração Anual o segurado deverá recalcular o valor do IR conforme enquadramento na tabela progressiva. No recálculo, se o valor devido de IR estiver abaixo de 15%, k haverá restituição e, se for maior, pagará a diferença, que pode ser até 27,5%.

[58] A Lei nº 11.053/2004 inovou ao criar o regime regressivo aos planos de previdência complementar, mantendo a opção do regime progressivo. É importante destacar que, durante a fase do diferimento, é possível alterar do regime progressivo para o regressivo, e não o contrário. Porém, o prazo é zerado e passa a ser contado quando da alteração.

[59] Como já destacamos na seção anterior, aos participantes qualificados, segundo as regras praticadas pela Instrução CVM nº 554/2014, é permitida maior alocação em risco prevista na Resolução do CMN nº 4.444/2015 e possibilidade de diversificação de investimentos ao nível de risco a que o participante/segurado estiver disposto a incorrer, ampliando as possibilidades de retorno.

(6) O excedente financeiro: possibilidade de valor adicional ao benefício. O participante/segurado que escolher o fundo de previdência de melhor desempenho comparável e adequado a seu risco poderá ter adicionado ao recebimento do benefício o resultado que superar o valor de renda definida no momento da concessão.
(7) A definição de uma taxa de remuneração: É possível contratar uma taxa de juros que não seja "zero". Trata-se de importante negociação no momento da contratação do plano. Pois, no momento da conversão das cotas em renda, o benefício pode ter garantido uma remuneração adicional de acordo com esta taxa de juros contratada.

Por outro lado, há características que, se não forem devidamente identificadas e avaliadas para negociação antes de contratar o produto, podem não somente neutralizar as vantagens apresentadas, mas terem efeito negativo ao serem comparadas com a gestão própria para formação das reservas. Apresentaremos as quatro que entendemos como principais para avaliar no momento da decisão:

(i) Taxa de administração: quanto menor melhor, pois incide sobre o patrimônio do fundo de previdência e reduz diretamente a rentabilidade. A concorrência e a tecnologia têm propiciado menores custos ao sistema e tem ocorrido, historicamente, uma redução nas taxas do mercado previdenciário.
(ii) Carregamento:[60] pode ser de percentual "zero". Embora prevista em legislação, ela reduz diretamente o valor do aporte que será investido nos fundos, bem como no resgate e portabilidade a depender do contrato. Da mesma forma ao avaliar a taxa de administração, a concorrência tem propiciado a exclusão do carregamento. Hoje a maioria das instituições oferecem planos com taxa zero de carregamento.
(iii) Tábua biométrica: possibilidade de escolher o plano que tenha o menor fator de desconto para o cálculo do valor da aposentadoria. Este fator inclui as expectativas de sobrevivência e de mortalidade, determinadas pela tábua biométrica do plano. Este fator não será atualizado pela instituição durante a fase de diferimento.[61]
(iv) Perfil de risco: é importante que o investidor escolha o perfil adequado ao nível de sua aversão ao risco e ao prazo de diferimento do plano.[62]

Em outras palavras, há vantagens competitivas importantes que os demais fundos de investimentos ou reservas pessoais não possuem. Ao mesmo tempo, o contexto de mercado e de inovação por meio da tecnologia e regulação amplia a possibilidade de novos entrantes e de novos produtos com custos reduzidos ao plano. Diante da perspectiva de maior aumento da captação líquida, já amplamente discutida, é importante compreendermos quais são as estratégias na gestão dos recursos da previdência aberta que determinam o desempenho dos fundos de previdência.

---

[60] Como explicamos no Capítulo 5, o carregamento reduz o valor dos recursos que são revertidos ao plano, que, por sua vez, adquire as cotas dos fundos previdenciários. Ou seja, uma taxa de 10% significa que, de cada R$ 100,00 que se contribui ao plano, apenas R$ 90,00 são de fato investidos para formar a reserva do participante.
[61] Para se aprofundar, ver Resoluções do CNSP nº 349 e nº 348/2017. A sigla EMS significa Experiência do Mercado Segurador; e sb e mt significam sobrevivência e mortalidade, respectivamente. As tábuas EMS são mais conservadoras, por apresentarem maior tempo de sobrevivência dos participantes, quando comparadas, por exemplo, com a AT 2000 de planos fechados.
[62] Apesar da responsabilidade do operador do plano verificar a adequação do perfil de risco dos clientes, conforme Instrução CVM nº 539/2013, o próprio indivíduo deve compreender seu nível de aversão a risco e de sua capacidade de análise e avaliação do desempenho do fundo de previdência do seu plano. Do contrário, poderá tomar decisão de forma precipitada e realizar perdas, por exemplo, ao mudar de perfil em momento desfavorável ao fundo, quando poderia aguardar pelo melhor cenário para a mudança e evitar perdas prováveis.

Gestores dos investimentos dos recursos da previdência aberta

Por determinação legal, os recursos da previdência aberta são geridos através dos fundos de investimentos especialmente constituídos (FIEs)[63], como abordamos no Capítulo 5. Os administradores e gestores dos investimentos, portanto, são autorizados e fiscalizados pela Comissão de Valores Mobiliários (CVM) para aplicar os recursos das contribuições aos planos ou dos prêmios dos seguros por sobrevivência. As regras que dispõem sobre o funcionamento do fundo e as instituições responsáveis pela administração e gestão estão dispostas em documento denominado de "Regulamento" do fundo. A CVM concede o registro para o funcionamento dos fundos de investimentos que são arquivados no sítio eletrônico da autarquia à disposição para consulta, bem como demais informações relacionadas.[64]

Estes administradores e gestores dos fundos são os investidores institucionais, portanto, aqueles que executam a gestão dos investimentos para atender o interesse dos que detêm o direito pelos recursos, como apresentamos no Capítulo 3. As EAPCs e Seguradoras que arrecadam, respectivamente, as contribuições/prêmios são as que detêm o direito sobre os ativos e a rentabilidade obtida com os recursos alocados nos FIEs, caso não tenha havido a opção do participante/segurado de receber o excedente financeiro pelos investimentos. No tocante à fase de pagamento do benefício, o risco do patrimônio líquido dos fundos previdenciários ser menor que o valor apurado nas provisões dos benefícios recai sobre as entidades que operam os planos de previdência ou as sociedades seguradoras.

Em planos PGBL e VGBL, na fase de acumulação, o risco de rentabilidade recai totalmente sobre o segurado.[65] No entanto, dado que as EAPCs e Seguradoras são organizações jurídicas que visam lucro, elas possuem forte incentivo para reduzir dois principais riscos e que podem levar à situação de déficit do plano na fase do pagamento dos benefícios: o risco da maior longevidade para pagamento de benefícios e o risco de retorno inferior ao esperado.

Para tanto, as cláusulas contratuais servem como mecanismo de controle sobre a provisão matemática pelas EAPCs/Seguradoras que, por sua vez, definem os fatores que impactam no cálculo do benefício a receber. Por exemplo, uma tábua mais longeva reduz o valor do benefício e, portanto, a respectiva provisão matemática do plano. Por outro lado, o incentivo para melhor desempenho pelo administrador/gestor do fundo acaba sendo neutralizado, na medida em que sua receita se amplia somente com a cobrança de taxa de administração sobre um patrimônio líquido cada vez maior com novas captações. Além desta despesa sobre o patrimônio líquido do fundo pertencente ao plano, há o carregamento, que ainda é praticado por EAPCs e Seguradoras.

A Tabela 6.4 apresenta a relação de EAPC e Sociedades Seguradoras, classificadas pelo total da Provisão Matemática de Benefícios a Conceder em planos PGBL e VGBL, em dezembro de 2018. Nota-se a concentração do valor de PMBAC em três operadores da previdência complementar aberta no país. Estas instituições juntas representam 80% das provisões totais, sendo que o operador que vem na sequência destes detém 7,5% da indústria. Sobre o total de volume

---

[63] Conforme Lei nº 11.196 (2005); Resolução CNSP nº 349/2017; Resolução CNSP nº 348/2017; Resolução CMN nº 4.444/2015.

[64] Tais como o valor diário da cota e do patrimônio líquido, o número de cotistas, valores captados e resgatados. Ainda é possível consultar o Regulamento, o Prospecto, a Lâmina de Informações essenciais, a Composição da carteira, os Fatos Relevantes e os Balancetes de cada Fundo. http://cvmweb.cvm.gov.br/swb/default.asp?sg_sistema=fundosreg.

[65] Neste parágrafo, estão sendo considerados os planos mais conhecidos e que não garantem nenhuma taxa durante a acumulação.

de PMBAC em VGBL, as mesmas instituições possuem juntas 81% desse produto que cresce de forma mais acelerada que o PGBL. Dado que estes operadores administram os recursos dos planos através de FIEs, é relevante conhecer quais são os gestores dos recursos responsáveis pela alocação dos recursos em fundos de previdência.

Tabela 6.4 Provisão Matemática de Benefícios a Conceder em PGBL e VGBL por EAPC/Seguradora (R$ milhões correntes e % do total) – dez/2018

Classificação por PMBC	Código SUSEP	Empresa	PGBL	VGBL	Total por empresa	% participações sobre o total
1	04707	BRASILPREV SEGUROS E PREVIDÊNCIA S/A (dados a partir de junho/2002)	34.859	210.411	245.270	30,9%
2	06866	BRADESCO VIDA E PREVIDÊNCIA S.A.	33.115	165.633	198.749	25,1%
3	05096	ITAÚ VIDA E PREVIDÊNCIA S/A	39.472	148.028	187.500	23,6%
4	08141	CAIXA VIDA E PREVIDÊNCIA S.A.	7.443	51.706	59.150	7,5%
5	05070	ZURICH SANTANDER BRASIL SEGUROS E PREVIDÊNCIA S.A.	7.928	36.645	44.573	5,6%
6	05142	ICATU SEGUROS S.A	10.496	13.945	24.441	3,1%
7	09938	SAFRA VIDA E PREVIDÊNCIA S.A.	2.432	12.098	14.530	1,8%
8	06220	SUL AMÉRICA SEGUROS DE PESSOAS E PREVIDÊNCIA S.A.	3.088	2.597	5.686	0,7%
9	06033	PORTO SEGURO VIDA E PREVIDÊNCIA S/A.	1.935	2.148	4.083	0,5%
10	03298	MAPFRE PREVIDÊNCIA S.A.	1.686	1.214	2.900	0,4%
11	06157	ZURICH VIDA E PREVIDÊNCIA S.A.	743	1.313	2.056	0,3%
12	06947	UNIMED SEGURADORA S.A.	864	196	1.060	0,1%
13	02895	ALFA PREVIDÊNCIA E VIDA S.A.	341	335	676	0,1%
14	06301	RIO GRANDE SEGUROS E PREVIDÊNCIA S.A.	100	549	649	0,1%
15	06351	METROPOLITAN LIFE SEGUROS E PREVIDÊNCIA PRIVADA S.A.	429	198	627	0,1%
16	02682	BTG PACTUAL VIDA E PREVIDÊNCIA S.A.	162	353	515	0,1%
17	05321	ITAÚ SEGUROS S.A.	–	400	400	0,1%
18	02101	MONGERAL AEGON SEGUROS E PREVIDÊNCIA S.A	183	143	326	0,0%
19	11134	ASPECIR PREVIDÊNCIA	104	–	104	0,0%
20	05274	BANESTES SEGUROS S.A.	–	35	35	0,0%
21	04031	XP VIDA E PREVIDÊNCIA S.A.	–	16	16	0,0%
22	06173	INVESTPREV SEGUROS E PREVIDÊNCIA S.A.	8	1	9	0,0%
23	10448	GBOEX – GRÊMIO BENEFICENTE	8	–	8	0,0%
24	04251	CAPEMISA SEGURADORA DE VIDA E PREVIDÊNCIA S/A	–	–	–	0,0%
		Total em PGBL e VGBL	145.397	647.964	793.362	

Fonte: Adaptação dos autores a partir de dados da SUSEP, disponíveis em site: http://www2.susep.gov.br/menuestatistica/SES/principal.aspx, acesso em 14/03/19.

Já a Tabela 6.5 apresenta o patrimônio líquido em fundos de previdência e fundos de previdência por instituição financeira e gestores de investimentos independentes de bancos, em R$ milhões e percentual sobre o total, com data-base de janeiro de 2019. Estes fundos de investimentos incluem os fundos de previdência, e estes, além do PGBL e VGBL, incluem o Fundo de Aposentadoria Programada Individual (FAPI).

Tabela 6.5 Patrimônio Líquido em fundos de investimentos e de previdência por gestor de investimentos (R$ milhões) e participação no total da indústria de fundos (%) – Jan/2019

Ordem	Gestor	Total	%	Total	%
1	BB DTVM S.A	941.403	21%	250.240	31%
2	ITAÚ UNIBANCO SA	676.870	15%	166.496	20%
3	BRADESCO	606.997	13%	222.689	27%
4	CAIXA	339.631	7%	61.693	8%
5	BANCO SANTANDER (BRASIL) SA	255.879	6%	45.455	6%
6	BTG PACTUAL	97.546	2%	–	0%
7	J SAFRA ASSET MANAGEMENT	95.644	2%	15.341	2%
8	CREDIT SUISSE	77.197	2%	2.990	0%
9	OPPORTUNITY ASSET ADM	55.925	1%	–	0%
10	KINEA INVESTIMENTO LTDA	53.576	1%	26.900	3%
11	BRL DTVM	51.996	1%	–	0%
12	BW GESTÃO DE INVESTIMENTO LTDA	47.058	1%	–	0%
13	VOTORANTIM ASSET	44.516	1%	696	0%
14	BNP PARIBAS	42.028	1%	409	0%
15	WESTERN ASSET	37.563	1%	1.242	0%
16	SPX	37.505	1%	2.088	0%
17	OLIVEIRA TRUST DTVM	35.757	1%	–	0%
18	VERDE ASSET MANAGEMENT S.A.	33.045	1%	6.312	1%
19	SICREDI	29.708	1%	34	0%
20	ADAMCAPITAL GESTÃO DE RECURSOS	29.515	1%	4.354	1%
21	XP GESTÃO DE RECURSOS	28.699	1%	69	0%
22	SUL AMÉRICA INVESTIMENTOS DTVM	28.393	1%	5.294	1%
23	PÁTRIA INVESTIMENTOS	27.332	1%	–	0%
24	VINCI PARTNERS	24.064	1%	15	0%
25	LIONS TRUST	21.500	0%	–	0%
26	MORGAN STANLEY	21.290	0%	–	0%
27	JGP GESTÃO DE RECURSOS LTDA	19.992	0%	439	0%
28	ICATU VANGUARDA	19.450	0%	935	0%
29	BAHIA ASSET MANAGEMENT	19.430	0%	–	0%
30	JP MORGAN	18.243	0%	96	0%
	Demais (total de 560 gestores)	712.335	16%	3.016	0%
	total	4.530.089	100%	816.803	100%

Notas: 1) O total do patrimônio líquido em fundos de investimentos sob a gestão da instituição inclui os de fundos de previdência da instituição. 2) O patrimônio líquido dos fundos de previdência inclui os recursos de reservas de VGBL, PGBL e os FAPIs (Fundo de Aposentadoria Programada Individual); 3) Estes últimos não são mais oferecidos. Os gestores de investimentos incluem Bancos e Gestoras de ativos independentes e) Dados disponíveis do mês de Jan/2019.
Fonte: Elaboração dos autores a partir do Ranking de Gestão de Fundos de Investimento da ANBIMA.

Nota-se a forte concentração na indústria de fundos de investimentos em três gestores de investimentos com 49% do mercado. A concentração se mantém nos mesmos gestores, aos destacarmos os fundos de previdência e que estão contidos no total de fundos de investimentos de cada instituição. A concentração em fundos de previdência nas mesmas instituições é de 78%. A partir destas informações das Tabela 6.4 e Tabela 6.5, podemos identificar os dois grupos de instituições, as EAPC/Seguradoras e os Gestores de Investimentos que são ligados a mesmos grupos econômicos que incluem os bancos comerciais.

Relacionado com a gestão dos investimentos, no Capítulo 5 conhecemos as diretrizes para investimentos dos recursos decorrentes das reservas, provisões e fundos de planos de previdência que estão dispostas na Resolução CMN nº 4.444/2015. Já o desempenho, como abordamos no Capítulo 3, resulta da combinação de risco e retorno de diferentes ativos. Através da estratégia de diversificação, o gestor buscará uma fronteira eficiente com carteiras de ativos que, para um mesmo nível de risco, apresentam o maior nível de retorno.

O Gráfico 6.7 apresenta a evolução do patrimônio líquido por classe ANBIMA de ativos em fundos de previdência no período de jan/2016 a jan/2019. Este período foi o escolhido, dado o forte crescimento da indústria em 2016, especialmente em fundos VGBL (o ano de 2016 foi logo depois do ano de perdas na indústria de fundos), ao passo que os fundos de previdência mantiveram sua forte captação líquida. Os fundos VGBL cresceram 20% em relação a 2015. No entanto, mesmo com a ampliação dos investimentos, a diversificação pouco se alterou no período apresentado.

Gráfico 6.7
Evolução do patrimônio líquido por classe ANBIMA de ativos em fundos de previdência (% de participação)

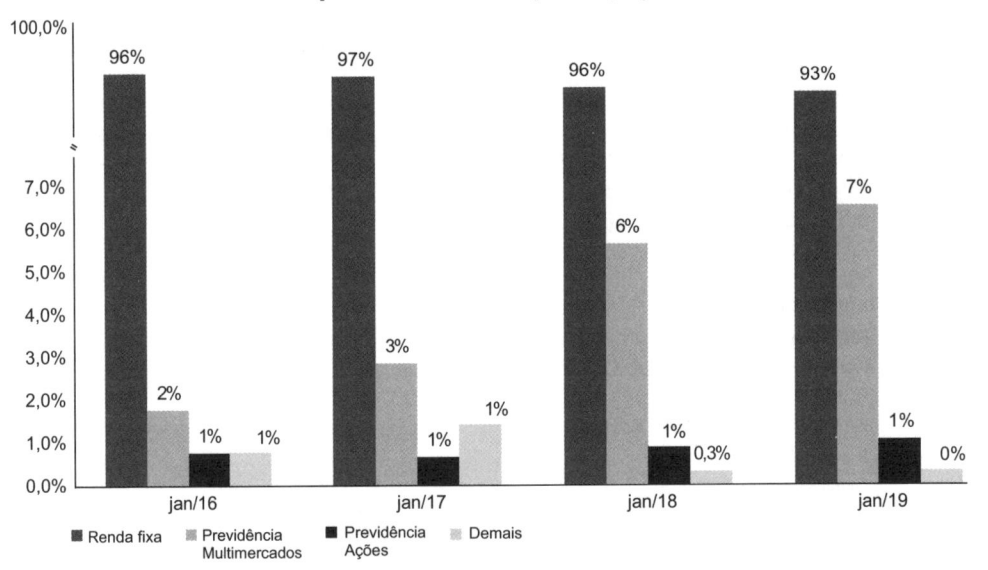

	jan/16	jan/17	jan/18	jan/19
Renda fixa	96%	97%	96%	93%
Previdência Multimercados	2%	3%	6%	7%
Previdência Ações	1%	1%	1%	1%
Demais	1%	1%	0,3%	0%

Nota: Classe "demais" incluem as classes: renda variável até 15%, entre 15% a 30%, acima de 30% e os previdência data-alvo (FIC), este último possui PL em 2017 de 0,8% e nos demais anos 0%.

Fonte: Elaborado pelos autores a partir do Consolidado Histórico de Fundos de Investimentos ANBIMA.

Embora a disposição legal permita a alocação em risco por classe de ativos e com respectivos limites, notamos a forte concentração do patrimônio líquido em ativos de renda fixa. Das sete classificações de fundos da ANBIMA, os fundos de previdência multimercados são a classe que mais vem crescendo frente as demais com participação de 2 para 7% sobre o total de ativos no último período. Porém, ainda muito distante dos fundos de previdência de renda fixa, que ainda representaram 93% da indústria em jan/19. Na sequência, vem a classe de fundos de previdência ações, que representam apenas 1% sobre o total em todo o período apresentado de jan/16 a jan/2019.

Apesar do forte crescimento no mercado de fundos e por se tratar de recursos para formação de reserva futura, a carteira de mercado apresenta reduzida alocação em risco. Em outras palavras, a estratégia de alocação parece demasiadamente conservadora pela alta concentração em ativos de renda fixa, que representa quase a totalidade dos fundos e de forma persistente ao longo dos anos. Quando comparamos com a previdência fechada, notamos que as EFPCs possuem diversificação de ativos bem maior que a da previdência aberta.

Diante da baixa diversificação e forte concentração em ativos de renda fixa, torna-se ainda mais importante compreendermos o desempenho dos fundos de previdência. Estudiosos têm lançado luz sobre esse tema e a próxima seção apresenta uma revisão dos trabalhos realizados.

Conclusões para melhor desempenho

A questão do desempenho dos investimentos previdenciários é relevante pelo impacto que será percebido no momento em que o participante/segurado conhecer o valor da renda que receberá. Como introduzimos nesta parte, a situação se complica quando há um objetivo que necessita de um retorno superior ao que se sabe previamente, no investimento sem risco. No entanto, avançar na busca do objetivo desejado requer sair da zona de conforto e assumir o risco de se aplicar num ativo que pode, ou não, lhe render o desejado. Do contrário, é certo que não obterá um resultado diferente daquele que todos receberiam, confortavelmente, por um investimento sem risco.

O problema surge quando os fundos de previdência obtêm rentabilidade inferior ou semelhante ao investimento sem risco. Pois, como já destacamos nas seções anteriores, o risco de uma rentabilidade desfavorável recai totalmente sobre o participante/segurado. Esse risco ocorre na medida em que a rentabilidade obtida pelo fundo de previdência impacta diretamente no valor do benefício a ser calculado no momento da aposentadoria.

Esta seção lança luz sobre alguns dos trabalhos na literatura acadêmica brasileira, relacionados com o desempenho dos investimentos previdenciários, cabendo destacar as limitações descritas nos trabalhos para os resultados obtidos. Seguem os principais aspectos observados nos respectivos anos de publicação:

- Cardoso (2006): a pesquisa demonstra que os fundos Balanceados apresentaram desempenho superior ao *benchmark* quando isentos da taxa de administração. Os Multimercados com Renda Variável demonstraram melhores resultados que os Balanceados, quando isentos da taxa de administração. Porém, não foi possível afirmar, estatisticamente, que os fundos analisados repetiriam o desempenho passado. Já os de renda fixa, em sua maioria, obtiveram alfas negativos,[66] com persistência, demonstrando dificuldade do administrador em superar o *benchmark*.[67]
- Lima (2006): seus estudos concluem que os fundos previdenciários não conseguiram superar o CDI e que poderia estar sendo adotada estratégia de gestão ativa.[68] A maioria

---

[66] Como apresentado no Capítulo 6, o alfa do modelo é o retorno anormal, ou excesso relativo ao retorno de uma carteira teórica, obtida através da regressão CAPM (*Capital Asset Pricing Model*).
[67] Sobre a performance em fundos de previdência de jan/2001 a dez/04, Cardoso (2006) estudou 41 Balanceados, 16 Multimercados com Renda Variável e 35 Renda Fixa. Modelagem: índices de Sharpe e Treynor e o Alpha de Jensen. Estatísticas: coeficientes de correlação de Spearman e de Pearson e o teste Qui-quadrado.
[68] Avaliação do desempenho de fundos PGBL entre 2003 e 2004 utilizando o índice de Sharpe, ver Lima (2006).

dos fundos mantém correlação positiva com o *benchmark*, o CDI. Porém, o desempenho observado era abaixo do CDI e não era compatível com uma gestão passiva ao índice.
- Coimbra e Toyoshima (2009): a pesquisa observa que as grandes empresas sólidas crescem cada vez mais no mercado de previdência ano a ano, mantendo seu forte posicionamento. Porém, o desempenho não tem correspondido à mesma dinâmica por dois motivos:[69]
  - pelo fato de o ramo de seguros ser considerado mais um produto dentre os diversos da instituição, portanto, sem a necessidade de se concorrer no mercado para conquistar novos clientes pelo melhor desempenho; e
  - porque os funcionários existentes nas empresas não são, necessariamente, especializados em seguros e a ligação das seguradoras com as instituições financeiras acaba por promover a concentração e desestimular a concorrência. Países como os EUA proíbem esta conexão, pelo risco de *tying agreement* (traduzido como "venda casada"). O forte investimento em propaganda e o acesso a amplo canal de distribuição são barreiras importantes à entrada de empresas independentes.[70]
- Silva (2010): o trabalho observa que a rentabilidade alcançada pelos investimentos feitos com as contribuições é fator determinante do benefício que irá receber.[71] Dada a característica de plano CD na fase de acumulação dos planos, o valor do "benefício a receber varia de acordo com o montante de recursos acumulados, que, por sua vez, depende da rentabilidade alcançada pelos investimentos feitos com as contribuições do participante".
- Amaral (2013): o trabalho aborda fatores determinantes que afetam o desempenho dos Fundos de Previdência Renda Fixa na indústria brasileira de fundos, no período de janeiro 2005 a dezembro de 2011:[72]
  - os fundos de previdência concentram seus ativos financeiros atrelados à taxa de juros Selic. Em todo o período estudado, os retornos ficaram abaixo da taxa livre de risco, representado na pesquisa por um valor médio equivalente a 96% da taxa Selic;
  - maior taxa de administração praticada em fundos de previdência frente a fundos comparáveis da indústria. A cobrança de maior taxa de administração praticada pode explicar o retorno médio mensal líquido dos fundos de previdência abaixo dos retornos líquidos dos fundos de renda fixa da indústria.
- Campani e Costa (2018): segundo os autores da pesquisa, os planos de previdência, apesar de possuírem vantagens relevantes como diferimento do IR e a opção de uso de tabela regressiva para alíquota de IR, precisam oferecer custos menores e rentabilidade dos investimentos repassados mais adequadamente para o momento da aposentadoria. Do contrário, esse objetivo será enfraquecido pelo benefício não atrativo.

---

[69] Coimbra e Toyoshima (2009) analisaram o setor da previdência aberta, nível de concentração de seus operadores, o grau de eficiência das empresas e as barreiras à entrada, entre outros. Metodologia: cálculo do Índice de Gini e no Método de Análise Envoltória de Dados; dados SUSEP e Fenaseg de 1999-2007.

[70] Esse fator – barreira à entrada – pode ser contestado com a democratização do acesso à internet e a criação de novas empresas de tecnologia, disruptivas e com soluções específicas sobre seguros e previdência, desde que independentes de bancos (*insurtechs*, como já abordamos no Capítulo 4).

[71] Os PGBL e VGBL como planos de contribuição variável (CV) possuem característica de CD na fase contributiva. Nessa fase o benefício é função do saldo que foi acumulado pelo participante e rentabilizado pelos investimentos. Para se aprofundar, ver Silva (2010).

[72] A pesquisa amplia as discussões sobre análise de desempenho e estilo de gestão nos fundos de Previdência Renda Fixa. Modelagem utilizada e base de dados: Índice de Sharpe (1966) e Índice de Modigliani (1997), ver Amaral (2013).

Os autores indicam a necessidade de maior eficiência e competitividade para atingir o objetivo de renda complementar no momento da aposentadoria:[73]
- observou-se na fase do recebimento da renda que a rentabilidade revertida dos investimentos aos segurados é muito baixa, consequentemente o benefício de renda para aposentadoria dificilmente será a melhor opção;
- em VGBL, o fundo previdenciário renda fixa pode não ser vantajoso frente ao fundo de renda fixa da indústria, a depender da taxa de administração ser maior que 0,5% ao ano sobre o patrimônio do fundo, ou a rentabilidade for menor que a de um fundo da indústria na mesma ordem de grandeza;
- dadas as vantagens fiscais do PGBL, seu resultado se apresenta como melhor alternativa de investimento no longo prazo frente a fundos tradicionais de renda fixa;
- tanto o PGBL como o VGBL, na fase de aposentaria, não são a melhor opção para o cliente, devido às taxas oferecidas à época do estudo: a maioria dos planos oferecia taxa zero, com atualização apenas pela inflação. A estratégia ótima seria então uma política de resgates periódicos.
- Mendonça (2017): fundos de investimento da indústria (não de renda fixa) obtiveram maior retorno, na média, quando comparados aos de previdência (excluindo renda fixa), porém, possuíam maior risco. A grande maioria dos fundos de previdência de renda fixa não superaram o CDI (representando a taxa livre de risco), porém são os que apresentam o menor risco. Tanto para os fundos de renda fixa da indústria como para os de renda fixa de previdência há concentração de ativos com retorno relacionado com a Selic. Tal aspecto é adequado às necessidades de curto prazo, porém, não adequados aos fundos de previdência voltados para o longo prazo em função do objetivo de aposentadoria.[74]
- Campani e Brito (2018): eles analisaram fundos de previdência e encontraram fortes indícios de gestão altamente passiva, mas com a cobrança de altas taxas de administração comparáveis a fundos de gestão ativa:[75]
  - é possível se construir uma carteira com gestão passiva ao ETF de ações (Ibovespa ou IBrX-100) e a um fundo de renda fixa, em que se observa mesmo retorno de fundos classificados com perfil moderado/agressivo, porém, pagando uma menor taxa de administração;
  - resultados observados em função de gestão fortemente caracterizada como passiva, não justificam a cobrança de altas taxas de administração. E, quando se espera a gestão ativa em fundos de planos de perfil moderado e agressivo, em que tem parcela de renda variável de ativos, ainda se observa uma gestão extremamente passiva, mas com taxas de administração comparadas a fundos de gestão ativa;

---

[73] Foram analisados PGBL e VGBL (que investem 100% dos seus recursos em renda fixa), através de cálculos segundo aspectos legais e atuariais. A metodologia aplicada foi a de simulação de rendas, observando os regulamentos dos planos das quatro maiores seguradoras do Brasil e as taxas dos respectivos FIEs, ver Campani e Costa (2018).
[74] Análise comparativa entre Fundos de Previdência de Renda Fixa e Fundos de Renda Fixa da indústria de fundos e demais Fundos de Previdência e Fundos de Investimento da indústria (excluindo renda fixa e previdência), de jan/2002 a dez/2016. Modelagem: do Índice de Sharpe e de Modigliani (1997). A Análise de Estilo Baseada no Retorno para definir o fator principal de risco da carteira dos fundos, com testes estatísticos, ver Mendonça (2017).
[75] Metodologia e base: análise dinâmica de estilos, por janelas móveis, seguida da análise via filtro de Kalman em fundos das cinco principais instituições de previdência privada do Brasil. Fundos selecionados por perfis: conservador (somente renda fixa), moderado (15 a 30% em renda variável) e agressivo (de 40 a 49% em renda variável). Para se aprofundar, ver Campani e Brito (2018).

- embora os resultados tenham sido observados a partir da análise de fundos de previdência e instituições em específico, não podem ser generalizados indiscriminadamente. Os estudos podem ser aprofundados em instituições independentes, em contraste aos grandes bancos que operam no setor;
- incentivos do governo relacionados com os benefícios fiscais em fundos de previdência privada devem funcionar como incentivo à formação de reservas de longo prazo. Entretanto, as altas taxas de administração e a cobrança do carregamento, bem como a pouca atratividade na conversão em renda previdenciária, podem neutralizar o benefício ao poupador individual.

A partir da revisão de literatura, foi possível compreender a oportunidade para um melhor desempenho que há para os investimentos da previdência aberta. Os aspectos conclusivos dos estudos destacam a necessidade de diversificação e de maior participação, gestão ativo, para maior retorno, bem como dos custos ainda elevados e que impactam diretamente na reserva do participante.

A compreensão destes aspectos contribui para que os operadores da previdência aberta possam continuar inovando e, ao mesmo tempo, buscar a gestão de investimentos adequada aos objetivos de longo prazo de investimentos previdenciários. Dado que o PGBL tem apenas 30 anos e representa um valor menor frente ao VGBL e dado que este último foi criado há apenas 18 anos, ainda há oportunidade para obtenção de retorno compatível com o horizonte de longo prazo da aposentadoria esperada.

CONSIDERAÇÕES FINAIS

Em conversa com um dos autores do livro, anos atrás, o diretor de um banco, responsável pelas atividades de divulgação da educação previdenciária da instituição, relatou o que aconteceu com ele no final de uma palestra. Uma senhora de uns 50 anos de idade, muito bem-vestida e com todas as características de ter tido uma boa educação e uma boa condição financeira até então, se aproximou dele e, com os olhos marejados, lhe disse: "Muito obrigado pela sua palestra. A única coisa que lamento é não ter assistido ela há 25 anos, pois se eu tivesse aprendido o que o Sr. ensinou hoje, não estaria padecendo as dificuldades que atualmente estou vivendo." Claramente, tratava-se de uma viúva ou de uma pessoa divorciada, que não tinha se preparado adequadamente para enfrentar as questões que uma fase mais avançada da vida pode apresentar. O exemplo simboliza claramente o tipo de problemas que podem advir, nos estratos maiores de renda, de uma preparação financeira inadequada para os estágios mais avançados da idade adulta.

A educação previdenciária, idealmente, deveria ser parte da grade de ensino no ensino médio. O adolescente a caminho da juventude, assim, poderia aprender no primeiro ano certos conceitos básicos e filosóficos acerca da necessidade de o indivíduo se preparar para o futuro, planejar financeiramente a sua vida e saber lidar com números, para no segundo ano ter um curso de educação financeira e no terceiro outro de educação previdenciária.

Para aqueles que estão no mercado formal com carteira de trabalho e salários de até R$ 6.000 – aproximadamente, o teto do INSS no momento em que estamos encerrando este livro – as regras de aposentadoria do regime de repartição podem se revelar suficientes para prover as condições financeiras na chegada da terceira idade. Acima desses níveis, porém, o indivíduo precisa se programar adequadamente, com décadas de antecedência. Aqui fizemos uma tentativa de explicar como funciona no Brasil esse mercado de formação de uma renda complementar, que deverá ter uma importância crescente nas próximas décadas.

Conhecemos neste livro a origem da previdência e sua relevância para os cidadãos e governos. Abordamos os problemas que afligem o regime de repartição e os riscos de não serem aprovadas reformas da previdência social de forma ampla e profunda para esta geração e, principalmente, paras as próximas. Compreendemos que a formação de reservas para o futuro é o passo que precisa ser dado por todos aqueles que almejam ter um padrão de consumo que excede o teto do INSS. "Todos", em particular, são aqueles que não contam com riqueza prévia o suficiente para lhe garantir o bem-estar no momento em que não estiver trabalhando. Não somente isso: os anos de vida a partir da aposentadoria poderão ir além do que o indivíduo tinha imaginado, acarretando desafios importantes, particularmente, no que tange aos recursos necessários para o custeio do convênio médico, algo particularmente relevante nos estágios mais avançados da vida.

No Brasil, temos os planos de previdência patrocinados e operados pelos fundos de pensão. Este tipo de previdência, tanto no país como no mundo, vem de longa data. Como exemplo, podemos citar o plano a trabalhadores específicos do serviço público britânico, criado em 1859, que se tornou modelo de aposentadoria e, ao final de 1930, já era utilizado por organizações de grande porte, tanto públicas quanto privadas.[76] No Brasil, temos a Caixa de Previdência dos Funcionários do Banco do Brasil (PREVI), criada em 1904, que acumula R$ 180 bilhões em investimentos e paga benefícios a mais de 105 mil aposentados e pensionistas todos os meses.

Conforme vimos no Capítulo 4, o sistema de previdência complementar fechada avançou e, mesmo não havendo um patrocinador, profissionais pertencentes a uma associação de classe, ou trabalhadores de determinado setor da indústria, podem se inscrever neste tipo de plano, desde que instituído por suas organizações. Desta forma, estes trabalhadores também podem contar com condições favoráveis para a formação de reserva para a aposentadoria. Na gestão dos investimentos, o fundo de pensão possui escala decorrente do volume de ativos que, no conjunto, é mais relevante que de investidores individuais em sua grande maioria. Sob essa condição, ele consegue acessar diferentes classes de ativos em que, individualmente, a pessoa não poderia investir, sem contar que ela ainda necessitaria da disponibilidade de tempo e capacitação em investimentos para identificar, analisar e avaliar as diferentes classes de ativos. A possibilidade do plano prever coberturas como morte e invalidez de forma a garantir renda, ou pensão a seu dependente, é outra vantagem da filiação a um fundo de pensão. Certamente, o conjunto dos participantes consegue melhores condições para obtenção destas coberturas, além da diluição do risco dos ativos no conjunto das aplicações.

Entendemos também que, não tendo um patrocinador ou instituidor para se inscrever num plano de benefícios de aposentadoria futura, a previdência complementar aberta é, certamente, uma opção relevante e que precisa ser avaliada. Como apresentamos no Capítulo 5, a inovação na previdência aberta e vantagens decorrentes dos benefícios fiscais têm atraído investidores de diversos perfis de risco, montante de recursos e propósitos diversos, que vão além da aposentadoria. Em detrimento da alta concentração dos recursos em poucos operadores e reduzida diferenciação dos produtos, que inclui a gestão passiva a índice de mercado, os fundos de previdência vêm crescendo fortemente na indústria de fundos

---

[76] Como observado por Sass (2006). Para os esquemas de previdência complementar e, especificamente, os fundos de pensão, ver o Capítulo 4.

de investimentos. Estudos têm lançado luz sobre aspectos de rentabilidade na previdência aberta, que podem tornar mais eficaz o regime de capitalização das reservas previdenciárias. Principalmente, para um futuro que ainda será experimentado, quando tivermos beneficiários em fase de aposentadoria de planos PGBL e VGBL.

O incentivo por melhor desempenho dos investimentos previdenciários é um desafio relevante a ser considerado, tanto na previdência aberta, como na fechada. A diversificação dos investimentos de forma efetiva para os diferentes perfis de risco, considerando o ciclo de vida do indivíduo, é um desafio relevante para melhor resultado no longo prazo. Novos entrantes no sistema de previdência, utilizando novos instrumentos, quebram barreiras ao alcançar grande público, de forma rápida e menos custosa.

No entanto, estes são desafios da previdência complementar que precisam ser compreendidos pelos indivíduos, antes mesmo de serem superados pelo sistema para então, serem avaliadas as diferentes oportunidades e os respectivos riscos à formação da reserva desejada para o futuro. Seja reserva para aposentadoria, ou mesmo, para o momento em que se deseja trabalhar menos, a previdência complementar necessita ser pensada pelo indivíduo e avaliada a forma como será alcançado o benefício que se deseja. Pensar num objetivo para um futuro distante e tomar uma decisão no presente, por si só, já significa assumir o risco de um resultado que poderá ocorrer – ou não. Na medida em que a população compreender a necessidade de formar reserva para o futuro, precisará também entender e conhecer as diferentes oportunidades para investir e tomar decisões de forma consciente. A previdência complementar, certamente, é uma das formas viáveis e de amplo acesso pelo indivíduo. Sem medo de se arrepender por tomar uma decisão em determinado momento com base em objetivos desejados para o futuro, nem de sentir culpa ao analisar antes e avaliar a melhor opção, caberá ao indivíduo identificar os diferentes riscos que enfrentará e compreender como a previdência complementar pode ser solução a cada um deles.

No momento em que estávamos completando o livro, o governo tentava aprovar uma reforma importante da Previdência Social brasileira. Qualquer que seja seu desfecho, pela intensidade com que o tema vem sendo tratado no noticiário, está cada vez mais claro para todos que tanto o país como os indivíduos precisam estar preparados para encarar melhor os desafios da longevidade. Isso significa tomar desde cedo – desde a terceira década da vida do indivíduo – medidas para que, ao chegar à altura dos 60 ou 65 anos, ele tenha condições de continuar a viver sem ter que enfrentar uma redução drástica da sua condição financeira. Esperamos que a leitura destas páginas tenha cumprido o duplo propósito de aumentar a conscientização acerca dos temas tratados e de explicar, em detalhes, qual é o ambiente institucional no qual o tema da previdência complementar se desenvolveu no Brasil e quais as suas principais características.

REFERÊNCIAS

ABRAPP SINDAPP ICSS. (2016) Código de autorregulação em governança de investimentos. São Paulo: ABRAPP SINDAPP ICSS.

Aguilera, R.V.; Jackson, G. (2003) The cross-national diversity of corporate governance: dimensions and determinants. Academy of Management Review, 28(3), 447-465. Disponível em: https://doi.org/10.5465/AMR.2003.10196772

Alchian, A.A.; Demsetz, H. (1972) Production, information costs, and economic organisation. The Amerina Economic Review, (62), 777-795.

Allgayer, S., Klages, M., Toscano, A. R., (Coords.). (2016). Pension Savings: the Real Return. Brussels: Better Finance. Recuperado de https://betterfinance.eu/wp-content/uploads/Pensions_Report_2018_-_Final_Version_-_for_Web.pdf

Amaral, T. (2013) Análise de performance de fundos de investimento em previdência. São Paulo: Universidade de São Paulo. Disponível em: https://doi.org/10.11606/D.12.2013.tde-10122013-154317

Ambachtsheer, K.P. (2016) The Future of Pension Management: Integrating Design, Governance, and Investing. New Jersey: John Wiley & Sons.

Ambachtsheer, K.; McLaughlin, J. (2015) How effective is pension fund governance today? Do pension funds invest for the long-term? Findings from a new survey. Toronto: KPA Advisory Services Ltd.

Ammann, M.; Ehmann, C. (2014) Is governance related to investment performance and asset allocation? empirical evidence from Swiss pension funds (2010), 1-46. Disponível em: http://www.asip.ch/assets/Corporate-Governance/Pension-Fund-Governance-ExecSummary-2014-03-31.pdf

ANBIMA. Conselho de Regulação e Melhores Práticas de Fundos de Investimento, Deliberação n. 77 (2016) São Paulo: Conselho de Regulação e Melhores Práticas de Fundos de Investimento (ANBIMA). Disponível em: http://www.anbima.com.br

Ando, A.; Modigliani, F. (1963) The "Life Cycle" Hypothesis of Saving: Aggregate Implications and Tests. The American Economic Review.

Ashcroft, J. (2010) Supervisão baseada em riscos: Práticas internacionais e tendências para o modelo brasileiro. Recife, PE. Disponível em: http://www.previdencia.gov.br/arquivos/office/4_101201-142645-333.pdf

Babilis, S.; Fitzgerald, V. (2005) Risk Appetite, Home Bias and the Unstable Demand for Emerging Market Assets. International Review of Applied Economics, 19(4), 459-476. Disponível em: https://doi.org/10.1080/02692170500213335

Baima, F.R. (1998) Análise de desempenho dos investimentos dos fundos de pensão no Brasil. Universidade Federal de Santa Catarina. Disponível em: https://doi.org/10.1017/S1474747204001556

Baiman, S.; Lewis, B.L. (1989) An Experiment Testing the Behavioral Equivalence of Strategically Equivalent Employment Contracts. Journal of Accounting Research, 27(1), 1-120. Disponível em: https://doi.org/10.2307/2491204

Barr, N. (2006) Pensions: overview of the issues. Oxford Review of Economic Policy, 22(1), 1-14.

Barr, N.; Diamond. (2006) The Economics of Pensions. Oxford Review of Economic Policy, 22(1), 15-39. Disponível em: https://doi.org/10.1093/oxrep/grj002

Ben-Ner, A.; Van Hoomissen, T. (2006) The governance of nonprofit organizations: Law and public policy. Nonprofit Management and Leadership, 4(4), 393-414.

Berle, A.A.; Means, G.C. (1932) The Modern Corporation and Private Property. Macmillan Publishing Company, vol. 21. Disponível em: https://doi.org/10.2307/3475545

Besley, T.; Prat, A. (2003) Pension Fund Governance and the Choice between Defined Benefit and Defined Contribution Plans. Discussion Paper Series – Centre for Economic Policy Research London, ALL.

Blake, D. (2006) Pension fund performance measuring and attribution. In: Pension Finance, p. 293-334. Chichester. England: John Wiley & Sons.

Brown, G.; Draper, P.; McKenzie, E. (1997) Consistency of UK pension fund performance. Journal of Business Finance e Accounting, 24(2), 155-178.

Bushee, B.J. (2001) Do Institutional Investors Prefer Near-Term Earnings over Long-Run Value? Contemporary Accounting Research, 18(2), 207-246. Disponível em: https://doi.org/10.1506/J4GU-BHWH-8HME-LE0X

Calazans, F.F.; Souza, M.V.; Hirano, K.D.; Caldeira, R.M.; Silva, M.L.P.; Rocha, P.E.T.; Caetano, M.A.R. (2013) A importância da unidade gestora nos regimes próprios de previdência social: análise da situação dos estados e do Distrito Federal. Revista de Administração Pública, 47(2), 275-304. Disponível em: https://doi.org/10.1590/s0034-76122013000200001

Câmara dos Deputados. (2016) Relatório da CPI dos fundos de pensão. Brasília, DF.

Campani, C.H.; Brito, L.M. (2018) Private pension funds: passivity at active fund prices. Revista Contabilidade e Finanças, 29(76), 148-163. Disponível em: https://doi.org/10.1590/1808-057x201804270

Campani, C.H.; Costa, T.R.D. (2018) Pensando na Aposentadoria: PGBL, VGBL ou Autoprevidência? Revista Brasileira de Risco e Seguro, 14(24), 19-46. Disponível em: http://www.rbrs.com.br/arquivos/rbrs_24_2.pdf

Capon, A. (2001) Bringing home the bacon. Institutional Investor, International (26), 49-54.

Cardoso, A. C. (2006). Análise de persistência de performance nos fundos de previdência complementar entre 2001 e 2004. Dissertação de Mestrado Profissionalizante. Faculdades Ibmec, Rio de Janeiro. Disponível em: http://www.livrosgratis.com.br

Çelik, S.; Isaksson, M. (2013) Institutional Investors as Owners: Who Are They and What Do They Do? OECD Corporate Governance Working Papers (11).

Chan, C.; Isobe, T.; Makino, S. (2008) Which Country Matters? Institutional Development and Foreign Affiliate Performance. Strategic Management Journal (29), 1179-1205.

Cintra, M. (2010) Movimentação financeira: a base de uma contribuição para o INSS em substituição à folha de pagamentos, 44(6), 1477-1506.

Circular SUSEP nº 563 de 24 de dezembro 2017. Altera e consolida regras e critérios complementares de funcionamento e de operação da cobertura por sobrevivência oferecida em planos de previdência complementar aberta e dá outras providências. Rio de Janeiro: Superintendência Nacional de Seguros Privados (SUSEP).

____ nº 564 de dezembro de 2017. Altera e consolida regras e critérios complementares de funcionamento e de operação da cobertura por sobrevivência oferecida em planos de seguro de pessoas. Rio de Janeiro: Superintendência Nacional de Seguros Privados (SUSEP).

Clark, G.L. (2004) Pension fund governance: expertise and organizational form. Journal of Pension Economics and Finance, 3(2), 233-253. Disponível em: https://doi.org/10.1017/S1474747204001556

Clark, G.L.; Urwin, R. (2008a) Best-practice pension fund governance. Journal of Asset Management, 9, 2-21. Disponível em: https://doi.org/10.1057/jam.2008.1

_____ (2008b) Making pension boards Work: The critical role of leadership. Rotman International Journal of Pension Management, 1(1), 9.

Clarke, T. (2004) Theories of corporate governance. New York: Routledge.

Coase, R.H. (1937) The nature of the firm. Economica, 4(16), 386-405. Disponível em: https://doi.org/10.2307/2626876

Coimbra, L.W.P.; Toyoshima, S.H. (2009) Uma análise do setor de previdência complementar brasileiro. Revista de Economia Contemporânea, 13(3), 439-466. Disponível em: https://doi.org/10.1590/S1415-98482009 000300003

Committee on the Global Financial System. (2003) Incentive structures in institutional asset management and their implications for financial markets. Bank for International Settlements. Basel, Switzerland.

Costa, T.R.D. (2015) Estudos comparativos entre planos conservadores de previdência privada aberta e investimentos tradicionais em fundos tradicionais de renda fixa. Universidade Federal do Rio de Janeiro.

Davis, E.P. (2005) The role of pension funds as institutional investors in emerging markets, n. 39. Seoul. Disponível em: http://www.brunel.ac.uk/about/acad/sssl/ssslresearch/efwps#Year2005

Davis, E.P.; Hu, Y.-W. (2005) Is there a link between pension-fund assets and economic growth? – A cross-country study. In CCISSR Forum 2004, p. 32. Beijing. Disponível em: http://www.brunel.ac.uk/about/acad/sssl/ssslresearch/efwps#%232004

Del Guercio, D. (1996) The distorting effect of the prudent--man laws on institutional equity investments. Journal of Financial Economics, 40(1), 31-62. Disponível em: https://doi.org/10.1016/0304-405X(95)00841-2

Derrien, F.; Kecskés, A.; Thesmar, D. (2014) Investor Horizons and Corporate Policies. Journal of Financial and Quantitative Analysis, 48(06), 1755-1780. Disponível em: https://doi.org/10.1017/S0022109013000628

Dias, L.P. (2005) Governance of brazilian pension funds. Stanford University. Disponível em: http://law.stanford.edu/wp-content/uploads/2015/03/DiasLuciana2005.pdf

Disyatat, P.; Borio, C. (2011) Global Imbalances and the Financial Crisis: Link or No Link? BIS Working Papers (346), 1-43. Disponível em: https://doi.org/10.1093/oxrep/grq012

Djankov, S.; Murrell, P. (2002) Enterprise Restructuring in Transition: A Quantitative Survey. Journal of Economic Literature, 40(3), 739-792. Disponível em: https://doi.org/10.1257/002205102760273788

Emenda Constitucional n. 20 de 16 de dezembro de 1998. Estabeleceu limites para as aposentadorias integrais. Brasília, DF: Presidência da República. Casa Civil.

_____ nº 41 de dezembro de 2003. Suprimiu o direito à paridade dos novos ingressos no serviço público e permitiu implantação do regime de previdência complementar conforme Emenda Constitucional nº 20/98. Brasília, DF: Presidência da República. Casa Civil.

_____ nº 47 de 5 de julho de 2005. Altera os arts. 37, 40, 195 e 201 da Constituição Federal, para dispor sobre a previdência social, e dá outras providências. Brasília, DF: Presidência da República. Casa Civil.

_____ nº 95 de 15 de dezembro de 2016. Dispõe sobre o Novo Regime Fiscal dos Orçamentos Fiscal e da Seguridade Social por 20 exercícios financeiros. Brasília, DF: Presidência da República. Casa Civil.

Engelen, E. (2006) Changing work patterns and the reorganization of occupational pensions. In Pension Fund and Retirement Income, p. 99-116. Oxford: Oxford University Press.

Esping-Andersen, G. (1990). Three worlds of welfare state capitalism. The Welfare State Reader. Princeton, New Jersey: Princeton University Press.

Esping-Andersen, G. (1995). O futuro do welfare state na nova ordem mundial. Lua Nova: Revista de Cultura e Política, (35), 73–111. https://doi.org/10.1590/S0102-64451995000100004

Esping-Andersen, G. (1996). After the Golden Age: The future of the welfare state in the new world order. Desarrollo Economico-Revista De Ciencias Sociales, 36(142), 523–554. https://doi.org/Doi 10.2307/3467359

Fama, E.F.; Jensen, M.C. (1983) Separation of Ownership and Control. The Journal of Law and Economics, 26(2), 301-325. Disponível em: https://doi.org/10.1086/467037

Feldstein, M. (1974) Social Security, Induced Retirement, and Aggregate Capital Accumulation. Journal of Political Economy. Disponível em: https://doi.org/10.1086/ 260246

Ferreira, A.N. (2015) Os Fundos de Investimento no Brasil de 2008 a 2013: institucionalidade e interfaces com a política econômica. Brasília, DF.

Flora, P. (1985) On the history and current problems of the welfare state. In: Aizenshtadt, S.N.; Eisenstadt, S.N.; Ahimeir, O. (eds.) The welfare state and its aftermath, p. 11-30. Totowa, New Jersey: Barnes & Noble Books.

Freeman, R.E. (2004) A Stakeholder Theory of the Modern Corporation. In: Beauchamp T.L.; Bowie, N.E. (eds.) Ethical Theory and Business, 7a., p. 55-64. Upper Saddle River: Pearson/Prenticer-Hall. Disponível em: https://doi.org/10.3138/9781442673496-009

Friedman, B. M. (1978). Crowding out or crowding in? economic consequences of financing government deficits. Brookings Paps. Econ. Activity. https://doi.org/10.1177/1091142105284214

Galer, R. (2002) "Prudent person rule" standard for the investment of pension fund assets. Financial Market Trends, vol. 83. Paris: OECD. Disponível em: http://www.oecd.org/finance/private-pensions/2488700.pdf

Giambiagi, F.; Ana Além (2016) Finanças públicas: teoria e prática no Brasil. 5ª ed. revisada. Rio de Janeiro: Elsevier.

Giambiagi, F.; Pinto, F.; Rothmuller, L. (2019) Reforma previdenciária em 2019: elementos para uma tomada de decisão, n. 127. Textos para discussão. Disponível em: https://doi.org/10.1080/00131910500149051

Giannetti, M.; Laeven, L. (2008) Pension Reform, Ownership Structure, and Corporate Governance: Evidence from a Natural Experiment. Review of Financial Studies, 22(10), 4091-4127. Disponível em: https://doi.org/10.1093/rfs/hhn091

Glaeser, E.L. (2002) The Governance of Not-For-Profit Firms. National Bureau of Economic Research Working Paper Series, n. 8921. Disponível em: http://papers.ssrn.com/sol3/papers.cfm?abstract_id=313203

Goldsmith, R.W. (2006) Brasil 1850-1984: Desenvolvimento financeiro sob um século de inflação. São Paulo: B.B. do Brasil.

Gomez-Ibanez, J. (2007) Alternatives to infrastructure privatization revisited: public enterprise reform from the 1960s to the 1980s. Policy Research Working Paper, (November), 58. Disponível em: http://papers.ssrn.com/sol3/papers.cfm?abstract_id=1029851

Gomez-Mejia, L.R.; Larraza-Kintana, M.; Makri, M. (2003). The determinants of executive compensation in family-controlled public corporations. In: Academy of

Management Journal, vol. 46, p. 226-237. Disponível em: https://doi.org/10.2307/30040616

Gompers, P.A.; Metrick, A. (2001) institutional investor and equity prices. The Quarterly Journal of Economics, 116(1), 229-259.

Gruber, J.; Wise, D.A. (2002) Social Security Programs and Retirement Around the World: Micro Estimation. NBER Working Paper Series. Disponível em: https://doi.org/10.1017/ S1474747208003934

Hansen, L.P. (1982) Large Sample Properties of Generalized Method of Moments Estimators. Econometrica, 50(4), 1029-1054. Disponível em: https://doi.org/10.2307/1912775

Harari, Y.N. (2018) 21 lições para o século 21. Tradução Paulo Geiger. São Paulo: Companhia das letras.

Hart, O.; Holmström, B. (1987) The theory of contracts. In Advances in Economic Theory, p. 71-156. Disponível em: https://doi.org/10.1017/CBO9781107415324.004

Hondroyiannis, G. (2010) Fertility Determinants and Economic Uncertainty: An Assessment Using European Panel Data. Journal of Family and Economic Issues, (31), 33-50. Disponível em: https://doi.org/10.1007/s10834-009-9178-3

Hoskisson, R.E.; Hitt, M.A.; Johnson, R.A.; Grossman, W. (2002) Conflicting voices: The effects of institutional ownership heterogeneity and internal governance on corporate innovation strategies. Academy of Management Journal, 45(4), 697-716. Disponível em: https://doi.org/10.2307/3069305

Instrução CVM nº 459 de 7 de setembro de 2007. Dispõe sobre a constituição, a administração, o funcionamento e a divulgação de informações dos fundos de investimento vinculados exclusivamente a planos de previdência complementar ou a seguros de vida com cláusula de cobertura por sobrevivência. Rio de Janeiro: Comissão de Valores Mobiliários (CVM).

_____ nº 539 de 13 de novembro de 2013. Dispõe sobre o dever de verificação da adequação dos produtos, serviços e operações ao perfil do cliente. Rio: Comissão de Valores Mobiliários (CVM). Disponível em: http://www.cvm.gov.br.

_____ nº 554 de 17 de dezembro de 2014. Dispõe sobre os investidores qualificados e os profissionais, dentre outras, p. 1-16). Rio de Janeiro: Comissão de Valores Mobiliários (CVM).

_____ nº 555 de 7 de dezembro de 2016. Dispõe sobre a constituição, a administração, o funcionamento e a divulgação de informações dos fundos de investimento. Rio de Janeiro: Comissão de Valores Mobiliários (CVM).

_____ nº 558 de 26 de março de 2015. Dispõe sobre o exercício profissional de administração de carteiras de valores mobiliários e revoga a Instrução CVM 306. Rio de Janeiro: Comissão de Valores Mobiliários (CVM).

_____ nº 578 de 30 de agosto de 2016. Dispõe sobre a constituição, o funcionamento e a administração dos Fundos de Investimento em Participações, p. 1-31. Rio de Janeiro: Comissão de Valores Mobiliários (CVM).

Instrução Normativa RFB nº 1332 de 14 de fevereiro de 2013. (2013). Estabelece normas relativas à Contribuição para o Plano de Seguridade Social do Servidor (CPSS), de que trata a Lei nº 10.887, de 18 de junho de 2004. Brasília, DF: Receita Federal. Disponível em: http://normas.receita.fazenda.gov.br/sijut2consulta/link.action?idAto=39483&visao=compilado

Instrução PREVIC nº 05 de 29 de maio de 2017. Dispõe sobre o enquadramento das entidades fechadas de previdência complementar como Entidades Sistemicamente Importantes (ESI) e dá outras providências. Brasília, DF: Diário Oficial da União.

_____ nº 06 de 14 de novembro de 2018. Dispõe sobre a operacionalização de procedimentos previstos na Resolução CMN das diretrizes de aplicação dos recursos pelas EFPC. Brasília, DF: Diário Oficial da União.

_____ nº 20 de 20 de março de 2015. Classifica as entidades fechadas de previdência complementar (EFPC) em perfis, para fins de supervisão no âmbito da PREVIC. Revogado pela Instrução PREVIC 9/2017. Brasília, DF: Diário Oficial da União. Disponível em: https://doi.org/10.1017/CBO 9781107415324.004

_____ nº 28 de 28 de maio de 2016. Estabelece procedimentos para certificação, habilitação e qualificação, que trata a Resolução CNPC nº 19, de 30 de março de (2016). Brasília, DF: Diário Oficial da União.

_____ nº 29 de 6 de junho de 2016. Dispõe sobre a instituição e o funcionamento de planos de benefícios setoriais. Brasília, DF: Diário Oficial da União.

_____ nº 7 de 14 de novembro de 2018. Dispõe sobre as regras para contratação de seguros para cobertura de riscos pelas entidades fechadas de previdência complementar. Brasília, DF: Diário Oficial da União.

_____ nº 19 de 4 de fevereiro de 2015. Dispõe sobre os critérios para definição da duração do passivo e da taxa de juros parâmetro de que trata a Resolução nº 18 de 28 de março de 2006. Brasília, DF: Diário Oficial da União.

Jackowicz, K.; Kowalewski, O. (2012) Crisis, internal governance mechanisms and pension fund performance: Evidence from Poland. Emerging Markets Review, 13(4), 493-515. Disponível em: https://doi.org/10.1017/S1474747204001556

Jensen, M.C.; Meckling, W.H. (1976) Theory of the Firm: Managerial Behavior, Agency Costs and Ownership Structure. Journal of Financial Economics, 3(4), 305-360. Disponível em: https://doi.org/http://dx.doi.org/10.1016/0304-405X(76)90026-X

Johnson, R. A.; Schnatterly, K., Johnson, S. G., e Chiu, S.-C. (2010). Institutional Investors and Institutional Environment: A Comparative Analysis and Review. Journal of Management Studies, 47(8), 1590–1613. https://doi.org/10.1111/j.1467-6486.2010.00930.x

Kahnemann, D. (2013) Thinking, fast and slow. New York: Farrar Straus Giroux.

Kahnemann, D.; Tversky, A. (1979) Prospect Theory: An Analysis of Decision Under Risk. The Econometric Society, 47(2), 263-291.

Khanna, T.; Palepu, K. (1997) Why focused strategies may be wrong for emerging markets. Harvard Business Review, 75(4), 41-51. Disponível em: https://doi.org/10.1002/tie.20059

_____ (2000). The future of business groups in emerging markets: Long-run evidence from Chile. Academy of Management Journal, 43(3), 268-285. Disponível em: https://doi.org/10.2307/1556395

Kohli, M.; Arza, C. (2011) The political economy of pension reform in europe. Handbook of Aging and the Social Sciences, December 2011, 251-264. Disponível em: https://doi.org/10.1016/B978-0-12-380880-6.00018-6

La Porta, R.; Lopez-de-Silanes, F.; Shleifer, A.; Vishny, R.W. (1998) Law and finance. Journal of Political Economy, 106(6), 11131-11155. Disponível em: https://doi.org/10.1086/250042

Laeven, L. (2013) Corporate governance: What's special about banks? Annual Review of Financial Economics, 5, 63-92. Disponível em: https://doi.org/10.1146/annurev-financial-021113-074421

Lakonishok, J.; Shleifer, A.; Vishny, R.W. (1992) The Structure and Performance of the Money Management Industry. In: Baily, M.N.; Winston, C. (eds.) Brookings Papers on Economic Activity, p. 339-91. Washington, DC: The Brookings Institution.

Lane, P.R. (2013) Financial Globalisation and the Crisis. Open Economies Review, 24(3), 555-580. Disponível em: https://doi.org/10.1007/s11079-012-9266-0

Lazzarini, S.G. (2011) Capitalismo de laços: Os donos do Brasil e suas conexões. Rio de Janeiro: Elsevier.

Lei Complementar nº 108 de 29 de maio de 2001. Dispõe sobre a relação entre a União, os Estados, o Distrito Federal e os Municípios, suas autarquias, fundações, sociedades de economia mista e outras entidades públicas e suas respectivas entidades fechadas de previdência complementar. Brasília, DF: Presidência da República. Casa Civil. Disponível em: http://www.planalto.gov.br/ccivil_03/leis/LCP/Lcp108.htm

_____nº 109 de 29 de maio de 2001. Dispõe sobre o Regime de Previdência Complementar e dá outras providências. Brasília, DF: Presidência da República. Casa Civil. Disponível em: http://www.planalto.gov.br/ccivil_03/leis/LCP/Lcp109.htm

_____nº 142 de 8 de maio de 2013. Regulamenta o § 1º do art. 201 da Constituição Federal, no tocante à aposentadoria da pessoa com deficiência segurada do Regime Geral de Previdência Social – RGPS. Brasília, DF: Presidência da República. Casa Civil.

Lei nº 6.435 de 15 de julho de 1977. Dispõe sobre as entidades fechadas de previdência complementar. Revogada pela Lei Complementar nº 109, de 29/05/2001. (1977). Brasília, DF: Presidência da República. Casa Civil.

Lei nº 6.880 de 9 de dezembro de 1980. Dispõe sobre o Estatuto dos Militares. (1980). Brasília, DF.: Presidência da República. Casa Civil. Recuperado de http://www.planalto.gov.br/ccivil_03/leis/l9394.htm

Lei nº 8.112 de 11 de dezembro 1990. Dispõe sobre o regime jurídico dos servidores públicos civis da União, das autarquias e das fundações públicas federais. (1990). Brasília, DF, Pre: Presidência da República. Casa Civil. Recuperado de http://www.planalto.gov.br/ccivil_03/leis/l8112cons.htm

Lei nº 9.876 de 26 de novembro de 1999. Dispõe sobre a contribuição previdenciária do contribuinte individual, o cálculo do benefício, altera dispositivos das Leis nºˢ 8.212 e 8.213, ambas de 24 de julho de 1991, e dá outras providências. (1999). Brasília, DF: Presidência da República. Casa Civil.

Lei nº 10.887 de 18 de junho de 2004. Dispõe sobre a aplicação de disposições da Emenda Constitucional nº 41, de 19 de dezembro de 2003, altera dispositivos das Leis nºˢ 9.717, de 27 de novembro de 1998, 8.213, de 24 de julho de 1991, 9.532, de 10 de dezembro de 1997, e (2004). Brasília, DF: Presidência da República. Casa Civil.

Lei nº 11.053 de 29 de dezembro de 2004. Dispõe sobre a tributação dos planos de benefícios de caráter previdenciário e dá outras providências. (2004). Brasília, DF, Brasil: Presidência da República. Casa Civil. Recuperado de http://www.planalto.gov.br/ccivil_03/_Ato2004-2006/2004/Lei/L11053.htm

Lei nº 12.618 de 30 de abril de 2012. Institui o regime de previdência complementar para os servidores públicos federais titulares de cargo efetivo, e autoriza a criação da Fundação Previdência Complementar do Servidor Público Federal do Poder Executivo (Funpresp-Exe), Fundação de Previdência. (Câmara dos Deputados, Ed.) (2012). Brasília, DF.

Lei nº 13.800 de 14 de janeiro de 2019. Autoriza a administração pública a firmar instrumentos de parceria e termos de execução de programas, projetos e demais finalidades de interesse público com organizações gestoras de fundos patrimoniais; altera as Leis nºˢ 9.249 e 9.250, de 26 de dezembro (2019). Brasília, DF: Presidência da República. Casa Civil.

Lima, A.C. (2006) Desempenho dos fundos de investimento do tipo previdência privada e sua sensibilidade à variação da taxa de juros. Revista de Administração Mackenzie, 7(2), 61-77.

Lumpkin, S.A. (2003) Governance of and by Institutional Investors The need for good corporate governance. Tokyo: OECD Publishing.

Lundberg, E.L. (2014) Bancos Oficiais e Crédito Direcionado – o que diferencia o mercado de crédito brasileiro? Igarss 2014, (1), 1-5. Disponível em: https://doi.org/10.1007/s13398-014-0173-7.2

Machado Filho, C.A.P.; Mendonça, L.; Fischmann, A.; Guerra, S. (2006) The Mechanisms of Governance in Nonprofit Organizations. Corporate Ownership and Control, 4(2), 83-87.

Markowitz, H.M. (1952) Portfolio selection. The Journal of Finance, 7, 77-91. Disponível em: https://doi.org/10.1111/j.1540-6261.1952.tb01525.x

Mello, M. (2003) A face oculta da reforma previdenciária. Brasília, DF: Letrativa.

Mendonça, A. C. L. (2017). Fundos de previdência versus fundos de investimento: Uma análise comparativa de estilo e de desempenho. Trabalho de TCC. Faculdade Ibmec/BH. Recuperado de https://even3.blob.core.windows.net/anais/84011.pdf

Mesa-lago, C. (2005) Assessing the World Bank report: Keeping the promise. International Social Security Review, 58(2-3), 97-117.

Metraux, A.; Alexander, S. (1961) The Inca Empire: Despotism or Socialism. Diogenes, 9(35), 78-98. Disponível em: https://doi.org/10.1177/039219216100903505

Modigliani, F., e Modigliani, L. (1997). Risk-Adjusted Performance. The Journal of Portfolio Management. https://doi.org/10.3905/jpm.23.2.45

Momtaz, P.P. (2018) Initial Coin Offerings. Disponível em: www.hhfrc.de

Monks, R.A.G.; Minow, N. (1991) Power and accountability. Dunmore: Harper Business.

Monteiro, G.F.A.; Zylbersztajn, D. (2012) A property rights approach to strategy. Strategic Organization, 10(4), 366-383. Disponível em: https://doi.org/10.1177/1476127012457982

Mulligan, C. (2000) Induced Retirement, Social Security, and the Pyramid Mirage. NBER Working Paper Series. Cambridge, MA. Disponível em: https://doi.org/10.3386/w7679

Muralidhar, A. (2019) Fifty States of Gray. An Innovative Solution to the Defined Contribution Retirement Crisis. (D. Nochlin, Ed.). Colorado, EUA: Investment e Wealth Institute.

Musacchio, A.; Lazzarini, S.G. (2015) Reinventando o capitalismo de estado. O Leviatã nos negócios: Brasil e outros países. São Paulo: Editora Schwarcz.

Nakahodo, S.N.; Savoia, J.R. (2008) A reforma da previdência no Brasil: estudo comparativo dos governos Fernando Henrique Cardoso e Lula. Revista Brasileira de Ciências Sociais. Disponível em: https://doi.org/10.1590/S0102-69092008000100003

Nese, A.A.S. (2017) Governança, características das organizações e retorno dos investimentos: Evidências em fundos de pensão no Brasil. Tese de Doutorado. FEA USP. Disponível em: http://www.teses.usp.br/teses/disponiveis/12/12139/tde-13062017-162106/pt-br.php

North, D.C. (1990) Institutions, institutional change, and economic performance. Economic Perspective, 5(1), 97-112.

O'Neill, M.; Fletcher, K. (1998) Nonprofit management education: U.S. and world perspectives. Westport: Praeger.

Okhmatovskiy, I. (2010) Performance implications of ties to the government and SOEs: A political embeddedness perspective. Journal of Management Studies, 47(6), 1020-1047. Disponível em: https://doi.org/10.1111/j.1467-6486.2009.00881.x

Oliveira, Francisco E. B. de. (1992). Proposta de um referencial básico para a discussão da seguridade social (Instituto de Pesquisa Econômica Aplicada – IPEA. Textos para discussão n. 251). Rio de Janeiro.

Oliveira, Francisco E. B. de, Beltrão, K. I. (1989). Efeitos da Nova Constituição e das Propostas de Nova Legislação na Seguridade Social (Instituto de Pesquisas do

IPEA. Textos para Discussão Interna, n. 171). Rio de Janeiro

Organização para a Cooperação e Desenvolvimento Econômico. (2005) Ageing and pension system reform: implications for financial markets and economic policies. Paris: OECD: IMF.

_____. (2006) Pension-system Typology. In: OECD Pensions at a Glance 2005 (p. 13). OECD Publishing.

_____. (2009) OECD guidelines for pension fund governance. Paris: OCDE. Disponível em: www.oecd.org/daf/pensions/pensionmarkets

_____. (2015) Pension Markets in Focus. Paris: OCDE. Disponível em: www.oecd.org/daf/pensions/pensionmarkets

_____. (2017) Pensions at a Glance 2017: OECD and G20 Indicators. Paris: OECD. Disponível em: www.oecd.org/daf/pensions/pensionmarkets

_____. (2018) General government spending (indicator). Paris: OECD.

_____. (2018). Pension Markets in Focus. Paris. Disponível em: www.oecd.org/daf/pensions/pensionmarkets.

Orientação Normativa nº 2 de 31 de março de 2009. Normatiza os Regimes Próprios de Previdência Social. (2006). Brasília, DF.: Diário Oficial da União.

Partnoy, F. (2014) Financial Systems, Crises, and Regulation. Oxford Handbook of Financial Regulation (14). Disponível em: https://doi.org/10.1093/oxfordhb/9780199687206.013.5

Pedersen, T.; Thomsen, S. (1997) European patterns of corporate ownership: a twelve-country study. Journal of International Business Studies, 28(4), 759-778. Disponível em: https://doi.org/10.1057/palgrave.jibs.8490118

Peng, M.W. (2003) Institutions Transitions. Academy of Management Journal, 28(2), 275-296.

Perotti, E.C.; von Thadden, E.-L. (2006) The Political Economy of Corporate Control and Labor Rents. Journal of Political Economy, 114(1), 145-175. Disponível em: https://doi.org/10.1086/500278

Pierson, P. (1996) The new politics of the welfare state. Word Politics, 48(2), 143-179.

Piketty, T. (2014) Capital in Twenty-First Century. London: The Belknap Press of Harvard University Press.

Pimentel, S. (2018, May 25). Herdeiros conseguem na Justiça incluir VGBL em partilha de bens. Valor Econômico. Disponível em: https://www.valor.com.br/legislacao/5548417/herdeiros-conseguem-na-justica-incluir-vgbl-em-partilha-de-bens

Pinheiro, R.P. (2007) A demografia dos fundos de pensão, vol. 24. Brasília, DF.

Portaria do MF nº 464 de 19 de novembro de 2018. Dispõe sobre as normas aplicáveis as avaliações atuariais dos regimes próprios de previdência social - RPPS dos entes federativos e estabelece parâmetros para equacionamento de déficit e revoga a Portaria do MPS nº 403 (2018). Brasília, DF: Ministério da Fazenda. Gabinete do Ministro.

Pound, J. (1992) Beyond Takeover: Politics Comes to Corporate Control. Harvard Business Review, 18, 1-25.

Professional Risk Management International Association. (2009). PRMIA Principles of good governance. Recuperado de https://www.prmia.org/404.aspx?aspxerrorpath=%2FPRMIA%2F404.aspx

Proposta de Emenda à Constituição nº 6 de 20 de fevereiro 2019. Modifica o sistema de previdência social, estabelece regras de transição e disposições transitórias, e dá outras providências. Brasília, DF: Poder Executivo.

Resolução CGPAR nº 9 de 10 de maio de 2016. Dispõe sobre as atribuições de órgão de supervisão, coordenação e controle das empresas estatais federais patrocinadoras de EFPC. Brasília, DF, Diário Oficial da União: Ministério de Estado do Planejamento, Orçamento e Gestão – Gabinete do Ministro.

Resolução CGPC nº 13 de 1º de setembro 2004. Estabelece princípios, regras e práticas de governança, gestão e controles internos a serem observados pelas Entidades Fechadas de Previdência Complementar – EFPC. Brasília. DF: Conselho Geral de Previdência Complementar (CGPC). Diário Oficial da União.

_____ nº 16 de 22 de novembro de 2005. Normatiza os planos de benefícios de caráter previdenciário nas modalidades de benefício definido, contribuição definida e contribuição variável. Brasília, DF: Diário Oficial da União. Disponível em: http://sislex.previdencia.gov.br/paginas/72/MPS-CGPC/2005/16.htm

Resolução CMN nº 3.922 de 25 de novembro de 2010. Dispõe sobre as aplicações dos RPPS instituídos pela União, Estados, Distrito Federal e Municípios (2010). Conselho Monetário Nacional. Banco Central do Brasil. https://doi.org/10.1590/s1809-98232013000400007

Resolução CMN nº 4.444 de 13 de novembro de 2015. Dispõe sobre as normas que disciplinam a aplicação dos recursos das reservas técnicas, das provisões e dos fundos das sociedades seguradoras, entidades abertas de previdência complementar e outras. Brasília, DF: Conselho Monetário Nacional. Banco Central do Brasil.

_____ nº 4.656 de 26 de abril de 2018. Dispõe sobre a sociedade de crédito direto e a sociedade de empréstimo entre pessoas, disciplina a realização de operações de empréstimo e de financiamento entre pessoas por meio de plataforma eletrônica e dá outras providências. Brasília, DF: Diário Oficial da União.

_____ nº 4.657 de 26 de abril 2018. Altera a Resolução nº 4.606, de 19 de outubro de 2017 sobre Dispõe sobre a metodologia facultativa simplificada para apuração do requerimento mínimo de Patrimônio de Referência Simplificado (PRS5), os requisitos para opção por essa metodologia. Brasília, DF: Diário Oficial da União.

_____ nº 4.658 de 26 de abril de 2018. Dispõe sobre a política de segurança cibernética e sobre os requisitos para a contratação de serviços de processamento e armazenamento de dados e de computação em nuvem a serem observados pelas instituições financeiras e demais instituições. Brasília, DF: Diário da República, I série, nº 27.

_____ nº 4.661 de 25 de maio de 2018. Dispõe sobre as diretrizes de aplicação dos recursos garantidores dos planos administrados pelas entidades fechadas de previdência complementar. Brasília, DF: Conselho Monetário Nacional. Banco Central do Brasil.

Resolução CNPC nº 30 de 10 de outubro 2018. Dispõe sobre as condições e os procedimentos a serem observados pelas entidades fechadas de previdência complementar na apuração do resultado, na destinação e utilização de superávit e no equacionamento de déficit dos planos de benefícios. Brasília, DF: Diário Oficial da União.

_____ nº 19 de 30 de março de 2015. Dispõe sobre os processos de certificação, habilitação e qualificação no âmbito das entidades fechadas de previdência complementar. Alterada pela Resolução CNPC nº 21, de 18 de junho de 2015. Brasília, DF: Resolução do Conselho Nacional de Previdência Complementar (CNPC). Diário Oficial da União.

_____ nº 27 de 06 de dezembro de 2017. Dispõe sobre a prestação de serviços de auditoria independente para as entidades fechadas de previdência complementar e dá outras providências. Brasília, DF: Conselho Nacional de Previdência Complementar. Diário Oficial da União.

Resolução CNSP nº 348 de 25 de setembro de 2017. Altera e consolida as regras de funcionamento e os critérios para operação da cobertura por sobrevivência oferecida em plano de seguro de pessoas e dá outras providências.

Rio de Janeiro, RJ: Ministério da Fazenda. Conselho Nacional de Seguros Privados (CNSP).

____ nº 349 de 25 de setembro de 2017. Altera e consolida as regras de funcionamento e os critérios para operação da cobertura por sobrevivência oferecida em plano de previdência complementar aberta. Rio de Janeiro: Ministério da Fazenda. Conselho Nacional de Seguros Privados (CNSP).

____ nº 345 de 2 de maio de 2017. Dispõe sobre as coberturas passíveis de serem oferecidas a entidades fechadas de previdência complementar por sociedades seguradoras autorizadas a operar em seguro de pessoas e sobre os correspondentes planos de seguro ou de pecúlio. Rio de Janeiro: Ministério da Previdência Social. Superintendência Nacional de Previdência Complementar (CNSP).

Roe, M.J. (2006) Legal origins, politics, and modern stock markets. Harvard Law Review. Disponível em: https://doi.org/10.2307/40042609

Rutterford, J.; Upton, M.; Kodwani, D. (eds.) (2006) Financial strategy. New Jersey: John Wiley & Sons.

Ryan, L.V.; Schneider, M. (2002) The antecedents of institutional investor activism. Academy of Management Review. Disponível em: https://doi.org/10.5465/AMR.2002.7566068

Sass, S. (2006) The Development of Employer Retirement Income Plans: from the Nineteenth Century to 1980. The Oxford Handbook of Pensions and Retirement Income. Oxford University Press. Disponível em: https://doi.org/10.1093/oxfordhb/9780199272464.003.0005

Sharpe, W.F. (1964) Capital asset prices: A theory of market equilibrium under conditions of risk. The Journal of Finance, 19(3), 425-442. Disponível em: https://doi.org/10.1111/j.1540-6261.1964.tb02865.x

Shiller, R.J. (2013) Speculative Asset Prices. Prize Lecture, 06511, 459-501.

Shleifer, A.; Vishny, R.W. (1997) A Survey of Corporate Governance. The Journal of Finance, 52(2), 737-783. Disponível em: https://doi.org/10.1111/j.1540-6261.1997.tb04820.x

Silva, A.S. (2017) Mensuração das Obrigações Previdenciárias nas Contas da União: Uma Análise Atuarial das Pensões Militares das Forças Armadas. Universidade de São Paulo.

Silva, D.G.P. (2003) Regime de Previdência Social dos Servidores Públicos no Brasil: perspectivas. Tese para Especialista Master Organização Iberoamericana de Seguridade Social.

Silva, D.G.P. (2012) Da natureza jurídica e das características essenciais das entidades fechadas de previdência complementar. Retrieved February 21, 2019. Disponível em: http://www.conteudojuridico.com.br/artigo,da-natureza-juridica-e-das-caracteristicas-essenciais-das-entidades-fechadas-de-previdencia-complementar,41214.html

Silva, F.L. (2010) Impacto do risco de longevidade em planos de previdência complementar. Disponível em: http://www.teses.usp.br/teses/disponiveis/12/12136/tde-29112010-182036/publico/TeseFabianaLopes.pdf

Simon, H.A. (1955) A Behavioral Model of Rational Choice. Source: The Quarterly Journal of Economics, vol. 69. Disponível em: https://about.jstor.org/terms

Singh, D.; Tripathi, G.; Jara, A.J. (2014) A survey of Internet-of-Things: Future vision, architecture, challenges and services. 2014 IEEE World Forum on Internet of Things, WF-IoT 2014, (March), 287-292. Disponível em: https://doi.org/10.1109/WF-IoT.2014.6803174

Stewart, F.; Yermo, J. (2008) Pension Fund Governance: Challenges and Potential Solutions. Financial Market Trends, 223-264. Disponível em: https://doi.org/1995-2864

Stone, A.; Levy, B.; Paredes, R. (1992) Public institutions and private transactions: The legal and regulatory environment for business transactions in Brazil and Chile. Washington, DC.

Swensen, D.F. (2000) Pioneering portfolio management: an unconventional approach to institutional investment. New York: Free Press.

Tafner, P. (2007) Seguridade e Previdência: Conceitos Fundamentais. In: Tafner, P.; Giambiagi, F. (orgs.). Previdência no Brasil: Debates, Dilemas e Escolhas, p. 29-63. Rio de Janeiro: IPEA.

Tafner, P. (2018) Previdência no Brasil: o que fazer? In: Como escapar da armadilha do lento crescimento, p. 100-150. Centro de Debate de Políticas Públicas. Disponível em: http://cdpp.org.br/site/00arquivos/Como-Escapar-da-Armadilha-do-Lento-Crescimento.pdf

Tafner, P.; Botelho, C.; Erbisti, R. (2015) Reforma da Previdência – A Visita da Velha Senhora (G. Pública, Ed.). Brasília, DF.

Tan, M.G.; Cam, M.A. (2015). Does governance structure influence pension fund fees and costs? An examination of Australian not-for-profit superannuation funds. Australian Journal of Management, 40(1), 114-134. Disponível em: https://doi.org/10.1177/0312896214525179

Tanzi, V., e Schuknecht, L. (1996). Reforma do governo nos países industrializados. Finanças e Desenvolvimento, Setembro, 5.

Therborn, G. (1995) European modernity and beyond. The trajectory of European societies, 1945-2000. London: Sage.

Tomka, B. (2003) Western European welfare states in the 20th century: convergences and divergences in a long-run perspective. Int J Soc Welfare International Journal of Social Welfare, 12, 249-260.

Tonks, I. (2006) Pension Fund Management and Investment Performance. In: Clark, G.L.; Munnell, A.H.; Orszag, J.M. (eds.) The Oxford Handbook of Pensions and Retirement Income. Oxford University Press. Disponível em: https://doi.org/10.1093/oxfordhb/9780199272464.003.0023

Viana, A.L. (1997) O estado de bem-estar no contexto atual: As políticas sociais e as políticas de saúde no contexto do processo de globalização. In: S. Gerschamn, S.; Vianna, M.L. (orgs.) A miragem da pós-modernidade: democracia e políticas sociais no contexto da globalização, p. 11. Rio de Janeiro: Fiocruz.

Westin, R. (2017, 6 de fevereiro) Crise do sistema de aposentadorias já preocupava Pedro II. Jornal Do Senado, p. 4-5. Disponível em: http://www2.senado.leg.br/bdsf/bitstream/handle/id/528211/Arquivo_S_06_fevereiro_2017.pdf?sequence=1

Williamson, O.E. (2005) The economics of governance. American Economic Review, 95(2), 1-18. Disponível em: https://doi.org/10.1257/000282805774669880

Willis Towers Watson. (2018). Pensions e Investments / Thinking Ahead Institute world 300. Recuperado de https://www.thinkingaheadinstitute.org/-/media/Pdf/TAI/Research-Ideas/PI-300_2017.pdf

Wintoki, M.B.; Linck, J.S.; Netter, J.M. (2012) Endogeneity and the dynamics of internal corporate governance. Journal of Financial Economics, 105(3), 581-606. Disponível em: https://doi.org/10.1016/j.jfineco.2012.03.005

World Bank. (1994) Averting the old age crisis: Policies to protect the old and promote growth. New York: Oxford University Press.

Young, M.N.; Peng, M.W.; Ahlstrom, D.; Bruton, G.D.; Jiang, Y. (2008) Corporate governance in emerging economies: A review of the principal-principal perspective: Review paper. Journal of Management Studies, 45(1), 196-220. Disponível em: https://doi.org/10.1111/j.1467-6486.2007.00752.x